**《列国志》编辑委员会**

主　任　陈佳贵
副主任　黄浩涛　武　寅
委　员　(以姓氏笔画为序)
　　　　于　沛　王立强　王延中　王缉思
　　　　邢广程　江时学　孙士海　李正乐
　　　　李向阳　李静杰　杨　光　张　森
　　　　张蕴岭　周　弘　赵国忠　蒋立峰
　　　　温伯友　谢寿光
秘书长　王延中（兼）　谢寿光（兼）

中国社会科学院重大课题
国家"十五"重点出版项目

# 列国志

GUIDE TO THE WORLD STATES

中国社会科学院《列国志》编辑委员会

# 阿富汗

● 王凤 编著

社会科学文献出版社
SOCIAL SCIENCES ACADEMIC PRESS (CHINA)

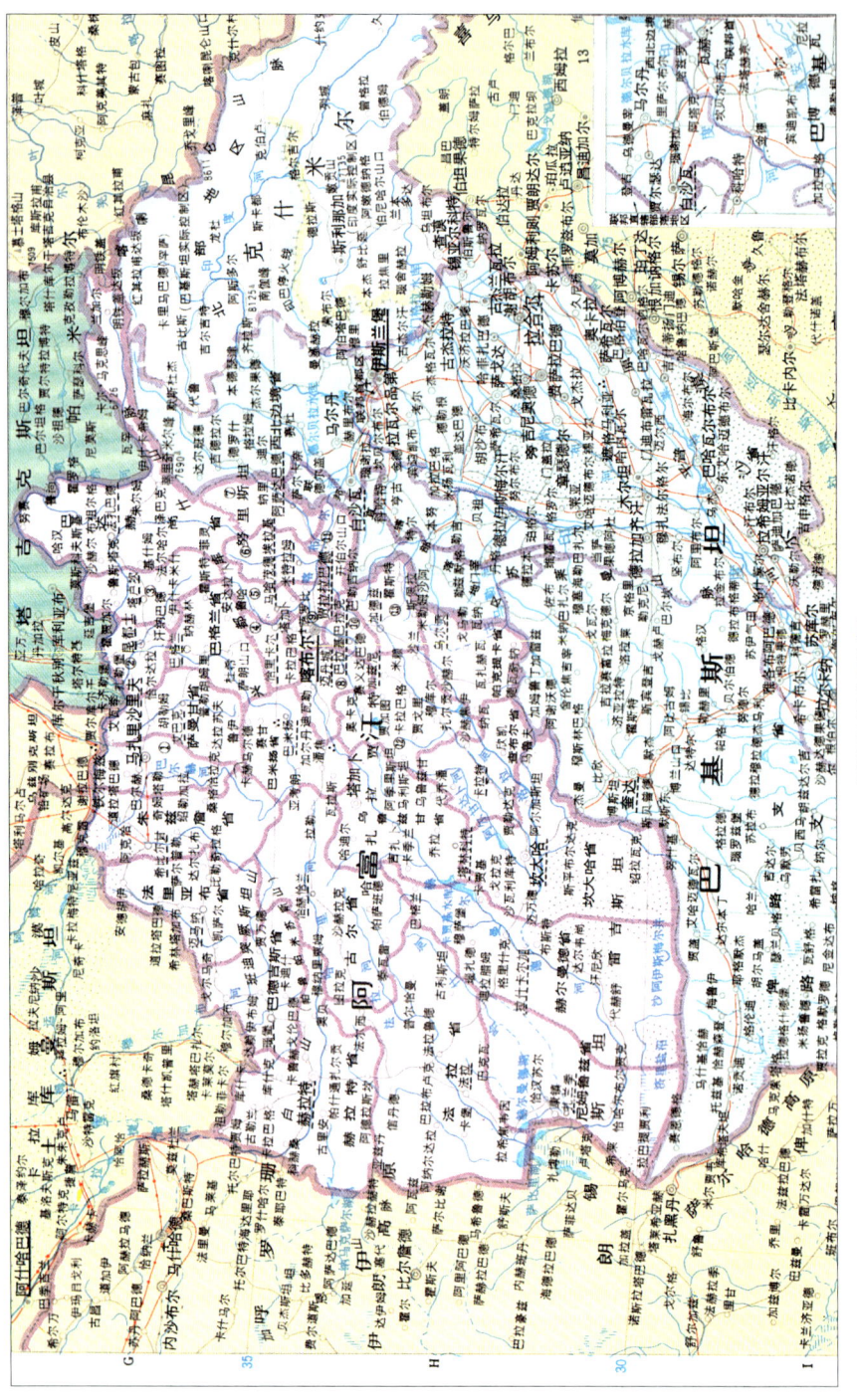

阿富汗行政区划图

阿富汗国旗

阿富汗国徽

班德阿米尔湖(新华社记者侯俊摄)

阿富汗举行传统的"巴兹卡什"比赛(新华社报道员扎比摄)

阿富汗一座白雪皑皑的大山下,几名骑马的阿富汗人缓缓而行。(新华社/路透)

喀布尔市依山而建的民居(新华社记者葛相文摄)

不同民族的阿富汗人
（新华社记者戚恒摄）

2006年11月2日，医护人员在阿富汗共和国医院新主楼奠基仪式上观看效果图，该医院由中国政府援建
（新华社报道员扎比摄）

一名警察在阿富汗北部销毁罂粟
（新华社报道员扎比摄）

阿富汗欢庆新年"瑙鲁兹"节
(新华社报道员扎比摄)

被塔利班摧毁的阿富汗巴米扬大佛的遗迹
(新华社发)

2002年7月23日,阿富汗国家军队第一营在喀布尔举行毕业典礼(新华社记者赵鹏摄)

喀布尔的费罗西集市地毯销售区（新华社记者赵鹏摄）

在赫拉特市的礼拜五清真寺，众多阿富汗人在进行集体祷告（新华社记者侯俊摄）

# 前　言

自 1840 年前后中国被迫开关、步入世界以来，对外国舆地政情的了解即应时而起。还在第一次鸦片战争期间，受林则徐之托，1842 年魏源编辑刊刻了近代中国首部介绍当时世界主要国家舆地政情的大型志书《海国图志》。林、魏之目的是为长期生活在闭关锁国之中、对外部世界知之甚少的国人"睁眼看世界"，提供一部基本的参考资料，尤其是让当时中国的各级统治者知道"天朝上国"之外的天地，学习西方的科学技术，"师夷之长技以制夷"。这部著作，在当时乃至其后相当长一段时间内，产生过巨大影响，对国人了解外部世界起到了积极的作用。

自那时起中国认识世界、融入世界的步伐就再也没有停止过。中华人民共和国成立以后，尤其是 1978 年改革开放以来，中国更以主动的自信自强的积极姿态，加速融入世界的步伐。与之相适应，不同时期先后出版过相当数量的不同层次的有关国际问题、列国政情、异域风俗等方面的著作，数量之多，可谓汗牛充栋。它们

对时人了解外部世界起到了积极的作用。

当今世界，资本与现代科技正以前所未有的速度与广度在国际间流动和传播，"全球化"浪潮席卷世界各地，极大地影响着世界历史进程，对中国的发展也产生极其深刻的影响。面临不同以往的"大变局"，中国已经并将继续以更开放的姿态、更快的步伐全面步入世界，迎接时代的挑战。不同的是，我们所面临的已不是林则徐、魏源时代要不要"睁眼看世界"、要不要"开放"问题，而是在新的历史条件下，在新的世界发展大势下，如何更好地步入世界，如何在融入世界的进程中更好地维护民族国家的主权与独立，积极参与国际事务，为维护世界和平，促进世界与人类共同发展做出贡献。这就要求我们对外部世界有比以往更深切、全面的了解，我们只有更全面、更深入地了解世界，才能在更高的层次上融入世界，也才能在融入世界的进程中不迷失方向，保持自我。

与此时代要求相比，已有的种种有关介绍、论述各国史地政情的著述，无论就规模还是内容来看，已远远不能适应我们了解外部世界的要求。人们期盼有更新、更系统、更权威的著作问世。

中国社会科学院作为国家哲学社会科学的最高研究机构和国际问题综合研究中心，有11个专门研究国际问题和外国问题的研究所，学科门类齐全，研究力量雄

## 前言

厚，有能力也有责任担当这一重任。早在20世纪90年代初，中国社会科学院的领导和中国社会科学出版社就提出编撰"简明国际百科全书"的设想。1993年3月11日，时任中国社会科学院院长的胡绳先生在科研局的一份报告上批示："我想，国际片各所可考虑出一套列国志，体例类似几年前出的《简明中国百科全书》，以一国（美、日、英、法等）或几个国家（北欧各国、印支各国）为一册，请考虑可行否。"

中国社会科学院科研局根据胡绳院长的批示，在调查研究的基础上，于1994年2月28日发出《关于编纂〈简明国际百科全书〉和〈列国志〉立项的通报》。《列国志》和《简明国际百科全书》一起被列为中国社会科学院重点项目。按照当时的计划，首先编写《简明国际百科全书》，待这一项目完成后，再着手编写《列国志》。

1998年，率先完成《简明国际百科全书》有关卷编写任务的研究所开始了《列国志》的编写工作。随后，其他研究所也陆续启动这一项目。为了保证《列国志》这套大型丛书的高质量，科研局和社会科学文献出版社于1999年1月27日召开国际学科片各研究所及世界历史研究所负责人会议，讨论了这套大型丛书的编写大纲及基本要求。根据会议精神，科研局随后印发了《关于〈列国志〉编写工作有关事项的通知》，陆续为启动项目

拨付研究经费。

为了加强对《列国志》项目编撰出版工作的组织协调，根据时任中国社会科学院院长的李铁映同志的提议，2002年8月，成立了由分管国际学科片的陈佳贵副院长为主任的《列国志》编辑委员会。编委会成员包括国际片各研究所、科研局、研究生院及社会科学文献出版社等部门的主要领导及有关同志。科研局和社会科学文献出版社组成《列国志》项目工作组，社会科学文献出版社成立了《列国志》工作室。同年，《列国志》项目被批准为中国社会科学院重大课题，国家新闻出版总署将《列国志》项目列入国家重点图书出版计划。

在《列国志》编辑委员会的领导下，《列国志》各承担单位尤其是各位学者加快了编撰进度。作为一项大型研究项目和大型丛书，编委会对《列国志》提出的基本要求是：资料详实、准确、最新，文笔流畅，学术性和可读性兼备。《列国志》之所以强调学术性，是因为这套丛书不是一般的"手册"、"概览"，而是在尽可能吸收前人成果的基础上，体现专家学者们的研究所得和个人见解。正因为如此，《列国志》在强调基本要求的同时，本着文责自负的原则，没有对各卷的具体内容及学术观点强行统一。应当指出，参加这一浩繁工程的，除了中国社会科学院的专业科研人员以外，还有院外的一些在该领域颇有研究的专家学者。

现在凝聚着数百位专家学者心血、约计200卷的《列国志》丛书，将陆续出版与广大读者见面。我们希望这样一套大型丛书，能为各级干部了解、认识当代世界各国及主要国际组织的情况，了解世界发展趋势，把握时代发展脉络，提供有益的帮助；希望它能成为我国外交外事工作者、国际经贸企业及日渐增多的广大出国公民和旅游者走向世界的忠实"向导"，引领其步入更广阔的世界；希望它在帮助中国人民认识世界的同时，也能够架起世界各国人民认识中国的一座"桥梁"，一座中国走向世界、世界走向中国的"桥梁"。

《列国志》编辑委员会
2003年6月

# CONTENTS

# 目 录

导　　言 / 1

## 第一章　国土与人民 / 1

第一节　自然地理 / 1
　一　地理位置 / 1
　二　行政区划 / 2
　三　地形特点 / 4
　四　河流与湖泊 / 9
　五　气候 / 15

第二节　自然资源 / 17
　一　地质构造 / 17
　二　矿物 / 18
　三　植物 / 23
　四　动物 / 25

第三节　居民与宗教 / 27
　一　人口 / 27
　二　民族 / 29
　三　语言 / 36
　四　宗教 / 40

# CONTENTS
# 目 录

第四节　民俗与节日 / 44
　一　民俗 / 44
　二　饮食 / 51
　三　服饰 / 54
　四　房屋类型 / 58
　五　节日 / 60

## 第二章　历　史 / 64

第一节　上古简史 / 65
　一　原始文明 / 65
　二　外族相继入侵和东西方文明的交融 / 70

第二节　中古简史 / 76
　一　阿拉伯人的征服和统治 / 76
　二　阿拔斯王朝的东部小国 / 77
　三　蒙古人的入侵和统治 / 79
　四　突厥帖木儿王朝的入侵和统治 / 80
　五　莫卧儿王朝、萨法维王朝和乌兹别克人的
　　　争夺 / 81

第三节　近现代简史 / 84

# CONTENTS

# 目　录

　　一　杜兰尼王朝与阿富汗民族独立国家的
　　　　建立和发展 / 84
　　二　阿富汗的内乱和外患 / 86
　　三　阿卜杜尔·拉赫曼的统治 / 90
　　四　哈比布拉汗的统治 / 93
　　五　阿富汗完全独立与现代化改革——阿富汗
　　　　现代史的开端 / 94
　　六　穆沙希班王朝与纳第尔沙的统治 / 98
　　七　穆罕默德·哈西姆施政时期 / 99
第四节　当代简史 / 100
　　一　沙阿·马茂德施政时期 / 100
　　二　达乌德第一次执政 / 101
　　三　查希尔沙亲政时期 / 102
　　四　阿富汗共和国与达乌德第二次执政 / 103
　　五　阿富汗民主共和国的建立 / 105
　　六　苏联入侵和占领阿富汗 / 107
　　七　内战时期 / 110
　　八　2001年"9·11"事件后 / 114
第五节　重要历史和政治人物 / 118
　　一　阿赫马德沙 / 118

8

# CONTENTS

# 目 录

二 阿曼努拉汗 / 119

三 马赫茂德·贝格·塔尔齐 / 120

四 穆罕默德·查希尔沙 / 121

五 穆罕默德·达乌德 / 123

六 努尔·穆罕默德·塔拉基 / 125

七 巴布拉克·卡尔迈勒 / 126

八 哈米德·卡尔扎伊 / 128

九 布尔汉努丁·拉巴尼 / 130

十 艾哈迈德·沙阿·马苏德 / 131

十一 穆罕默德·奥玛尔 / 133

## 第三章 政 治 / 134

第一节 政治制度的演变 / 134

　一 君主制的建立和发展 / 134

　二 君主立宪制的建立和发展 / 136

　三 共和制的建立和发展 / 142

第二节 现行行政机构 / 148

　一 国家元首与政府首脑 / 148

　二 中央政府 / 150

　三 地方政府 / 153

# CONTENTS

# 目　录

第三节　立法与司法 / 154
　一　立法机构 / 154
　二　司法机构 / 163
第四节　政治军事派别 / 173
　一　阿富汗伊斯兰促进会 / 173
　二　阿富汗伊斯兰民族运动 / 175
　三　伊斯梅尔汗派 / 177
　四　阿富汗伊斯兰统一党 / 178
　五　阿富汗伊斯兰党（哈里斯派）/ 179
　六　阿富汗伊斯兰民族阵线 / 180
　七　阿富汗伊斯兰民族救国阵线 / 181
　八　阿富汗伊斯兰联盟 / 182
　九　阿富汗伊斯兰革命运动 / 183
　十　阿富汗伊斯兰运动 / 183
　十一　阿富汗伊斯兰党（希克马蒂亚尔派）/ 184
　十二　塔利班 / 186

## 第四章　经　济 / 190

第一节　概　述 / 190
　一　20世纪70年代末之前 / 190

# CONTENTS

# 目 录

　　二　1980~2001年"9·11"事件前 / 195

　　三　2001年年底卡尔扎伊政府成立后 / 199

第二节　农牧业 / 201

　　一　20世纪70年代 / 201

　　二　20世纪70年代末至90年代末 / 206

　　三　2001年年底卡尔扎伊政府建立后 / 208

第三节　工矿业 / 209

　　一　矿业 / 210

　　二　能源与电力 / 212

　　三　制造业 / 214

第四节　交通运输 / 219

　　一　公路 / 219

　　二　空运 / 221

　　三　铁路 / 222

　　四　水运 / 223

第五节　财政与金融 / 224

　　一　财政 / 224

　　二　金融 / 228

第六节　对外贸易 / 230

　　一　基本政策 / 230

# CONTENTS

# 目　录

二　外贸方式和过境线路 / 231

三　外贸收支 / 232

四　进出口商品构成 / 234

五　主要贸易国家 / 237

六　与中国的经贸关系 / 239

七　国际收支 / 241

八　国际储备 / 242

九　汇率 / 244

十　外国援助 / 246

十一　外债 / 250

第七节　旅游业 / 253

一　喀布尔 / 254

二　坎大哈 / 256

三　赫拉特 / 256

四　马扎里沙里夫 / 256

第八节　国民生活 / 257

一　物价和工资 / 257

二　就业 / 259

三　社会福利 / 261

# CONTENTS

# 目 录

**第五章** 军　　事 / 264

第一节　20世纪50年代前的阿富汗军队 / 264
第二节　20世纪50年代后的军队 / 265
第三节　20世纪90年代的军队 / 267
　　一　塔利班 / 267
　　二　北方联盟 / 268
第四节　阿富汗军队重建 / 269
第五节　外国在阿富汗驻军 / 272
　　一　"持久自由行动"部队 / 272
　　二　国际安全援助部队 / 273
　　三　联合国驻阿富汗援助团 / 275

**第六章** 教育、科学、文艺、卫生 / 276

第一节　教　　育 / 276
　　一　发展简史 / 276
　　二　现代教育体制的发展 / 279
　　三　教育的恢复和发展 / 283
第二节　科学技术 / 284

# CONTENTS

# 目　录

　　　　一　自然科学 / 284

　　　　二　人文社会科学 / 290

　　第三节　文学艺术 / 296

　　　　一　文学 / 296

　　　　二　戏剧电影 / 301

　　　　三　音乐舞蹈 / 303

　　　　四　造型和建筑艺术 / 306

　　　　五　文化设施 / 313

　　第四节　医药卫生 / 316

　　　　一　20世纪70年代之前 / 316

　　　　二　20世纪90年代以来 / 317

　　第五节　体　育 / 319

　　　　一　"巴兹卡什" / 319

　　　　二　打猎 / 321

　　　　三　斗鸡 / 321

　　　　四　球类比赛 / 322

　　　　五　现代体育 / 322

　　第六节　新闻出版 / 323

　　　　一　报纸与通讯社 / 323

　　　　二　广播、电话与电视 / 325

# CONTENTS

# 目 录

**第七章** 外　　交 / 327

第一节　外交政策 / 327

　　一　影响外交政策的因素 / 327

　　二　外交政策的基本原则和特点 / 328

　　三　不同时期的外交政策 / 331

第二节　同美国的关系 / 338

　　一　双边关系沿革 / 338

　　二　苏联占领时期美国的阿富汗政策 / 342

　　三　20世纪90年代美国的阿富汗政策 / 345

　　四　2001年"9·11"事件后同美国的关系 / 347

第三节　同其他西方国家的关系 / 349

　　一　同英国的关系 / 349

　　二　同欧洲和日本的关系 / 351

　　三　同国际组织和机构的关系 / 357

第四节　同俄罗斯（及苏联）和中亚的关系 / 358

　　一　同苏联和东欧的关系 / 358

　　二　同俄罗斯和中亚的关系 / 367

第五节　同巴基斯坦的关系 / 373

　　一　双边关系沿革 / 373

# CONTENTS
# 目　录

二　苏联入侵与巴基斯坦的阿富汗政策 / 376

三　阿富汗内战与巴基斯坦的阿富汗政策 / 378

四　2001年"9·11"事件后同巴基斯坦的关系 / 382

第六节　同其他周边国家的关系 / 384

一　同伊朗的关系 / 384

二　同沙特阿拉伯的关系 / 388

三　同土耳其的关系 / 390

四　同印度的关系 / 391

第七节　同中国的关系 / 392

主要参考文献 / 399

# 导　言

2001年9月11日,美国纽约和华盛顿等地发生了震惊世界的袭击事件。经调查,美国认为袭击事件与阿富汗塔利班政权庇护的本·拉登及其"基地"组织有密切关系。随后,美国和英国在国际社会协助下对阿富汗进行了军事打击,不久即摧垮了塔利班政权,"基地"组织也遭受重创。自1979年苏联入侵阿富汗后,阿富汗由此再次引起世人关注。

阿富汗位于中亚南部,是一个贫穷弱小的封闭式内陆国家,是世界上最不发达的国家之一,近现代史上曾屡次遭受列强的侵略,20世纪最后20年也一直处于战乱当中。不过,美英攻打阿富汗前夕,塔利班已经夺取了全国将近95%的领土,统一全国似乎指日可待。但是,为什么在20多年时间内,阿富汗两次遭到大国的入侵或打击?塔利班政权与"基地"组织有什么关系,它为什么敢于以卵击石,即便面临战争危险,也拒绝交出本·拉登?美英攻打阿富汗后,阿富汗今后将走向何方?这些问题不得不令人深思和关注,并使人们希望对阿富汗进行深入的了解和探讨。

"9·11"事件发生时,作者正在距离纽约不远的美国普林斯顿大学近东研究所进修,同时也在为撰写这本《阿富汗》做准备。这本书是中国社会科学院重大课题《列国志》丛书国别卷之一。因此,作者隐约感到,阿富汗以及国际局势可能正处于

重大的转折时期,同时对于撰写《阿富汗》这本书的必要性和重要性有了更深层的领悟。

呈现在读者面前的这本《阿富汗》,是一本试图全面介绍和论述阿富汗的综合性和系统性读物。全书共分7章,分别涉及阿富汗的国土与人民、历史、政治、经济、社会文化和外交。其中,第一章主要介绍阿富汗的地理、资源和民族(包括语言和宗教信仰)状况。第二章概述了阿富汗历史以及"9·11"事件后阿富汗局势的发展和现状。第三章阐述了阿富汗政治制度,包括立法和司法制度的演变和特点,并且对当前影响阿富汗局势的主要政治军事派别作了分析和说明。由于20世纪最后20多年,阿富汗一直处于战乱当中,资料来源非常匮乏,因此本书第四章主要论述了20世纪80年代以前的经济发展状况,但是对战乱时期的阿富汗经济所遭受的破坏作了介绍,同时阐述了2001年年底以来阿富汗的经济重建情况。由于军事资料异常缺乏,在《阿富汗》初稿中,作者一直将军事内容合并在第三章当中。幸运的是,在终审专家赵国忠老师补充一些珍贵的资料后,军事部分得以独立出来,作为本书的第五章。尽管如此,由于资料依旧有限,第五章和第六章(教育、科学、文艺、卫生)仍显得比较薄弱。第七章除分析阿富汗对外政策的传统和特点外,主要概述了阿富汗与大国和周边国家的关系发展。

在撰写本书过程中,作者遇到了一些问题,也产生了许多想法,特在此予以说明。第一,关于资料来源。总体来讲,作者深感阿富汗资料的匮乏和零乱,特别是军事和社会文化资料非常匮乏,经济资料则相对零乱。这不仅是由于20世纪最后20多年阿富汗战乱所造成的影响,更在于阿富汗是世界上最不发达的国家之一,即便在和平时期它所公布的官方资料也比较有限。此外,作者水平有限,特别是不通晓普什图语、达里语或俄语,这对研究阿富汗问题无疑是一大缺憾。《阿富汗》这本书所依据的资料，主要来源于英文和中文文献，以及作者对于阿富汗局势的跟踪和积累。

第二，关于写作体例。《阿富汗》各章节及其结构主要依据中国社会科学院《列国志》丛书编委会的要求设定。同时，根据阿富汗特点、资料状况以及书稿的结构平衡，本书在一些节或目上作了相应调整，其中第五章各节调整较大。此外，对于各章中相互重复和交叉的内容，一般在其中一章着重论述，在其他各章则扼要说明，或从其他视角予以阐述。

第三，关于注释。为避免繁琐，对于各节或目中主要引用的资料，一般在各节（目）前统一注明"主要参阅"字样，行文当中不再注释。非主要参阅资料在行文中予以说明。

第四，关于译名。根据《列国志》编委会的要求，本书英文地名主要依据《世界地名录》（上、下）（中国大百科全书出版社，北京/上海，1987年）译出，英文人名译名主要依据新华社出版的人名译名手册译出，同时兼顾译名通用的原则。对于词典中未出现的重要英文名称，主要根据"名从主人"原则译出，并且在第一次出现时，一般标明英文。此外，本书力图做到全书译名和其他名称的统一使用，但是难免出错，不足之处请读者指正。

自2003年以来，作者全力投入这本书的撰写工作，至今已四易其稿。2005年7月，完成初稿，并通过初审；9月完成第二稿，10月通过专家审定，并顺利结项；此后作进一步修改，2006年5月完成第三稿；2006年11月下旬，通过终审专家审定，经再次修改完善后，送交出版社。在写作过程中，作者得到了许多方面的帮助和支持，谨向他们表示由衷的谢意。中国社会科学院西亚非洲所国际关系室主任张晓东研究员、原中联部研究员赵增泉先生，不顾工作繁忙和盛夏酷暑，认真审阅了本书的初稿和第二稿，并提出了宝贵的修改意见，使本书增色不少，也使

作者受益匪浅。本书在完成第二稿之际，还有幸得到西北大学中东研究所副所长黄民兴研究员的及时审阅和指导，同时得到了一位外交部师长的指点，这里特向他们表示真挚的谢意。在写作过程中，本书还得到了《列国志》丛书编委会温伯友和杨光编委的悉心指点和帮助。赵国忠编委对本书作了最后审阅，并补充了一些珍贵的资料。他认真细致、严谨求实的工作作风，以及深厚扎实的学术功底，给作者留下了深刻的印象，在此特向赵老师表示由衷的谢意。另外，在本书写作过程中，中国社会科学院西亚非洲研究所的许多同事也给予了热心指点和帮助，特别是一些同事撰写并出版的其他国别的同类书籍，使作者在处理写作和注释格式以及其他方面有所借鉴，特向他们表示诚挚的谢意。

希望这本倾注作者心血的《阿富汗》能够得到读者认同，同时对于书中的一些纰漏，也恳请各位读者和同行斧正。

王　凤

2006 年 5 月 17 日于宅中

2006 年 11 月 26 日改于宅中

2007 年 3 月 1 日再改于宅中

# 第一章

# 国土与人民

阿富汗地处中亚南部，是一个封闭的内陆国。境内多山，地势既高又险要。河流多属内陆河，气候属典型的大陆性。矿产资源比较丰富，尚未得到足够的勘探和开发。阿富汗是一个多民族多部族的国家，主要讲普什图语和达里语，绝大多数居民信仰伊斯兰教。

## 第一节 自然地理

一 地理位置

阿富汗位于中亚南部。它沟通东西方，连接中亚与西亚和南亚，在历史上被称为通向南亚大陆的"锁钥"，战略地位非常重要。它地处北纬29°35′至38°40′、东经60°31′至75°之间，与我国青藏高原的纬度相当。国土总面积为65.23万平方公里。① 东部和南部与巴基斯坦为邻，边界线长2180公里。

---

① 马金祥等编《阿富汗/巴基斯坦地图》，北京，中国地图出版社，2002；《世界知识年鉴》(2001/2002年)，北京，世界知识出版社，2002，第33页。阿富汗国土面积说法不一。据英国经济学家情报部出版的（转下页注）

1

西部与伊朗相连,边界线长820公里。北部自西向东分别与土库曼斯坦、乌兹别克斯坦和塔吉克斯坦接壤,与三国的边界线分别长达744公里、137公里和1206公里。东北部有一个狭长的瓦罕走廊同我国接壤,两国边界线大约长75公里。另外,瓦罕走廊南部一角与巴控克什米尔北部地区连接,长约120公里。阿富汗东西最宽处约为1238.9公里,南北最长处约为563公里。它是封闭的内陆国家,没有出海口。距离它最近的外部出海口是巴基斯坦的卡拉奇。

## 二 行政区划

阿富汗行政区划历史上曾几经变迁。1964年之前,全国分为省、区、次区级三级行政单位。省有大省和小省之分。大省称为"维拉亚特"(Wilayat),省督称为"纳伊布·伊·胡库迈特"(Naib-i-Hukumat)。喀布尔省督例外,称为"瓦里"(Wali)。另外,楠格哈尔省(Nangarhar)、坎大哈省(Kandahar)和赫拉特省(Herat)三省省督的民事行政级别较高,相当于内阁部长。小省称为"胡库迈特·伊·阿拉"(Hukumat-i-A'la),省督称为"哈吉姆·伊·阿拉"(Hakim-i-

---

(接上页注①)《国家概况——阿富汗》(2004年),阿富汗国土面积为652000平方公里。EIU, *Country Profile*:*Afghanistan*, London, Economist Intelligence Unit Limited, 2004, p. 52. 《新大英百科全书》认为是653000平方公里。*The New Encyclopaedia Britannica*, Macropaedia, Vol. 7, Knowedge in Depth, Encyclopaedia Britannica Inc. /William Benton Publisher(1943~1973)/Helen Hemingway Publisher(1973~1974), Chicago/London/Toronto, 1981, p. 164. 《大美百科全书》认为是253861平方英里(折合657500平方公里)。*The Encyclopaedia Americana*, International Edition, Americana Corporation, Danbury, 1980, p. 242. 美国中央情报局发表的《世界各国手册——阿富汗》(2002年),认为阿富汗国土面积为647500平方公里。http://www.cia.gov/cia/publications/factbook/geos/af.html.

A'la)。另外,阿巴边界处设有一个次省级行政单位,称为"胡库姆兰尼"(Hukumrani),或者"胡库迈特·伊·卡兰"(Hukumat-i-Kalan),行政长官称为"胡库姆兰"(Hukumran),或者"哈吉姆·伊·卡兰"(Hakim-i-Kalan),他对喀布尔省督负责。省下设区级行政单位,称为"胡库迈特(Hukumat),行政长官称为"哈吉姆·伊·马哈利"(Hakim-i-Mahalli)。区以下再设次区级行政单位,称为"阿拉卡达里"('Alaqadari),行政长官称为"阿拉卡达尔"('Alaqadar)。

当时行政区划分布的一个基本特点是:东部和北部省份比较密集,各省面积较小;西部和南部省份比较稀疏,各省面积较大。全国共有14个省,分别是喀布尔(Kabul)、楠格哈尔、帕克蒂亚(Paktia)、卡塔干(Qataghan)、马扎里沙里夫(Mazar-i-Sharif)、坎大哈、赫拉特、巴达赫尚(Badakhshan)、希比尔甘(Shibarghan)、迈马纳(Maimana)、帕尔万(Parwan)、加兹尼(Ghazni)、格里什克(Girshk)和法拉(Farah)。其中,前7个省是大省,后7个为小省。

1964年3月后,行政区划进一步细化,尤其是东部、北部和中部划分的省份更多,面积更小。行政单位也发生了相应变化。全国设省、次省和区级三级行政单位。省称为"维拉亚特",省督称为"瓦里"。次省称为"沃鲁斯·瓦里"(Wolus Wali),行政长官称为"沃鲁斯·瓦勒"(Wolus Wal)。区级称呼沿用1964年以前的次区级称呼,称为"阿拉卡达里",行政长官称为"阿拉卡达尔"。当时,全国共有28个省,分别是巴达赫尚、巴格兰(Baghlan)、巴德吉斯(Badghis)、巴尔赫(Balkh)、巴米扬(Bamiyan)、法拉、法里亚布(Faryab)、加兹尼、古尔(Ghor)、赫拉特、赫尔曼德(Helmand)、朱兹詹(Jowzjan)、喀布尔、卡皮萨(Kapisa)、库纳尔(Kunar)、昆都士(Kunduz)、拉格曼(Laghman)、卢格尔(Logar)、尼姆鲁兹

3

（Nimruz）、楠格哈尔、帕克蒂亚、帕尔万、坎大哈、萨曼甘（Samangan）、塔哈尔（Takhar）、乌鲁兹甘（Oruzgan）、瓦尔达克（Wardak）和查布尔（Zabol）。

此后，行政区划有所微调。截至20世纪90年代末，全国分为32个省。与此前相比，陆续增加了4个省份，分别是萨尔普勒（Sar-e Pol）、努里斯坦（Nuristan）、帕克提卡（Paktika）和霍斯特（Khost）。

2001年底阿富汗新政府上台后，截至2005年1月，全国又增加两个新省，分别是潘杰希尔（Panjsher）和戴孔迪。这样，全国增加到34个省。分别是：喀布尔、巴达赫尚、塔哈尔、昆都士、巴尔赫、朱兹詹、法里亚布、巴德吉斯、赫拉特、古尔、萨尔普勒、萨曼甘、巴格兰、巴米扬、帕尔万、瓦尔达克、卡皮萨、拉格曼、努里斯坦、库纳尔、楠格哈尔、卢格尔、加兹尼、乌鲁兹甘、法拉、尼姆鲁兹、赫尔曼德、坎大哈、查布尔、帕克蒂亚、帕克提卡、霍斯特、潘杰希尔和戴孔迪。省下设县、区、乡、村。

三　地形特点

富汗地势很高，平均高度为海拔900～1200米。地势自东北向西南倾斜，渐次降低。高大雄伟的兴都库什山脉，从东北部"世界屋脊"帕米尔高原向西南斜贯阿富汗全境，将阿富汗截为南北两个部分，构成阿富汗南北交通的屏障，有"阿富汗的脊梁"之称。它东北部海拔可达7000米以上，西南部降至1000米左右；东西绵延960公里，南北平均宽度约为240公里。它奇峰突起，沟壑纵横，地势十分险要，阿富汗大多数河流都发源于此。

阿富汗山地和高原占全国面积的4/5，平原地带主要分布在北部和西南部，西南部还有沙漠，地表崎岖不平。

第一章 国土与人民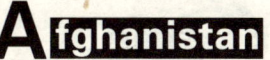

在地理上，阿富汗可分为六大区域，分别是东部和中部的广大山区、突厥斯坦平原、赫拉特—法拉低地、西部多石沙漠地区、赫尔曼德河谷—锡斯坦盆地和西南部沙漠地区。

（一）东部和中部的广大山区

这个区域主要由兴都库什山脉及其衍生山脉和平行山脉构成。这里山地崎岖不平，山峰高耸入云，山谷深不见底，许多高山难以逾越。它可以分为六个小区域，分别是瓦罕走廊—帕米尔山结、巴达赫尚山区、东部山地、中部高山区域、北部山地和南部山地。

1. 东北部的瓦罕走廊—帕米尔山结

瓦罕走廊是一个狭长地带，东西长约 300 公里，南北最窄处仅 15 公里，横亘于塔吉克斯坦与巴基斯坦以及巴控克什米尔之间，东端一角与我国新疆维吾尔自治区相连。整个帕米尔山结包含 100 多个海拔均在 6100～7620 米高的山峰。这个区域拥有兴都库什山脉最高峰蒂里奇米尔峰（Tirajmir），海拔高达 7690 米。① 这里荒凉险峻，气候异常寒冷。海拔 5000 米以上的山地终年积雪，人迹罕至。冰川时隐时现，冰川湖闪耀着蓝盈盈、碧绿绿的光芒。据估计，这里 82.9% 的地区海拔高度在 3000 米以上，17.1% 的地区在 1800～3000 米之间。这里还有许多重要的山口。一些山口在海拔 3500～4500 米之间，多数山口距山谷谷底的高度有 500～1000 米，可以季节性通往克什米尔。

2. 巴达赫尚山区

西出瓦罕走廊—帕米尔山结就是巴达赫尚山区，这里也是一片高寒山地。其中，27.5% 的山地海拔高度在 3000 米以上，

---

① 《阿富汗/巴基斯坦地图》，北京，中国地图出版社，2002。另外，有学者认为，蒂里奇米尔峰高达 7740 米。See Hamidullah Amin, *A Geography of Afghanistan*, The Center for Afghanistan Studies, 1976, p. 30.

5

36.2%在1800~3000米之间，32%在600~1800米之间。其余少数山地，海拔高度大约在300~600米之间，毗邻北部突厥斯坦平原。这里高山陡峭险峻，岩石覆盖其上。高山被溪流和冰川湖冲刷和切割，形成许多V字形山谷。春夏雪水融化时，不断有小溪流入，山谷景色格外优美。夏天，游牧民经常在这里的高山湖泊一带放牧。冬天，他们则返回北部平原地区或东部拉格曼一带。

3. 东部高山地区

它在巴达赫尚山区南侧，地震频繁，一年可发生50次震级不同的地震。这里有著名的苏莱曼山，总长600公里，平均海拔3200米，是阿富汗和巴基斯坦的分界线。由于受到冬季西向季风和夏季西南季风的影响，苏莱曼山比阿富汗其他山区降雨较多，覆盖着森林。这座山有许多山口，例如开伯尔山口和博兰山口，是阿富汗通向巴基斯坦的重要通道。

另外，由于造山运动，东部山地许多山脉出现大断层，在高山之间形成一些山谷和盆地。许多山谷非常狭窄，一些山间盆地却比较宽阔，适宜农耕，是阿富汗的农业生产区。著名的山谷有喀布尔山谷、科希斯坦—潘杰希尔山谷（Kohistan-Panjsher）、戈尔班德山谷（Ghorband）和努里斯坦山谷。

喀布尔山谷盆地海拔高度在1500~3600米之间。它四面环山，西北部坐落着帕格曼山，东南部是白山（Safed Koh），西部是巴巴山（Koh-I-Baba）。喀布尔河从山谷盆地中间穿过，流向东面的贾拉拉巴德。

科希斯坦—潘杰希尔山谷由达曼山（Koh Daman）山谷盆地、恰里卡尔山谷盆地（Charikar）和潘杰希尔山谷三个谷地组成。前两者谷底比较宽阔。潘杰希尔山谷传统上是游牧民放牧的一条南北通道。夏天，游牧民由此前往巴达赫尚；冬天，他们返回拉格曼和贾拉拉巴德一带。20世纪60、70年代，潘杰希尔山

第一章 国土与人民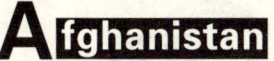

谷还是阿富汗森林面积较多的地区。

戈尔班德山谷是自恰里卡尔山谷西去希巴尔山口（Shibar Kotal）的一条东西通道。它谷底盆地比较肥沃，地势比潘杰希尔山谷稍高。

努里斯坦山谷荒凉而狭窄，以前只有羊肠小道才能到达，后陆续修建了一些公路。它自东向西由五个南北方向的山谷组成。

4. 中部高山区域

这里主要包括哈扎拉贾特（Hazarajat）的中部和西部。它自希巴尔山口穿越巴巴山向西延伸。这里有一系列重要山口，历史上许多外来入侵者就是由此穿越兴都库什山的。其中，萨朗山口（Salang）和希巴尔山口最重要。萨朗山口是兴都库什山脉的心脏，其南端海拔高度约在3363米。20世纪30年代，阿富汗政府在萨朗山口修建了一条道路。60年代在苏联援助下，阿富汗又在此修建了著名的萨朗隧道。希巴尔山口西侧是巴巴山和一个崎岖贫瘠的台地，这里是阿富汗一些重要水系的发源地，其中包括喀布尔河水系、赫尔曼德—阿尔甘达卜河水系（Helmand-Arghandab）和哈里河水系（Hari Rud）。另外，中部高山区域许多高峰海拔在4270~5180米之间，最高峰在巴巴山的沙阿富拉迪（Shah Foladi）。

5. 北部山地

北部山地由兴都库什山脉高原地带及其北部山脚区域组成。这里地势较低，海拔高度约在1220~1830米之间，土壤多砂石，贫瘠而荒凉。不过，一些由洪水冲积的低地平原可以耕种。迈马纳南侧是班德突厥斯坦山（Band-i-Turkestan），海拔高度为3350米，东西走向，绵延200公里。班德突厥斯坦山北侧陡降，与突厥斯坦平原相连；南侧是与之平行的穆尔加布河（Murghab River）山谷；东部是帕罗帕米苏斯山（Paropamisus）、尚加尔山（Koh-I-Changar）和菲罗兹山（Firoz Koh）。菲罗兹山东侧是昆

都士山谷、安达拉卜山谷（Andarab）和苏尔赫河山谷（Surkh Ab）。希巴尔山口在苏尔赫河山谷的东侧，巴米扬在其西侧。

6. 南部山地

南部山地主要由喀布尔河水系和赫尔曼德河水系冲击而成，包括一些平原和半沙漠地带。坎大哈、加兹尼和帕克蒂亚等重要省份分布于此。

（二）突厥斯坦平原

它位于兴都库什山脉北部山地与阿富汗北部边界之间。与兴都库什山北部山地相比，其海拔高度陡降至370米左右。这个长条形的区域是黄土平原，是阿富汗的一个主要农业区。平原上有一片可移动的沙丘地带。在这个沙丘地带和阿姆河之间，是由阿姆河泛滥冲击而成的漫滩平原，宽度从3.2公里到16公里不等。在现乌兹别克斯坦的铁尔梅兹（Termez）西侧的阿姆河上，有一些小岛。在塔什库尔干（Tashkurghan）北侧与安德胡伊西南侧之间，还有一片盐碱泥滩。

（三）赫拉特—法拉低地

它是阿富汗西部的一个较大区域，是伊朗高原呼罗珊地区（Khurasan）的自然延伸。哈里河和哈什河（Khash）分别流经其北部和南部，兴都库什山脉中部山区坐落在其东部。这里有山脉、丘陵和相对宽阔平坦的山谷。有水源的地方一般适宜精耕细作。赫拉特坐落在哈里河北侧，附近是多岩石、石灰石和砂石的丘陵地带。阿伊（朗）边境附近有一些盐碱区域。

（四）西部多石沙漠地区

它位于赫拉特—法拉低地南侧，主要由达什特马戈沙漠（Dasht-i-Margo）和达什特卡什沙漠（Dasht-i-Kash）组成。其中，达什特马戈沙漠号称"死亡沙漠"。这里炎热干旱，荒凉贫瘠，海拔高度大约在305～915米。不过，边缘有一些浅浅的池塘，系赫尔曼德河洪水泛滥所致。

第一章 国土与人民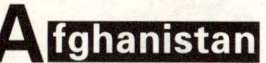

## （五）赫尔曼德河谷—锡斯坦盆地区域

它位于阿富汗西南部，在西部多石沙漠地区的东南侧，海拔高度大约在520米。锡斯坦盆地大多数地区在阿富汗的西邻——伊朗境内。锡斯坦盆地的东部边际线深入到达什特马戈沙漠的边缘。在阿富汗境内，该盆地构成赫尔曼德河流域的一个重要部分。赫尔曼德河流域土地肥沃，适宜农耕。

## （六）西南部沙漠地区

它位于赫尔曼德河的东侧和南侧，主要有雷吉斯坦沙漠（Registan）。"雷吉斯坦"就是"沙石之地"的意思。这里有流动的沙丘，高度达15~30米，地表经常结成硬壳。沙漠中部有一些固定沙丘。下雨时，沙丘之间的洼地就形成沼泽地，干燥后地表结成一层干壳，但底下仍是烂泥，潜伏着很大的危险。雷吉斯坦沙漠西侧和北侧是赫尔曼德河水系，东部是杰曼（Chaman）——坎大哈公路，南部与巴基斯坦的贾盖丘陵（Chagai Hills）相连。

## 四 河流与湖泊①

### （一）河流

阿富汗主要有四大水系，分别是阿姆河水系、哈里河水系、喀布尔河水系和赫尔曼德河—阿尔甘达卜河水系。其中，唯喀布尔河水系有河流在境外注入大海，其余均为内陆河水系。在四大水系中，一年四季长流的河流有阿姆河、喀布尔河、赫尔曼德河、阿尔甘达卜河、潘杰希尔河、卢格尔河（Logar）、哈里河和库纳尔河。常年有水的支流有拉格曼河、苏

---

① See Louis Dupree, *Afghanistan*, Princeton University Press, Princeton, 1980; Hamidullah Amin, *A Geography of Afghanistan*, The Center for Afghanistan Studies, 1976.

尔赫河（Surkh Ab）、昆都士河、科克恰河（Kokcha）和班德阿米尔河（Rud-i-Band-i-Amir）。班德阿米尔河的下游称为巴尔赫河（Balkh Ab）。

1. 东北部阿姆河水系

阿姆河古称乌浒河（Oxus River），它是阿姆河水系的主要河流。它发源于帕米尔高原，在阿富汗境内长度有1100公里，是阿富汗与北方邻国的界河。它向北流向土库曼斯坦，最后注入咸海，全长2400公里。阿姆河在不同地段有不同的名称。在源头时，它被称为瓦罕河（Ab-i-Wakhan）；继帕米尔河（Ab-i-Pamir）汇入后，被称为喷赤河（Ab-i-Panja）；科克恰河流入后，阿富汗人称之为阿姆河。

科克恰河和昆都士河是阿姆河最重要的支流。科克恰河长320公里，起源于兴都库什山中部山区北麓，在阿富汗所有河流中水流最湍急，难以用于灌溉。昆都士河长480公里，它在阿富汗境内也有不同的名称。它较为平缓，灌溉着阿富汗北部几个省份。另外，还有一些河流在突厥斯坦平原一带流向阿姆河。但是由于流量不大，加上北部平原地势平缓，它们在未注入阿姆河之前就已干涸，不过其间形成了一些肥沃的冲积地带。这些河流有塔什库尔干河（长190公里）、巴尔赫河（Balkh Ab）（长480公里，源头处称为班德阿米尔河）、萨尔普勒河（长320公里）和凯萨尔河（Ab-i-Qaisar）（长320公里）。

阿富汗境内阿姆河流域总面积超过9万平方公里，其中瓦罕和巴达赫尚地区流域面积为3.08万平方公里，科克恰河流域面积为21.9万平方公里，昆都士河流域为3.73万平方公里。

2. 西部哈里河水系

哈里河起源于兴都库什山脉中部山区的巴巴山，向西流经阿富汗，而后折向北，构成阿富汗与伊朗边境（这一段大约长161公里），最后流入土库曼斯坦，被称为捷詹河。哈里河全长850

*10*

第一章 国土与人民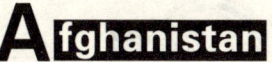

公里,阿富汗境内有500公里,灌溉着阿富汗西部赫拉特附近的平原。流域总面积为3.93万平方公里。卡奥河(Kao Rud)是哈里河唯一重要的支流。

穆尔加布河是哈里河水系另外一条主要河流。它发源于兴都库什山脉北麓的菲罗兹山,先向北流,后折向西,但未汇入哈里河。它总长800公里,在阿富汗境内长度达450公里,另外还有30公里长构成阿富汗与土库曼斯坦的边境,其余河段在土库曼斯坦境内,流域总面积为5.75万平方公里。在阿富汗境内,除上游外,穆尔加布河一些河段多用于灌溉。在阿富汗境内,穆尔加布河的主要支流有卡拉瓦尔哈纳河(Karawal Khana)。土库曼斯坦境内,有支流库尚河(Kushan)和胡斯克河(Khusk)。

3. 东部喀布尔河水系

喀布尔河水系是印度河水系的一个组成部分。喀布尔河发源于阿富汗中部山地,自西向东相继穿过喀布尔山谷和贾拉拉巴德低地后,越出阿富汗,折向北,再向东进入巴基斯坦的白沙瓦山谷,最后流入印度河。喀布尔河是阿富汗唯一一条与大洋相通的河流。总长500公里,中上游约有360公里在阿富汗境内。喀布尔河在到达喀布尔市之前为上游,这一段水量不大,夏季7~9月份几乎是干涸的,但大多能用于农业。喀布尔河水系(包括主要支流)流域总面积为7.539万平方公里。

喀布尔河主要支流有库纳尔河、两条拉格曼河〔分别称为阿利尚河(Alishang)和阿林加尔河(Alingar)〕、苏尔赫河(Surkh Ab)(有别于阿姆河流域的苏尔赫河)、卢格尔河和潘杰希尔河。其中,库纳尔河是喀布尔最大的支流,它在贾拉拉巴德东面注入喀布尔河。潘杰希尔河长320公里,卢格尔长200公里。

4. 南部赫尔曼德河—阿尔甘达卜河水系

赫尔曼德河流域约占阿富汗全国土地面积的40%。赫尔曼

*11*

阿富汗

德河全长1300公里,是阿富汗最大、最长的河流,灌溉着阿富汗西南部重要区域。它发源于兴都库什山南部山地,自东北至西南方向相继穿越兴都库什山脉、阿富汗西南地区后至伊朗边境,然后急转向北,注入赫尔曼德湖(Hamun-I-Hilmand)和萨比里湖(Hamum-I-Sabiri),赫尔曼德湖大部分区域在伊朗境内。赫尔曼德河每年流量变化不定,正常年份约为每秒60立方米,非正常年份可以增至每秒1500~2000立方米,因此它时而干涸,时而泛滥。一年内2~4月,它的流量最大,6~9月流量最小。赫尔曼德河没有入海口,它一路蒸发,沿途形成许多盐沼地。它的主要支流有卡吉河(Kaj Rud)、提林河(Tirin)、穆萨河(Rud-I-Musa)等。

阿尔甘达卜河是赫尔曼德河—阿尔甘达卜河水系的另外一条大河,同时也是赫尔曼德河的一条重要支流。它全长560公里,发源于兴都库什山中部山地的哈扎拉贾特东侧,流经坎大哈北部(阿尔甘达卜河与坎大哈之间有灌溉渠相连),最后在卡拉布斯特(Kala Bist)注入赫尔曼德河。阿尔甘达卜河的主要支流有库什克纳克河(Kushk-i-Nakhhud)、加尔马卜河(Garm Ab)和洛拉河等。

在阿尔甘达卜河流域,河流分布比较复杂。其中,阿尔加斯坦河(Arghastan River)分布在阿尔甘达卜河的东侧,并且与后者平行。它长280公里,主要支流有1号洛拉河(Kora no. I)和库什河(Kushk-i-Rud),在坎大哈东南注入洛拉河。洛拉河再向前流,在本杰吉瓦伊(Panjwai)西侧注入阿尔甘达卜河。

洛拉河总长大约为320公里,它发源于巴基斯坦境内。在巴基斯坦境内,它被称为2号洛拉河;进入阿富汗后,被称为卡达奈河(Kadanai);自阿富汗的巴勒达克(Baldak)起,改称洛拉河,此后与阿尔加斯坦河汇合。

塔尔纳克河(Tarnak)位于阿尔甘达卜河和阿尔加斯坦河之

第一章 国土与人民

间，全长 320 公里，汇入洛拉河。

此外，阿尔甘达卜河流域还有加兹尼河。它全长 240 公里，灌溉着加兹尼地区，主要支流是吉尔加河（Jilga）。

在赫尔曼德河—阿尔甘达卜河水系的西北侧，还有几条重要河流。其中一条河是法拉河。法拉河发源于兴都库什山脉北部山地的帕罗帕米苏斯山，流经沙漠地区后，注入萨比里湖。其主要支流有古尔河（Rud-I-Ghor）和马尔穆恩河（Malmun River）。另一条河是法鲁特河（Farut River）。法鲁特河位于法拉河的西北侧。它发源于赫拉特东南部山区，流经信丹德，最后注入萨比里湖，主要支流有加兹河（Rud-I-Gaz）和库什克河（khushk Rud）。此外，哈什河位于法拉河的东南侧。它发源于兴都库什山脉哈扎拉贾特的西侧，长约 480 公里，是季节性河流。干旱季节，它在迪拉拉姆（Dilaram）附近变成一系列孤立的水塘。

（二）湖泊

阿富汗湖泊众多，但大湖稀少，其中许多是高山小湖泊。高山小湖泊多因冰川作用而成。瓦罕—帕米尔山结一带是高山小湖泊的一个主要分布区。这里有扎尔库勒湖（Zarkul），或称萨尔库勒湖（Sar-i-Kul），它是瓦罕河和阿姆河的一个源头。扎尔库勒湖南北两岸分别长 10 公里和 6 公里，最宽处有 4 公里。它三面山坡环绕，南侧是高山。夏季，山坡上草场丰茂，吉尔吉斯族居民在此放牧。但是，一年中大部分时间，湖水都冰冻着。查克玛沁湖（Chaqmaqtin）是这个地区的另一个重要湖泊，它也是瓦罕河的一个源头。自东至西，它全长 17 公里，最宽处 2.5 公里。

巴达赫尚山区也有许多高山小湖泊。其中，谢瓦湖（Sheva）位于巴达赫尚西部靠近阿姆河附近。它是甜水湖，湖水清澈，非常冰冷，一年中有三个季度都冰冻着。其海拔高度为 3050 米，有 11 公里长，8 公里宽，有三条小溪注入其中。它有一个出口，

*13*

湖水因此可以流向达尔马罗赫山谷（Darmarokh）。

此外，高山小湖泊还分布在库纳尔河上游、阿林加尔河、潘杰希尔河、科克恰河等河流以及其他小溪的两侧。另外，萨朗山口、巴米扬河流与巴巴山之间的兴都库什山脉高山山地，也分布着多如牛毛的高山小湖泊。其中，位于巴巴山洼地、距巴米扬西75公里处，有五座异常美丽的小湖泊——"班德阿米尔"湖（Band-e Amir）。湖畔四周山坡环绕，峭壁林立，湖水清澈透明，并呈现出浅蓝、绿色等不同色泽，是一处迷人的旅游胜地。

除高山小湖泊外，赫尔曼德河流域也分布着许多湖泊。其中，沿阿伊边境两侧分布着三个湖，分别是赫尔曼德湖（Hamun-I-Helmand）、萨比里湖（Hamun-i-Saberi）和普扎克湖（Hamun-i-Puzak）。它们都是浅水湖。由于气候条件不同，注入各自湖泊河流的泛滥程度也不一样，这些湖每年、每千年的面积大小也有所变化。萨比里湖是这个大湖床洼地的最深处，法拉河和哈鲁特河注入其中。普扎克湖也比较深，里面储有永久性深水。

赫尔曼德河流域还有一处封闭的洼地——格蒂泽瑞（Godizereh）洼地，它有一个风蚀而成的干涸大湖床。洼地约100公里长，10~20公里宽，呈弓型，凹面朝向西北，它是赫尔曼德河流域的最低点。洼地底部海拔高度为450米，比其北面沙漠表面约低150~200米。

在赫尔曼德河流域东北部、加兹尼西侧，另有一个封闭的大盆地——达什特纳瓦尔（Dasht-i-Nawar）盆地。盆地大约有40公里长，15公里宽，里面分布着断断续续的小湖泊。湖泊海拔高度大约为3115米，面积为60平方公里，一年中大部分时间是干涸的。但是，湖泊四周平坦，是一个理想的草地。

加兹尼西南侧，也坐落着一个小湖泊——伊斯塔德赫湖（Ab-i-Istadeh）。它没有出口，是一个咸水湖。

第一章　国土与人民

此外，在哈里河流域的西南角、阿伊边境两侧，也纵向分布着两个盐湖床。北面是达戈纳马迪湖床（Dagh-i-Namadi），南面是纳马克扎尔湖床（Namaksar）。前者面积约为440平方公里，后者约为800平方公里。

五　气候

阿富汗位于亚热带气候带，属于典型的大陆性气候。年温差和日温差相当大。夏季非常炎热干燥，冬季异常寒冷。另外，各地区气候差别也较大。

地理位置是影响阿富汗气候的一个因素。阿富汗位于中亚南部，因此大多数地区夏季干燥、冬季寒冷。一些地区虽然距离印度洋和阿拉伯海不远（不超过500公里），但是由于俾路支斯坦南部和北部山区的阻挡，因此很难从印度洋和阿拉伯海吸收到水分。夏季季风经过长途跋涉，穿越南亚次大陆，到达苏莱曼山等东部山脉和兴都库什山脉一部分地区时，大多数水分已消耗殆尽，只能在阿富汗腹地降很少的雨。另外，由于位于赤道以北，阿富汗产生季节变化，日照时间也随季节而改变。最热的月份一般在7月，最冷的月份一般在1月。

不过，海拔高度和地形是影响阿富汗气候最重要的因素。降水量一般随海拔高度的升高而增加。海拔2400米以上的高山地区，比如努里斯坦部分地区、巴达赫尚大部分地区和阿富汗中部，冬季较长，有6~7个月。海拔1300~2400米之间的地带属于温带气候，比如喀布尔、加兹尼、巴达赫尚地区低地、库纳尔低地、阿富汗中部低地等地区，一年有四季的明显变化，年降水量在300~400毫米之间，降水是雪或雨。海拔900~1300米之间的山区，比如坎大哈、古尔一些地区、赫拉特中部山腰和低地，夏天气候比较温暖，年降水量在200毫米以下，几乎都是雨。海拔900米以下的地区，比如北部大多数地区、西南部、东

15

阿富汗

南部、喀布尔河（低地除外）地区，年降水量在100毫米以下。

几种气团对阿富汗气候的影响也比较大。比如，从当年11月到次年5月，阿富汗几乎所有地区都受大西洋气团的影响。大西洋气团在与阿富汗许多山地的平行移动下，给阿富汗几乎所有地区都带来了降雪或降雨。另外，西伯利亚寒流也对阿富汗气候有较大影响。不过，由于阿富汗中部高山的存在，其影响在阿富汗南部地区被极大地削弱了。起源于冰岛附近的一股气团，也经常在冬春两季影响阿富汗的气候。它自西部和西北部进入阿富汗，带来大量降雪。源自海湾和阿拉伯海的暖风，也对阿富汗南部和西南部的气候带来一定影响。尤其在夏季，由于南部和西南部气压较低，北部平原气压较高，导致刮来一种强风，影响阿富汗西部。自每年6月22日开始，自北向南，它一直吹到当年的10月22日，号称"120日风"，常常造成强烈的沙尘暴。此外，在阿富汗北部平原和南部沙漠低地，小尘暴均比较常见。

阿富汗年平均气温随海拔高度的升高而降低，纬度只是次要因素。季节的长短变化也符合这个规律。就年温差而言，在夏季，贾拉拉巴德的气温可高达49℃；西南部平原气温约在35℃；兴都库什山中部河谷地区最热月份平均气温约在24℃、高时达32℃，山区气温大约比河谷低8℃。秋季，海拔1800米以上的地区开始遭受严寒袭击；兴都库什山北坡开始降雪，南坡还比较暖和，温度大约为13℃。冬季，河谷地区最冷时气温可以下降到-8℃；山区气温可以降到-20℃～-30℃；而喀布尔最低气温曾达到-31℃；北部突厥斯坦平原平均气温为4℃，最冷时降至-3℃。

就日温差而言，夏季变化最突出。白昼常达40℃，夜晚冷得结冰。尤其是赫拉特—法拉低地一带以及西部和南部的沙漠地区，夏季中午的气温高达45℃，甚至更高，晚上冷得可以结冰。

第一章 国土与人民

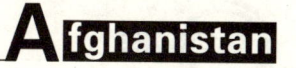

阿富汗降水量较少,年均降水量少于210毫米。降水大多集中在冬、春两季,即从当年11月到次年5月,这极大地影响了河水流量的多少和季节变化。另外,如上所述,海拔在3000～3500米之间的高山地区,是降水最集中的区域。春季,高山积雪开始融化,河水随之上涨,因此许多河流在春季流量最大,夏、秋、冬三季流量较小。除东部和东南部边境区域外,阿富汗许多地区夏季雨水稀少,非常干旱。北部平原降水量比南部平原降水量要多。冬季,西部、西北部和北部比东部、东南部降水量要多。北部、西部和南部的降水量随海拔高度的升高而增加,其中北部山麓比南部山麓降水量要丰富,湿季也较长,因此森林一般集中在中部高山的北麓以及阿富汗北部地区。不过也有例外。比如,受夏季季风影响,帕克蒂亚和库纳尔两省的森林主要集中在东部和南部山腰。

## 第二节 自然资源

一 地质构造[①]

关于阿富汗的地质研究没有详尽结论。但是据地质学家分析,在古生代时期,阿富汗基本上还是一片汪洋大海。兴都库什山脉山脊的隆起始于三叠纪末期。渐新世时期,出现新的造山运动,兴都库什山脉主要陆块随之隆起。第三纪中新世与上新世早期,陆块继续抬升。直到更新世时期,还有断断续续的造山运动。

兴都库什山脉及其衍生山脉是古生代岩石或更古老的岩石地

---

① See Hamidullah Amin, *A Geography of Afghanistan*, The Center for Afghanistan Studies, 1976.

带。板岩、页岩和石英岩构成核心，中生代地层和第三纪地层覆盖其上，花岗岩地层也侵入其中。在兴都库什山脉及其衍生山脉北侧，从巴德吉斯到塔哈尔，分布着从白垩纪时期到古新纪时期的石灰石和沙石地带，其上还覆盖着厚厚的黄土层。另外，在巴格兰——马扎里沙里夫——迈马纳——巴拉穆尔加布（Bala Murghab）弧型地带，还分布着第四纪的沙砾和黄土，新生代时期的砾岩、沙石和黏土覆盖其上。在兴都库什山及其衍生山脉的南侧，还有一个辽阔的白垩纪和古新纪地层带，它向南延伸到法拉——坎大哈一线。这个地带的东部，自东北至西南方向分别排列着欣凯断层（Shinkai）、杰曼断层（Chaman）和花岗岩侵入层，西部尽头是大约60000平方公里大小的火山沉积层。从法拉——坎大哈一线向南是新生代和第四纪时期的沉积物，泥沙、沙石、砾岩、黄土混合其中。赫尔曼德河自西南方向穿越这个区域，法拉河则穿越该区域的西北部。

阿富汗的地震活动非常频繁。这是由于它位于横跨亚洲的阿尔派恩地震带（Alpine Belt）上。这个地震带从位于大西洋的亚速尔群岛，穿越地中海北部欧洲部分区域、伊朗、阿富汗，然后沿喜马拉雅山系延伸到缅甸，最后直达印度尼西亚半岛。阿富汗有一个显著的震源，位于北纬36.5°、东经70.5°、兴都库什山脉下大约230公里深处。

二　矿　物[①]

阿富汗矿产资源比较丰富，自古就采掘和使用宝石、金、银、铜。但是迄今为止，矿产资源尚未得到完整而系统的勘探和开发。1977年，一份长达419页的报告在西方

---

① See *A Geography of Afghanistan*; Rosanne Klass ed., *Afghanistan: The Great Game Revisited*, Revised Edition, Freedom House, New York, 1990.

公之于众，对阿富汗资源状况做了较为详尽的说明。据此，阿富汗有58处固体可燃性物质矿床，898处金属矿物矿床，114处稀有金属矿床，4处放射性物质和稀土矿床，105处贵金属矿床，118处非金属矿物矿床，14处盐类矿床，21处宝石矿床，23处电子光学类矿物矿床和69处工业用矿物矿床。其中，煤、铁、盐、天然气、铬铁矿以及各种宝石最为重要。

（一）天然气

天然气是阿富汗非常重要的矿产资源。1963年，阿富汗首次发现天然气，地点在希比尔甘附近的赫瓦加古吉拉克（Khwaja Gugirak）。以后陆续发现，希比尔甘区域还有几处大的天然气田，探明储量估计有670亿立方米。其中，脱硫天然气探明储量约为485亿立方米，20世纪70年代天然气已得到开发，主要供出口和国内制造化肥使用。

（二）石油

阿富汗石油勘探活动非常有限，最早始于1925年，一直持续到20世纪70年代。阿富汗北部东自塔哈尔省西至伊朗边境，是石油分布的主要区域，其中萨尔普勒——希比尔甘一带是石油聚集区。其中，安戈特（Angot）、阿克达尔亚（Aq Darya）、卡什卡里（Qashqari）、巴扎尔卡米（Bazar Kami）和比兰德古尔（Biland Ghor）几个地方均发现了石油。据估计，安戈特矿床总储量为720万吨，卡什卡里储量为1200万吨。1977年，阿富汗北部油田探明储量为1000~1500万吨。另外，阿富汗东南部、西部和西南部也可能分布着油田。

（三）煤

阿富汗煤矿床数量庞大，但是截至20世纪70年代仅有少部分得到开发。高品质煤的探明储量大约为1亿吨，还可能有4亿吨其他类型的储量。阿富汗北部东自巴达赫尚西至赫拉特的辽阔地区，有九处大型煤矿床，36处矿象。其中，达拉苏夫（Dara-

i-suf)、卡尔卡尔（Karkar）、萨布扎克（Sabzak）和阿什普什塔（Ashpushta）是相当重要的煤矿床，储量分别为 6000 万吨、1500 万吨、500 万吨和 50 万吨。

**（四）盐**

阿富汗盐类储量丰富，有 3 处非常重要的岩盐矿床，8 处湖盐矿床。在岩盐矿床中，纳马卡布（Namakab）矿床最为著名。这处矿床直径有 915 米，厚度达 12.2 米，储量估计为 1.3 亿吨。在湖盐矿床中，安德胡伊、塔什库尔干、赫拉特、赫尔曼德和查克罕苏尔（Chakhansur）矿床比较重要。20 世纪 70 年代，这几处矿床均能生产盐，其中赫拉特的产量最高。

**（五）宝石**

阿富汗宝石蜚声世界，例如天青石、重晶石、绿玉、云母、滑石等。一些宝石的储量较为可观。

天青石最为知名，自古就是重要的贸易种类。无论从品质、颜色还是柔韧度看，阿富汗天青石均属世界一流。截至 20 世纪 70 年代，阿富汗东北部已有 27 处矿床进行了勘探。其中最重要的是巴达赫尚省萨尔桑（Sar-i-sang）矿床，那时已进行了开发。据估计，萨尔桑矿床有 141 吨一级天青石，65 吨二级天青石。萨尔桑矿床附近还有另外五处天青石矿床。这六处矿床可以开发利用的天青石总储量达 1295 吨。

20 世纪 70 年代，楠格哈尔省有 2 处滑石生产矿，即马马哈伊勒（Mama Khail）和阿钦（Achin）。据估计，阿钦矿一级滑石的储量可达 70 万吨。

阿富汗有丰富的重晶石矿床。赫拉特省桑加兰（Sangalan）矿床比较重要。此处有 30 个重晶石矿象，每个矿象厚约 0.5~3 米，长约 30~300 米，重晶石含量约为 85%~95%，总储量估计为 140 万吨。另外，古班德地区（Ghoband）有法兰加勒（Faranjal）重晶石矿床，其储量估计超过 20 万吨，重晶石含量

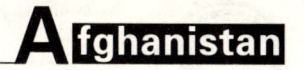

约在 66%~96%，主要供石油和天然气开发使用。

（六）大理石

阿富汗许多地区都分布着大理石。无论品质还是颜色，阿富汗大理石均可以与意大利和北美的大理石媲美。

（七）铁矿

阿富汗有 5 处铁矿床，64 处铁矿象。已知位于阿富汗中部山区的哈吉加克处（Hajigak）的矿床最为重要。初步勘探表明，此处有 14 个铁矿床，16 个铁矿象，均属高等级铁矿，铁含量达 67%。其总储量大约为 20.7 亿吨，探明储量超过 1.1 亿吨。另外，坎大哈地区的卡克里兹附近也有一个铁矿，总储量超过 800 万吨。喀布尔以西帕格曼地区以及帕尔万省内，也有两处可观的铁矿床。另外，巴达赫尚地区也有几处铁矿床，总储量估计有 347 万吨，其中希格楠（Sheghnan）附近、靠近塔吉克斯坦边境的铁矿床较大，储量估计有 300 万吨。

（八）铜矿

在阿富汗，铜的使用可以回溯到青铜器时代。铜广泛地用于硬币、矛、器皿的制作。截至 20 世纪 70 年代，阿富汗已勘探过 10 个省，共发现 12 处铜矿床。探测表明，自帕尔万省，南至坎大哈省，西至法拉省，是铜矿分布的主要区域。其中，卡加奇（Kajaki）—莫库尔（Mokur）—坎大哈一线，是铜矿及铅、锌、银、金等伴生矿物最重要的分布地带。

卢格尔省的艾纳克（Ainak）矿床是阿富汗最重要的铜矿床。早在 4000 多年前，它就已开采。据估计，这个矿床已发现的铜储量有 1150 万吨，而且就规模、储量和铜含量而言，它是世界上较大的铜矿床之一。此外，查布尔省的昆达兰铜矿（Kundalan）也非常重要。昆达兰铜矿的储量估计为 500 万~800 万吨，铜含量为 1.5%~4.3%，伴生金的储量估计有 1570 千克。另外，在拉格曼省的铜矿中，铜、铅、锌的含量分别为

0.1%～3%、1%和0.3%～1%。

（九）金矿

阿富汗黄金储量有限，但是自古从巴达赫尚到坎大哈的广大区域就有金矿开采。截至20世纪70年代中期，阿富汗共勘探过6处黄金矿床。其中，巴达赫尚省亚夫塔勒（Yaftal）处的矿床最重要。此处共有四处含金的石英矿象，共350米长，0.07～12.8米厚，每吨矿石含金量为1～85克。另外，莫库尔矿床也比较重要。它有200米长，50米厚，每吨矿石含金量为5～15克。此外，位于卡拉特（Kalat）的扎尔卡珊（Zarkashan）矿床也比较重要，此处的石英、沙砾中含有黄金，每吨石英黄金含量为0.5～11克，有时甚至达29克，每立方米沙砾黄金含量为394毫克。另外，科克恰河支流有7处沙金河床，每立方米沙砾中平均含金量为50～100毫克，沙金总储量估计为965千克。

（十）铅锌矿

有限的勘探工作表明，阿富汗有7处铅锌矿，其中3处最重要。阿尔甘达卜地区的贝比加哈尔（Bebi Gawhar）矿床中，锌铅储量估计为2100吨和5500吨。此外，古尔省的纳勒班丹（Nalbandan）矿床，厚度达3～9米，长约850米，深20～30米，铅、锌含量估计分别为0.87%和5.77%，铅锌储量分别约为1万～1.2万吨和10万～13万吨。另外，戈尔班德地区的法兰加勒矿床也含有铅锌矿，铅锌储量均估计为1.5万吨。

（十一）铍

阿富汗有数处铍矿床，尤其是在巴达赫尚地区。巴达赫尚地区可以说是世界上铍矿床的重要分布地区，主要分布在德赫巴扎尔（Deh Bazar）、查乌奇（Chawki）、萨尔卡尼（Sarkani）、努里斯坦、萨拉努尔（Sara-i-Noor）、萨拉佩奇（Sara-i-Pech）等地。其中，萨拉佩奇矿床最重要。它有数处铍矿象，总长约0.5～2.5公里，厚度达2～14米，一处矿象中铍的储量就估计

第一章 国土与人民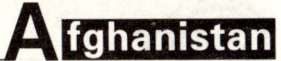

有 1.5 万吨。

（十二）铬和硼

楠格哈尔省的希萨拉克（Hisarak）地区以及卢格尔省的穆罕默德阿加（Mohammad Agha）和库兰加尔（Kulangar）地区均分布有大铬矿。其中，在穆罕默德阿加地区的铬矿床中，铬的含量在 57%。

初步勘测表明，距坎大哈南 130 公里处有一处硼矿床，总储量估计有 220 万吨。

（十三）石棉

20 世纪 70 年代，阿富汗有两处石棉矿。一处在沙德勒（Shahdel），另一处在巴格拉姆（Bagram）。沙德勒矿有 1000 米长，500 米宽，石棉储量初步估计达 65 万吨。巴格拉姆矿有 2 ~ 3 公里长，200 米宽，似乎更具经济潜力。

（十四）锡和钨

阿富汗有 12 处锡钨矿经过探测，其中托尔马林（Tormaleen）、切纳尔（Chenar）和沙勒斯坦（Shahrestan）的锡钨矿较重要。沙勒斯坦矿和托尔马林矿中，锡含量估计分别达 1%、0.1% ~ 0.56%。此外，努里斯坦地区也发现一处锡矿，长约 200 ~ 2000 米，深度约达 1 ~ 4 米。

（十五）汞

阿富汗法拉河地区发现有汞矿，此处工业用汞的含量约为 0.1% ~ 0.7%。

三　植物[①]

阿富汗境内分布着不同性质的土壤，适宜不同物种的生长。高山谷地以沙黏土为主，适合栽种谷类和豆类植

---

① See Louis Dupree, *Afghanistan*, Princeton University Press, Princeton, 1980.

23

物。东部地区是黑土地带,有利于柑橘类、稻谷和棉花的生长。中部山区南侧的土壤碱性较强,过量的盐必须经灌溉、过滤才能种植作物。北侧是多沙的沃土区。①

阿富汗的植物分布,主要由地势高度和降水量的多少来决定。阿富汗森林覆盖率只有4.78%,主要分布在东部和南部高山。东部努里斯坦和帕克蒂亚森林最为集中,因为这里的气候受东南季风的影响,雨量充沛。

在努里斯坦潮湿的峡谷内,茂密地生长着一些亚热带树木和灌木,例如橡树、野橄榄树、石榴树、阿月浑子树、榆树、野樱桃树、忍冬树等。有些山谷还发现有栗子树和野胡桃树等。努里斯坦的南坡、大约在海拔900~2200米的地带,是橡树林生长区。邻近村庄和街道的橡树所剩无几,但海拔较高的地带橡树林仍比较茂密。橡树林带之上是针叶林带,大约分布在海拔2000~3800米的区域,喜马拉雅杉是其中最重要和贵重的树木。喜马拉雅杉木质较硬,有芳香,经久耐用,可以用来造屋、制作家具。红松林分布于整个努里斯坦,但主要集中在海拔2500~3400米的地带,可以用于制作木炭。努里斯坦的北坡是光秃秃的高山和冰川。

帕克蒂亚地区的森林主要分布在高山的南坡和山谷内,主要是针叶林,生长在高达海拔3000米的地带。落叶林只占1/5。一些地方还生长着茂密的野橄榄树。喜马拉雅杉也是这个地区最贵重的树木。

阿富汗北部山区西自哈里河、东至科克恰河的斜坡上,还分布着两处森林带。在海拔600~1400米处是阿月浑子林带,在海

---

① *The Encyclopaedia Americana*, International Edition, Americana Corporation, Danbury, 1980, p. 247;《大美百科全书》中文版,第1卷,台北,"光复"书局,1990,第137页。

第一章 国土与人民

拔 1400～2400 米处为红松林带。最好的阿月浑子林带分布在巴德吉斯省西部、海拔为 870 米的地带。阿月浑子是阿富汗重要的出口物产。

在阿富汗南部和西南部干旱和沙漠地区，植被稀疏，只有在初春雨季来临时才生长一些草类。在阿富汗北部、中部和南部的草原地带，经常可以看到艾蒿类和紫云英类植物。阿富汗中部山区光秃秃，几乎没有植被分布。

四　动　物①

阿富汗是动物出没的乐园。雪鸡、捻角山羊、野兔、野山羊、雪豹、棕熊是阿富汗中部高山的动物群落。努里斯坦和哈扎拉贾特山区也有雪豹。在帕米尔高原雪域，西伯利亚虎和马可·波罗羊也偶露踪迹。努里斯坦和帕罗帕米苏斯山区有猞猁和熊。北部平原有许多草原动物群落，比如鬣狗、豺和狐狸等。此外，鸨、花金鼠也遍布其间。南部和西南部沙漠展现着伊朗高原和里海动物群落的痕迹，例如瞪羚、各种跑禽、火烈鸟、野猪等。东部和南部边境有一些印度动物群落，如猫鼬、豹子、猕猴等。努里斯坦邻近巴基斯坦的森林地带，还可看到猎豹。另外，在草原、沙漠和半沙漠地区还有各种蛇，例如眼镜蛇、甲颜面蛇等。其中，有两类眼镜蛇，一类是小型、但能致人于死地的孟加拉毒蛇，另一类是各种各样的蝰蛇。另外，陆龟、青蛙、蟾蜍以及旱獭、黄鼠、田鼠、砂土鼠、兔子等啮齿类动物也很多。沙漠边缘以及干燥的山脚，还有十余种蜥蜴。

阿富汗鱼类繁多。在兴都库什山脉北侧大多数河流里，可见各种德国棕色鲑鱼的影子。1966 年 6 月以后，一些专家还在喀

---

① See Louis Dupree, *Afghanistan*, Princeton University Press, Princeton, 1980.

阿富汗

布尔附近的萨朗河和潘杰希尔河里，投放了数十万尾虹鳟鱼苗。在兴都库什山脉南北两侧的河流里，还有许多颜色各异的白鱼类。北侧河流的白鱼腹部呈黄色，南侧白鱼的腹部呈白色。另外，在阿姆河暖水水域内以及兴都库什山脉北侧河流里，有许多鲇鱼。螃蟹、青蛙、蟾蜍以及各种小鱼遍布阿富汗河流和溪流内。

阿富汗有400种鸟类。鹧鸪是阿富汗分布最广的猎鸟，它红嘴，红腿，有小鸡大小，供猎食。小鹧鸪、甚至更小的鹧鸪也可看到。林木稀疏的地区有黑色的鹧鸪。南部和东部的一些山谷里有野山鸡。东部高山雪线下生活着雪鸡。阿富汗大约有80种野鸽，主要分布在人类居住的平原和山麓区域，有时也分布在沙漠边缘。鸽子在阿富汗被视为神鸟，受到敬畏，不能捕杀。肉食鸟类数量很多，种类不少。鹰、隼、枭遍布各处，尤其是在平原和灌木丛区。秃鹫在高空盘旋觅食，许多老鹰在山脚和高山翱翔。在平原和半沙漠当中，较小的鸟类是云雀和鹨。人类居住区附近，有许多乌鸦。食物充足的地方，有许许多多的小型鸟类，例如麻雀、燕子、伯劳等。夜莺通常在夏季唱着动听的歌曲，顶冠五彩斑斓的戴胜使四周的景色更加迷人。鹊类也遍布各处。此外，还有沙松鸡、沙漠鸡、鹅、鸭、鹳、鹈鹕、苍鹭等。

鸟类中有60%常年栖息在阿富汗，其余为候鸟。冬季，一群群的鹌鹑从北方迁徙而来，在阿富汗草原地带以及湿润的山谷里过冬。从西伯利亚、帕米尔、巴达赫尚迁徙而来的候鸟，在飞越阿富汗时有两条迁徙线路。一条穿越中部山口，另一条沿西部山麓飞行。它们在到达目的地之前，常要在锡斯坦地区歇息。春季，它们沿同样线路返回。野鸭、鹅、沙雉鸟、鹈鹕、苍鹭、鹳、天鹅等鸟类会集在锡斯坦，其中白头的布拉灰鸭筑巢于此。优雅的蓑羽鹤迁徙时仅在此歇息。

阿富汗昆虫也丰富多样。

第一章 国土与人民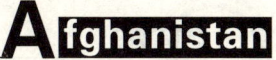

## 第三节 居民与宗教

### 一 人口[①]

阿富汗从未进行正式的人口普查，人口总数不确定。20世纪60年代末，人口大约为1470万。据1976年人口抽样调查，当年人口大约有1660万。但是据阿富汗官方统计，1979年人口估计有1550万。20世纪60~70年代，人口增长率为2%~2.5%。绵延20多年的战乱，使阿富汗人口更加不确定。据国际货币基金组织估计，1982年年中和1991年年中，人口分别为1679万和1643万。1999/2000年度，在联合国帮助下，塔利班政权进行了一次人口调查。据此，当时人口总数估计已达2300万。另外，据美国中央情报局估计，2001年7月，阿富汗总人口达2681万，人口增长率为3.48%。但是据世界银行估计，2001/2002年度，人口总数约为2720万。

从人口结构上看，在20世纪60年代末，阿富汗农牧业人口约占总人口的84%~90%。其中农业人口约有1037万，游牧民约有200万~300万；城镇人口只占总人口的10%~12%，大约有150万。由于50~70年代的经济发展以及随后战乱的影响，大批乡村人口涌入城市。截至90年代，约有80%的人口生活在乡村。城市人口主要集中在喀布尔、坎大哈、赫拉特、马扎里沙里夫等几个大城市。1999/2000年度，喀布尔人口从20世纪60

---

① See EIU, *Country Profile*: *Pakistan/Afghanistan*, 1992/93, 1993/94, 1997/98; EIU, *Country Profile*: *Afghanistan*, 2003, 2004; http://www.odci.gov//cia/publications/factbook/geos/af.html.

年代末的53万增加到大约178万。

阿富汗人平均寿命较低。1960~2001年，人均寿命从34岁提高到46.24岁。2001年，人口出生率高达4.1%，死亡率为1.77%，男女比例为1.06∶1。婴儿死亡率较高。20世纪90年代，婴儿死亡率约为29.6%，不过2001年下降到14.7%。

2001年，阿富汗0~14岁的人口占人口总数的42.2%，15~64岁占55.01%，64岁以上只占2.79%。另外，阿富汗人口识字率很低。90年代为24%，其中女性只有9%；2001年平均识字率为31.5%，其中男性为47.2%；1999年女性识字率为15%。

迄今为止，阿富汗是世界上难民人数最多的国家。苏联入侵阿富汗的10年间，仅流亡国外的阿富汗难民就达500万之多。据估计，1992年难民总数约达600余万，约占阿富汗人口总数的三分之一。其中，在巴基斯坦约有320万，伊朗约有300万。同时还有300多万人，在国内颠沛流离。1992年拉巴尼政府接管喀布尔后，难民开始陆续返回。但是，随后由于内战，不断产生新的难民潮。2000年、2001年的严重旱灾，也导致难民返回趋缓。据联合国2001年10月1日公布的数据，当时巴基斯坦仍有阿富汗难民200多万，潜在流入量达100万；伊朗有150万，潜在流入量达40万；土库曼斯坦、乌兹别克斯坦、塔吉克斯坦三国共有2.5万，潜在流入量可达10万；另外，澳大利亚、新西兰、法国、美国等西方国家也有少数阿富汗难民。不过，2001年底塔利班政权垮台后，同时由于伊朗、巴基斯坦等国采取了较为严格的遣返措施，数万名难民开始重新返回阿富汗。据估计，在2002年和2003年两年里，已有250万难民返回阿富汗，同时大约有60万在国内颠沛流离的民众返回家乡。不过，到那时为止，仍有250万难民滞留在巴基斯坦、伊朗、俄罗斯、吉尔吉斯斯坦等国。

第一章 国土与人民

## 二 民族[①]

阿富汗是多民族国家。据调查，阿富汗民族和种族约近 30 种。普什图族（又称帕坦族或巴克同族）是阿富汗的主体民族，约占总人口的 44%。第二大民族是塔吉克族，约占 25%。第三大民族是乌兹别克族，第四大民族是哈扎拉族。其他民族还有查哈尔艾马克族、土库曼族、吉尔吉斯族、布拉灰族、俾路支族、努里斯坦族以及帕沙伊族、阿拉伯族、阿夫沙尔族、古加尔族、基齐巴什族、霍希斯塔尼族、印度斯坦族、锡克族、犹太人等。

### （一）普什图族（Pushtus）

20 世纪 70 年代，普什图族人数约有 650 万。普什图族属欧罗巴人种印度帕米尔类型，一般身材高大而匀称，皮肤淡褐，头略长，长鼻或鹰钩鼻，眼睛呈棕色、淡褐色或蓝色，头发多呈棕色、黑色，或直或曲。他们使用普什图语或达里语，这两种语言均属印欧语系伊朗语族。他们信奉伊斯兰教，绝大多数属逊尼派哈乃斐教法学派，极少数人属什叶派。他们主要聚集在阿富汗南部和东部各省。北部省份的普什图族，是自 19 世纪初以来随阿富汗王国对北部的征战和移民迁去的。东南部苏莱曼山区，是普什图族的早期发祥地。

历史上，普什图族是阿富汗占统治地位的民族。从 1747 年阿富汗建国到 1979 年苏联入侵阿富汗，阿富汗的国王或国家元首都出自普什图族。政府中的高级官员、地主、资本家和大商人也都出自该族。

---

① See Louis Dupree, *Afghanistan*, Princeton University Press, Princeton, 1980；赵国忠主编《简明西亚北非百科全书》（中东卷），北京，中国社会科学出版社，2000；马晋强著《阿富汗今昔》，昆明，云南大学出版社，1993；《中国大百科全书》（民族卷），北京/上海，中国大百科全书出版社，1986。

普什图族中至今还存在部落和部落联合体。最大的部落联合体是杜兰尼人和吉尔扎依人，此外还有卡兰尼人和古尔帕希尔人。杜兰尼（"珍珠"）人原名"阿布达里"，是"圣者"的意思。200多年来，杜兰尼人一直是全国的统治部族，主要分布在从坎大哈到法拉和赫拉特的广大地区。杜兰尼人分为两支：吉拉克和潘贾帕奥。属于吉拉克一支的有巴拉克扎依、波波尔扎依、阿尔克扎依和阿察克扎依，主要居住在坎大哈地区、阿尔甘达布河谷和赫尔曼德河流域。属于潘贾帕奥一支的有奴尔扎依、伊斯哈克扎依、阿里扎依、胡里安尼和马库，主要居住在西部和西南部。

吉尔扎依人分布在坎大哈和加兹尼等地区，政治地位仅次于杜兰尼人。他们人也分为两支：图朗（西吉尔扎依人）和布朗（东吉尔扎依人）。图朗又包括霍塔基、多希、安达尔，主要居住在加兹尼、坎大哈、阿尔甘达卜河谷和哈扎拉贾特以北地区。布朗分为苏莱曼希尔、阿里希尔等，主要居住在从喀布尔至贾拉拉巴德的地区。

在普什图族中，较重要的部落还有优素福扎依、辛瓦里、穆罕曼德、萨菲、瓦齐里、瓦尔达克等，主要集中在东部、东南部和东北部等山区。这些地区交通不便，经济文化很不发达。

普什图族长期以来保持着氏族部落的社会结构。氏族、部落的名称多以"扎依"（-zai）和"赫尔"（-hel）结尾。"××扎依"是"××的子孙"，"××赫尔"是"××氏族"。普什图族主要从事农牧业。

此外，20世纪70年代，巴基斯坦的西北部地区也有约600~700万普什图族人。他们居住的地区是根据1893年杜兰线协定而划归当时英属印度的，1947年归新建立的巴基斯坦。

（二）塔吉克族（Tajiks）

20世纪70年代，塔吉克族人数大约有200万~350万。塔吉克族属欧罗巴人种印度帕米尔类型，一般身材修长，皮肤色

30

淡,头形较宽,鹰钩鼻,眼睛呈棕色、蓝色或灰色,头发或直或曲,多黑色,也有红色和金色。他们使用类似伊朗东部的波斯语,即达里语,或者塔吉克语,两者均属印欧语系伊朗语族。他们信仰伊斯兰教,大多数属逊尼派哈乃斐教法学派,少部分属什叶派的十二伊玛目派或伊斯玛仪派,同时还保留有伊斯兰教以前的一些古代宗教信仰,比如图腾崇拜、拜火仪式等。尤其是在山区塔吉克人中间,祆教仍有较大影响。

"塔吉克"一词来源于古波斯语,意为"阿拉伯人"。塔吉克族主要分布于阿富汗北部和西部各省农村,但是在喀布尔、巴格兰、恰里卡尔和赫拉特等城市居民中,他们也占相当大的比重。塔吉克族自古从事农业、畜牧业、手工业和工商业。另外,在巴达赫尚东北部和南部群山中,还存在山区塔吉克人,其民族成分比较复杂,分支较多。

### (三)乌兹别克族(Uzbeks)

20世纪70年代,乌兹别克族人数大约有80万~100万。他们是进入中亚的突厥人与其他种族混合的结果,属欧罗巴人种印度帕米尔类型,使用乌兹别克语。乌兹别克语有多种方言,属乌拉尔阿尔泰语系突厥语族。乌兹别克族信仰伊斯兰教,属逊尼派哈乃斐教法学派,不过保留有伊斯兰教之前的古代宗教信仰,比如萨满教。

乌兹别克族主要居住在阿富汗北部的昆都士、萨曼甘、巴尔赫、朱兹詹和法里亚布省。这里位于突厥斯坦平原地带,地势比较平坦,水利设施较好。昆都士河谷还是阿富汗的产稻区。在巴达赫尚和加兹尼等个别地区,还存在较小的乌兹别克人群体。除农业外,乌兹别克族还从事畜牧业,主要是养羊,另外兼营擀毡、织毯等手工业。

### (四)哈扎拉族(Hazaras)

20世纪70年代,哈扎拉族人数约60万~200余万。据说他

们是13~15世纪移入当地的蒙古成吉思汗军队的后裔。"哈扎拉"在波斯语中是"千人"的意思。哈扎拉族属欧罗巴人种和蒙古人种的混合类型，高颧骨，宽头颅。他们讲哈扎拉语，这是一种含突厥语汇和蒙古语汇的达里语方言，属印欧语系伊朗语族。哈扎拉族信仰伊斯兰教，大多数属什叶派十二伊玛目派，少数属伊斯兰教逊尼派。

哈扎拉族主要分布在阿富汗中部山区，称之为哈扎拉贾特。在中部三省，即古尔、巴米扬、乌鲁兹甘居民中，他们占绝对多数。部分人居住在哈扎拉贾特周边各省。大多数人从事农业和畜牧业，但是由于哈扎拉贾特一带地势高峻，气候寒冷，耕地缺乏，技术落后，许多人外出做雇工，或进城（比如喀布尔）做杂役、搬运工、仆人等。

哈扎拉族也存在氏族部落结构。较大的部落有：哈扎拉贾特南部地区的乌鲁兹加尼；中部和西部的贾古里；北部的代昆迪；东北部的代万吉、亚克阿乌兰格、谢赫阿里；东部的贝苏德等。另外在伊朗呼罗珊省，也有将近20万哈扎拉人（20世纪80年代），他们是19世纪来自阿富汗的移民。

**（五）查哈尔艾马克族（Chahar Aimak）**

20世纪70年代，查哈尔艾马克族人数约30万~80余万。艾马克人是突厥人或蒙古人与其他种族融合的后裔，属蒙古人种，有较多的地中海型特征，讲一种混杂许多突厥语汇的达里语方言，属印欧语系伊朗语族。

"查哈尔"在达里语中是"四"的意思，"艾马克"在突厥语中是"部落"的意思。他们自己不用"查哈尔"一词，而是用部落名称称呼自己。查哈尔艾马克族主要包括4个部族集团，即菲罗兹库赫人（Firuzkuhi）、泰曼尼人（Taimani）、贾姆希德人（Jamshidi）和泰穆尔人（Taimuri），主要分布在阿富汗中部和西部地区。此外，在巴德吉斯省西部，还有一支哈扎拉达希津

第一章 国土与人民

纳特人，也被列为查哈尔艾马克族。菲罗兹库赫人主要分布在古尔和巴德吉斯两省，全部为游牧民、畜牧民和农民，信仰伊斯兰教，属逊尼派哈乃斐教法学派。泰曼尼人居住在古尔省中部和南部地区，为半游牧、畜牧民和农民，信仰伊斯兰教，属逊尼派哈乃斐教法学派。贾姆希德人分布在赫拉特北部，为半游牧民、畜牧民和农民，信仰伊斯兰教，属什叶派的阿里伊拉希教派。泰穆尔人大部分分布在赫拉特省西部和法拉省西北部，全部为游牧民和畜牧民，信仰伊斯兰教，属什叶派十二伊玛目教派。哈扎拉达希津纳特人是蒙古人种后裔，受突厥人影响较深，也使用达里语方言，信仰伊斯兰教，属逊尼派哈乃斐教法学派。

### （六）土库曼族（Turkman）和吉尔吉斯族（Kirghiz）

20世纪70年代，土库曼族人数约10万～30万。土库曼族是南移的突厥人的后裔，属欧罗巴人种和蒙古人种的混合类型。他们讲土库曼语的方言，这种语言属乌拉尔阿尔泰突厥语族。土库曼族信仰伊斯兰教，属逊尼派哈乃斐教法学派，但仍残留古代信仰，其中萨满教成分较多，有信巫术习尚。

突厥人南移锡尔河和阿姆河后，赋予该流域"突厥斯坦"的名称，其中有一部分人进入阿富汗北部，阿富汗北部因此被称作"阿富汗突厥斯坦"。他们集中在阿富汗西北部，主要分布于昆都士、朱兹詹、法里亚布、巴德吉斯、尼姆鲁兹和赫拉特等省。土库曼族中尚存部落界限。其中，赫拉特、巴德吉斯省的土库曼族属吉卡部落；法里亚布省的土库曼族属萨洛尔和萨里克部落；朱兹詹省的属艾尔萨里部落；其他地区的属阿里艾里部落。土库曼族多为畜牧、游牧和半游牧民，部分为定居农民。土库曼族养殖的卡拉库尔羊在世界市场上享有盛誉。另外，他们擀毡、织毯的技术高超。土库曼毛毯在世界市场上享有盛誉。

阿富汗境内还有约数万吉尔吉斯族人。他们属蒙古人种西伯利亚类型，讲吉尔吉斯当地方言，这种语言属乌拉尔阿尔泰语系

突厥语族。吉尔吉斯族信仰伊斯兰教,属逊尼派哈乃斐教法学派,尚存古代信仰、万物有灵古代残余。他们主要聚居于巴达赫尚省东部人迹罕至的山区,以游牧业为主。

**(七)布拉灰族(Brahuis)**

20世纪70年代,布拉灰族人大约有20万人。布拉灰族属欧罗巴人种维多伊德型,带有许多地中海类型。他们讲布拉灰语,这种语言属达罗毗荼语系南印度达罗毗荼语族。不过,大部分人同时讲普什图语和俾路支语。他们信仰伊斯兰教,属逊尼派哈乃斐教法学派,但仍保留有原始信仰残余。

布拉灰族主要居住在阿富汗西南部,包括尼姆鲁兹省、赫尔曼德省和坎大哈省的部分地区。他们常把自己看成是俾路支人的分支集团,至今保留部落界限。主要部落有扎赫里门加尔、雷萨尼、萨尔帕拉等。多数人受雇于俾路支人或普什图人,以农牧业为生。

**(八)俾路支族(Baluchis)**

20世纪70年代,俾路支族人大约有10万人。他们属欧罗巴人种地中海类型(一说为印度帕米尔类型),头颅较短。他们讲俾路支语,这种语言无文字,属印欧语系伊朗语族。俾路支族信仰伊斯兰教,属逊尼派哈乃斐教法学派。

一部分俾路支族人居住在西北部,另外一部分人在夏季从锡斯坦迁移到赫拉特,冬季再返回锡斯坦。他们有许多分支,成分混杂。最大的部落集团是拉克沙尼,半定居,半游牧,兼营商队贸易。另一支部落集团居住在西南部锡斯坦地区,称为赛义亚德,精通打猎和捕鱼。还有一支精通牧牛,称为高达。

**(九)努里斯坦族(Nuristanis)**

20世纪70年代,努里斯坦族人数约10万。努里斯坦族属欧罗巴人种印度帕米尔型,身体修长,黑发,肤色较深,但也有大约1/3的人肤白,金发,碧眼。他们讲努里斯坦语,也叫卡菲尔语。这种语言属印欧语系，介于印度语族和伊朗语族之间，接近达尔德语族。努里斯坦族信仰伊斯兰教，属逊尼派哈乃斐教法学派。但是伊斯兰教对他们影响较弱，特别在一些偏僻的山区，一些人仍保持着对古代宗教，比如善神和恶神的信仰。

努里斯坦族人原被称作"卡菲尔"，即"无信仰之民族"。19世纪末被迫信仰伊斯兰教后，他们被称为"努里人"，即"光之人民"。努里斯坦族人主要分布于努里斯坦地区，包括拉格曼省和库纳尔省北部、巴达赫尚省南部地区。他们居住在深山峡谷之间，与外界交往较少。努里斯坦族至今仍存在部落结构，较大的部落有卡蒂、韦格里、阿什洪、波拉松等。他们是一个半游牧、半定居的民族。通常男子从事游牧，女子从事农耕。

紧邻努里斯坦人居住区的南部边缘，还有一些被称为霍希斯塔尼（Hohistani）的少数民族。他们信仰伊斯兰教，属逊尼哈乃斐教法学派，讲一种属于达尔德语族的语言。

（十）帕沙伊族（Pashais）

有时，帕沙伊族人也被称为拉格曼族人。20世纪70年代，他们约有10万人。其语言与努里斯坦人的语言相近，属印欧语系印度语族，接近达尔德语族。帕沙伊族信仰伊斯兰教，属逊尼派，主要分布于卡皮萨省、拉格曼省和库纳尔省南部。

（十一）其他少数民族

阿富汗阿拉伯人信仰伊斯兰教，属逊尼派哈乃斐教法学派，主要讲普什图语或达里语，也有许多人讲阿拉伯语或阿拉伯化的波斯语，自称是阿拉伯人的后裔。

印度斯坦族和锡克族一样，讲达里语或普什图语，母语是印度斯坦语，或旁遮普语，或西旁遮普语。20世纪70年代，印度斯坦族约有2万人。他们信仰印度教，主要居住于城市，从事贸易、商业和信贷。锡克族约有1万人，信仰锡克教，散居全国大小城镇，从事贸易、商业和信贷。

20世纪70年代,阿富汗还有数千犹太人。他们信仰犹太教,讲普什图语或达里语,很少讲希伯来语。他们主要居住在喀布尔、坎大哈、赫拉特等大城市,从事商业、贸易和信贷。

阿富汗还有其他许多少数民族,比如阿夫沙尔族、古加尔族、基齐巴什族等。

## 三 语言

富汗的语言和方言约有30余种,分别属于印欧语系(Indo-European)、乌拉尔阿尔泰语系(Ural-Altaic)、达罗毗荼语系(Dravidian)和闪含语系(Semito-Hamitic)。其中,操印欧语系的人数最多,约占人口总数的80%,广泛分布于全国各地。

### (一)普什图语和达里语①

在印欧语系中,伊朗语族的两种语言——普什图语和达里语在阿富汗应用最广泛,是阿富汗最主要的两种语言。讲普什图语的居民主要是普什图族,约占全国人口的一半。操达里语的民族主要是塔吉克族、哈扎拉族、查哈尔艾马克族,约占全国人口的30%。除本民族语言外,阿富汗各民族多数人会讲普什图语或达里语,一些人甚至会讲这两种语言。

1. 普什图语

"普什图"一词在中国出现过几种音译。新华社统一使用的"普什图"几个汉字,是按照波斯语的读音(Pushto或Pushtu)找出的汉语近音字。英语曾依此读音,译为"Pushtu"。在中国有的书上曾将其译为帕坦语(Pathan)。这是印度人或者印度斯坦语对普什图人和普什图语的叫法。还有的书上用过"帕克同语"的译名。这种音译是将普什图语和普什图人混淆了,

---

① 见前引马晋强著《阿富汗今昔》。

"Pakhtoon"一词只解释为普什图人,在任何情况下都没有普什图语的释义。另外,在中国以前出版的语言学书上,一般称这种语言为"阿富汗语"[①]。

"普什图"一词,按照这种语言的两大方言系统的读音,可读为"Pakhto"或"Pashto"。根据20世纪阿富汗在语言标准化和规范化方面所取得的成果,将该词读成"帕赫图"(Pakhto)已成标准读法。

普什图语是一种古老的语言。12世纪以前,这种语言已经产生。16~18世纪,普什图语得到广泛使用并基本定型,不过主要是普什图各部落交往的语言工具。1919年独立后,阿富汗积极发展和提高普什图语的地位,加强普什图语的研究和应用,为此成立了阿富汗语言和文学研究院,开始系统地对普什图语进行历史研究和语法整理。1936年,阿富汗规定普什图语为国语,开始大力推广普什图语。1964年宪法把普什图语和达里语都定为国语。1978年4月人民民主党夺取政权后,把普什图语、达里语以及其他4种用阿拉伯字母书写的语言都作为国家公务的正式语文。2001年年底阿富汗新政府成立后,在所颁布的2004年宪法中规定,普什图语和达里语是官方语言。此外,2004年宪法还规定,突厥语、俾路支语、帕沙伊语、努里斯坦语和帕米尔语等在各自所属的民族区域内广泛使用的语言,是阿富汗第三类官方语言。

18世纪时,普什图语有近50种方言和土语。按照语音和语法特点,它们可以划分为两大方言系统。一个是以白沙瓦为中心的东北部普什图语方言系统,或称东部方言系统,主要有白沙瓦——姆门德方言、阿富里基方言、尤素夫扎伊方言和吉尔扎伊

---

[①] 车洪才著《普什图语及在国外的研究情况》,载《西南亚资料》1983年第4期。

方言。另一个是以坎大哈为中心的西南部方言系统,或称西部方言系统,主要包括坎大哈方言、卡卡尔方言、瓦吉尔方言和塔吉克方言等。这两大方言系统在语音、词汇结构、词法和句法方面有些差别。比如,西南部方言系统中读成 zh 和 sh 的两个音素,在东北部方言系统中读成 g 和 kh。另外,东北部方言系统吸收了较多的印地语词汇,西南部方言系统吸收了较多的波斯语和塔吉克语词汇。现代普什图语就是在这两大方言系统的基础上发展形成的。后来,由于历史和政治原因,现代标准的普什图语更多地吸收了西南部方言系统的语言要素。

2. 达里语

达里语起源于 8~9 世纪的西北部地区,并取代阿拉伯语成为阿富汗的书面语。9~16 世纪,阿富汗的古典文学作品就是用达里语书写的。18 世纪中期阿富汗建国后,达里语成为官方语言,被称作"阿富汗的波斯语"。截至 19 世纪末,达里语一直在阿富汗的政治、经济和文化教育领域中占主要地位。阿富汗国内各地区之间以及阿富汗与国际上的文化交流也主要使用达里语。

达里语和现代波斯语都是由古波斯语(法尔斯语)发展而来的。达里语更多地保留了古波斯语的语言因素,与现代波斯语差异较大。其语法结构不是接近现代波斯语,而是更接近现代塔吉克语。

阿富汗、伊朗和中亚地区都有居民讲达里语,方言也比较多。比如,哈扎拉人说的哈扎拉方言,查哈尔艾马克人讲的一种混杂许多突厥语汇的方言,塔吉克人所说的方言与塔吉克斯坦的塔吉克语不同,赫拉特市和喀布尔市所讲的达里方言也不相同。尽管如此,除个别方言外,大多数达里方言可以互通。这些方言大体上又可以分为两个区域性达里语:一个是阿富汗西部和南部以及伊朗呼罗珊地区居民讲的达里语,另一个是阿富汗北部和东部以及中亚地区居民讲的达里语。在阿富汗,最具代表性的是喀布尔及其周围地区居民讲的达里语,可以称之为"喀布尔的达里语"。现代阿富汗的达里语就是在"喀布尔的达里语"的基础上形成的。

达里语文字书写也用阿拉伯字母,书写时自右向左。

### (二) 其他语言

#### 1. 印欧语系其他语族语言

与普什图语和达里语相同,俾路支语也属于印欧语系中的伊朗语族。如上所述,除俾路支族外,布拉灰族也讲俾路支语,但作为第二语言使用。

许多努里斯族人讲的"卡菲尔"语也属印欧语系,介于印度语族和伊朗语族之间,接近达尔德语族。这种语言比较特殊,方言差异较大,各部落之间语言不同。

帕沙伊族所使用的语言属印欧语系印度语族,接近达尔德语族。它有一些方言,基本上可以分为东帕沙伊语和西帕沙伊语。

阿富汗东北部一些地区,一些人群讲达尔德语族的语言。

在阿富汗东部城市中,印度斯坦族和锡克教徒所使用的母语,属印欧语系中印度/伊朗语族的印地语(Indic)分支。

一些阿富汗人还讲英语、法语、德语等属于印欧语系的西方语言。

#### 2. 乌拉尔阿尔泰语系

阿富汗乌兹别克族、土库曼族和吉尔吉斯族所讲的突厥语,属乌拉尔阿尔泰语系突厥语族。各个群体所说的方言不同,但可以沟通。土库曼族讲的是南方突厥语,乌兹别克族讲的是中部突厥语,吉尔吉斯族讲的是东北部突厥语。在乌兹别克族所讲的突厥语中,有许多波斯语词汇。在阿富汗盛行的这些突厥语,采用阿拉伯字母书写。

#### 3. 达罗毗荼语系

达罗毗荼语系起源于古代印度中部。阿富汗最南部,一些布拉灰族人所讲的语言属这种语系。不过，布拉灰族人都懂俾路支语或者达里语，或者兼而有之。

4. 闪含语系

阿富汗一些少数民族在特殊情况下讲属于闪含语系的语言。比如，一些犹太人虽然讲达里语，但是用希伯来语作为仪式性语言。突厥斯坦平原一带和其他地区，还有一些讲阿拉伯语的人，但是一些阿拉伯人只说达里语。

四　宗教①

元7世纪前，阿富汗盛行佛教和祆教。7世纪中期，随着阿拉伯人征服阿富汗，伊斯兰教开始传播。11世纪，伊斯兰教盛行于阿富汗大部分地区。19世纪末20世纪初，伊斯兰教在努里斯坦最后确立。迄今为止，伊斯兰教在阿富汗的政治、经济、文化和社会生活等各个方面都发挥着重大作用。

目前，伊斯兰教是阿富汗最重要的宗教。在全国人口中，95%以上的居民都信仰伊斯兰教。其中，80%~85%是逊尼派，属哈乃斐教法学派。普什图族人、大多数塔吉克族人、乌兹别克族人、土库曼族人、吉尔吉斯族人、查哈尔艾马克族人、俾路支族人、布拉灰族人、努里斯坦族人、霍希斯塔尼族人、阿富汗阿拉伯族人等，都属于逊尼派的哈乃斐教法学派。大部分哈扎拉族人、少数塔吉克族人、极少数普什图族人、祆教徒、少数查哈尔艾马克族人、东北部瓦罕和巴达赫尚地区部分居民、阿伊边境的部分居民等，则是什叶派的主要信徒。大部分什叶派信徒属十二伊玛目派，少数属伊斯玛仪派。其余的人分别信仰锡克教、印度

---

① See Louis Dupree, *Afghanistan*, Princeton University Press, Princeton, 1980；《中国伊斯兰百科全书》，成都，四川辞书出版社，1994。

第一章　国土与人民

教和犹太教等。阿富汗许多居民在信仰伊斯兰教的同时，还保留了原始宗教信仰的残余。

### （一）伊斯兰教

伊斯兰教是阿富汗上层建筑不可分割的重要部分。1979年苏联入侵阿富汗前，阿富汗在政府部门中设宗教学者委员会，监督和管理各项宗教事务。当时的宪法规定，伊斯兰教是阿富汗的国教，逊尼派的哈乃斐教法学派是立法的基础，实行伊斯兰教法。喀布尔设有最高伊斯兰法院，各地设有伊斯兰法庭。各级法庭的法官（卡迪）由教法学者担任，卡迪在地方上也有很大权力。从小学到大学，宗教课程是重要课程之一。清真寺多附有小学，与宗教学校一起对青少年进行宗教教育。全国还设有专门的宗教学校。

阿富汗居民伊斯兰教观念很强，他们虔诚地履行伊斯兰教的基本功课——五功。其一是念，即立誓信教。阿富汗穆斯林多数是文盲，只会讲本民族的语言。但由于立誓信教的缘故，他们会说两句阿拉伯语。一句是"作证言"，一句是"安拉至大"。他们诚信"万物非主，只有安拉；穆罕默德是安拉的使者"。其二是拜，即礼拜。他们平日认真地做五次礼拜，分别是在"晨"、"晌"、"晡"、"昏"、"宵"时，以赢得"来世的幸福"。每周五，他们还要在清真寺举行主麻拜。阿富汗的清真寺遍布乡村和城镇。每个乡村约有一个清真寺，大村落设有两三个清真寺，大城市有中心清真寺。其三是斋。在一年一度的斋月（伊斯兰教历9月）里，宗教气氛更浓，几乎人人封斋。其四是课，即完纳天课。像任何一个伊斯兰国家一样，阿富汗穆斯林也完纳天课，一般是施舍财产价值的2.5%。其五是朝觐。为履行朝觐的天命，每年有数千人去沙特阿拉伯的麦加朝觐。朝觐者归来后，都得到一个"哈只"的头衔，受到人们的特别尊重。

阿富汗还盛行圣徒崇拜。按照伊斯兰教，穆罕默德不是神，

41

只是神的使者。但是在阿富汗,不仅穆罕默德本人,就连穆罕默德的一些信徒也被神化,圣徒墓地因此星罗棋布。据说,整个阿富汗有8000多个圣徒墓地,仅喀布尔北部的佩米纳尔山谷中就有40多处。"在阿富汗,几乎每一块扔出去的石头都可以击中一处圣冢"①。许多圣徒墓还定有专门拜谒的日期,并有人主持拜谒活动。阿富汗的穆斯林相信,圣徒能与真主相通,能给人降福消灾。朝拜者蜂拥而至各处圣徒墓地,恳请圣徒的祈福。据说,贾拉拉巴德的一处圣徒墓地,可以治疗疯病;恰里卡尔(Charikar)的一处圣徒墓地,可以治疗狂犬病;佩米纳尔山谷的圣徒墓地,可以祝福多子多孙。圣徒墓地一般有神职人员看管,供人朝拜求愿,并出售一种称为"塔威兹"的护身符。在位于马扎里沙里夫的哈兹拉特阿里墓地的房院里,每年的瑙鲁兹节都要举行"立杆"仪式。

  阿富汗还有一种流浪僧人,叫"马格兰"。他们被认为是被真主的手摸过的人,一般在乡间流浪。有的袒胸露臂,有的穿着形状奇特的衣服。有的口里不停地念叨着声称是真主的话或当地某一圣徒的话,有的背诵《古兰经》。沿途村民为他们提供食物。

  伊斯兰教阶制度比较松散,有高中低之分。高层如乌里玛,他们是各省和各大城市的宗教领导人。中层如伊玛目、海推布(Khatib),他们是大清真寺的主持人和星期五主麻日典礼时念"呼图白"的宣教师。伊玛目一般由政府任命,任命前须与地方宗教领袖磋商,而且原则上政府不能将其免职。海推布意为"宣讲教义者"。除宣教外,海推布还代表伊玛目接受归信者。低层有穆安津(Muezzin, or Mu'adhdhin)、卡里(Qurra')、哈迪姆(Khadim)、穆达里斯(Mudaris)等。穆安津是清真寺

---

① Louis Dupree, *Afghanistan*, Princeton University Press, Princeton, 1980, p.104.

第一章　国土与人民

每天按时呼唤穆斯林做礼拜的人。每位穆斯林都可以呼唤其他穆斯林做礼拜。政府供养的穆安津主要在城市和大城镇，辅助伊玛目工作。卡里是诵经师，指专门诵读《古兰经》并精通其诵读法则的人员。哈迪姆是清真寺的管理员和看门人，一般由政府供养，常能从信徒和游客身上得到好处。穆达里斯在清真寺和宗教学校教授宗教课程，由政府或穆斯林供养。另外，还有宗教学者毛拉。

阿富汗伊斯兰教还有一些荣誉头衔。例如，谢赫·伊斯兰（Sheikh-ul-Islam，即伊斯兰教长老）或毛拉纳（Maulana），用于称呼堪为他人楷模的伊斯兰教领袖、教法学家或苏菲神秘主义者。得到这个称号的人，死后就成为人们拜谒的圣徒。哈兹拉特（Hazrat）指受人尊敬的宗教领袖，通常是宗教学者。哈兹拉特还用来指那些自称是奥斯曼（第三任哈里发）后裔的人。赛义德（Sayyid）是最常用的宗教字眼，指先知穆罕默德之女法蒂玛与阿里所生的后裔，逊尼派和什叶派均采用它。霍贾（Khoja）在阿富汗北部指那些自称是艾布·伯克尔（第一任哈里发）后裔的人。

（二）其他宗教

阿富汗历史上受佛教和印度教的影响很大，东南地区的佛教活动曾盛极一时。不过，伊斯兰教传入后，多数人皈依了伊斯兰教。

20 世纪 70、80 年代，阿富汗大约有 2 万多名印度教徒，其中一部分是后来从印度移居阿富汗的印度斯坦族人。

当时，锡克教徒约有 1.5 万人，其外貌特征被概括为"五K"。"凯什"（Kesh），即浓密而不修剪的长发。"坎格哈"（Kangha），即一把束发梳子。"卡查巴"（Kachaba），即一种特别的短裤。"科尔潘"（Kirpan），即一柄双刃短剑或长剑。"卡克拉"（Khakra），即戴在包头布下面的钢圈。科尔潘和卡克拉原为锡克教徒的两种防身武器,现在演变成了两件装饰品,即脖子上的小银剑和手腕上的钢手镯。锡克教徒和印度教徒都有自己的宗教仪式和庙宇。

阿富汗还有几千名犹太教徒。以色列建国后,他们曾到以色列,后又返回阿富汗。

阿富汗的农牧民和大多数城镇居民,在信仰伊斯兰教的同时也信仰伊斯兰教传入之前的古代宗教。特别信仰善神和恶神。善神和恶神各有主神和群神之分。此外,还有战神和火神。山区穆斯林相信妖法、魔法和护身符。他们崇拜精灵,害怕魔鬼,认为到处有镇尼和妖婆。镇尼缠人,妖婆害人。他们还认为到处都有阿瓦尔,即魂魄。好的阿瓦尔惩罚恶人,坏的长角长尾巴,祸害好人。阿富汗一些居民信奉的神鬼太多,占卜因此盛行,还有专司占卜的人。

## 第四节 民俗与节日

一 民俗[①]

### (一)家长制大家庭

长制大家庭是阿富汗社会组织的基本单位。一个家长制大家庭,通常由同一个父亲所生的几代人及其个体家庭组成,有时还包括被收养者。家长拥有支配全体家庭成员的权力。妇女地位低下,不仅受家长支配,还要受丈夫约束。

一个大家庭一般包括四代人。一是祖辈,包括祖父、祖母。二是父辈,包括父亲、母亲,伯父、叔父以及他们的妻子。三是

---

① See Louis Dupree, *Afghanistan*, Princeton University Press, Princeton, 1980;见前引马晋强著《阿富汗今昔》。

儿辈，包括同胞和叔伯兄弟姐妹以及兄弟们的妻子。四是孙辈。如果招婿的话，还包括姑母甚至姨母的小家庭以及表兄弟姐妹的小家庭。一个大家庭，少的10人左右，多的几十人。有的一个村子就是一个大家庭，甚至一个小村落也是一个大家庭。财产按父系继承。女儿出嫁，随丈夫而去，不能分财产。被领养的男子与家中的一个女子结婚，他就变成了"儿子"。领养的"儿子"与有正统血缘关系的儿子，在家庭财产继承上享有同等的权利。辈分和年龄不仅是掌握大家庭经济权利，也是参与乡村和家政议事的前提条件。

大家庭以上是家族。家族因血缘相近，驻地也相近，相互之间有较多联系，也彼此承担一些社会经济职能。自家族以上，政治经济利益联系越来越薄弱，相互关系越来越疏远。不过在一些偏僻的地区，家族、亲族和氏族之间仍有较多联系。部落之间联系更少，除非发生了触及全部落成员利益的大事。20世纪80年代以前，在阿富汗的游牧民中，不少人已经遗忘了自己所属的氏族和部落，常常依居住地的地名、山谷或河谷名称作为族名。不过在游牧民中，家族和亲族的作用比在农村居民中大一些。

20世纪，部落、氏族和亲族等社会组织形式已经处在逐渐分化瓦解的过程中。越靠近城市的地区，分化瓦解越快，部落、氏族、亲族之间的关系越松弛。第二次世界大战后，大家庭也出现了分化的趋势。特别是在20世纪60、70年代，小家庭在农村和游牧民中也有了显著发展。

小家庭，一般是只有两代人（父母和子女）组成的独立的社会经济单位。也有包括祖父母在内的三代人组成的小家庭。

（二）生日

在阿富汗农牧民生活中，最值得庆祝的日子就是生日。第一个孩子出生时，无论乡村、城镇还是牧区，家庭通常要庆祝整整

阿富汗

一天。如果是男孩，庆祝相当隆重，一般要鸣枪、击鼓、向穷人施舍食物，因为这意味着家庭财产有了继承人，同时也给这个家庭增添了荣耀。如果是女孩，家里则会驱逐恶魔。出生后第三天，给孩子正式起名。此前，家里会给孩子取一个临时名字，防止镇尼喊着孩子的名字把孩子偷走。起名时，毛拉会耳语四次"安拉伟大"，将其杰出的祖先告诉孩子，并勉励其成为优秀的穆斯林。毛拉可以给孩子起名，但经常是其伯父决定，尤其是男孩的话。都市里，常常是父母起名，或者由家里共同决定。出生后第七天，都市家庭通常要庆祝一下。此时，亲戚朋友常常携带礼物来探望，在妇女的住所里有许多庆祝活动，如唱歌、跳舞等。

（三）割礼

一般男孩七岁时进行割礼，标志着他开始成为男子。此时，男孩子要会自己穿衣，允许包缠头巾。割礼仪式很隆重。经常是流动的理发师给男孩割礼，随后摆宴席，有时举行一些体育活动。父亲常会给取胜者颁奖，有时是钱，有时是一条贵重的缠头巾，或者兼而有之。大多数地区不为女孩进入青春期举行仪式。有些地区，例如努里斯坦部分地区，要让行经的女子住在小屋与人群隔离，据认为此时她是不洁的。在帕克蒂亚、古尔某些地区，女孩进入青春期时，女性亲戚中会传递一种红糖以示庆祝。

进入青春期之前，女孩要帮助照看弟弟妹妹，并帮助照看牲畜。女孩9岁或10岁时，就跟着母亲磨面、提水、煮饭、缝洗衣服、拍粪饼等，学做贤妻良母。男孩将近13岁时，开始帮助父亲做农活，如果是牧民要开始学会骑马、射箭和放牧。他们再也不能自由地与女伴玩耍。儿童时代已经结束，成人时代就这样开始了。阿富汗农牧民的孩子没有青少年时期，没有向成人时代的过渡。

## （四）婚俗

原则上，只要经济条件允许，阿富汗穆斯林可以娶四个妻子。但是由于"彩礼"昂贵，普通人很难养活两个以上的妻子，实际上实行的是一夫一妻制。许多中年男子因承担不起彩礼，一般结婚较晚。什叶派穆斯林中还存在临时婚姻。在阿富汗，传统上最理想的婚姻组合是侄子、侄女通婚。除都市外，大多数婚姻仍努力维持血缘关系和部族团结。随着都市化的发展以及小家庭逐渐成为社会、经济和政治的基本单位，个人选择伴侣日益成为新模式。男女成婚的年龄通常分别是18~20岁、15~17岁。

阿富汗各地结婚程序基本类似。

第一步，当男孩或女孩的父母认为子女应当成家时，会找一个亲属作为中间人，协商婚姻事宜，这常会耗时数月。现代有知识的阿富汗家庭会直接进行协商，孩子也趋向于自己选择伴侣。但是，父母的权威仍旧非常强大。只要开始协商婚姻事宜，一般不会半途而废，不论未来的新郎或新娘是否提出异议。

第二步，初步谈妥后，男女双方两个家庭选一个日子向对方获取回话。男方家庭中，一些年长的妇女去女方家里索要糖和茶。她们会接受一盘糖、一种圆锥形糖塔和一条绣花头巾表示接受女方。一周之内，男方会返还盘子，不过盘子里盛满钱，这时双方宣布订婚。

第三步，称为"吃甜食"，算正式订婚，通常在返还盘子数月或几天后举行。传统上，只有妇女参加女方家里的这种仪式。届时，男方家里的妇女，会携带四季服装、一些首饰、三件银质个人卫生用具（包括镊子、耳勺和牙签）前去。较为富裕的家庭，还会给女方带来一根带有鱼形坠的银项链，表示多子多孙。订婚的主要仪式，是用一把饰有"不死鸟"（太阳鸟，表示好运气）的糖锤把糖塔敲碎在女方头顶，碎块越多，婚姻越长久和幸福。女方家庭还会将糖塔底儿收藏，做成饮料和甜麦面布丁，

在以后婚礼上食用。都市中的许多家庭省去了这种仪式，或将其与婚礼一并举行。不过，衣物和首饰要在婚礼前送给女方。

第四步是婚礼。支付部分彩礼后，就可以举行婚礼了，通常持续举行三天。新郎父亲或男性亲戚支付各种费用，有时新娘家也支付一部分费用。一般是新郎家准备衣服和装饰品，新娘家准备家具作为陪嫁。有时家具全归新郎家准备，准备好后先抬到新娘家，到举行婚礼后再抬回来。

第一天，新郎男女亲属到新娘家里聊天和交往，由新娘家设宴招待。新娘家人要到村外迎接新郎家人，同时邀请全村人做客，大家唱歌跳舞以示庆祝。

第二天，新郎着盛装骑着装饰一新的马，伴随着歌舞，带领亲戚到新娘家去接新娘。此时，新娘梳妆打扮等待迎亲。在新娘家，新郎给新娘穿上母亲做的一双新鞋，然后引新娘出门，钻过马缰（表示吉祥），再扶上马，然后迎亲车马簇拥着新郎和新娘回新郎家。临行前，新娘父亲还赠送一块头巾给新郎。新郎在迎亲路上用这块头巾逐个披过两家的亲属和迎亲队伍中所有的人。头巾披过的每个人都要赠给新郎几枚硬币，新郎把收到的钱全部交给新娘母亲，作为对她养育女儿的回报。有的地方，第二天只是新郎到新娘家拜访庆贺，并不迎亲，而把迎亲仪式放在第三天举行。

迎亲的这一天是婚礼的高潮。新郎家举办宴席，男女宾分席而坐。从大清早就开始唱歌跳舞，并举行类似第一天的竞技活动。迎亲队伍一般是在下午回到新郎家中。此时，新娘盛装骑马走在新郎前面，这可能是新娘走在新郎前面的唯一一次机会。结婚后，一般丈夫骑马，妻子走路，或俩人同时走路，但妻子要跟在丈夫之后。

第三天，举行正式婚礼。正式的结婚典礼实际上是在迎亲当天晚上举行的。典礼包括两个内容。一是，当晚签署婚约。婚约

第一章 国土与人民

要写明彩礼的数额,包括有多少是妻子在任何时候都能索取的份额,有多少是丈夫死后才能得到的份额。如果男方与女方离婚,女方可以索要这两份彩礼份额。签字仪式由毛拉主持,毛拉口诵《古兰经》,客人们则往新郎、新娘身上扔糖杏仁和核桃。二是,婚约签署后,进行结婚典礼。先由男方的一个近亲把新郎领到一个预先搭好的高台上,等待新娘的到来。新娘在女性亲属簇拥下,伴着传统的婚礼歌曲,朝新郎走去,典礼开始。

结婚典礼有五道仪式。仪式之一,是揭去新娘的面纱。由新娘的女性亲属挑去新娘的面纱,新郎和新娘一起诵读经文。然后,由近亲把用几层上等布包裹的《古兰经》放在新娘和新郎的头上,并在这对新人面前放着一面镜子。这是大多数新娘和新郎第一次见面。毛拉问新郎是否愿意娶新娘,并养活她,使她幸福。新郎回答是的。新娘常要犹豫几次,才回答同意。仪式之二,是涂指甲油。指甲油由爱神木的叶子制成红色。先由一位男性亲属用托在精心装饰的盘子上的指甲油,将新郎的小拇指染红,并用一块绣花布系住。然后由新郎重复这个过程,在新娘小拇指上涂上指甲油。仪式之三,是新郎品尝甜麦布丁和其他食品,并用调羹喂新娘。客人们纷纷往新娘和新郎身上掷糖杏仁。仪式之四,是新娘的近亲用七层面纱重新盖在新娘头上。其中,最后一层的四个角上系着四种物件,分别是藏红花、水晶糖、丁香和硬币,预祝婚姻幸福、家族兴旺、个人纯洁、全家安全。新娘的四位男性亲属手拿第七层面纱,解开并去掉四个物件,然后盖住新娘的面部。最后一种仪式是,新娘父亲将第七层面纱与一块绿色缠头巾系在一起,并绕在女儿的手腕上。此举象征着他把女儿交给了新郎,并向新郎确保女儿的纯洁,提醒女儿为了家庭要永葆自己的荣誉。新郎新娘共进新房,仪式结束。但是,聚会仍然继续,直到深夜甚至天明。

理论上讲,男性离婚相当容易。只要男方当众重复三次

"我与你离婚",婚姻就可以解除。传统上,男方每说一次,还要扔掉一块石头。离婚后,女方返回娘家,须等三个月才能再婚。男方可以立即再婚。三个月的等待期有实际意义,如果离婚时女方已经怀孕,此时可以表现出来。孩子将属于前夫,即使前夫不是孩子的生身父亲。都市的知识女性对伴侣以及离婚有更多的发言权,但如果要离婚,必须获取其男性亲属的支持。丈夫的不育、残暴、经常性的通奸行为,是都市女性获取娘家支持的充分理由。对男方而言,妻子的不育或未生儿子、坏脾气、没有嫁妆,是离婚的主要理由。尽管如此,家庭和公众的压力使阿富汗的离婚率很低。

(五)死亡和葬礼

阿富汗穆斯林相信人死后有阴间生活,或者升天堂,或者下地狱。人死后举行宗教仪式的目的,是为了超度人的灵魂。

男性临近死亡时,哀悼仪式就开始了。一些人默读《古兰经》,大多数妇女哭泣、痛苦地尖叫、撕扯头发和衣服。邻居送来食物和钱,表示同情。

死亡后,死者男性亲属首先清洗遗体,并撒上玫瑰露。毛拉一边指导,一边祈祷,盛赞死者生前是优秀的穆斯林。女性葬礼略有不同,常常是女性亲戚清洗遗体。

接着是祈祷。埋葬前,死者遗体用簇新的白布紧裹,头和脚都盖着,脚的大拇指系在一起。由6位近亲和朋友把死者抬入清真寺,置于"金匣"上。也可以把死者停放家中。由死者亲戚和朋友到清真寺里,请毛拉祈祷。

下葬必须在日落前进行。如果死在夜晚,必须尽快于日出前埋葬。下葬时,遗体悬垂而下,移入墓穴。有些地区墓穴呈L型。垂直下挖一坑,约两米深,再平挖一墓穴,高度约60、70厘米,让遗体在墓穴中有坐起来的空间。遗体朝向各地不同。通常脚朝麦加方向,以便在最后审判日来临时,遗体能坐起来面对

第一章 国土与人民

圣城。有时，脚朝南，头朝北，面向麦加。有时，遗体南北置放并向右侧卧，面朝麦加。遗体上盖席，由妻子和儿女撒一些泥土，然后掩埋。遗体掩埋后，再堆上岩石块。有木材的地方，会在墓地周围围上栏杆，妻子和儿女将小陶瓷灯或石灯放在墓地。有钱人家铺砖，立墓石。

葬后第 14 天，亲戚朋友返回墓地上坟。上坟时，点亮石灯或带来新灯，而后返回家里聚餐。葬后第 40 天，举行类似仪式。葬后一年，亲戚朋友会在一个星期四晚上，聚在死者家里，分享烩肉饭。富裕的家庭还会请毛拉为死者的灵魂祈祷。

在遗产分配上，男性和女性子女对于土地和金钱的继承份额是 2∶1。女儿得到的大多是家用物品。长子有时得到全部农田。为防止土地细化，幼子经常得到现金，而不是田地。或者兄弟几个共同拥有田地，共同劳作并分享收益。兄长们要在证书中为未出阁的妹妹写明嫁妆的份额。寡妇嫁妆的余额也要归其儿女，因为嫁妆是她与丈夫的共同财产。

## 二　饮食①

### （一）馕

阿富汗是中亚、中国、伊朗、巴基斯坦和印度等周边国家和地区饮食文化的荟萃地。馕是阿富汗最重要的食物。许多地区还用馕泛指食物。各地因自然资源不同，馕的原料也不一样。任何一种谷物，如小麦、大麦、玉米、小米，甚至风干的桑葚、豌豆，只要能磨成面或捣成粉，就可以做成不发酵或轻微发酵的馕。各地区馕的形状也不相同。最普通的馕，介于椭圆形和长方形之间，有点类似环形跑道；北部地区的馕较为椭圆。制做馕的锅也很特别。一般是圆弧形，陶制，很厚，一口大

---

① See Louis Dupree, *Afghanistan*, Princeton University Press, Princeton, 1980.

一口小。做馕时，锅被埋入地里，大口冲上，锅底放着木炭，然后把拍成扁平的生面团拍在锅壁上烘烤。一些游牧民还用一种轻便的圆弧形的铁锅，用正面或反面烘烤馕。

除馕外，面食中还有面条和包子。吃面条时，一是加菜汤，二是加酸奶油，能加肉和酱更好。包子馅用肉、韭菜、葱或者奶酪。

（二）烩肉饭（手抓饭）

阿富汗有各式各样的烩肉饭。烩肉饭也泛指食物，是用肉和蔬菜一起烹制的米饭，类似我国新疆的手抓饭。阿富汗有几个地区产米，如贾拉拉巴德、拉格曼和昆都士。烹制烩肉饭的油，一般是羊油或纯净的油脂，植物油越来越受欢迎。所有烩肉饭中，都有煮好的肉埋在当中，再配几道蔬菜佐餐。蔬菜有菠菜、土豆、豌豆、茄子、胡罗卜、罗卜和南瓜等。有时也用各种泡菜佐餐。贾拉拉巴德和喀布尔吃一种干辣椒酱。贾拉拉巴德还经常在烩肉饭里挤上一些酸橙汁调味。有时，还可用酸乳酪或与米饭混合的酸乳佐餐。吃饭时，经常用右手。手指将饭团成一团，大拇指把饭团放进嘴里。左手用来饭后清洗。

另有一种粘米团很受欢迎，尤其是为病人或作为点心食用。一般在中间挖一个小孔，填入肉类混合而成。有时，还将牛奶与小麦粉拌匀，放到袋子里煮10~12小时，然后送给病人吃。

（三）羊肉、乳制品等

阿富汗居民的主要肉食是羊肉。游牧民和半游牧民主要饲养羊，有充足的羊肉来源。羊肉用来做烩肉饭，也可以炖和蒸，还可以煮汤泡馕吃，类似我国西北地区的"羊肉泡馍"。较为普遍和高级的吃法是烤羊肉。烤羊肉的方法很多。比如，把瘦羊肉丁和肥羊肉片交替用扦子串起来，放到木炭上烘烤，烤熟后拿着扦子吃，叫烤羊肉串。吃羊肉串时，要蘸葡萄子末、辣椒粉和胡椒粉，并配凉拌的洋葱和西红柿丁。也可以烤肉丸，烤羊排，烤羊大腿。

冬季，阿富汗人常喝热汤。多数汤用羊肉汁做成。北部的乌兹别克人经常喝一种浓浓的与西红柿一起煮的牛血汤。阿富汗北部和南部一些城市居民，吃乳酪和肉时，还喝一种面条蔬菜汤。一种用洋葱煮成的汤，常浇在馕上吃。

各种乳制品是农牧民的重要食物。粗略消毒的乳酪、未消毒的乳酪、酸奶、较硬的乳酪是主要奶制品。把干乳酪煮化，再把馕撕成块浸入其中，是冬季一道美味佳肴。有时也经常把乳酪化入水中，然后浇在其他许多菜肴上搭配着吃。

许多地区居民都吃鸡和鸡蛋，其他家禽还有鸭、火鸡等。阿富汗人喜欢吃温热的煮鸡蛋或生鸡蛋。吃鸡蛋时，要敲开鸡蛋的小端，放入盐和胡椒，然后一口吞下。有时把鸡蛋与西红柿或洋葱一起炒着吃。越来越多的人喜欢吃鱼。阿富汗人爱捕食鸭子、鹌鹑等。

（四）糖和茶

糖是阿富汗居民必不可少的食品。糖一是做甜食，二是做糖茶。阿富汗居民喜食甜食。甜食种类很多，比如有一种浸在糖浆里的油炸面卷，还有一种用葡萄干和豆子制成的甜食，另外还有糖块、布丁和其他麦面糕点等。农牧民主要吃粗制糖，类似砂糖。

茶是阿富汗人喜欢的传统饮料。兴都库什山以北流行红茶，以南饮绿茶。不过，茶馆中都供应这两种茶。阿富汗人还经常把绿茶和小豆蔻一起煮着喝。另有一种搀杂着煮好的凝状物的茶，具有独特的咸香味，是一种名茶，经常在早餐喝。也有人喜欢把糖放入茶中喝，但几乎没有把奶加入茶中喝的习惯。主人待客时用糖茶，一般要放半杯糖茶，表示对客人的欢迎。客人通常要饮三杯茶。第一杯解渴，第二杯表示友谊，第三杯是表示赞誉和感谢。

### (五) 水果和蔬菜

各种水果（新鲜水果或干果）和坚果是阿富汗饮食的主要组成部分。水果有各种各样的瓜、葡萄、苹果、杏、李子、桑葚、樱桃等，坚果有胡桃、杏仁、阿月浑子、松子等。干果和坚果搀在一起做成的小吃，例如用胡桃与干桑葚做成的糕以及用葡萄干、坚果与干桑葚做成的糕点等，是出行时的佳品。烤玉米也受欢迎。

阿富汗人待客热情慷慨。客人大口大口吃，表示对主人的感激之情。饭后打几个饱嗝，是礼貌的象征，常能令主人满意。吃饭时，一般簇拥饭菜席地而坐。农牧民一天两顿饭，即早饭和晚饭，中间吃一些坚果、水果、馕等零食。晚饭有时有米饭，偶尔有些肉食，但茶与热腾腾的馕每顿必有。早饭经常是剩饭。

### 三　服饰[①]

富汗各民族有自己独特的服饰文化，不过服装和穿着打扮有类似之处。

### (一) 发型和头饰

阿富汗北部和中部地区的乌兹别克族、土库曼族、吉尔吉斯族、塔吉克族、哈扎拉族和查哈尔艾马克族男子，都喜欢留短发，每月剃一次头。一般相互剃发，有时由理发师剃。东南部地区的男子，尤其是普什图族，喜好长发，留整齐的方形鬓角。跳民族舞蹈时，黝黑的长发伴随舞蹈的奔放节奏而飞旋。在努里斯坦的偏远地区，男子仍在脑后留一绺头发。大胡子很流行，因为它是男子汉的象征。城市里男子喜欢留短髭，有时还加一撮山羊胡子。

妇女很少剪发。但哀悼时，有些妇女要剃去全部头发，体

---

① See Louis Dupree, *Afghanistan*, Princeton University Press, Princeton, 1980.

第一章　国土与人民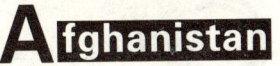

毛用细绳绞掉。妇女经常梳各种辫子，有时一两根，有时很多根，有时直直地留着，有时盘在头上。普图什族未婚女子，用发带将头发束成两根，垂在后背。其他民族未婚女子，留三根以上的发辫，并用绣花巾装饰，垂在后背。已婚后，妇女要梳许多辫子盘在脑后。西方发式在都市的中上层女性中比较流行。

阿富汗各民族的头饰千差万别。各民族有其独特的缠头巾以及系缠头巾的方式。白色是缠头巾当中最好的颜色，但许多牧民喜欢黑色。缠头巾越长越时尚，一个男子的缠头巾经常长过其身高。用缠头巾包头时，除普什图族，所有民族都将缠头巾的末端掖进去，但普什图族人把一端悬于肩膀上。缠头巾有许多功能，比如防止风吹头部、用末端遮盖面部抵御沙尘暴和暴风雪，用来托送小物件，甚至用于体育比赛。有时，还将零食系于缠头巾末端，或把物件从低处吊到高处。

阿富汗各民族的帽子风格各异。西部伊朗语族的一些村民以及北方一些突厥语族人，戴无任何装饰的毡帽。其他民族的帽子，尤其是乌兹别克族和塔吉克族的帽子都精心装饰。坎大哈地区有一种圆形帽子，并绣着金银线和圆形金属片。东部的一些普什图族人戴尖尖的缠头巾式帽子，南部的一些人戴高高的圆形草帽。许多农民干农活时，戴缠头巾式帽子，一些人只喜欢戴缠头巾而不戴帽子。男孩子割礼后，才戴缠头巾式帽子。

妇女普遍戴头巾。头巾也有许多功能，比如保持头发洁净、生人路过时用牙咬住头巾一角半遮面部、遮胸给婴儿喂奶、系物件并运送。盛大典礼和节日时，妇女常在头巾下戴一顶缠头巾式帽子。土库曼妇女的帽子最独特，高高的，点缀着银色饰品，节日里戴的帽子甚至高达半米左右。夏季，她们平时戴棉布头巾，冬季戴松软的有耳帽。努里斯坦地区妇女，有时在帽子上点缀玛瑙贝。

### （二）衬衫、裤子和外套

阿富汗游牧民中，多数男性穿宽松、长及膝盖的棉布衬衫，扣子在肩膀上。长衬衫飘在宽松的裤子外面，干活时卷进腰部系着的草绳。坎大哈地区，男女均穿白色的绣花衬衫。多数男性在衬衫外面穿无袖坎肩，坎肩一般是当地制作的，绣着花。男子的裤子十分宽大，一条裤子用布可达 6～7 米。最宽处在裤腰，平面展开，宽度有 4～4.5 米，从腰以下逐渐紧缩，至踝骨处包腿。裤子宽松下垂，布料重叠，形成许多褶皱。不过，北部乌兹别克族、土库曼族、吉尔吉斯族和塔吉克族人所穿的裤子比较贴身，适合骑马。努里斯坦族的男子穿厚重的 V 字型领羊毛衬衫和摺叠裙式短裤，短裤达膝盖之下，上面系着草绳。

村里的女性，经常穿白色或彩色的棉布衬衫、宽松裤子或长及脚踝的裙子。富裕、闲适的女性所穿褶子式的裤子，能用去 20 米长的布料。北方女性穿明亮的彩色扎染丝绸或俄罗斯搽光印花棉布。在普什图族牧民中，未婚女性穿宽松的黑色长衬衫和宽松长裤。已婚女性穿长及脚踝的宽松长裤或飘动的蓝色裤子，戴长及腿部的头巾。富裕的牧民，其妻子和女儿多穿大红色或绿色、绣着金线的天鹅绒服装。牧区妇女常把各个年代和各种币值的硬币缝进或织进服装。许多家庭把余款系在妇女的衣服上。努里斯坦妇女穿厚重的宽罩衫和长裙，很少穿窄裤。妇女出门，特别是到外村或集镇去，要穿一种类似大口袋的长袍——"查德里"，把人从头到脚罩在里面，只在眼睛处留一个用薄纱或透花刺绣遮挡的长方孔。

冬季，阿富汗人穿的厚外套有以下几种。一种是羊皮袄，里面絮着羊毛。一种是无袖的羊皮坎肩。一种是短袖的、用生羊毛制成的外套。此外，他们还穿各式各样的大氅。

### （三）鞋子

阿富汗各民族、各地区的鞋子也丰富多彩。兴都库什山南部平原和山麓，农牧民经常穿露脚趾和后跟的皮质或草质凉鞋。都市居民穿廉价的彩色凉鞋。北方人，尤其是平原和山麓地区讲突厥语的民族，穿各式各样的靴子。走路和干活时，他们穿船形的皮鞋，一般用草绳或皮带勒着。有的靴子高达小腿，有的甚至高及膝盖。一种靴子的鞋底和后跟较硬，另一种较软。都市和乡村一些地区，橡胶套靴取代了皮质软套靴。出门时，软套靴套于软靴外，进家脱下。还有一些人，光脚穿橡胶套靴。山区民族，尤其是哈扎拉族和查哈尔艾马克族，冬季穿长及膝盖的厚羊毛袜。哈扎拉族也编织同样材料的手套。高山民族经常穿衬有皮毛的靴子。塔吉克族在泥地里穿高腰木屐，木屐上刻有传统花纹。努里斯坦族穿独特的羊毛护腿，用羊毛绳系着。他们经常赤脚，下雪时穿护腿。冬季穿羊皮夹克，用银色的匕首带系在腰间。

（四）饰物

阿富汗几乎人人喜欢装饰。妇女从头到脚都要装饰。头前后有饰物，饰物上挂金属饰片。脖子上有项圈，袖子上有臂章式的饰物，腕上有手镯，手上有戒指和嵌环，前胸后背衣服上缀有各种形状的金属片，脚上有踝环。饰物一般用金、银、铜、彩色玻璃和宝石等制成。首饰中常见的图案是飞鱼、太阳鸟、生命树等。飞鱼象征富裕，太阳鸟象征长寿。饰物越多，越贵重，越受人尊重。

妇女化妆用七色颜料。棕红色染手脚，靛蓝染眼皮，红粉、白粉搽脸，紫黑色涂眼圈，额上涂金色小圆点。香油、龙涎香油涂搽身体。妇女还有文身的习俗。

男人也戴金耳环等饰品。农牧民男子戴的戒指多刻有自己的名字，当印章用。男子随身带指甲刀、耳勺、牙签、削鼻毛等卫生用小物件。农牧民经常摘一些鲜花插在缠头巾或坎肩的翻领上。

阿富汗人的马镫精心装饰，马鞍也多姿多彩，各种车辆，如卡车等也装饰得富有生气。

## 四 房屋类型[①]

### (一) 村庄的房屋

富汗农民一般居住在"凯里"或"盖尔叶"(村庄)里。村庄布局为环型或直线型,以环型居多。环型是若干村庄环绕一个镇,若干小镇和村庄又环绕一个城市。直线形是若干村庄沿一条河流伸展,依河道排列成线。村庄是自给自足的经济单位,城镇则供给人们不能生产的一些生活用品。

房屋建筑因地区和材料的不同呈多样性。地势较高而干旱的地区,最普通的房屋是长方形或正方形,由土坯垒制,外抹一层由泥草和成的墙泥。房顶是平的,一般先用横梁搭成,上铺一层垫子,再用泥土和细枝交替夯固。冬季下雪时,必须把房顶上的积雪铲掉,每年秋季必须重新抹一遍,否则会漏。喀布尔和其他城市则流行斜面马口铁房顶。

从兴都库什山脉南北两侧的平原地带向上到山谷地带,石块逐渐取代土坯或泥制的材料。山麓的房屋普遍打石基,顺山谷而上,石头用量渐增,直至房屋四壁全部用山石和鹅卵石垒制,缝隙用泥膏涂匀。房屋一般为两层式楼房。冬天,牲畜在楼下。帕克蒂亚山区普什图族所盖的两层楼房的屋顶,是用石板铺就的平屋顶。房屋依山而上,节节升高。下一家的屋顶就是上一家的小院。人们相互来往,上下靠楼梯。

在东部努里斯坦和帕克蒂亚的森林地区,房屋一般是木制的,由当地的木匠建造。木房也依山而上,错落有致。同样,下一家的屋顶就是上一家的活动场地。努里斯坦地区有些房屋建在高山斜坡之上。

在北方突厥斯坦平原和西部阿、伊(朗)边境地区,房顶

---

① See Louis Dupree, *Afghanistan*, Princeton University Press, Princeton, 1980.

呈略带方形的穹隆状,房顶中央开天窗,用以泄烟、透气和透光。一户看上去像一个蜂房,一村看上去像一盘蜂窝。这种圆屋顶住房可能是古代圆锥形住房的一种变形。西南部地区房子的地面通常呈长方形,房顶呈烟道状穹隆形,窗户只有框架,或没有窗户。鸽楼式房屋是西部另一种特殊的建筑样式,用来搜集鸟粪作为肥料。

喀布尔、帕尔万和坎大哈周围的葡萄产区,房屋通常由土坯垒成,房顶上有圆形的小孔以利空气流通。成串成串的葡萄挂在木柱上晾晒,直至变成葡萄干。

住宅周围一般有围墙,通常用泥土或土坯垒成,以保证安全和隐私。一家通常有3~4个房间,富裕的家庭还铺地毯。许多村庄还有客房,有时清真寺也用作客房。

**(二) 牧民的帐篷和临时小屋**

阿富汗游牧民和半游牧民的住房主要是帐篷和临时小屋。按材料和样式,它们可以分为以下四种。

1. 黑山羊毛毡帐篷

这种帐篷没有框架,中间撑几根木棍,靠拉索固定。黑色帐篷在沙漠和半沙漠地区有显著功效,其两侧可以开启,四边能卷起来,有利于通风凉爽,帐篷内的温度一般比外面低。这种帐篷有四种不同的类型:南部与西部的普什图族杜兰尼人居住的类型,东部和北部的普什图族吉尔扎伊人居住的类型,俾路支斯坦族所居住的桶状穹隆型的帐篷和查哈尔艾马克族的长方形帐篷。

2. 圆顶型帐篷

其典型构造是一个花格式棍棒架构。即,用带子把排成一圈的棍棒扎好,上半部弯曲或斜搭,汇聚顶端成拱顶,用带子扎好。有的用一个挖空的木制圆盘固定棍棒的顶端。框架外面覆盖一层麦秸垫子,再箍几圈编织好的带子。毛毡从顶上盖下来,直到半腰。毡子外面精心装饰,里面绘制图案。入口有两扇木门,雕刻着各种花样。北部和中部半定居半游牧的民族，如乌兹别克族、土库曼族、哈扎拉族、塔吉克族等住在这种类型的帐篷。一些定居的乌兹别克族、土库曼族、哈扎拉族和塔吉克族人居住的帐篷，常设在住所围墙的里面，用作夏季小屋。

3. 简易小屋

它用席子或垫子围成，主要分布在兴都库什山南部，屋顶经常是半坡。俾路支族和布拉灰族所盖的小屋更精致一些。

4. 其他小棚屋

这种小棚屋主要用棍棒和树枝搭成，盖苇席或破旧毛毡，多建在公共打谷场、扬谷场和粮仓旁边，供守护人居住。

（三）城镇房屋

阿富汗城镇一般位于交叉路口或河流旁边。城镇居民住房与农民住房一样，主要是用土坯建造的平顶房。集镇或小城市里都有一条市场街。街道建筑和城镇办公场所的建筑较好，建筑材料主要用砖、沙灰和水泥。大城市建有钢筋混凝土的高楼大厦。

五　节　日

（一）宗教节日[①]

富汗许多节日与宗教节日有关。

1. 斋月（Ramadan）和开斋节（Id al-Fitr）

斋月即"莱麦丹月"、"赖买丹月"，或称拉穆赞月（Ramzan），指伊斯兰教历9月。因为是阴历，每年斋月都要提前11天。当月，穆斯林均须按教规履行封斋功课，斋戒期限为29天。斋月始于当月新月的出现，结束于此月（伊斯兰教历10

---

① See Louis Dupree, *Afghanistan*, Princeton University Press, Princeton, 1980；见前引马晋强著《阿富汗今昔》、《中国伊斯兰百科全书》。

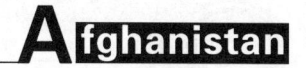

月）见新月时。斋戒期满 29 天的当晚，要等看新月。若看到，翌日即为开斋节，否则继续封斋一日。伊斯兰教法规定，凡成年男女（男 11 岁，女 9 岁）穆斯林，在斋月必须封斋。即，每日于黎明前至日落时，严禁饮食、吸烟、滴剂，戒房事或任何嬉狎非礼行为，还禁止放血、拔罐或输液。斋戒者于黎明前进用封斋饭，日落后进用开斋饭，宵礼后礼 20 拜"泰拉维哈拜"，有条件者要到清真寺坐静。但是，婴儿、旅行者、战场的战士、病人、孕妇等可不封斋。除孩子外，其余未封斋者要在一年中其它时间补斋或施舍。在阿富汗大多数城镇和村庄，毛拉的召唤预示斋戒的开始和结束。在喀布尔，设在谢尔达尔瓦扎山脚（Sher Darwaza）的大炮于日出前 1 小时鸣炮，人们就开始起床、吃饭。第二次鸣炮时，人们开始斋戒。大炮第三次鸣响时，斋戒结束。每天斋戒结束时，多数阿富汗人首先吃一些高能量的食物，如海枣、葡萄干，然后吃烩肉饭，饮大杯大杯的茶。斋月结束后，要庆祝三天，即开斋节。开斋节一般在伊斯兰教历的 10 月 1 日。人们，尤其是孩子们要穿新衣，探亲访友，馈赠节日食品，歌舞欢庆。

2. 伊迪·伊·阿德哈尔节（Id al-Adha）

它也称伊迪·伊·杜哈，即宰牲节，又称"古尔邦节"，指奉献祭祀品的庆典，发生在麦加朝觐时期，是朝觐功课主要仪式之一。20 世纪 80 年代以前，阿富汗每年有上千人到麦加朝觐。朝觐者在伊斯兰教历 12 月 10 日进行宰牲，其余各地穆斯林在伊斯兰教历的 12 月 10～12 日。宰牲节期间，要宰杀一只绵羊，以纪念先知易卜拉欣奉安拉指令宰杀一只绵羊代替了爱子伊斯玛仪。宰牲肉分为三份，一份归羊主，一份馈赠亲友，一份施舍给穷人。节日通常持续三天，朋友相互探访，互赠礼品。

3. 罗兹茂鲁德日（Rose Maulud）

它也称茂利德·奈比日（Mawlid al-Nabiy），即圣纪，是纪

念先知穆罕默德诞辰和忌辰的重要节日。穆罕默德出生于公元570年，即阿拉伯太阳历"象年"的3月12日。穆罕默德去世时间是在公元632年6月8日，即伊斯兰教历11年3月12日。穆斯林将两个纪念日合并，称为圣纪。阿富汗庆祝这个节日时非常隆重，一般在清真寺诵经祈祷，吟诵"赞圣词"，讲述先知事迹等。

4. 阿舒拉日（或译为"阿术拉日"，Āshūuā）

阿富汗穆斯林除过斋月外，还要过一个斋日，即"阿舒拉日"，指伊斯兰教历1月10日。公元622年，先知穆罕默德由麦加前往麦地那后，为团结和争取当地犹太人，仿效犹太人的教习，定该日为斋戒日，以示重视。公元623年伊斯兰教历9月定制为斋月后，该日改作自愿斋戒日。因此，阿富汗逊尼派穆斯林纪念这个日子。另外，阿舒拉日也是阿富汗什叶派的斋戒日，是什叶派纪念先知穆罕默德外孙、阿里次子侯赛因在卡尔巴拉殉难的哀悼日。当天，什叶派穆斯林要举行隆重的纪念活动。有的在清真寺祈祷，朗诵悼念侯赛因的诗；有的专门到卡尔巴拉侯赛因墓谒陵。

（二）瑙鲁兹节（Nawruz）

除宗教节日外，阿富汗还有其他许多独特的节日。

瑙鲁兹节是阿富汗最重要的节日之一，同时也是充满喜悦和希望的新年庆典。节日从每年的3月21日左右开始，持续3天。有趣的是，阿富汗新年的第一天始于日落，而不是子夜。新年开始时，阿祖扎克（Ajuzak）——一位丑陋的老太婆将四处漫游。她蹒跚而行，如果跌倒在左边，当年将干旱少雨；跌倒在右边，将是丰年。婴儿必须藏起来，不能被阿祖扎克邪恶的眼睛看到，否则会生病。另外，新年期间，每个人都穿上盛装，佩戴首饰，到户外庆祝春天的来临。每年这个时候，都有许多人去朝拜位于戈尔德盆地的阿里亚巴德圣地，这里因阿里的手印而闻名。同时，还举行骑术竞赛、短篇故事演说、乐器演奏等活动。阿富汗妇女在家中还要准备各种丰盛的食品。瑙鲁兹节中正式的庆祝活动是"破土春耕"。一般在年初，由城市的最高长官或知名人士率先破土耕种，以纪念和赞颂教导人类土地耕种技术的祖先。①

新年期间，位于马扎里沙里夫的哈兹拉特阿里（Hazrat 'Ali）的圣墓还要举行特殊的"立杆"日活动。当天，阿里圣墓的大院将树起阿里的旗杆，虔诚的教徒争先恐后地向上攀登。谁第一个触摸到顶端，就将先获得崇高的品质。旗杆一般立40天，会有数千名朝觐者前来朝拜。许多病人和残疾者触摸旗杆，希望病情能奇迹般治愈。

新年40天后，即哈兹拉特阿里的"立杆"活动结束后，马扎里沙里夫还有另一个节日。在一种独特的红色郁金香盛开并凋谢后，人们开始探亲访友，互祝生活幸福，长命百岁，多子多孙。这个节日可能与阿富汗古老的多子多孙风俗有关。

（三）独立日

独立日也称"杰辛节"，在每年的8月19日，是阿富汗最重要的庆典之一。1919年8月19日，阿富汗摆脱英国殖民者的统治而独立。每年这个时候，阿富汗都要举行盛大的庆典，其中包括举行阅兵仪式等。

---

① 《世界百科全书》第12卷，亚洲第5册，台北，"光复"书局，1986，第124页。

# 第二章
# 历 史

自古以来，阿富汗就接连不断地遭受外族入侵和争夺，同时它也是东西方交往与文化融合的地区。18世纪中叶，阿富汗建国。自此到19世纪末20世纪初，大部分时间阿富汗处于内乱和外患当中。其中，由于英国和沙俄的争夺，引发了两次英阿战争，并导致阿富汗被英国所控制。通过第三次英阿战争，1919年阿富汗获得独立。此后，尽管出现一些短暂动荡，政局也不平稳，阿富汗还是进入了相对安定与和平的发展时期。尤其在冷战初期和中期，阿富汗借助东西方阵营的角逐获取了大量外援，促进了政治经济社会的进一步发展。1979年苏联入侵阿富汗，阿富汗在国际社会支持下掀起广泛的抵抗运动，最终迫使苏联于1989年撤出。20世纪最后10年，阿富汗处于内战当中，其中塔利班组织日趋壮大，并有统一全国之势。2001年发生震惊世界的"9·11"事件后，美国和英国在国际社会协助下，于当年10月7日开始攻打塔利班及其庇护的"基地"组织，并于当年年底建立了阿富汗新政府。阿富汗历史由此掀开新的一页，战后重建逐步取得进展。

第二章 历　史　**A**fghanistan

## 第一节　上古简史

一　原始文明[①]（距今大约 20 万年前至公元前后）

有考古资料证实，阿富汗的史前文明不晚于 20 万年前。从那时起到公元前后，阿富汗境内存在着丰富的石器时代、青铜器时代和铁器时代的文化遗存。

（一）旧石器时代（距今大约 20 万年前到 1 万年前左右）

阿富汗旧石器时代文化遗存大致可以分为早期、中期和晚期三个阶段，年代距今大约 20 万年前到 1 万年前左右。

位于达什特纳瓦尔湖盆附近的遗址是旧石器时代早期文化遗存代表。该遗址位于加兹尼省，它出土了一些用石英岩制成的粗石器工具。根据初步推测，这些遗存属于旧石器时代早期，距今大约 20~10 万年以前。

旧石器时代中期文化遗存发现较多，主要有达拉库尔遗址（Darra-i-Kur）、加尔莫尔德赫古斯凡德遗址（Ghar-I-Mordeh Gusfand）、哈扎尔苏姆山谷遗址（Hazar Sum Valley）和卡拉卡马尔 2 号和 4 号遗址（Kara Kamar II，IV）。其中，达拉库尔遗址最具代表性。该遗址位于巴达赫尚省，出土了约 80 件距今约 3 万年前的石器。此外，它还出土了一块不完整的原始人的右侧颞骨（太阳穴附近）碎片，是迄今为止在阿富汗发现的唯一一件旧石器时代的人类遗存。有专家认为，该人类遗存属于古人类——尼安德特人，也有专家认为更接近于现代人类。当时，人

---

[①] See F. R. Allchin and Norman Hammond ed., *The Archaeology of Afghanistan, From Earliest Times to The Timurid Period*, Academic Press, London/New York/San Francisco, 1978, pp. 40~167; Louis Dupree, *Afghanistan*, Princeton University Press, Princeton, 1980, pp. 260~264.

们狩猎的动物已经与旧石器时代晚期一致，主要有野山羊（绵羊）和野牛。

旧石器时代晚期文化遗存集中于兴都库什山北侧，如卡拉卡马尔 1 号和 3 号遗址、阿克库普鲁克 2 号和 4 号遗址（Ag Kupruk II, IVA and IVB）、达拉卡伦遗址（Dara-i-Kalon）、科克加尔遗址（Kok Jar）和塔什库尔干遗址等。其中，前两者最具代表性。卡拉卡马尔 3 号遗址是阿富汗最重要的考古发现之一，它位于萨曼甘省北部，年代距今约 3.2 万年至 2.5 万年之前，片器加工技术是该遗址一大特色。阿克库普鲁克遗址地处巴尔赫省阿克库普鲁克镇北部，沿巴尔赫河分别分布着 1 号遗址、2 号遗址和 3 号遗址。其中，2 号和 3 号遗址还可以分别分为 A 段和 B 段前后两个阶段。阿克库普鲁克 2 号遗址距今约 1.6 万多年前，丰富的燧石器工具遗存是该遗址的一大特色，这里共出土了大约 2 万件燧石器工具。另外，高超的片器、刃器和细石器的加工技术，是该遗址的又一大特色。这里还发现一些动物残骨和骨器，表明山羊和绵羊可能是当时兴都库什山北部人群所食肉类的主要来源。另外，在阿克库普鲁克 2 号 A 段文化遗存中，发现了一件在椭圆形石灰石上雕刻的代表人脸的艺术品。它也许是亚洲最古老的雕刻，同时也是世界上最古老的雕刻品之一。

（二）新石器时代（距今约 1 万年前到公元前 2000 年左右）

阿富汗新石器时代文化遗存大致分为三个阶段：无陶器制品时代、有陶器制品时代和"山羊崇拜"时代，从距今约 1 万年前到公元前 2000 年左右。

阿克库普鲁克 1 号遗址是无陶器制品时代的代表，年代在距今约 1 万余年至 8000 年前。新石器时代的重要标志是出现了人类驯养的动物和培育的植物。在阿克库普鲁克 1 号遗址 A 段中，就发现了驯养的绵羊和山羊。该遗存还表明，阿富汗北部兴都库什山丘陵地带可能是人工培育植物和驯养动物的早期中心之一。

阿克库普鲁克1号遗址和2号遗址地层上的变化，表明了陶器的产生。陶器的出现，是人类物质文化进步的重要标志。这两处陶器的种类主要有两类。一类是粗制软陶，大多为宽边平底陶。另一类陶器烧制较好，上面有许多带有俄罗斯、突厥斯坦地区风格的"之"字形雕刻。

达拉库尔遗址是"山羊崇拜"时代文化遗存的重要代表，其年代约在公元前2190年至公元前1880年。最引人注目的是，这里出土了由驯化的山羊骨连接的骨架，其中两具骨架无头，一具与两（或三）个小孩的骨骼碎片相连接。这种埋葬方式可能具有某种仪式意义，与中亚地区自古至今一直存在的"山羊崇拜"习俗有关。另外，该遗址中还发现了可能是游牧人群居住的帐篷或地下小棚的痕迹。另外，三枚含低锡的青铜器碎片的出土也不同凡响。

### （三）青铜器时代（公元前6000年至公元前2000年以后）

金属工具、首先是青铜器的出现，标志着定居的农耕经济和畜牧经济时代的起源和发展。兴都库什山南北两侧均发现了与之相联系的遗址，年代上与新石器时代有所交错，大约从公元前6000年到公元前2000年后。北部遗址主要有加尔马尔（Ghar-i-Mar）遗址、达拉库尔遗址、塔什库尔干某些遗址和达什里地区系列遗址。南部遗址集中在坎大哈省附近，主要有蒙迪加克遗址（Mundigak）、德赫莫拉希昆达遗址（Deh Morasi Ghundai）、赛义德卡拉泰佩遗址（Said Qala Tepe）和锡斯坦地区的三处遗址。

加尔马尔遗址年代最早。它位于阿富汗东部边境博拉山口一带，时间大约在公元前6000年中期左右。在发现的金属器碎片中，有三件是有压花装饰的金属片。金属碎片中铜含量很高，同时含有7%的锡和少许的铁和镍，属于青铜器冶炼早期的风格。其中两件青铜器碎片的年代分别在公元前5487年和公元前5291

阿富汗

年，是世界上出土的青铜器件已确定的最早年代。这里发现的陶器主要有两种类型。一类是类似于有陶器制品的新石器时代的软陶，另一类是烧制较好的灰色硬陶，器身用陶轮制成。陶轮工具的使用表明了技术的进步和专业化生产的发展。

蒙迪加克遗址系列（1~7期）位于坎大哈西北55公里处，年代大约从公元前4000年初至公元前1500年。其中，蒙迪加克1~3期遗址与其4期和5期遗址的变化表明，在这个时期，蒙迪加克从一个农耕小村落缓慢地发展成为设有粮仓的真正意义上的城镇。

在蒙迪加克1~3期遗址中，发现了建筑小型房间用的粘土、土坯或烧制的转。另外，铜制或青铜制的各种日常用品和工具广泛地使用了封闭式浇注技术。

蒙迪加克4期和5期遗址代表了农耕部落文化的繁荣时期。蒙迪加克4期遗址发现了庞大雄伟的"宫殿"式建筑和半圆柱围墙。同期出现的"庙宇"式雄伟建筑，可能具有某种宗教职能。蒙迪加克5期遗址出现了另一座雄伟建筑遗址——"大纪念碑"。大纪念碑的墙基外围，发现了"人牲"遗迹。在蒙迪加克4期遗址中，还有一块白色的石灰石男性头像，类似于同期印度河文明发现的人类雕像。另外，蒙迪加克4期和5期还出土了许多面部丑陋而胸部健美的女性雕像，它们可能代表某种饮食之神。

公元前2000年中期以后，蒙迪加克文化（6~7期遗址）被可能来自北方操印欧语系的游牧和半游牧民族占领而衰落下去。

赛义德卡拉泰佩遗址位于蒙迪加克遗址东南约97公里处，年代约为公元前3000年末期，相当于蒙迪加克3~4期遗址阶段的文化。德赫莫拉希昆达遗址位于赛义德卡拉泰佩遗址西南约16公里处，时间上接近蒙迪加克4期遗址文化，代表半定居的小村落文化。

第二章 历　　史

在锡斯坦遗址中，绝大多数代表的是大约公元前 3000 年的农耕小村落文化。不过，沙赫里索赫塔遗址（Shahri-i Sokhta）与众不同，代表的是都市型的"赫耳曼德河文明"。引人注目的是，该遗址出土了许多除易腐烂的物品如木材、纺织品外，还出土了大量不易腐烂的物品，如石膏、天青石、绿松石等，还有一些制作玉石的工具。这表明沙赫里索赫塔可能是天青石制作并转运西方的中心。

公元前 2000 年中期前后，北部文化发展起来。达什里 1～10 号遗址是重要代表。它位于兴都库什山北部阿克恰市（Akcha）附近，年代约属于公元前 2000 年中期或上半期，是农牧文化代表。其中，达什里 1 号遗址发现了由砖坯砌成的矩形堡垒，堡垒的四个角和围墙中部矗立着塔楼，紧贴堡垒分布着一些可能有防御兼居住功能的小房间。这是中西亚地区最早的堡垒式建筑之一。达什里 3 号遗址也出现了类似的堡垒式建筑，在具有防御兼居住功能的房屋场所中部有一所圆形建筑，该建筑可能具有某种宗教功能。在该遗址出土的金属物品中，有各种日常用品以及手镯、戒指等装饰品，还有一些用不同材料做成的印章和宝珠。

（四）游牧民族的铁器时代（公元前后）

现有考古资料证实，反映游牧民族铁器时代的早期文化遗存，主要存在于阿克库普鲁克 1 号、2 号和 4 号遗址以及沙姆希尔加尔遗址（Shamshir Ghar）中，大致属于公元后初期。在其出土的文物中，有精美的青铜镜、铁质的三棱形投射簇尖和各种金属装饰品、绘有花纹的陶器以及赤陶女性、绵羊、骑士等各种雕像。晚期文化遗存主要发现于阿克库普鲁克 1 号和 4 号遗址以及沙姆希尔加尔遗址。其中，阿克库普鲁克 4 号遗址发现了十具尸体和丰富的陪葬品。陪葬品中除青铜器和宝石饰品外，还有铁质的匕首、马具等。阿克库普鲁克 1 号还出土了较多的铁制尖状器。

青铜器和铁器时代的文化遗存表明，社会财产已经开始分化，一个充满了军事冲突的时代已经到来。不过，在铁器时代的文化遗存之前，阿富汗已经进入有史文明阶段。

## 二 外族相继入侵和东西方文明的交融（公元前6世纪至公元5世纪左右）

### （一）阿富汗有史文明的开端（约公元前6世纪）

富汗有史文明大概始于公元前6世纪。古波斯阿契美尼德王朝时期开始编辑成书的古经《阿维斯塔》，是较早提到阿富汗一些地名的史籍。《阿维斯塔》是袄教经典，公元前6世纪左右，该书最古老的"赞歌"（迦提）部分已经成书，全书最后成书于波斯萨珊王朝时期。

### （二）阿契美尼德王朝的统治（公元前550或558年至前330年）

根据史书记载，阿契美尼德王朝的征服和统治，是有史以来阿富汗第一次被外族所占领，时间大约是在公元前550或前558年至前330年。当时，该王朝的东部总督领地包括现代阿富汗的一些地方。它们是：（1）阿里亚（Aria），即现代赫拉特，当时是波斯东部的一个重要中心。（2）巴克特里亚（Bactria），即阿姆河南部阿富汗突厥斯坦平原地带。（3）德兰吉安纳（Drangiana），即现代锡斯坦地区。（4）阿拉霍西亚（Arachosia），即赫耳曼德河上游，现代法拉和坎大哈地区。（5）萨特吉底亚（Sattagydia），即阿富汗中部山区，包括现代的喀布尔、巴米扬和潘杰希尔河谷地区。（6）甘德哈拉（Gandhara），包括现代的贾拉拉巴德以及巴基斯坦的白沙瓦和西北边境省份。（7）马尔吉安那（Margiana），即阿富汗近代的梅尔夫（Merv），后被割让给沙俄。阿契美尼德王朝向这些领地派遣总督，辖区居民必须向王朝缴纳贡税。①

考古资料也证实,阿契美尼德王朝曾统治阿富汗。20世纪30~60年代,喀布尔、贾拉拉巴德、坎大哈附近陆续出土了4块碑刻(残片)。其中,有3块碑刻用阿拉姆语篆刻,1块用希腊/阿拉姆语双语篆刻,它们都可以追溯到公元前3世纪中期。这表明,阿契美尼德王朝崩溃100年后,阿富汗一些地区还在使用阿契美尼德王朝的官方语言——阿拉姆语。②

这个时期是阿富汗的祆教化时期。该教也称琐罗亚斯德教,由琐罗亚斯德在公元前6世纪左右创立,后盛行于古波斯(包括阿富汗地区)、中亚一带,南北朝时传入我国,称之为祆教或拜火教。它认为宇宙间有善与恶、光明与黑暗两种力量在斗争。善和光明最终将战胜恶和黑暗。阿胡拉·马兹达代表善和光明,火是善和光明的化身。

(三) 古希腊和古印度孔雀王朝的分治(公元前330年至前135年)

1. 希腊亚历山大的东征和统治(公元前336年至前323年)

公元前330年,阿契美尼德王朝被亚历山大(公元前336年至前323年在位)所率领的希腊马其顿王朝所灭。同年,亚历山大挥师东征,相继占领阿富汗的阿里亚、德兰吉安纳、阿拉霍西亚、帕罗帕米萨达埃(Paropamisadae)(今喀布尔—恰里卡尔一带)、德拉普萨卡(今昆都士)、巴克特里亚以及阿姆河北部地区。然后,他又挥师南下,穿越兴都库什山,经喀布尔直达古

---

① F. R. Allchin and Norman Hammond ed., *The Archaelogy of Afghanistan*, *From Earliest Times to The Timurid Period*, Academic Press, London/New York/San Francisco, 1978, p. 187; Louis Dupree, *Afghanistan*, Princeton University Press, Princeton, 1980, p. 275.

② Nancy Hatch Dupree, *A Historical Guide to Afghanistan*, Afghan Tourist Organization, Kabul, 1971, p. 20.

印度的旁遮普地区。公元前324年，亚历山大的军队返回故里，结果建立了一个东自印度河和中亚、西至巴尔干半岛、北起多瑙河下流南岸、南至尼罗河流域的横跨欧亚非三大洲的大帝国。公元前323年，亚历山大因病而死。

亚历山大东征对包括阿富汗在内的西亚地区产生了深远影响。一些以亚历山大命名的具有重要战略意义的城镇或居民点在阿富汗地区相继建立起来。比如，在现在的锡斯坦、坎大哈、喀布尔等附近就建有亚历山大城。坎大哈附近曾出土了两块刻有希腊文的石碑。另外，大量的希腊人、马其顿人等也接踵而至，他们在东方定居，与当地人通婚，这些都促进了东西方文化的交融。

2. 希腊塞琉古王国和孔雀王朝的分治（前者约在公元前305年至前250年，后者约从亚历山大死后至公元前2世纪）

亚历山大大帝死后，马其顿帝国一分为三。其中，塞琉古在公元前312年获得了帝国的原东部领地，包括大部分西亚地区，史称"叙利亚国"，中国史书称之为"条支"。公元前305年，塞琉古王朝征服阿富汗的巴科特里亚。它热衷于推行希腊化政策，比如采用希腊马其顿历法纪年，即以塞琉古王朝建立的公元前312年为纪元元年，该纪元直到15世纪才被废用。塞琉古王朝的统治者也效法亚历山大大帝，建立移民城镇。在这个时期，巴克特里亚成为东西方经济文化交流的一个重要城市。塞琉古王朝对阿富汗一些地区的统治一直延续到公元前250年。

亚历山大大帝死后，阿富汗东部（包括喀布尔）、东南部（包括坎大哈）和印度河流域被印度孔雀王朝所占据。塞琉古王朝曾试图收复这些地区，但后来不得不正式让给孔雀王朝。孔雀王朝对这些地区的统治一直延续到公元前2世纪，其中阿育王统治时期（公元前273年至前232年）达到鼎盛。坎大哈附近曾出土了三处阿育王时期矗立的石柱敕铭，其中一处敕铭是于 1958 年在切海吉纳（Chehel Zina）发现的。这块石柱敕铭有 13 行半用希腊文书写，8 行用阿拉姆文书写，其余用流行于西亚多数地区的混合语写成。它是迄今发现的最东部的希腊文碑刻，是佛教传播到西方的第一件证据。[①]

3. 希腊巴克特里亚王国（公元前 250 年至约前 135 年）

约在公元前 250 年，塞琉古王朝的巴克特里亚总督狄奥多德宣布独立，其后继者最终把统治区域扩大到兴都库什山以南喀布尔以及古印度旁遮普地区，史称希腊巴克特里亚王国。该王国也被誉为"千城之国"，中国汉代称之为"大夏"，其首府巴克特拉被中国古书称为"蓝氏城"。公元前 135 年左右，巴克特里亚王国被北方游牧民族所征服。不过，希腊人在兴都库什山南北的统治可能一直延续到公元前 1 世纪。最后一位国王是荷马科斯（Hermacus）（大约公元前 75 年至前 55 年在位），其势力范围仅限喀布尔河谷一带。公元前 48 年，他与入侵的北方游牧民族签约，和平地中止了希腊人在阿富汗的统治。[②]

不过，希腊巴克特里亚王国至今还是未解之谜。1963 年，位于科克恰河与乌浒河汇合处的阿伊哈努姆（Ai Khanoum）发现了一座希腊古城遗址，其年代约为公元前 4 世纪末到前 2 世纪末，可能就是巴克特里亚王国都城所在地。该遗址的发现是阿富汗考古学上的一个重大成就，因为这座古城的城市规划和建筑风格类似西亚其他地区的古希腊城市，可能代表了最东面的一座希腊古城。同时，它出土的一些艺术品具有东西方文化、包括与当地文化融合的风格。另外，1946 年，在昆都士西北部出土了一

---

[①] 彭树智、黄杨文著《中东国家通史——阿富汗卷》，北京，商务印书馆，2000，第 49 页。

[②] Nancy Hatch Dupree, *A Historical Guide to Afghanistan*, Afghan Tourist Organization, Kabul, 1971, p. 25.

批丰富的希腊巴克特里亚王国的银币,考古学家称之为"昆都士宝藏",后被收藏在喀布尔博物馆。

(四) 北方游牧民族的入侵(公元前135年至公元6世纪后期)

1. 塞种人的入侵(公元前135年至公元后)

公元前135年左右,北方游牧民族——塞种人的一支征服巴克特里亚王国。他们随后建立了塞种巴克特里亚王国,即塞种"大夏"政权。公元前130年,该政权被另一支北方游牧民族——大月氏所灭,这支塞种人被迫南迁,在德兰吉安纳建立了塞迦斯坦。该政权一度从赫耳曼德河流域扩张至海湾地区。波斯安息王米斯拉德茨二世(Mithradites II)(公元前124年至前88年)在位时,征服萨迦斯坦,塞种贵族成为安息王国的总督。后来,甘哈拉(包括白沙瓦、贾拉拉巴德)、阿拉霍西亚等地的塞种人总督相继脱离安息王国而独立。公元前后,兴都库什山以南大多数地区相继被塞种人和安息势力所控制。还有一支塞种人,大约在公元前2世纪中期,建立了一个横跨阿富汗和印度的塞种国家。

2. 大月氏的入侵与贵霜王国的统治(公元前130年至公元3世纪中期左右)

公元前130年左右,大月氏人征服塞种巴克特里亚王国,建立大月氏王国。巴克特拉不是该国都城,但却是该王国的政治经济中心。该王国在其东部区域设置5个翕侯进行统治,其中包括统治瓦罕西部喷赤河左岸的贵霜翕侯。

公元1世纪中期,贵霜翕侯丘就却征服了其他4个翕侯,占领其他地区,建立贵霜王国。丘就却即卡德菲兹一世。贵霜王国经卡德菲兹二世、迦腻色迦时期统治不断向外扩张,国势日益强盛。该王国最盛时,其疆域北起花剌子模,南达印度文迪亚山,西起咸海,东至葱岭,成为一个横跨中亚和古印度西北部的大

第二章 历 史

国。3世纪中期左右,贵霜王国渐衰,分裂为若干小国。此后不久,波斯萨珊王朝(224~651年)兴起,侵占了从中亚到印度旁遮普的广大区域。不过,从贵霜王国独立出去的诸多小国,只是名义上认可萨珊王朝的君主国地位,实际上处于半独立状态。阿富汗就处于这种贵霜小国和萨珊王朝双重统治的状态,一直延续到5世纪嚈哒人的到来。

贵霜王国地处"丝绸之路"必经之地,其文化融会了古希腊、印度、伊朗、北方游牧文化和当地的不同文化,具有多样化的风格。犍陀罗佛教雕刻艺术的兴盛是贵霜时期的重要文化成就。犍陀罗位于今阿富汗东部和巴基斯坦西北部,其艺术风格是用希腊的艺术手法雕刻佛像和佛教故事。贵霜时期的宗教也具有多样性,不过由于迦腻色迦提倡和保护佛教,佛教在他统治时期达到鼎盛,成为阿富汗一些地区占主要地位的宗教,并从阿富汗、中亚传播到中国以及东南亚等地。至今,阿富汗各地还遗留众多贵霜以及稍后时期修建的佛教遗址。

3. 嚈哒人的占领(5世纪初至6世纪后期)

大约5世纪初,又有一支北方游牧部族——嚈哒人向西迁移,相继占领中亚和阿富汗,成为中亚强国。它建都拔底延城(Badghis,现阿富汗西北部巴德吉斯附近)。后来,嚈哒与西部的波斯萨珊王朝进行了数次互有胜负的战争。5世纪中叶,它东侵印度,占领印度西北部达半个多世纪。567年,在突厥人和萨珊王朝联合夹攻下,嚈哒灭亡。

嚈哒灭亡后,突厥人和萨珊王朝以阿姆河为界瓜分其领土。突厥人占领阿姆河以北原嚈哒领土,萨珊王朝成为阿姆河以南原嚈哒领土的统治者。到7世纪初期,阿富汗绝大多数领土都置于萨珊王朝统治之下。其中,兴都库什山以北地区多由臣服于萨珊王朝的嚈哒直接统治,南部和西部仍由臣服于萨珊王朝的贵霜人直接统治。

嚈哒、突厥等人的到来和统治，对阿富汗最大的影响是佛教文化开始走向衰落，这主要是由于嚈哒人信奉祆教、反对佛教所致。

## 第二节　中古简史[①]

一　阿拉伯人的征服和统治（7世纪中期至9世纪上半期）

世纪中期，阿拉伯人开始征服阿富汗，原统治阿富汗大部分地区的萨珊王朝已于651年灭亡。9世纪初期，阿富汗大部分地区逐步被阿拉伯人占领。

倭玛亚王朝统治时期（661～750年），其全境分9个省区，现在的阿富汗地区大致被分在巴士拉省的锡吉斯坦（锡斯坦）和呼罗珊辖内。喀布尔、坎大哈等地区归属呼罗珊的地方长官。在倭玛亚王朝全境被合并为5个总督行政区后，阿富汗一些地区大致被归并至伊拉克总督区内。在阿拔斯王朝（750～1258年）统治的第一个世纪，其全境约有24个以上省区，阿富汗现在一些地区主要被归并在锡吉斯坦、呼罗珊等省区。[②]

阿拉伯语的使用和伊斯兰教的传播，是阿拉伯人征服阿富汗后一个重要的政治、文化和社会现象。这是一个漫长的渐进过程。阿拉伯统治者把阿拉伯语作为国语和标准语进行推广，在地方语言拼写上也使用阿拉伯语，一些居民还把阿拉伯语当作第二语言。另外，就伊斯兰教的传播而言，它首先在巴尔赫、赫拉特、锡斯坦等平原或绿洲地带传播，后来普及喀布尔等山区，19

---

① 主要参阅彭树智主编《阿富汗史》，西安，陕西旅游出版社，1993。
② 〔美〕希提著《阿拉伯通史》（上册），马坚译，北京，商务印书馆，1955，第255、386页。

76

第二章 历 史

世纪末 20 世纪初才在努里斯坦最后确定下来。自此，伊斯兰教取代此前盛极一时的各种宗教信仰，开始在阿富汗政治、社会、文化等各个层面上占主导地位，并扎下深根。此外，就伊斯兰教教法学派的传播而言，伊斯兰教逊尼派选择了适于当地社会情况的哈乃斐教法学派，以利于传播和发展。伊斯兰教的另一个派别——哈瓦利吉派，当时也在锡斯坦广泛流行。

二 阿拔斯王朝的东部小国（9 世纪上半期至 13 世纪左右）

阿拔斯王朝统治的第一个世纪是全盛时期，随后其由盛转衰，境内东西部地区出现许多地方政权。它们名义上承认阿拔斯王朝的哈里发宗主权，实际上是独立或半独立的小国。其中，在其东部地区出现的诸多地方小国，大部分与阿富汗有关。

（一）塔希尔王朝（Tahirid）（820～872 年）

塔希尔王朝是阿拔斯王朝东部出现的第一个独立小国，其创始人是波斯籍的呼罗珊人塔希尔·伊本·侯赛因，都城设在内沙布尔（Nishapur）。塔希尔王朝最盛时疆域包括阿富汗现在的赫拉特、锡斯坦、巴尔赫、喀布尔以及印度西北部。872 年，塔希尔王朝灭亡。

（二）萨法尔王朝（Saffarid）（867～903 年）

萨法尔王朝奠基者是叶耳孤卜·伊本·莱伊斯·萨法尔（铜匠）（867～879 年在位）。统治区域主要在喀布尔、布斯特、古尔、坎大哈一带，都城是尼穆路兹（Nimroz）。903 年，被萨曼王朝所灭，后者继承了萨法尔王朝的大部分土地。

（三）萨曼王朝（Samanid）（874～999 年）

萨曼王朝奠基者是波斯籍贵族奈斯尔（奈绥尔）·伊本·艾哈迈德（874～892 年在位），其弟易斯马仪（892～907 年在

位）正式建立该王朝，该王朝因其曾祖萨曼而得名。萨曼王朝鼎盛时，版图北达咸海，南至伊朗东南，东抵阿姆河、锡尔河上游，西迄里海，包括现代阿富汗整个地区，是当时中、西亚最强大的国家，不过表面上仍效忠阿拔斯王朝。999年，在突厥部落和加兹尼王朝的夹攻下，萨曼王朝灭亡。萨曼王朝的经济文化都很发达，首府布哈拉和主要城市撒马尔罕是当时著名的文化艺术中心。

**（四）加兹尼王朝（哥疾宁王朝）(Ghaznavid)(962~1186年)**

加兹尼王朝又称雅明王朝（Yaminin），建立者是突厥人阿尔普特金（又译阿勒卜特勤）。加兹尼王朝在马茂德统治时期（998~1037年）达到鼎盛阶段，成为当时亚洲最大的君主国。马茂德曾远征印度达19次之多，并占领了旁遮普、木尔坦和信德的一部分。当时，加兹尼王朝的版图西起伊朗西北部、北至花剌子模①、南至锡斯坦、东至印度旁遮普。此外，马茂德还支持文化艺术的发展，都城加兹尼成为当时著名的文化艺术中心。1186年，古里王朝摧毁了加兹尼王朝的统治。

**（五）古里王朝（Ghorids）(1152~1206年)**

"古里"来源于古里山地，大致位于哈里河上游，居赫拉特与喀布尔之间。古里王朝开国君主是伊宰勒丁·胡赛因。1150年，阿富汗古里人占领加兹尼，并将之夷为平地。这个地区现存主要遗迹是赫拉特清真寺，它是由古里王朝另一位统治者吉亚斯丁·穆哈默德（1162~1202年在位）建造的。吉亚斯丁还吞并了包括锡斯坦在内的整个呼罗珊，又对印度北部进行多次征服。古里王朝的行政中心在菲鲁兹库赫，另一个中心是巴米扬。赫拉特、加兹尼、喀布尔、布斯特等是主要城市和贸易中心。1206

---

① 见前引《阿拉伯通史》（上册），第255、386页。花剌子模，在现代土库曼斯坦的基发附近，《元史》称西域国。

年，古里王朝最后一名统治者遇刺身亡。同时，其原统治的德里地区宣布独立，并建立了德里苏丹国（1206~1526年）。

三　蒙古人的入侵和统治（1220~1353年）

1206年蒙古国建立，成吉思汗（1206~1227年在位）随后开始向外扩张。1219年，他侵入花剌子模。1220年，夺取中亚，随后进入阿富汗。1221年，占领赫拉特，接着进攻和抢掠巴尔赫等一系列城市和地区。蒙古人的征服使阿富汗大多数城市被毁，文化也遭到破坏。蒙古统治者还实行移民政策，把突厥人、蒙古人等迁移至被破坏的城市中，对阿富汗的民族形成产生一定影响。一些学者认为，现居住在阿富汗中部及赫拉特等地的哈扎拉人，就是被迁来的部落。

13世纪中期，蒙古帝国分裂为几个名义上属于大汗的汗国。其中，成吉思汗的孙子旭烈兀统治的伊尔汗国（又称伊利汗国，1258~1353年），领土包括今天的阿富汗、伊朗、外高加索、伊拉克和小亚细亚等地。起初，伊尔汗国以马腊格为国都，后定都大不里士。伊尔汗国的统治阶层包括蒙古贵族、保留下来的地方贵族以及当地穆斯林上层，其中蒙古贵族中有一部分关心恢复经济，合赞汗（1295~1304年在位）就是一个代表。他所实行的一系列改革，包括放弃萨满教、改宗伊斯兰教等，进一步促进了阿富汗一些地区伊斯兰化的发展。1353年，伊尔汗国灭亡。

伊尔汗国保留下来的地方贵族，后来取得了一定的独立性，其中包括库尔特王国（1245~1389年）。该王国以赫拉特为首都，以古里地区为核心区域，统治范围从赫尔曼德河西北一直到苏莱曼山区乃至印度河上游。第一位统治者是沙姆苏金·库尔特（1245~1278年在位）。伊斯兰教的马立克派在库尔特王国占统治地位，不过他们直接管理的地区只有赫拉特和古里，其它地区由归顺的当地贵族管理。库尔特王国的独立倾向常常导致与伊尔汗国的军事冲突,赫拉特这座名城因此数度被毁。不过,由于库尔特人不断重建,赫拉特成为当时中亚地区的一个文化中心。1389年,库尔特王国被帖木儿王朝灭亡。

四 突厥帖木儿王朝的入侵和统治(1370~1507年左右)

70年,自称成吉思汗后裔的突厥人跛子帖木儿(1336~1405年)入侵阿富汗。当年,他攻占巴尔赫;1380~1382年,攻克赫拉特;1383年,发动对呼罗珊和锡斯坦的战争;1389年,灭库尔特王国。经过将近30年的远征,截至14世纪末,帖木儿建立了包括伊朗、伊拉克、叙利亚、阿富汗、小亚细亚、外高加索、花剌子模、伏尔加河流域、西伯利亚、现在中国的新疆天山地区以及北印度在内的帖木儿帝国。

在帖木儿帝国沙哈鲁统治时期(1405~1447年),其长子兀鲁伯驻撒马尔罕镇守河中,沙哈鲁直接镇守呼罗珊。其中,沙哈鲁所统治的呼罗珊辖区以赫拉特为首府,《明史》称之为哈烈国。沙哈鲁致力于恢复国家经济,还同中国明朝建立了友好关系。赫拉特不但是文化和政治中心,而且是国内外贸易中心,特别在东西方贸易方面占重要地位。从沙哈鲁到呼罗珊地区最后一位国王侯赛因·贝卡拉(1468~1506在位)① 统治时期,由于统治者崇尚艺术和文化,文化艺术得到高度发展。

帖木儿帝国的征服和统治给阿富汗带来了深刻影响,同时由于阿富汗部落贵族常年参加帖木儿帝国的对外征服战争,一些阿富汗部落因此四处扩散,其中有些部落在印度定居,并于15~

---

① 沙哈鲁死后,帖木儿帝国再度大乱,后一分为二。河中地区落到卜撒因手中,呼罗珊地区被侯赛因·贝卡拉所占据,但仍以赫拉特为首府。

16 世纪在那儿建立了王朝。

15 世纪末，阿富汗地区处于北方乌兹别克人与帖木儿王朝的混乱争夺当中。1507 年，乌兹别克人将呼罗珊帖木儿王朝灭掉。

## 五 莫卧儿王朝、萨法维王朝和乌兹别克人的争夺（16 世纪初至 18 世纪中期）

### （一）三方外族势力的争夺和统治

1504 年，帖木儿六世孙查希尔·乌德·丁（号称巴布尔，意为"虎"）攻占喀布尔。从此，他以喀布尔为基地开始远征印度。经过 5 次远征，他最终于 1526 年攻占德里，灭德里苏丹国，建立了印度莫卧儿帝国（1526～1858 年）。1530 年，巴布尔去世，死后运回阿富汗，葬于喀布尔城外。

从巴布尔去世到莫卧儿帝国衰落期间，即从 16 世纪上半叶到 18 世纪，阿富汗主要处于印度莫卧儿王朝、波斯萨法维王朝（1502～1736 年）和乌兹别克人的争夺当中。从喀布尔到坎大哈一线是上述三者争夺的中心线。其中，莫卧儿王朝以阿富汗南部地区为主，主要占据坎大哈、加兹尼、喀布尔、楠格哈尔等地区。1598 年以前，萨法维王朝一直占据阿富汗西部大部分地区，其中包括赫拉特。乌兹别克人势力集中在阿富汗北部。萨法维王朝和莫卧儿王朝曾在坎大哈展开激烈争夺，坎大哈因此数度易手。1648 年萨法维王朝重新兼并坎大哈后，坎大哈再未转手莫卧儿王朝。另外，乌兹别克人与莫卧儿王朝在巴达赫尚、巴尔赫等北部地区有过激烈争夺。1648 年，由于遭乌兹别克人多次侵扰，莫卧儿王朝最后不得不放弃这些地区。萨法维王朝与乌兹别克人在赫拉特也有过激烈争夺。在萨法维王朝阿巴斯一世（1587～1629 年）统治时期，乌兹别克人被赶走，赫拉特从此一直被萨法维王朝占据，直至 18 世纪初期阿富汗人反抗萨法维王

朝统治为止。

在上述三方势力角逐的 200 年内，阿富汗陷于混乱与倒退当中。从内部看，阿富汗当时生活着为数众多的部落，并且相互争斗。从外部看，自 15 世纪末海上新航路开辟后，丝绸之路开始走向衰落，而位于丝绸之路要冲的阿富汗等地因此在国际贸易中的重要性日益下降。

（二）阿富汗人的反抗与独立政权的建立

18 世纪初，当外族统治势力走向衰落之际，阿富汗人不断进行反抗外族统治的斗争。这些斗争加速了外族统治势力的衰落，并陆续建立了一些局部独立的阿富汗政权。

1. 罗沙尼特运动（1560~1638 年）

巴亚齐德·安萨尔（1525~1638 年）是罗沙尼特运动的思想家和领导人，安萨尔自称"比尔·伊·罗沙尼"（意为"人世长老"），其信徒因此被称为罗沙尼特。这次运动大致始于 16 世纪 60 年代，是一场阿富汗部落下层反对部落贵族和穆斯林上层的社会政治运动，并具有明显的反抗莫卧儿王朝统治的性质。大约半个多世纪，罗沙尼特运动席卷了阿富汗东部、中部和东南部地区，打击和削弱了莫卧儿帝国，并在地域基础上加强了阿富汗部落的联合和团结。

2. 哈塔克部落起义（1672~1683 年）

阿富汗哈塔克部落位于印度河与白沙瓦之间，首领是胡什哈尔汗·哈塔克（1613~1691 年）。起义前，哈塔克部落臣服于印度莫卧儿王朝。由于该部落的一些权力陆续被收回，胡什哈尔汗·哈塔克多次被监禁，1672 年，胡什哈尔汗鼓动其他部落与哈塔克部落一起起义。不久，起义就蔓延到从白沙瓦到坎大哈的辽阔地区。1683 年，起义被莫卧儿帝国镇压。胡什哈尔汗既是英勇的战士，又是杰出的诗人，被尊称为"普什图文学之父"。

3. 坎大哈起义（1709~1715年）与"阿富汗人入寇时期"（1722~1730年）

18世纪初，莫卧儿王朝开始走向衰落。从那时起到1747年，阿富汗东部和北部大多数部落相继获得独立。与此同时，西部地区也发生了阿富汗部落反抗萨法维王朝的起义，坎大哈起义就是其中一个重大事件。

当时，坎大哈城内外居住着霍塔克斯（吉尔查依人）等诸多阿富汗部落，米尔·瓦伊斯汗是吉尔查依部落酋长兼坎大哈市市长。由于萨法维王朝征收重税，迫害当地伊斯兰教逊尼派，同时驻坎大哈的总督古尔金汗还推行恐怖政策，1709年，米尔·瓦依斯汗杀死古尔金汗及其随从，并宣布独立。萨法维王朝经过多次征讨，都以失败告终。米尔·瓦依斯汗自称"瓦齐"（Vakil）（总督或摄政者），他管理坎大哈期间（1709~1715年），史称"霍塔克斯王朝"。

1722年，米尔·瓦依斯汗的继任者米尔·马穆德远征伊朗。他在古纳尔巴德战役中，一度消灭萨法维王朝，并占领了克尔曼、法尔斯、伊拉克等地区。1729年，其继任者阿什拉夫被死灰复燃的萨法维王朝和突厥人联合绞杀。1730年，阿富汗人被逐出伊朗。自1722年至1730年，这段历史在伊朗史上被称为"阿富汗人入寇时期"。

4. 赫拉特政权（1716年至18世纪20、30年代）

1716年，居住在赫拉特以阿布达里部落为主的阿富汗人也开始反抗萨法维王朝。起义领导人是阿卜杜拉·萨查多伊。最初，阿卜杜拉·萨查多伊父子应赫拉特部落领袖之邀，前往赫拉特商量起义事宜。在去赫拉特的路上，他们被捕，后逃往赫拉特。随后，萨法维王朝驻赫拉特总督将全部领袖逮捕。不过，值萨法维王朝驻赫拉特新总督上任之际，阿卜杜拉逃往其他地区，后夺取赫拉特，并把政权扩大到巴德吉斯、古里等地区，从而建立了独立的赫拉特国家。

不过，赫拉特政权与坎大哈政权没有合作，反而相互征讨，致使双方在法腊斯发生冲突，阿卜杜拉因此遭到杀害。

在阿富汗各部落纷争中，突厥人纳狄尔沙先后于1730年和1731年两次攻占赫拉特。1736年，他废黜萨法维王朝末代国王，登上波斯王位。纳狄尔沙原是呼罗珊北部突厥阿夫沙尔部落的酋长，因此他建立的这个王朝称为阿夫沙尔王朝（1736～1796年）。1738年，纳狄尔沙攻占坎大哈，随后北上攻占加兹尼、喀布尔和白沙瓦，阿富汗再次处于波斯统治之下。纳狄尔沙在位时间是1736～1747年。

## 第三节　近现代简史[①]

一　杜兰尼王朝与阿富汗民族独立国家的建立和发展

（一）杜兰尼王朝的建立

赫马德沙（1747～1772年在位）原属于坎大哈地区阿布达里部落波波尔扎伊分支萨多查伊氏族，其父穆罕默德·查曼·汗是该氏族的酋长。1738年坎大哈被纳狄尔沙攻陷之时，阿赫马德被捕，后投效阿夫沙尔王朝军队。由于屡建战功，他被提升为阿富汗军团指挥官。1747年6月，纳狄尔沙遇刺身亡，阿夫沙尔王朝陷于混乱。阿赫马德趁机率领阿富汗军团由波斯转战回坎大哈。10月，阿富汗各部落酋长正在坎大哈召开会议，以选举阿富汗国王。阿赫马德参加了这次会议，最后被推举为阿富汗第一位国王，阿富汗近代民族国家由此建立。

---

① 主要参阅彭树智主编《阿富汗史》。

当时，阿赫马德沙年仅25岁。由于阿赫马德沙所属萨多查依氏族势力相对弱小，宰相一职由同属阿布达里部落、但势力强大的巴拉克查伊分支穆罕默德查伊氏族酋长贾马尔·汗担任。阿赫马德沙称自己为"杜尔—依兰—杜兰"（杜兰尼族的珍珠），他所创建的王朝，史称杜兰尼王朝，也称萨多查依王朝。阿布达里人从此被称为"杜兰尼人"，此后一直是阿富汗的王室部落。

（二）统一阿富汗

阿富汗王国建立初期，定都坎大哈，统治范围仅限坎大哈地区，东部广大地区仍处于波斯和莫卧尔王朝的统治之下。阿赫马德沙即位不久即开始一系列征服战争。他先后攻下加兹尼、喀布尔和白沙瓦。1748年，阿赫马德沙开始数度对莫卧儿王朝作战。其中，通过前4次作战，逼迫莫卧儿王朝签订了和约，将印度河以西所有土地并入阿富汗版图，并征服印度一些地区。1749年，阿赫马德沙收复赫拉特。此后两年，阿赫马德沙相继攻入波斯境内，确立了对包括赫拉特、现伊朗境内的马什哈德、内沙布尔等在内的呼罗珊地区的宗主权，并将这个地区作为阿富汗的西部屏障。与此同时，阿赫马德沙还征服了迈马纳、巴尔赫、巴达赫尚等北部地区，把北部疆界推进到阿姆河。截至1751年，阿赫马德沙已建成一个地域相当于今日阿富汗的民族独立国家。18世纪中后期，阿富汗王国值全盛时期，疆域"从中亚一直延伸到北印度、克什米尔和阿拉伯海"，成为一个穆斯林大国。[①] 1772年，阿赫马德沙因患恶疾去世。

阿赫马德沙的军事征战也具有掠夺性质，特别是对印度的数次入侵。1748～1769年，阿赫马德沙曾9次入侵印度西北部旁遮普。前4次对印作战，既有收复失地的性质，也具有掠夺性

---

[①] 见前引马晋强著《阿富汗今昔》，第71页。

质。1759年，阿赫马德沙第5次入侵印度，并于1761年在帕尼帕特大败占领拉合尔的马拉塔人，客观上为英国殖民者夺取印度创造了条件。阿赫马德沙第6次到第9次入侵印度，是为了驱逐控制旁遮普地区的锡克人，但是均以失败告终。此后一直到英国殖民者入侵前，锡克人成为旁遮普的主人，阿赫马德沙仅控制白沙瓦。

（三）杜兰尼王朝的崩溃

阿赫马德沙死后，杜兰尼王朝开始走下坡路。其子帖木儿（1772~1793年在位）继位后，将首都迁至喀布尔。此时，一些地区开始相继脱离阿富汗。帖木儿死后，杜兰尼王朝就陷入以其诸王子争夺王位为中心的内乱和分裂当中。经过残酷而血腥的较量，1793年查曼沙（1793~1799年在位）登上王位。他曾4次入侵印度，此时印度大部分地区已被英国殖民者占领，并进入到英印政府统治时期。1799年，在英国扶植下，查曼沙的哥哥马穆德沙（1799~1803年在位）击败查曼沙为王。1803年，马穆德沙的弟弟舒佳沙（1803~1809年在位）推翻马穆德沙夺取王位。1809年，马穆德沙（1809~1819年在位）再次占领喀布尔，舒佳沙逃亡。这时，杜兰尼王朝已成强弩之末，以巴拉克查依部落穆罕默德查依氏族的法特什汗和他的20个兄弟实际上统治全国，国家版图也大大缩小。后来，法特什汗由于飞扬跋扈，被王储卡木兰用酷刑处死。马穆德沙最终于1829年暴卒。1842年，卡木兰被宰相所杀，杜兰尼王朝由此崩溃。

二　阿富汗的内乱和外患（19世纪30年代到80年代）

（一）巴拉克查依王朝的建立

杜兰尼王朝崩溃前后，巴拉克查依兄弟各踞一方，阿富汗四分五裂。1826年，巴拉克查依兄弟当中最小

86

的弟弟道斯特·穆罕默德击败其他对手，成为喀布尔、加兹尼和贾拉拉巴德三座城市的统治者。1837年，他在喀布尔加冕，称"埃米尔·乌米·穆米宁"（Amir-ul-Mominin，信士们的领袖），或称"大埃米尔"，巴拉克查依王朝（1837~1930年）由此建立。该王朝也称穆罕默德查依王朝，其统治延续至1930年。

**（二）英俄争夺与第一次英阿战争（1838年10月至1842年10月）**

阿富汗和波斯等国是近代欧洲列强争夺印度的战略要道。18世纪末19世纪初，英法两国曾在阿富汗和波斯进行过几番较量。19世纪20年代，沙俄开始南下中亚进行扩张，并且假手波斯与英国争夺阿富汗，以便打开通向印度的通道。

面对这种形势，早在1809年，英国就诱使舒佳沙缔结一项条约，禁止法国和其他欧洲人进入阿富汗。舒佳沙被推翻后，英国人把他迎到印度进行庇护。19世纪30年代，为遏制沙俄南下攻势，英国一方面与占领白沙瓦、克什米尔一带的锡克人建立同盟，另一方面希望在阿富汗扶植一个友好政府作为英印安全的第二道屏障。1837年，英印政府因此派使节到阿富汗，要求道斯特·穆罕默德缔结反对沙俄和波斯的同盟。由于英印政府没有答应其条件，即收回被锡克人占领的白沙瓦，道斯特·穆罕默德转而接待沙俄代表，英印使节使命遂告失败。1838年，英国决定以武力帮助舒佳沙复辟，取代道斯特政府。

1838年10月1日，英国发表西姆拉宣言，并派出侵略军，第一次英阿战争随之爆发。1839年春，英军进入阿富汗；4月25日，占领坎大哈；8月，进入喀布尔，道斯特逃往国外，舒佳沙被扶上王位。但是，阿富汗人反抗活动一直没有停息。1841年9月，英国占领者停止向部落发放补助金，引发新的反英起义。其中，喀布尔是这次起义中心，领导人是阿卜杜尔·汗·阿

卡柴。不久，这次起义就演化为全国性的大规模起义。阿卜杜尔·汗·阿卡柴牺牲后，道斯特的儿子阿克巴汗成为新的领导人。1841年12月，英方被迫与阿克巴汗签订全部撤离阿富汗的条约，并于1842年1月6日开始撤军。在撤退途中，由于阿富汗人的阻击和骚扰，加上阿富汗严酷的自然条件，英军几乎全军覆没。同年4月，舒佳沙被杀。但是由于阿富汗内讧，1842年9月，英军重新占领喀布尔。不过，在实施野蛮报复之后，英军于10月12日撤退。这次侵略战争，使英国丧失两万人生命，花费两千多万英镑，却以惨败告终，英国没有达到在阿富汗建立保护国的目的。1842年10月，道斯特重登王位。

### （三） 第二次英阿战争（1878～1881年）

道斯特复位后，至1863年短暂统一了阿富汗。同年，其子希尔·阿里一登上王位，阿富汗重新陷入以争夺王位为中心的内乱和分裂当中。从那时起到第二次英阿战争（1878～1881年）爆发时，阿富汗历经以下几位统治者的统治：希尔·阿里汗（1863～1867年）、阿弗扎尔汗（1867～1868年）、阿兹姆汗（1968～1869年）、希尔·阿里汗（1869～1879年重登王位）。

19世纪后半期，为与英国在亚洲争霸，沙俄加快吞并中亚步伐，到第二次英阿战争爆发前夕，它已将边界推进到阿富汗北部地区。俄土战争（1877～1878年）爆发后，沙俄积极备战，试图占领印度，给英国以致命打击。1878年6月，俄国使团在军队护送下，强行进入阿富汗，并于同年8月与希尔·阿里汗订立了攻防同盟条约。

就阿富汗而言，面对沙俄南下攻势，它原先希望联英抗俄。但是，在1874年之前，由于英国不愿意承担援阿抗击外来侵略的义务，希尔·阿里汗向沙俄靠拢。就是在这种背景下，希尔·阿里汗与沙俄订立了上述攻守同盟条约。

就英国而言，为遏制沙俄南下攻势，1873年，它曾与沙俄

## 第二章 历史

签订英俄协定，确定了阿富汗的北部边界。沙俄在其中声明，阿富汗处于其势力范围以外。1874年，英国保守党上台，它主张在欧亚击退沙俄攻势。俄土战争爆发后，英国决定在世界各地与沙俄对抗，以夺取世界霸权。在此背景下，英国要求阿富汗在接受沙俄使团的同时，接受英国使团，但是遭到希尔·阿里汗的拒绝，英国遂决定用战争方式粉碎阿富汗这个所谓"沙俄的工具"。

1878年11月20日，英军兵分三路入侵阿富汗。1879年2月，希尔·阿里汗逃亡，不久死于途中，其子亚库布汗（1879年）随即继位。5月26日，亚库布汗被迫与英国签订冈达马克条约。该条约规定：英国同意保护阿富汗免受外来进攻；阿富汗不得同其他强国直接交往；英国支付阿国王及其继承人年金。这标志着，阿富汗完全置于英国保护之下。同年7月，英国使节进驻喀布尔，并控制阿富汗的内政外交。10月，由于喀布尔发生军队哗变，英国使节被杀，英军再次进入喀布尔，亚库布汗宣布退位。

但是，阿富汗人的猛烈反抗，使英国无法在喀布尔以外地区进行统治。同时，驻守阿富汗也造成巨额军费开支。1880年4月，英国自由党内阁决定实行新政策。7月22日，英国正式承认阿卜杜尔·拉赫曼（希尔·阿里汗的兄长阿弗扎尔的儿子）为喀布尔的埃米尔。同时，阿卜杜尔·拉赫曼与英国签订了"义务备忘录"。在备忘录当中，英国承诺援助阿富汗击退外来进攻，条件是除英国外阿富汗不能同任何外国建立政治关系。这标志着，阿卜杜尔·拉赫曼基本承诺遵守冈达马克条约。

阿富汗人的反抗，沉重打击了英国在坎大哈地区的统治。1880年7月，阿尤布·汗率领圣战者在坎大哈附近的梅旺达获得这次战争中的最大一次胜利。在这次战役中，一个名叫马拉莱的阿富汗女子摘掉面纱，号召大家英勇杀敌，起到了极大的鼓舞作用。1881年4月,英国决定把坎大哈移交给阿卜杜尔·拉赫曼。一周后,英军全部撤出阿富汗。通过第二次英阿战争,英国虽然撤出军队,但仍然控制了阿富汗的外交。

三　阿卜杜尔·拉赫曼的统治(1880~1901年)

(一) 阿富汗的重新统一与内部改革

卜杜尔·拉赫曼是现代阿富汗的缔造者,他最重要的成就是重新统一阿富汗。自1880年被英国确认为喀布尔的埃米尔起,拉赫曼就相继平叛和征服了一系列强大的贵族和部落势力。其中包括:1881年,清除赫拉特统治者阿尤布·汗;1888年,击溃突厥斯坦总督伊撒克·汗;1887年,彻底击溃南部反叛的吉尔扎伊人;19世纪90年代,基本征服中部哈扎拉诸部落;1895年,平定东北部的卡菲里斯坦,卡菲尔人被迫皈依伊斯兰教,其故乡此后被称为努里斯坦("光明之地")。自1896年起,阿卜杜尔·拉赫曼的权威得到全国承认,阿富汗实现了真正的统一。

阿卜杜尔·拉赫曼的第二大历史功绩,是通过一系列内部改革,在一定程度上解决了政治动乱问题,并为阿富汗融入现代社会提供了一定条件。首先,拉赫曼所采取的强迫迁徙、跨省而居、变卖土地、设立部落议事会等诸项措施,削弱和破坏了传统的部落体系和权威。其次,在行政方面,拉赫曼建立了诸多中央政府部门,以扩大和巩固中央权力。其中,包括创立国务委员会,以行使咨询和松散的管理职能。拉赫曼在行政改革方面采取的另一项重大举措,是逐渐训练长子哈比布拉承担起管理政府各部门的工作。其他所有王子都留在首都,另任命忠实的亲信前往地方当省督。不论中央政府官员,还是地方省督以及其他官员,均由国王任意挑选,并效忠于国王,是国王的臣仆。此外,部落理事会也受控于拉赫曼。再次,拉赫曼实行严酷刑法,并实行伊

斯兰教法，法律事务由他亲自掌管。拉赫曼还在全国建立了庞大而严密的间谍网。最后，拉赫曼还进行军事改革。他用征兵制取代传统的募兵制，并建立了一支数万人、配备现代新式武器的中央正规军。1901年10月1日，拉赫曼去世，其长子哈比布拉汗即位。阿富汗建国以来第一次实现了和平的权力交接。

除上述两大功绩外，拉赫曼所采取的其他改革措施，比如引进西方先进技术和设施，建立一批现代军工企业以及相关的民用工厂，统一度量衡，积极扶植民族商业发展，创建阿富汗第一批医院等等，也为阿富汗进入现代社会奠定了一些基础。

（二）英俄的继续争夺与阿富汗边界的划分

1. 阿富汗北部边界的划分

拉赫曼统治时期，阿富汗外交仍旧受制于英国，当时，由于阿富汗北部面临沙俄的进一步扩张，英国决定通过确定阿富汗与沙俄之间的边界，来划分英俄在中亚地区的势力范围。19世纪80年代初，英俄开始就此问题进行谈判。在谈判当中，1883年8月底，英国鼓动阿富汗出兵占领了喷赤河东岸的什格南和罗善两地。1884年2月，沙俄则占领距赫拉特200英里的梅尔夫。3月，沙俄进一步对驻扎在潘迪绿洲的阿富汗军队发动进攻，并宣布潘迪绿洲为自己领土，此即潘迪绿洲危机。1885年，由于英国立场有所软化，英俄遂达成妥协，宣布潘迪绿洲中立化。同年9月，英俄签署阿俄边界的《初步议定书》。议定书规定，"潘迪绿洲归沙俄，同时沙俄放弃对祖勒菲尔卡的要求。阿富汗的国境线从祖勒菲尔卡山口开始，延伸到马鲁恰克，然后延伸到阿姆河边。"[1] 同年11月，英俄完成了这一段边界线的勘界工作。

1887年7月和8月，英俄签署关于自哈里河到阿姆河俄阿边界的《最后议定书》。1888年1月，实地划界工作最后完成。

---

[1] 见前引彭树智主编《阿富汗史》，第190页。

阿富汗这些北部边界的划分，阻止了沙俄对阿富汗和印度的渗透和扩张。

2. 阿富汗东北部边界的划分

阿富汗上述北部边界线划分后，沙俄开始在帕米尔一带进行渗透。为阻止沙俄自帕米尔地区威胁英印，英国决定把阿富汗当作一个缓冲地区，把俄英（印）领土隔离开。

1893年起，英俄两国开始就以帕米尔地区为核心的阿富汗东北部边界划分问题进行谈判。1895年3月，他们不与阿富汗政府和中国政府协商，擅自签订了《关于帕米尔地区势力范围的协议》。该协议规定，英俄两国在帕米尔的势力范围分界线是：从维多利亚湖最东端起，沿纬度稍偏南山脉的诸峰巅，一直到本得尔斯基和窝尔塔·贝尔诸山口。[①] 执行该协议的条件是，阿富汗从所占领的喷赤河右岸全部领土撤退，放弃对罗善和什格南两地的领土要求，但是得到乌浒河以南的达尔瓦兹部分地区。罗善和什格南两地转交布哈拉君主。此外，阿富汗还被迫接受狭长的瓦罕走廊地带。

3. "杜兰协定"（1893年）与阿英（印）边界的划分

19世纪80年代以来，英（印）一直试图控制阿富汗东南部边界，其中包括普什图族部落散居地区。1893年9月，阿富汗接受了以英（印）外交秘书杜兰为首的使团。11月12日，阿富汗被迫同意英俄划定的关于阿富汗东部边界以及英国划定的阿富汗南部边界，此即杜兰线。据此，这条线以东的所有部族均属英国"势力范围"，数百万普什图族人因此被划入英印一侧，与他们的同族兄弟分开。阿富汗则保留阿斯马尔以及阿斯马尔以上远至章纳克的河谷地区，并得到了瓦齐尔的比尔马尔部分。但是，

---

① 〔英〕波西·塞克斯著《阿富汗史》第二卷（上册），张家麟译，北京，商务印书馆，1972，第970页。

第二章 历　史

阿富汗放弃对瓦齐尔其余地区、达瓦尔和恰盖的主权要求。

杜兰协定影响深远。就英国而言，有助于英国遏制沙俄向印度推进。但是就阿富汗而言，杜兰协定人为地将普什图族分割在边界两侧，从而埋下了长期民族冲突的隐患。

四　哈比布拉汗的统治（1901~1919年）

**哈**比布拉汗即位后，基本延续了拉赫曼的工商业政策，阿富汗现代工商业得以继续发展。阿富汗民族商业资产阶级随之诞生和发展，同时要求国家独立、学习西方现代科学技术的阿富汗民族主义思想也得到蓬勃发展。

哈比布拉汗执政时期，阿富汗统治阶层不断分化。青年阿富汗派是其中一个重要政治派别，他们要求独立，争取现代化改革，反对君主专制，争取宪政。马赫茂德·贝格·塔尔齐是阿富汗民族主义思想的奠基人，同时也是该派政治思想的代表；哈比布拉汗第三子阿曼努拉则是该派政治领袖。老年阿富汗派也反对英国，要求实现国家独立，但是反对现代化的政治、经济和社会改革。哈比布拉汗的弟弟纳斯鲁拉及其长子伊纳雅图拉汗是该派政治后台。另外，阿富汗当时还存在以穆沙希班家族五兄弟为核心的中间派别。

哈比布拉汗统治时期，阿富汗外交仍然受制于英国。1904年4月，一个由英国人A. H. 麦克马洪上校率领的英国委员会，划定了阿富汗与伊朗两国在锡斯坦的界线。1904年9月，阿伊双方均接受了这条边界。另外，1905年3月21日，英国迫使哈比布拉汗签订新的英阿协定，再次确定阿富汗为英国的势力范围。1907年，英俄签订条约，正式划分双方在亚洲地区的势力范围。该条约也再次重申，阿富汗和伊朗①的东部和南部是英国

---

① 伊朗古称波斯，1935年礼萨·巴列维国王正式将国名改为"伊朗"。

的势力范围。

第一次世界大战爆发后，1914年8月24日，哈比布拉汗宣布中立，既不与德土结盟反对英国，也不支持反英的印度民族主义者和边境的普什图族。该立场具有亲英色彩，它得到了穆沙希班家族的支持，但是遭到了青年阿富汗派和老年阿富汗派的反对。

五　阿富汗完全独立与现代化改革——阿富汗现代史的开端[①]

（一）阿曼努拉汗政权（1919年2月28日至1929年1月）的建立

19年2月21日，哈比布拉汗遇刺身亡。2月28日，在青年阿富汗派和军队的支持下，阿曼努拉汗在喀布尔正式登基。阿卜杜尔·昆杜斯汗为首相，塔尔齐为外交大臣，纳第尔汗为国防大臣，青年阿富汗派政权很快在全国建立起来。新政权宣布要争取国家独立，实行现代化改革，使阿富汗立于世界文明国家之林，阿富汗由此进入现代史阶段。

（二）第三次英阿战争（1919年5~8月）与阿富汗独立

英印当局拒绝承认阿曼努拉政权。1919年5月3日，英印军队向驻守开伯尔山口的阿富汗边防军开枪。随后，阿曼努拉宣布"圣战"。5月7日，阿富汗颁布动员令，第三次英阿战争由此爆发。

在这次战争中，英阿双方军事行动主要限于阿富汗东北部边境、东部边境和南部边境地区。其中，阿富汗东部地区军队由纳第尔汗率领，主要抵御来自科哈特的英军。东北面由阿富汗军队总司令沙里赫·穆罕默德汗统帅，抵御来自白沙瓦的英军。南方

---

① 主要参阅彭树智主编《阿富汗史》。

## 第二章 历 史

坎大哈一带由阿富汗首相昆杜斯汗率领。除东北战线出师不利外，阿富汗在东部战线和南部战线都取得一定战果，尤其是纳第尔汗率领的军队在5月26日取得了塔尔之战的胜利。6月3日，阿曼努拉汗宣布同意停火，各条战线战事随之结束。

7月25日，阿里·阿赫默德汗率领阿富汗和谈代表团抵达印度拉瓦尔品第，与以英印政府外长哈姆尔顿·格朗特为首的英方代表团开始和谈。在谈判中，阿里·阿赫默德汗擅自将开伯尔山口西段和北侧让与英国。8月8日英阿双方正式签订和约，史称拉瓦尔品第和约。和约规定，英阿维持原有边界——杜兰线，英国获得对开伯尔山口西段边界线的裁定权；暂时中止阿富汗军火经印度进口的过境权，并暂停向阿富汗提供补助金；6个月后，双方将谈判双边关系正常化问题。同时，英方在给阿里的照会中承认，和约和照会本身已使阿富汗在内政和外交"正式地自由和独立"了。通过第三次抗英战争，阿富汗终于获得了独立。

1920年4月17日，阿富汗外交大臣塔尔齐应邀率代表团赴英印穆索里，与英印外长亨利·达布斯就签订友好条约事宜进行会谈。7月13日，会谈无果而终。9月，阿富汗批准阿苏友好条约草案。1921年1月，英国被迫与阿富汗在喀布尔再开谈判。谈判期间，阿富汗派另一支代表团访问英国，指出阿富汗将于同年8月批准阿苏条约。11月22日，阿英正式签署《喀布尔条约》。《喀布尔条约》正式承认了阿富汗的内政和外交独立。双方同意在各自领土上设立公使馆、领事馆和贸易机构，阿富汗可以直接到英国设立公使馆，两国关系因此实现正常化。阿富汗同意接受根据拉瓦尔品第条约规定的开伯尔以西边界，实际上在普什图部落地区的归属上作了重大让步。英国同意阿富汗进口物资、包括武器进口在英印领土上的自由过境权。

### (三) 现代化改革

从 1919 年上台到 1929 年逊位，是阿曼努拉汗致力于现代化改革的 10 年，其目的是把阿富汗由封闭落后的封建主义国家改造成为现代的资本主义君主立宪制国家。

阿曼努拉政府推行的现代化改革涉及政治、经济、军事、文化和社会等各个领域。其中，在行政领域，阿曼努拉政府废除了由国王、国王兄弟和诸王子分享王室权力的旧制度，取而代之以国王领导下的大臣内阁制，并宣布实行立法、司法和行政三权分立的国家政体。地方上，则由中央政府任命省长并监督后者的工作。在法制方面，阿曼努拉政府于 1923 年颁布了阿富汗历史上第一部宪法，规定建立国务和地方（省、市）两级议事会以及独立的司法制度。1928 年，进一步宣布实行君主立宪，建立两院制议会。另外，根据 1923 年宪法，阿曼努拉政府还颁布了民法、刑法和商法以及总法典，并设立世俗法院以取代宗教法院。在经济改革方面，阿曼努拉政府宣布进行土地改革，以促进土地私有制的形成。它还减免税收，采用现代预算制和新的货币单位，以促进民族工业和商业的发展。此外，为发展经济和扩大对外贸易，它投资兴建公路，铺设电话线，建造电站，兴建中小型工厂，与外国签订协议对阿富汗矿藏进行勘探等等。在军事改革方面，阿曼努拉政府立志建立一支现代化的正规军。为此，它宣布实行新的兵役法，兴建大型兵工厂，设立军事学校，聘请外国军事教官，并在苏联和德国帮助下建立了阿富汗第一支空军。阿曼努拉政府的教育改革也非常重要，1920 年，它开始用世俗教育制度取代宗教教育制度。另外，在阿曼努拉政府的积极推动下，在这个时期，阿富汗初步形成了包括初等教育、普通中学和外语教育、留学教育、师范和职业教育、女子教育以及特殊教育在内的现代教育体系。阿曼努拉政府的其他文化改革措施还包括，出版报纸杂志，兴建影剧院、图书馆和博物馆，采用公历，应用阿拉伯数字,推广普什图语,进行考古发掘等等。阿曼努拉政府的社会习俗改革非常激进。比如,废除许多封建特权和等级,废除奴隶制,禁止买卖婚姻和多妻制,保证妇女的婚姻自主权和平等的财产继承权,强迫在京官员穿戴西式服饰,妇女不戴面纱,改动休息日等等。

阿曼努拉政府的改革遭到许多方面的反对和阻挠。其中,主要的反对力量来自传统的宗教和部落势力,王室成员中也有不少反对力量,政府的正规军最后也倒戈并加入到反对阵营之中。这场改革最终造成社会动乱,并归于失败。失败的重要原因在于:改革步伐太快,近乎全盘西化,大大超出许多阶层尤其是宗教势力、部族势力和群众的承受能力。尽管如此,这场改革极大地冲击了阿富汗的封建主义和其他前资本主义生产关系,并且把资本主义的生产关系、政治理念和文化思想注入其中,阿富汗的现代化改革进程已不可逆转。

(四)巴恰·沙考的短暂统治(1929年1月13日至10月10日)

在各种反对浪潮中,有一股势力对阿曼努拉政府进行了最致命的打击,那就是由巴恰·沙考率领的阿富汗北部塔吉克人势力。巴恰·沙考意为"挑水夫之子",他原名哈比布拉。1928年12月13日,巴恰·沙考率领其队伍袭击喀布尔,并于翌年1月13日攻占喀布尔。巴恰·沙考自封为"埃米尔哈比布拉汗·加齐",从而建立了政权。但是,该政权在国内外没有得到支持和承认。

巴恰·沙考统治期间,在阿富汗宗教和部落势力支持下,阿曼努拉政府前国防大臣纳第尔汗及其胞弟组织了一支武装,并对巴恰·沙考政权发动进攻。1929年10月10日,该武装攻克喀布尔,巴恰·沙考政权随之垮台。同年11月3日,巴恰·沙考及其部下被处死。

## 六 穆沙希班王朝与纳第尔沙的统治（1930年9月至1933年11月）

19 29年10月17日，在喀布尔近郊召开的部落会议上，纳第尔汗被推选为阿富汗新国王，即穆罕默德·纳第尔沙。"沙"在波斯语中为"国王"之意。1930年9月，阿富汗召开大国民会议，正式宣布纳第尔沙为国王。阿富汗历史上最后一个王朝——穆沙希班王朝宣告成立，不过该王朝与巴拉克扎伊王朝一样，同属穆罕默德查伊家族。

在初步巩固政权之后，1932年11月27日，纳第尔沙颁布施政大纲，主张渐进地推行前国王阿曼努拉汗所倡导的现代化改革。其主要内容包括：恢复和坚持宗教在政治和社会生活中的重要地位，进一步发展军事力量，恢复和保持阿曼努拉汗统治时期同外国建立的外交关系，促进工商业、对外贸易以及文化教育的发展。

此外，为巩固政权并继续推行现代化改革，1931年纳第尔沙颁布新宪法，此即1931年宪法。这部宪法在向宗教势力让步的同时，也将阿曼努拉汗时期的一些改革成果以宪法形式保留了下来。宪法首先规定，阿富汗的信仰是神圣的伊斯兰教，伊斯兰教逊尼派是阿富汗的官方宗教，国王必须是哈乃斐教法学派穆斯林。其次，这部宪法赋予穆哈默德·纳第尔沙及其家族的统治地位及其世袭王位的合法性。再次，这部宪法保障君主统治的绝对地位，但是保留了阿曼努拉汗时期形式上的君主立宪制和内阁制。宪法规定设立两院制议会，即国民议会（或下院）和贵族院（或上院），但它们基本上是咨询机构。宪法还规定，地方政府从属于国王和内阁，全国分5个大省和4个小省，省长由中央任命。另外，宪法在形式上还规定了公民应该享有的若干权利和自由。

第二章 历　　史

七　穆罕默德·哈西姆施政时期（1933 年 11 月至 1946 年 5 月）

（一）查希尔沙即位（1933 年 11 月 8 日）

纳第尔沙的统治遭到阿富汗激进势力、亲阿曼努拉汗势力以及一些贵族的反对。1933 年 11 月 8 日，纳第尔沙遇刺身亡。同一天，太子穆罕默德·查希尔沙（1933～1973 年在位）继位，成为阿富汗历史上最后一位君主。从那时起一直到 1973 年，查希尔沙在位 40 年。不过，从 1933 年至 1953 年，实权由查希尔沙两位任首相的叔父掌握。其中，从 1933 年至 1946 年，由其叔父穆罕默德·哈西姆首相施政。

（二）私人资本主义经济的发展

19 世纪中期，由于现代军事工业的建立和发展，阿富汗现代民用工业和技术随之发展。19 世纪末，一些采用机器生产的铸币厂、肥皂厂、蜡烛厂、面粉厂、皮革厂等相继建立，同时民族商业也得到一定程度的发展。不过，截至 20 世纪 30 年代初，阿富汗仍是落后的农牧业国家，军工厂及其相关的民用工厂是仅存的现代工业。

从 20 世纪 30 年代到 50 年代初期，由于哈西姆政府大力发展公路、邮政、电力等基础设施以及现代教育，并且对私人资本主义经济采取积极鼓励政策，后者因此在这个时期获得巨大发展。其中，在私人进出口贸易方面，阿卜杜勒·阿齐兹·伦敦尼在经营紫羔羊皮和棉花进出口方面取得重大成就。他创建了阿富汗的紫羔羊皮进出口业务，并把它打入伦敦国际市场。到第二次世界大战之前，这种业务为阿富汗换取了大多数的硬通货。[1] 他

---

[1] 〔美〕路易斯·杜普雷著《阿富汗现代史纲要》，黄民兴译，西安，西北大学中东研究所，2002，第 46 页。

还把棉花进出口贸易从与中亚诸国扩大到与苏联的广阔市场,从而赚取了可观的利润。

另外,这个时期私人资本主义金融和工业体系也得到迅速发展。在这方面,阿卜杜勒·麦吉德·查布里作出了突出贡献。1934 年,查布里创立了阿富汗第一家银行——"国民银行",这标志着源自私人资本的现代金融机构在阿富汗的建立。国民银行不仅从事一般的存贷款业务,而且在 1939 年国家银行建立之前,代行中央银行的若干职能,成为政府金融垄断体系的一部分。由于许多王室成员都在其中拥有巨额股份,从而促进了国民银行与中央政府的合作。国民银行还促进和垄断了以紫羔羊皮、羊毛、棉花出口为中心的对外贸易,尤其是建立并极大地促进了北方普勒胡姆里、昆都士和喀布尔地区所有现代轻工业的发展。1939 年,国家银行建立后,国民银行总裁查布里出任国家银行行长兼国民经济大臣。

截至 50 年代初期,以对外贸易、金融、现代工业为核心的私人资本主义经济在阿富汗国民经济中占主导地位。

## 第四节 当代简史[①]

一 沙阿·马茂德施政时期(1946 年 5 月至 1953 年 9 月)

第二次世界大战结束后,阿富汗陷入经济、社会和政治动荡。1946 年 5 月,穆罕默德·哈西姆被迫辞去首相职务,查希尔沙的王叔沙阿·马茂德接任首相。

这个时期,阿富汗政治上的一个重大举措,是尝试具有资产

---

① 主要参阅彭树智主编《阿富汗史》。

阶级民主改革性质的"自由主义议会运动"试验。1949年初，阿富汗举行了历史上第一次自由的议会选举，数十名激进人士被选进第七届议会。1951年4月，政府允许发行私人报刊，结果出现3家有影响的报刊以及与之相关的3个政党，它们分别是："祖国党"、"觉醒青年党"和"人民党"。这些政党要求迅速发展经济，大力推进资产阶级民主改革。但是，由于该运动的激进化发展与统治阶层要求渐进式发展的政策相悖，最后该运动被政府镇压。

## 二 达乌德第一次执政（1953年9月至1963年3月）

沙阿·马茂德政府的许多失误，导致查希尔沙的堂兄——穆罕默德·达乌德亲王于1953年9月发动宫廷政变，马茂德被迫辞职，达乌德就任首相，此即达乌德第一次执政（1953年9月至1963年3月）。

这个时期，阿富汗经济政策发生了重大变化。达乌德政府首先采取措施，排除了以国民银行为核心的私人资本主义经济在国民经济中的主导地位，进而建立了国家对经济活动进行有力干预的经济体制。同时，达乌德政府利用源源不断的外援和国内积累，仿效苏联等社会主义国家，先后执行了第一个五年计划（1957/58～1961/62年度）和第二个五年计划（1962/63～1966/67年度），重点对包括交通运输、能源和水利设施在内的基础设施以及工矿业进行大规模投资。这些举措，促使阿富汗经济，尤其是基础设施、工矿业和外贸呈现前所未有的大发展。

这个时期，达乌德政府所采取的社会政策取得了一定成效。随着社会经济的发展，知识分子、中产阶层和劳工阶级随之兴起。达乌德政府采取措施，吸收他们进入政府和军官队伍，并改善其工资和福利待遇。达乌德政府还积极发展农村经济、文化、卫生和教育事业，同时对于游牧民，达乌德政府采取了诸如限牧、鼓励务农或转入城镇发展的措施，从而扩大了中央对地方的影响和控制。另外，达乌德政府还采取措施，削弱了部落上层和宗教势力的显赫地位。此外，由于达乌德政府措施得当，这个时期，前国王阿曼努拉汗所开创的妇女解放，尤其是废弃面纱运动取得了重大进展。

阿富汗也面临不少问题，尤其是20世纪60年代初阿富汗与巴基斯坦关系第二次交恶后，阿富汗经济严重恶化。1963年3月，达乌德被迫辞职，查希尔沙开始亲政。

### 三 查希尔沙亲政时期(1963年3月至1973年7月)

查希尔沙亲政时期，制定了具有平衡色彩的经济政策。在保持国家主导地位的同时，阿富汗开始积极促进私人资本的发展。与此同时，阿富汗开始执行第三个五年计划(1967/68～1971/72年度)，投资重点转向工矿业和农业等生产部门，基础设施建设退居次要地位。这个时期，阿富汗还制订了第四个五年计划（1972/73～1976/77年度）（草案），但是由于1973年7月发生政变，该计划并未执行。这个时期，阿富汗基础设施因此得到进一步完善，天然气开采以及现代轻工业出现比较迅速的发展。但是，阿富汗经济仍存在严重问题，比如农业增长缓慢、粮食不能自给、私人资本不活跃、政府管理水平低下、严重依赖外援、国内积累能力很差等等。截至20世纪70年代，阿富汗仍是世界上最不发达国家之一。

这个时期，阿富汗社会关系也发生了一些变化。人口增长和流动性加快，现代教育包括中小学教育和高等教育规模不断扩大，广播、报刊、电讯事业迅速发展，农村中两极分化与经济发展的不平衡性进一步增强，传统的家族和部族关系不断遭到削弱。不过，由于失业、待遇低下等问题，知识阶层、社会下层以及少数民族等对政府的不满情绪日益增加，并构成这个时期民主运动的社会基础。

1964年9月，查希尔沙主持召开制宪大国民会议，审议并通过了 1964 年宪法。1964 年宪法在确保王权至上的同时，理论上第一次真正体现了君主立宪制的原则和精神。它赋予议会立法权、公民参政权，使王权至少在理论上受到了一些限制。宪法比以前突出强调三权分立和制衡等现代政治思想原则。宪法还促进了政教分离、司法和宗教分离等世俗主义原则和精神的发展。宪法还要求制定有关报刊、政党、选举、省市议事会法等方面的法规，为民众参政创造了条件。另外，为防止达乌德东山再起，宪法还限制王室成员参政。1964 年宪法实际上是 20 世纪 50、60 年代阿富汗社会经济文化发展的一个政治成果，反过来也进一步促进了阿富汗资产阶级民主运动的发展。

根据 1964 年宪法，阿富汗先后制定了政党法、省市议事会法等法规，但是查希尔沙一直没有签署。尽管如此，1964 年宪法以及 1965 年新闻法的公布，宣告了 20 世纪 60、70 年代阿富汗政党（派别）纷争局面的到来。当时，阿富汗的主要政治派别有：代表小资产阶级激进派的人民民主党和火焰派，代表自由主义势力的进步民主党，代表伊斯兰原教旨主义的"穆斯林青年会"，以部落、宗教、少数民族领袖为代表的保守势力派和激进民族主义派别等等。其中，人民民主党（1976 年分裂为人民派和旗帜派）、自由主义派和保守势力分别以知识分子（学生）、行政机构和议会作为阵地。由于这些政治派别竞相角逐，阿富汗出现了大规模的学运和反政府游行示威，内阁因此更迭频繁，政府软弱无力。1970～1971 年，阿富汗发生历史上罕见的旱灾，国内经济和政治危机日益加深。

四 阿富汗共和国与达乌德第二次执政（1973 年 7 月至 1978 年 4 月）

73 年 7 月 17 日，乘查希尔沙赴欧洲就医期间，前首相达乌德联合人民民主党旗帜派发动政变，推翻了穆

沙希班王朝统治，并于次日建立了阿富汗共和国（1973年7月至1978年4月）。

阿富汗共和国成立初期，达乌德身兼总统、负责行政工作的中央委员会主席以及内阁要职，人民民主党旗帜派则占据中央委员会和内阁其他职位。后来，达乌德通过镇压前政府势力、穆斯林青年会等各种反政府派别以及限制和削弱旗帜派等手段，将政权掌握在以他为首的由前王室成员和达官显贵组成的联盟手中。1977年宪法颁布后，达乌德正式取缔了人民民主党旗帜派和人民派。

从表面上看，阿富汗共和国建立后，君主制被共和制所取代，但本质上仍是独裁统治。新政权建立初期，就宣布废除1964年宪法，解散议会，取缔所有非政府报刊。政府行政工作由中央委员会负责，达乌德是国家元首（总统）兼任中央委员会主席，不过中央委员会主要成员由旗帜派人员组成。同年8月设立内阁，达乌德兼任总统、总理、国防和外交部长等要职，其他职位主要由旗帜派成员担任。实际上，从1973年7月到1977年，阿富汗一直处于军事管制状态。

另外，1977年宪法的颁布也是达乌德实行独裁统治的一个例证。1977年宪法首先赋予总统在国家、行政、立法、司法、军队等方面的最高权力，总统权力在法律上没有受到任何实质限制。1977年宪法还规定创建"民族革命党"作为唯一合法政党。另外，宪法还规定设立装点门面的一院制国民议会和大国民会议。1977年宪法通过后，大国民会议据此选举达乌德为首任总统，任期6年。1977年3月，达乌德进一步兼任内阁总理，内阁其他成员也由达乌德亲信组成。

这个时期，国内政治斗争日趋激烈。人民民主党人民派和旗帜派始终未放弃夺权工作。人民派不仅积极在军队、情报等要害部门中发展成员，而且继续寻求外国共产党、尤其是苏联的帮助。同时，苏联对达乌德政策的转向也非常不满。在1977年宪法打击下，特别是在苏联授意下，1977年年中，人民民主党人民派和旗帜派重新统一，并加紧了政变准备。

阿富汗共和国成立后，达乌德政府进行了土地改革，以推动资本主义生产关系的发展，但是成果有限。不过，这个时期，由于生产条件较好，农业生产有所增长，粮食实现了自给。另外，达乌德政府更加重视国营经济的发展，不仅对所有银行实行了国有化，而且扩大和加强了政府对国内外贸易的监督和控制，私人经济则局限在一些中小企业。1977年，达乌德政府颁布七年发展规划（1976/77～1982/83年度），进一步加大了对交通运输的投资比例，特别提出发展炼油业等重工业部门的目标。70年代中后期，阿富汗经济增长出现一个新高潮。结果，现代工业在工业中的比例占到一半以上，国营大工业几乎占大工业生产的70%，天然气生产创历史纪录，国际收支状况得到改善，外汇储备突破1亿美元。

这个时期，达乌德政府继续推行渐进的社会发展政策。其中，它所颁布的刑法和民法，促进了司法世俗化的发展。达乌德政府还实施农村发展计划，进行人口普查，改善劳动条件和待遇，提高妇女地位，发展民族文化，这些举措对社会进步和经济发展起到了一定作用。

五　阿富汗民主共和国的建立（1978年4月建立，名义上到1986年5月）

**（一）塔拉基政权（1978年4月至1979年9月）**

78年4月27日，人民民主党发动军事政变，一举推翻达乌德的统治，随后建立政权，改国号为"阿富汗民主共和国"，国家最高权力归人民民主党革命委员会。人民民主党领袖努尔·穆罕默德·塔拉基（人民派）、巴勃拉克·卡

尔迈勒（旗帜派）、哈斐祖拉·阿明（人民派）分别担任革委会主席兼政府总理、副主席兼第一副总理以及副总理兼外交部长。由于政变发生在阿历2月7日，新政权因此称之为"二月革命"。

塔拉基担任革委会主席兼政府总理期间，政权具有苏联特色。革命委员会类似苏联的最高苏维埃，并设主席团。此外，还建立了由人民民主党控制的各种团体和组织，国旗也是红色的。新政权还推行过激的社会经济改革措施，包括土地改革、婚俗改革、教育改革、司法改革等等。在对外政策方面，塔拉基政权采取向苏联一面倒的政策，阿苏经济合作进一步加强，双方建立了军事同盟关系。与此同时，由于塔拉基政权采取强硬和敌对的政策，阿富汗与周边和西方国家的关系发生逆转。

这个时期，阿富汗国内局势迅速恶化。一方面，发生了规模浩大的反政府、反苏联控制的群众起义和武装斗争。为躲避战乱和暴政，大批阿富汗人开始逃往巴基斯坦等邻国，阿富汗难民问题随之产生。另一方面，塔拉基政权内部政治斗争日趋激烈。首先是以塔拉基、阿明为首的人民派逐渐将以卡尔迈勒为首的旗帜派排挤出党政要职。其次，在人民派内部，塔拉基与阿明之间的矛盾也愈演愈烈，阿明政治地位不断攀升，权力不断膨胀，大有取代塔拉基之势，其与苏联的离心倾向也逐渐加强。苏联准备与塔拉基联手，除掉阿明。

（二）阿明政权（1979年9～12月）

1979年9月14日，阿明抢先下手发动军事政变，除掉塔拉基，夺取政权，并当选为人民民主党总书记兼革命委员会主席。阿明政权仍属人民民主党政权。它一方面处处与苏联作对，阿苏关系随之恶化。另一方面，它试图改善与美国和周边国家的关系。同时，由于它继续推行过激的"社会主义"政策，阿富汗国内反政府武装斗争迅速扩大，该政权岌岌可危。

第二章 历　　史

六　苏联入侵和占领阿富汗（1979年12月至1989年2月）

### （一）苏联入侵阿富汗

1979年12月12日，苏联最高领导层决定入侵阿富汗，消灭阿明政权。12月25～26日，入侵行动正式开始。27日，喀布尔沦陷，阿明被击毙。28日，苏联扶植的卡尔迈勒政权上台，随后苏联以突袭方式占领阿富汗全境。

苏联占领阿富汗全境后，其第二阶段的主要任务是速战速决，扑灭抵抗力量。1980年初起，苏联不断增军，截至1985年已增至11万多人。其中，在1980年上半年，苏联对阿富汗抵抗力量实行了全面扫荡。当年7月起，苏联又将全面扫荡改为"搜索与歼灭"式的清剿。1982年年中起，苏联又改为重点围剿。但是直到1989年2月15日撤回最后一批苏军为止，苏联在阿富汗第二阶段的任务也没有完成。

### （二）人民民主党政权的举措

1. 卡尔迈勒政权（1979年12月至1986年5月）与全盘苏化

卡尔迈勒政权也属人民民主党政权。苏联占领时期，阿富汗几乎全盘苏联化。苏联顾问充斥阿富汗军政部门，控制所有大政决策和日常工作，阿富汗官员成为一种摆设。苏联在阿富汗各个战略要地修建和部署了各种军事基地，对周边国家形成威慑。阿苏经济一体化迅速发展，西方经济技术援助大多停止，苏联还对阿富汗的各种矿产资源进行了广泛勘探和部分开采。阿苏社会文化一体化也有所发展，特别是教育部门，几乎成了苏联教育体制和内容的翻版。此外，由于连年战乱，阿富汗经济遭到了沉重打击。

2. 纳吉布拉政权（1986年5月至1992年4月）与民族和解政策

1985年，戈尔巴乔夫担任苏共中央总书记。由于侵阿战争

久拖不决，代价高昂，戈尔巴乔夫提出政治解决阿富汗问题的立场，决心从阿富汗泥潭中脱身。1986年5月，苏联用纳吉布拉政权取代了卡尔迈勒政权，新政权改国名为"阿富汗共和国"。1987年3月，纳吉布拉政权正式提出民族和解政策，表示要与反对派实现停火，并建立基础广泛的民族联合政府。这种政策的提出，首先是因为人民民主党无法在军事上彻底消灭抵抗力量，这是对抵抗力量做出的政治让步。其次，这种政策的目的是为了扩大人民民主党政权的社会基础，并巩固其统治。再次，这种政策声称可以联合一切可以联合的力量，其中包括抵抗力量，以便组成联合政府，甚至可以实行多党制。但是由于其前提是改善而不是取消人民民主党的统治，是进一步提高人民民主党在联合政府中的权威和地位，因而遭到了抵抗力量的拒绝。

（三）阿富汗抵抗力量的壮大

苏联入侵阿富汗以后，在世界反对苏联力量的支持下，阿富汗人民运用各种方式进行反抗，并逐渐形成了以下几类抵抗组织。

第一类是总部设在巴基斯坦白沙瓦的阿富汗伊斯兰逊尼派组织。这类派别受美国等西方国家以及巴基斯坦、沙特阿拉伯等邻国的支持，实力雄厚，影响较大。其中，属于伊斯兰激进主义组织的有阿富汗伊斯兰党（领袖是古尔布丁·希克马蒂亚尔）、阿富汗伊斯兰促进会（即"伊斯兰组织"，政治领袖是布尔汉努丁·拉巴尼）、阿富汗伊斯兰党哈里斯派（领袖是穆罕默德·尤尼斯·哈里斯）和阿富汗伊斯兰联盟（领导人是阿卜杜勒·拉苏尔·萨亚夫）。另外，属于伊斯兰温和势力的有阿富汗伊斯兰革命民族阵线（领导人是赛义德·艾哈迈德·盖拉尼）、阿富汗伊斯兰民族救国阵线（领袖是西卜加图拉·穆贾迪迪）和阿富汗伊斯兰革命运动（领导人是穆罕默德·纳比·穆赫默迪）。1982年后，这7个组织逐渐联合起来，并于1985年5月成立

第二章 历 史

"阿富汗圣战者伊斯兰联盟",简称"七党联盟"。1987年10月,该联盟推举哈里斯为主席,后由希克马蒂亚尔接替。

第二类是总部设在伊朗并受其支持的什叶派组织,共八个。它们分别是伊斯兰胜利党、伊斯兰圣战卫士、伊斯兰运动、伊斯兰党、真主党、伊斯兰团结委员会、伊斯兰呼声和伊斯兰力量。1985年,这八个党派结成联盟,称"伊斯兰革命联盟",简称"八党联盟"。

第三类是为数众多的阿富汗国内抵抗力量。它们大多是以村落、部落或亲属为纽带形成的独立地方武装,一般各自为战,有时为争取外援和军援也与境外抵抗力量建立某种形式的联系。其中,较大的组织有位于阿富汗中部山区哈扎拉族的抵抗力量,以及位于阿富汗北部潘杰希尔谷地以塔吉克人马苏德为领导的游击队。马苏德所领导的游击队隶属于阿富汗伊斯兰促进会,这支游击队在抵抗运动中声名鹊起,马苏德本人因此被誉为"潘杰希尔雄狮"。1986年后,阿富汗北部游击队成立了以马苏德为领导的总指挥部。

(四)《日内瓦协议》(1988年4月14日)与苏联撤军

苏联入侵阿富汗后,联合国以及国际社会其他成员不断努力,以便通过政治途径解决阿富汗问题。1982年起,在联合国主持下,巴基斯坦和阿富汗喀布尔政权(以后分别加上美国和苏联)就政治解决阿富汗问题举行了数轮间接会谈。但是,由于苏联和阿富汗喀布尔政权(即前述人民民主党政权)坚持要求承认喀布尔政权的合法性,停止对阿富汗游击队的援助,然后再考虑撤军事宜,会谈没有取得任何成果。戈尔巴乔夫担任苏共中央总书记并提出政治解决阿富汗问题后,上述四方在联合国主持下又举行了多轮间接会谈。1988年3月,在联合国秘书长主持下,上述四方在日内瓦举行了具有历史意义的间接会谈。4月14日,四国外长签署了关于政治解决阿富汗问题的《日内瓦协

议》。该协议包括4项文件和1个谅解备忘录，它规定苏联将自5月15日起的9个月内撤出全部军队，苏美支持这种政治解决方案；撤军期间，美苏两方中若有一方继续援助其支持的阿富汗派别，另一方也将采取如出一辙的措施。但是，《日内瓦协议》未就阿富汗政治前途作出安排。《日内瓦协议》签署后，从当年5月15日到1989年2月15日，苏联据此完成了全部撤军工作。

（五）纳吉布拉政权的垮台（1992年4月16日）

苏联撤军后，纳吉布拉政权未像预期的那样迅速垮台，甚至在1989年两次取得了东部守城战的胜利。其中一个重要原因，是苏联撤军后，仍继续向纳吉布拉政权提供大量援助。另外一个原因，在于阿富汗抵抗力量的四分五裂。纳吉布拉政权随后利用战场上的节节胜利，试图继续推行民族和解政策，以便与抵抗力量分享权力并实现和平。1990年，纳吉布拉将人民民主党易名为"祖国党"，并宣布实行多党制。但是，抵抗力量均拒绝与其分享权力。1991年，苏联决心彻底摆脱阿富汗这个负担。当年9月13日，美苏签订协议，宣布自1992年1月1日起停止向阿富汗交战双方提供武器，这标志着美苏结束了在阿富汗长达将近50年的争夺。苏联援助停止后，纳吉布拉政权日落西山。1992年4月16日，在抵抗力量四面围困之下，纳吉布拉宣布辞职，并被迫躲入联合国驻喀布尔的办事处避难。

七　内战时期（1992年4月至2001年9月）

（一）阿富汗伊斯兰国与拉巴尼政府的建立

**19** 92年4月24日，在联合国斡旋下，阿富汗抵抗力量各派别在白沙瓦就阿富汗政治前途达成协议。该协议决定成立一个由51人组成的临时委员会，西卜加图拉·穆贾迪迪任国家元首，两个月后成立由布尔汉努丁·拉巴尼担任总统的伊斯兰临时政府，后者负责在四个月内组织大选，产生民选政府。在临时政府中，由伊斯兰党人士担任总理，马苏德出任国防部长。4月28日，临时委员会成员抵达喀布尔，宣布成立阿富汗伊斯兰国，穆贾迪迪担任临时总统，拉巴尼担任最高委员会主席，希克马蒂亚尔任政府总理。但是，希克马蒂亚尔对未能担任总统十分不满，故推举了伊斯兰党下属一支游击队队长担任总理。6月28日，拉巴尼接替穆贾迪迪担任临时总统，任期四个月，马苏德担任国防部长。

(二) 原抵抗力量之间的混战

从拉巴尼担任临时总统到1994年塔利班异军突起期间，阿富汗内战主要在阿富汗原抵抗力量之间进行，特别是在以拉巴尼和马苏德为领导的政府军与以希克马蒂亚尔领导的伊斯兰党以及杜斯坦姆领导的乌兹别克民兵武装之间进行。

自1992年6月拉巴尼担任临时总统后，希克马蒂亚尔就对喀布尔发起了攻势，阿富汗内战由此展开。同年10月28日，拉巴尼任职到期。但是，他又两度将任期延长直至1994年年底，从而引发了伊斯兰党与拉巴尼政府之间的又一轮酣战。

以杜斯塔姆为领导的乌兹别克民兵武装，原隶属于纳吉布拉政府军。1992年起，杜斯塔姆在这支武装的基础上创建了阿富汗伊斯兰民族运动。还在纳吉布拉政权垮台之前，杜斯塔姆领导的这支武装就倒戈，与伊斯兰促进会秘密结盟，促使后者第一个攻入喀布尔并占据城内战略要地。可以说，杜斯塔姆为推翻纳吉布拉政权助了一臂之力。但是拉巴尼政府成立后，有意削弱杜斯塔姆的实力，杜斯塔姆与其矛盾日益激化。1993年7月，杜斯塔姆与拉巴尼政府反目，暗中与希克马蒂亚尔结为联盟。1994年1月，杜斯塔姆与希克马蒂亚尔联手袭击拉巴尼政府。经过7天战斗，杜斯塔姆损兵折将，不得不退守北方。

在原抵抗力量混战当中，阿富汗逐渐形成了一些主要政治和军事派别，其中包括拉巴尼政府力量、希克马蒂亚尔领导的伊斯

兰党、杜斯塔姆领导的伊斯兰民族运动以及什叶派哈扎拉族武装。阿富汗满目疮痍，民不聊生，新的难民潮再次形成。

(三) 塔利班异军突起

1994年下半年，塔利班（普什图语，意为"学生"，也称"学生军"）在阿富汗南部坎大哈异军突起，很快发展成一支重要的政治军事力量。该组织属于伊斯兰教逊尼派激进主义组织，其最终目标是夺取整个阿富汗，"建立纯粹的伊斯兰政权"。其骨干成员来自设立在巴基斯坦难民营宗教学校的阿富汗普什图族学生和毛拉，并受到巴基斯坦、美国和沙特阿拉伯公开或秘密的支持。成立初期，塔利班每到一地扫除军阀，收缴枪支，恢复治安和秩序，赢得了饱受战乱之苦的老百姓的欢迎，队伍因此迅速壮大，并取得战场上的节节胜利。1995年初，塔利班拿下阿富汗南部数省。1996年9月，它攻占西部重镇赫拉特。1996年9月27日，它夺取喀布尔。

塔利班崛起打破了阿富汗原有的内战格局。1995年前后，形成拉巴尼政府、反政府派与塔利班互有攻守的局面。1995年后，为抵御塔利班的凌厉攻势，拉巴尼政府与一些反政府派别，包括伊斯兰党相继和解。尽管如此，该政府还是在1996年9月被逐出喀布尔，退至阿富汗北部。

(四) 塔利班与反塔联盟之间的较量

从塔利班夺取喀布尔到2001年"9·11"事件发生前，阿富汗内战演化为塔利班与反塔利班北方联盟之间的角逐，尽管北方联盟内部也不断发生矛盾和冲突。

1996年10月10日，拉巴尼政府、杜斯塔姆领导的伊斯兰民族运动和什叶派伊斯兰统一党以及其他几个小派别成立"保卫祖国最高委员会"，从而组成反对塔利班的北方联盟。1997年6月，北方联盟成立"拯救阿富汗伊斯兰联合阵线政府"，定都马扎里沙里夫，该联盟承袭了阿富汗伊斯兰国驻世界各国的使馆

## 第二章 历史

和联合国席位，拉巴尼出任总统。他们主要以阿富汗北方和中部为根据地与塔利班进行较量。

夺取喀布尔后，塔利班即建立政权。1997年10月27日，塔利班改国名为阿富汗伊斯兰酋长国，从而形成了与拉巴尼为领导的北方联盟共存的局面。塔利班对内实行高度的中央集权制，其组织机构严密，最高领导人是毛拉穆罕默德·奥马尔，称"信士们的领袖"，重大问题由其拍板决定。塔利班最高决策机构是大协商会议，核心成员约有7~10人，辅助奥马尔研究和决定重大问题，总部设在坎大哈。大协商会议下设两个委员会。一个是设在喀布尔的部长委员会（或喀布尔协商会议），负责处理日常事务，包括国防、内政、外交等部门。另一个是军事协商委员会，负责指挥军事作战。[1]

塔利班建立政权后，不断夺取新的地区。截至1998年8月，它已夺取大多数北部省份，其中包括北方联盟重要基地——马扎里沙里夫。9月，塔利班拿下伊斯兰统一党基地——巴米扬。2000年9月，它又夺取北方联盟战略要地塔洛坎。至此，塔控区已扩大至阿富汗95%的国土，武装统一阿富汗似乎指日可待。而北方联盟只能局限于阿富汗北部和东北部一些区域，许多重要首领先后逃到伊朗和中亚一些国家。

然而，塔利班推行的激进政策面临严峻挑战。在社会领域，它全面推行严格的伊斯兰法，包括妇女必须蒙面、严禁妇女接受教育和工作、男人必须蓄须、禁止电影电视等一切娱乐活动、实行严格的伊斯兰刑法等。塔利班还采取了一些激进的外交政策，致使伊朗外交官遇害、联合国人员遭枪杀、非政府人道主义组织遭驱逐、巴米扬大佛被毁等等，这些举措导致塔利班在国内外陷

---

[1] See Ahmed Rashid, *Taliban*: *Militant Islam*, *Oil and Fundamentalism in Central Asia*, Yale University Press, New Haven/ London, 2000.

入孤立。截至2001年9月,世界上只有巴基斯坦、沙特阿拉伯和阿联酋三国承认其政权的合法性。

更为严峻的是,由于庇护并拒不交出"基地"组织头目——奥萨马·本·拉登,塔利班遭到美国和联合国日益升级的制裁和威胁。在2001年"9·11"事件前,美国和西方就断定,"基地"组织在20世纪90年代制造了多起针对美国及其盟国的袭击事件。其中包括:1998年8月7日,发生在东非内罗毕和达累斯萨拉姆两处美国使馆爆炸事件;2000年10月12日,驻亚丁港的美国"科尔"号舰受袭事件。美国和西方认为,塔利班庇护基地组织,遂要求塔利班将奥萨马·本·拉登和"基地"组织驱逐出阿富汗。但是,塔利班予以拒绝。1997年起,美国开始改变以往通过巴基斯坦秘密支持塔利班的政策。1998年8月20日,美国向"基地"组织驻阿富汗和苏丹的营地发射了巡航导弹。同年,沙特阿拉伯也被迫降低了与塔利班的政治关系。1999年7月5日,美国宣布对塔利班进行经济贸易制裁。在美国的推动下,1999年11月14日和2000年12月9日,联合国先后通过两项对塔利班进行经济制裁的决议。

## 八 2001年"9·11"事件后

### (一) 2001年"9·11"事件

2001年美国东部时间9月11日上午(北京时间9月11日晚),美国纽约、华盛顿以及其他一些城市相继遭受袭击。其中,一架从波士顿飞往纽约的美国航空公司波音767飞机遭劫持,撞击了纽约曼哈顿世界贸易中心北侧大楼,引起爆炸。此后,又一架飞机以极快速度冲向世贸中心南侧大楼。飞机从大楼的一侧撞入,由另一侧穿出,并引起爆炸。随后,这两幢塔楼均轰然坍塌。第三架被劫持的飞机撞到位于华盛顿的美国国防部五角大楼西侧,并发生大火。第四架遭劫持的飞机则在宾夕

第二章 历 史

法尼亚州南部坠毁。另外,美国国务院附近还发生一起汽车爆炸事件。

据美国调查,世贸中心两幢塔楼因此死亡人数达2600人,五角大楼有125人死亡,四架飞机上共有256人死亡,死亡总数达2981人,超过了1941年12月日本袭击美国珍珠港时所死亡的人数[1],是第二次世界大战以后美国本土遭受的最沉重的一次打击。此即震惊美国和全世界的"9·11"事件。

美国调查后认定,这次事件共有19名伊斯兰"极端分子"参加,幕后策划者是塔利班庇护的"基地"组织及其领导人——本·拉登。美国政府称这次袭击为"战争行为",要求塔利班无条件交出本·拉登。在塔利班拒绝后,美国决定对塔利班和"基地"组织进行军事打击。

(二) 美英攻打阿富汗

"9·11"事件后不久,美国开始调动各种战略资源,采取多管齐下的方针,进行战前准备和部署。除争取国内支持外,在外交上,美国建立了其领导的反塔利班国际联盟。其中包括,英国承诺直接参战,北约和欧盟等美国传统盟国表示支持,巴基斯坦、沙特阿拉伯、阿联酋三国被迫与塔利班断绝外交关系,俄罗斯、乌克兰以及中亚国家表示配合,阿富汗北方联盟与美英建立政治和军事合作关系。除此之外,美国还争取到阿富汗其他周边国家、伊斯兰世界、非洲等大多数国家不同程度的支持和配合。在财政方面,美国联合国际社会、尤其是西方国家打击涉嫌与"基地"组织有关的金融资产。军事上,美国展开了一场自1991年海湾战争以来美国最大的一次军事部署。截至2001年9月底,美军在阿富汗周边已部署大约18万人兵力,包括陆军、海军、

---

[1] "Final Report of the National Commission on Terrorist Attacks Upon the United States". http://www.9-11commission.gov/

空军、海军陆战队、特种作战部队、国民警卫队和预备役人员等。10月初，英国共有24艘战舰和2.3万名士兵部署在海湾地区。

阿富汗当地时间2001年10月7日20点57分（北京时间8日凌晨零时27分），美英正式开始军事打击。从10月7日到20日，是空中打击阶段，美英凭借绝对的军事优势，对阿富汗重要城镇和战略目标进行持续猛烈的轰炸，并基本摧毁塔利班和"基地"组织的防空能力。从10月20日到11月初，是地面进攻阶段。美英在这个阶段的作战方式是：先由美英战机对塔利班控制区进行持续轰炸，随后由美国特种部队支援北方联盟对轰炸过的地区发动进攻。从11月5日到12月16日，是战略进攻阶段。在这个阶段，北方联盟开始展开大规模军事行动，向塔利班发动进攻，并相继攻占阿富汗北部诸省和喀布尔。12月7日，分布在坎大哈以及南部数省的塔利班军队全面缴械。12月16日，阿富汗东部托拉博拉地区被攻克，"基地"组织全线溃退。至此，尽管奥马尔和本·拉登下落不明，战事仍在继续，但是坎大哈投降和托拉博拉战役标志着塔利班垮台以及"基地"组织作为有组织抵抗的结束。

美英攻打阿富汗是阿富汗历史上一个重大转折点。在外部势力的重击下，原先几乎一统天下的塔利班政权在两个多月时间内迅速崩溃，阿富汗历史进程由此掀开新的一页。

(三)《波恩协议》与卡尔扎伊政府的组成

塔利班垮台同时，2001年11月27日至12月5日，有关阿富汗政治前途的国际会议在德国波恩召开。会议由联合国召集，阿富汗四方政治力量共32名代表出席了会议，其中包括北方联盟11名代表，以前国王查希尔沙为首的罗马集团11名代表，以塞浦路斯为基地的5名代表，以白沙瓦为基地的5名代表。出席会议的还有联合国代表团、联合国安理会5个常任理事国、巴基斯坦、伊朗等阿富汗邻国、欧盟、日本、加拿大、土耳其、印度

## 第二章 历　史

等共 19 个国家和地区的代表。在国际社会、尤其是美国和欧盟的压力下，阿四方代表签署了《波恩协议》。该协议规定：第一，尽快在阿富汗成立一个临时政府，一个为第二年春天召开紧急"大国民会议"作准备的临时特别委员会和一个最高法院。第二，临时政府成立半年内，将召开大国民会议紧急会议，由其决定阿富汗过渡政权。两年后举行全国大选，选出一个真正有代表性的政府。第三，要求联合国安理会考虑批准联合国授权部队进驻阿富汗。《波恩协议》是阿富汗战争的政治结果，填补了塔利班垮台后的权力真空，并为阿富汗重建创造了前提和条件。

根据《波恩协议》，阿富汗政治重建迈出步伐。2001 年 12 月 22 日，阿富汗成立了以哈米德·卡尔扎伊为主席的临时政府。卡尔扎伊来自阿富汗普什图族，并得到美国支持。北方联盟在临时政府中占据了内政、外交和国防等关键职位。

2002 年 6 月 11～19 日，阿富汗临时政府召开大国民会议紧急会议，确定了阿富汗过渡政府的体制和组成。据此，阿富汗组成了以卡尔扎伊为总统的阿富汗过渡政府。在过渡政府中，国防部长和外交部长仍分别由北方联盟成员、来自塔吉克族的法希姆和阿卜杜拉担任，原北方联盟成员、来自乌兹别克族的杜斯塔姆继续担任国防部副部长一职。同时，原由北方联盟控制的内政部长一职交给了普什图族的瓦尔达克，从而安抚了以查希尔沙为首的罗马派，也在一定程度上消除了对北方联盟占据过多要职的担心。原内政部长加努尼转而担任教育部长兼总统国内安全特别顾问。2002 年 6 月 24 日，阿富汗过渡政府集体宣誓就职，实现了与临时政府的顺利交接。

2003 年 12 月 14 日至 2004 年 1 月 4 日，阿富汗过渡政府召开大国民会议，审议并通过 2004 年宪法。根据 2004 年宪法，2004 年 10 月 9 日，阿富汗举行塔利班垮台后首次总统选举。卡尔扎伊以 55.4% 的得票率当选阿富汗总统，任期 5 年。同年 12

月7日，卡尔扎伊宣誓就职总统。12月24日，他所领导的内阁宣誓就职。

## 第五节 重要历史和政治人物

### 一 阿赫马德沙（Ahmad Shah，1722~1772年）

阿赫马德沙是阿富汗近代民族国家的创建者。他在位期间，阿富汗历史上第一次成为一个独立、统一的国家。1722年，阿赫马德出生于赫拉特①，他是坎大哈地区阿布达里部族波波尔扎伊分支萨多查伊氏族酋长穆罕默德·查曼·汗的第二个儿子。他自幼受过良好教育，而且骁勇善战。1738年坎大哈被纳狄尔沙指挥的阿夫沙尔王朝军队攻陷之时，阿赫马德被捕，后投效了纳狄尔沙。由于忠心耿耿，屡建战功，不久他被提升为纳狄尔沙军队内阿富汗军团的指挥官。阿富汗军团主要由阿布达里人和吉尔扎伊人组成，拥有6000多名士兵。1747年6月，纳狄尔沙遇刺身亡，阿赫马德即从波斯率兵返回坎大哈，并参加了在坎大哈举行的阿富汗部落会议。就是在这次会议上，阿赫马德被推举为阿富汗第一位国王，阿富汗近代民族国家由此建立。阿赫马德沙自称"杜尔—依兰—杜兰"（"杜兰尼族的珍珠"），他所创建的王朝史称杜兰尼王朝。从即位起到1769年，阿赫马德沙进行了一系列战争，以统一阿富汗，并摆脱波斯和印度莫卧儿帝国等外族的统治。截至1751年，他在历史上第一次建成一个地域相当于今日阿富汗的民族独立国家。他创建的这个国家是一个具有浓厚氏族制残余的军事封建国家。另外，通过军事征战，阿赫马德沙还确立了对现在伊朗以及印度河以西一些地

---

① 一说为玛尔丹。

区的宗主权。不过，他的军事征战、特别是9次入侵印度具有掠夺性质。阿赫马德沙戎马倥偬，征战一生。1772 年，他因脸部恶疾去世。

二　阿曼努拉汗（Amanullah Khan, 1892~1960 年）

从1919 年至 1929 年，阿曼努拉汗是阿富汗巴拉克查伊王朝国王，是前国王哈比布拉汗的第三个儿子。1892 年 6 月，阿曼努拉出生于帕格曼省。他自幼在宫廷中受到良好教育和训练，并受到西方文化的熏陶。青年时，阿曼努拉曾任阿富汗中央军团司令兼喀布尔总督，深受阿富汗民族主义思想奠基人塔尔齐民族主义思想和青年阿富汗派的影响。1914 年，他与塔尔齐的女儿成婚。1919 年 2 月 21 日，其父哈比布拉遇刺身亡。2 月 28 日，阿曼努拉汗在喀布尔正式即位，宣布要争取国家独立，实行现代化改革。5 月，在第三次英阿战争中，阿曼努拉汗领导阿富汗军民坚持民族战争，直到取得最后胜利。同年 8 月 8 日，英阿双方正式签订《拉瓦尔品第和约》，英国间接承认阿富汗在内政和外交方面"正式地自由和独立"。1921 年 11 月 22 日，阿英签署《喀布尔条约》，英国正式承认阿富汗内政和外交独立。与此同时，为巩固独立成果，阿曼努拉汗还致力于建立和发展与苏俄（苏联）、欧洲、日本以及周边国家的友好关系。在内政方面，阿曼努拉汗一直致力于全方位现代化改革，以便把阿富汗由封闭落后的封建主义国家改造成为现代的资本主义君主立宪制国家。1927 年 12 月到 1928 年 7 月，阿曼努拉汗出访欧亚 12 国，回国后进一步推行现代化改革。由于改革非常激进，超出了许多阶层尤其是宗教势力、部族势力以及群众承受的能力，因此遭到了来自许多方面的反对和阻挠，最终造成社会动乱。1929 年 1 月 13 日，巴恰·沙考攻占喀布尔，阿曼努拉汗逊位，现代化改革也归于失败。同年 5 月，阿曼努拉汗逃往印度，后流亡意大利，开始了近 30 年的流亡生活。1941 年，他曾试图求助于德国复辟，未成。1960 年，他病逝于瑞士苏黎世，享年 68 岁，归葬于阿富汗贾拉拉巴德。

三 马赫茂德·贝格·塔尔齐（Mahmud Beg Tarzi，1865～1933 年）

尔齐是阿富汗现代民族主义思想家和政治家，也是青年阿富汗派的理论家和代表人物。他为阿富汗的民族觉醒、第三次抗英战争和现代阿富汗作出了卓越贡献。1865 年，塔尔齐出生于加兹尼一个贵族家庭。其父古拉姆·穆罕默德是一位部落领袖和著名诗人，"塔尔齐"就是他发表诗歌时使用的笔名，以后便作为他儿子的名字。1884 年，因与阿卜杜尔·拉赫曼国王政见不和，古拉姆·穆罕默德全家被放逐国外，大部分时间寓居大马士革。青年时期，塔尔齐随父游历了大马士革、开罗、伊斯坦布尔和巴黎等亚非欧城市，学习和掌握了普什图语、波斯语、阿拉伯语、乌尔都语、土耳其语和法语等多种语言，并在诗歌写作方面表现出卓越的才华，到 19 世纪末还初步形成了阿富汗民族主义思想。哈比布拉汗执政后，1903 年塔尔齐一家返回喀布尔，其父已于 1901 年去世。不久，塔尔齐被任命为王室翻译局局长，负责介绍和引进外国的进步思想和科学技术，成为哈比布拉现代化改革的主要顾问。同时，塔尔齐和青年阿富汗派还开始在阿富汗从事民族主义思想启蒙和宣传活动。1911 年，塔尔齐创办《光明新闻》（《锡拉吉—乌尔—阿赫巴尔》，Siraj-ul-Akhbar）。他通过这份刊物，抨击英俄帝国主义，反对伊斯兰教上层的保守势力，唤起阿富汗人的爱国热情和民族自尊心。这份刊物一直办到 1919 年 1 月，是塔尔齐和青年阿富汗派宣传阿富汗民族主义思想的舆论阵地。1919 年 2 月，哈比布拉汗遇刺身亡，塔尔齐帮助阿曼努拉汗即位，从而建立了青年阿富

汗派政权。随后，塔尔齐帮助阿曼努拉汗进行了一系列现代化改革。与此同时，塔尔齐积极支持阿富汗进行第三次抗英战争，为阿富汗的独立做出了贡献。阿富汗独立后，在制定和执行阿富汗独立自主的对外政策方面，塔尔齐也做出了突出贡献。他曾两度担任阿富汗外交大臣，参加了阿英双方关于《拉瓦尔品第和约》以及《喀布尔条约》的谈判或签署工作。另外，在塔尔齐帮助下，阿富汗还同苏（俄）、伊朗、意大利、法国等国建立了外交和贸易关系。自1924年起，塔尔齐与阿曼努拉汗的分歧越来越大。1927年，他的辞呈被接受。1929年巴恰·沙考叛乱期间，塔尔齐到伊朗避难。同年10月，他到土耳其伊斯坦布尔定居。1933年11月，塔尔齐因肝癌去世，葬于伊斯坦布尔。塔尔齐曾撰写、主编和翻译过15种书，其中包括《三大洲旅行记》、《道德论》、《儿童之灯》、《日俄战争史》等。他的第一位妻子是阿富汗人，第二位妻子是叙利亚人。长女凯莉嫁给了阿曼努拉汗的长兄伊纳雅图拉，另一个女儿苏菲亚嫁给了阿曼努拉汗。

四　穆罕默德·查希尔沙（Mohammad Zahir Shah，1914～）

查希尔沙是阿富汗前国王。1914年10月15日，查希尔出生于喀布尔，是前国王穆罕默德·纳第尔沙长子，普什图族人，信仰伊斯兰教逊尼派。1924年，查希尔赴法国巴黎读书，后就读于蒙彼利埃学院。1930年，查希尔回国，学习伊斯兰教教义，并进入皇家步兵军官学校学习。1932年，查希尔任国防部副大臣，代理国防大臣。1933年，他担任代理教育大臣。1933年11月8日，其父被刺，年仅19岁的查希尔继承王位。不过，1933～1953年，国家大权掌握在查希尔沙的两位叔父手中。1953～1963年，查希尔沙堂兄达乌德首相一直执掌大权。1963～1973年，查希尔沙实际执政。在此期间，查希

尔沙制定了具有平衡色彩的经济政策，除保持国家主导地位外，积极促进私人资本的发展，阿富汗各项基础设施得到进一步完善，现代轻工业也迅速发展。另外，查希尔沙还颁布了1964年宪法。这部宪法在确保王权至上同时，在理论上第一次真正体现了君主立宪制的原则和精神。在外交上，查希尔沙注重传统的中立和平衡政策。他遍访世界各国，努力与各国发展友好关系，积极寻求外援来源的多样化。在与苏联保持密切关系的同时，他加强了与美国、西欧、日本等西方国家的关系。他还与邻国、特别是巴基斯坦和伊朗改善了关系，比如搁置了阿富汗与巴基斯坦之间的普什图尼斯坦问题，解决了阿富汗与伊朗之间长达百年之久的赫尔曼德河河水争端问题。查希尔沙也与中国保持友好关系。1963年11月22日，阿中两国在北京签订了边界条约。1964年10月，查希尔沙携王后霍梅拉访华，随后中国开始向阿富汗提供经济援助。查希尔沙担任国王40年间，阿富汗虽然存在各种问题和困难，但这个时期无疑是阿富汗政治、经济和社会发展的黄金阶段。1973年7月17日，其堂兄达乌德联合人民民主党旗帜派发动政变，推翻了穆沙希班王朝统治，查希尔沙逊位，并被迫流亡海外，一直蛰居意大利罗马。苏联入侵阿富汗期间，查希尔沙曾广泛与美国、苏联、巴基斯坦、印度、联合国接触，寻求政治解决阿富汗问题的途径。2001年"9·11"事件后，以查希尔沙为代表的流亡势力也不断与美国和西方接触。2001年年底塔利班政权垮台后，与查希尔沙有关的罗马集团作为阿富汗的四方代表之一，出席了有关决定阿富汗政治未来的波恩会议。根据《波恩协议》，查希尔沙在未来政权中不担任任何官方职位，仅在2002年6月主持召开了由阿富汗各方参加的大国民会议，选举为期两年的阿富汗过渡政府。在波恩会议上，与会代表还同意由查希尔沙的支持者出任阿富汗临时政府首脑。查希尔沙与卡尔扎伊关系密切，后者最后能够当选阿富汗临时政府主席，也与查希尔沙的支持分不开。2002年4月18日,查希尔沙结束将近30年的流亡生涯回到喀布尔,此时他已87岁高龄。尽管国内一些势力支持他担任国家领导人,但是查希尔沙表示无意恢复君主制和重新当国王,仅希望为阿富汗和平与稳定发挥作用。在2002年6月负责选举阿富汗过渡政府的大国民会议召开之前,查希尔沙退出了国家领导人的角逐,表示全力支持卡尔扎伊。

五 穆罕默德·达乌德（Mohammad Daoud,1909~1978年）①

达乌德是阿富汗当代最有影响的政治家之一,曾于1953~1963年担任穆沙希班王朝首相,1973~1978年担任阿富汗共和国总统。1909年,达乌德出生于喀布尔。他的家庭属穆沙希班王室家族,伯父是已故国王穆罕默德·纳第尔沙,查希尔沙是其堂弟。其父是穆罕默德·阿齐兹,曾任穆罕默德·纳第尔沙执政时期的驻德国大使,1933年在柏林遇刺身亡。1922年,达乌德赴法国留学。1929年,他回国并进入皇家步兵军官学校学习。1931年在陆军任职。1932年晋升为陆军中将。1933年担任东方省省长,并兼任该省驻军司令。1935年,他改任坎大哈和法拉两省省长兼驻军司令。1939~1945年,他担任喀布尔中央军团司令兼军事学院院长。1946年,达乌德进入内阁,担任内政大臣。1947年,他担任驻法国公使,兼任驻比利时和瑞士公使。1948~1950年,他担任国防大臣和内政大臣。1953年9月,达乌德发动宫廷政变,出任穆沙希班王朝首相,成为阿富汗内外政策的决策者,开始第一次执政。执政期间,他

---

① 主要参阅彭树智著《达乌德》,载朱庭光主编《外国历史名人传》（补遗本）,中国社会科学出版社/重庆出版社,重庆,1985,第104~112页;见前引《简明西亚北非百科全书》（中东）,第164~165页。

*123*

阿富汗

加强了政府干预经济发展的力度,建立了国家对经济活动进行有力干预的经济体制,并先后执行或初步执行了第一个五年计划和第二个五年计划,促使阿富汗经济尤其是基础设施和工矿业出现较大发展。达乌德的社会政策也取得了一定成效,比如废弃面纱、创办男女合校、实行男女平等、宣布政教分离等等。在对外政策上,达乌德积极发展与苏联的政治和经济关系,导致苏联对阿富汗的援助及其影响不断扩大,达乌德因此被称为"红色亲王"。此外,达乌德还加强与美国、联邦德国、日本等西方大国的关系,从而获得了现代化建设所需要的援助。达乌德还是不结盟运动的创始人之一,他出席了在贝尔格莱德举行的第一次不结盟运动会议,他与中国也一直保持着平等而友好的关系。由于他在普什图尼斯坦问题上坚持强硬立场,导致阿富汗和巴基斯坦关系一再交恶,国内经济形势也不断恶化。1963年3月,达乌德被迫辞去首相职位,结束了第一次执政。1973年7月17日,在人民民主党旗帜派和青年军官的支持下,达乌德发动政变,推翻了穆沙希班王朝统治,建立了阿富汗共和国,从而开始了第二次执政。达乌德自任国家元首,并兼政府总理、外交部长、国防部长、中央委员会主席等要职。1977年1月,他颁布宪法,赋予总统无限权力,并规定"民族革命党"为唯一合法政党。同年2月,他被选为阿富汗共和国首任总统,任期6年。同年3月,他组建新政府,仍兼任总理。执政中后期,达乌德转变了第一次执政时期过于亲苏的政策,采取了中立、全方位的不结盟政策。他拉开了与苏联的密切关系,在普什图尼斯坦问题上的立场也趋于温和。同时,他继续与美国、欧洲等西方国家发展关系,与伊朗等周边国家的关系也得到进一步改善。这个时期,达乌德还继续发展工农业,促使阿富汗经济出现新的增长高潮。另外,达乌德不断推行社会改革,尤其是颁布了一系列世俗法典,在一定程度上取代了伊斯兰教法典。不过,达乌德政权最后遭到宗教势力、前王朝势力以及苏联支持的人民民主党的反对。1978年4月28日,人民民主党发动政变,达乌德被打死,其政权被推翻。

六 努尔·穆罕默德·塔拉基（Noor Mohammad Taraki,1917~1979年）

塔拉基是阿富汗民主共和国革命委员会前主席,阿富汗人民民主党前总书记,作家。[1] 1917年,塔拉基生于加兹尼省吉尔查伊部族一个农牧民家庭,仅上过小学,后自学了全部中学课程。1935年,他在一家商行驻孟买分行工作时,接触了马克思主义。回国后,1939年他先后在商业部、工矿部任职。1942年他进入新闻界,写过一些反映阿富汗部落社会现实的小说和评论政治的文章,在阿富汗青年和知识界有较大影响。1948年,他创建"觉悟青年党",不久该党即被解散。1949年,他主办《安加》周刊。1952年,他担任驻美国使馆新闻专员。因反对君主制,同年11月他被勒令回国。1953~1963年期间,他创办过一些私人翻译社,从事翻译、著书等工作。1952年后,他还漫游苏联东欧等国,并因出版《本克游记》与苏联建立了密切联系。1956年前后,他开始政治活动。1965年1月,他与巴布拉克·卡尔迈勒等人一起创建人民民主党,并担任该党总书记。1966年4月11日,他创办党刊《人民》（哈尔克）,并任编委会主席。同年5月4日,该刊物被政府查封。1967年6月,人民民主党分裂。塔拉基一派因出版《人民》周刊而得名为"人民派",塔拉基成为"人民派"领导人；卡尔迈勒一派因出版《旗帜》报而得名"旗帜派"。人民派领导阶层主要出身于普什图族下层社会,主要集中力量从事秘密活动。1973年7月17日达乌德第二次执政后,人民派开始积极在政府军队中开展工

---

[1] 主要参阅彭树智主编《阿富汗史》。

作,以便为夺取政权做准备。由于该派人数相对较多,有一定群众基础,活动又比较隐蔽,因此受到苏联较大支持。1977年宪法颁布后,人民派和旗帜派被正式取缔。1977年7月,在苏联推动下,人民派和旗帜派重新统一,塔拉基再次出任人民民主党中央委员会总书记。1978年4月25日,塔拉基以及其他重要成员先后被达乌德政权逮捕。同年4月27日,人民民主党发动军事政变取得成功,随后宣布建立阿富汗民主共和国。塔拉基被营救出来后,出任阿富汗民主共和国革命委员会主席兼政府总理。8月,他兼任国防部长和武装部队总司令。塔拉基上台后,执行亲苏政策,在短短的几个月内,塔拉基政权与苏联签订了40多项协定和条约,两国在政治、经济、文化、军事、外交等领域进行全面合作,苏联专家、顾问、军事人员不断进入阿富汗,引起广大人民不满。同时,塔拉基政权还推行过激的社会经济改革措施,包括土地改革、婚俗改革、教育改革、司法改革等等,从而激化了社会矛盾,反政府武装斗争因此不断扩大。与此同时,人民派内塔拉基与该派内第二实权人物——哈菲祖拉·阿明之间的斗争也日趋激化。1979年3~7月,塔拉基被迫辞去总理和国防部长职务,这两个职务转而由阿明兼任。同年9月,阿明发动军事政变,将塔拉基秘密处决。塔拉基著有《麻木的旅客》、《皮鞋匠》、《本克游记》、《白人》等中、短篇小说,还写过一些理论作品,比如《新生活》等。

### 七　巴布拉克·卡尔迈勒[①]（Babrak Karmal, 1929~ ）

卡尔迈勒是阿富汗民主共和国革命委员会前主席、前政府总理、人民民主党前总书记。1929年,卡尔迈

---

[①] 主要参阅彭树智主编《阿富汗史》；车宇著《卡尔迈勒政治生涯剖析》,载《西亚非洲》,1983年第1期。

## 第二章 历 史

勒出生于喀布尔的一个大官僚家庭，他是塔吉克人，其父穆罕默德·侯赛因是穆沙希班王朝的一名高级将领。小学毕业后，卡尔迈勒进入德国援办的解放中学学习，受到激进思想和纳粹思想的影响。1948年，他考入喀布尔大学政法学院，学习法律和政治，并成为当时学生运动领导人之一。1952年，由于参加反政府游行示威，卡尔迈勒被投入监狱。1956年出狱后，他重新返回喀布尔大学政法学院学习，1960年毕业。1961年，他先后进入教育部和计划部工作。1965年1月1日，卡尔迈勒与塔拉基等人一起创建了人民民主党，卡尔迈勒出任党中央书记。在1965年7、8月间举行的阿富汗第12届议会选举中，卡尔迈勒当选为议员。1965~1973年，卡尔迈勒担任了两届议员。在担任议员期间，卡尔迈勒等人不仅对当时的内阁进行猛烈攻击，而且煽动青年学生干扰议会正常工作。1965年10月11日，即阿历8月3日，在议会进行秘密投票时，卡尔迈勒等人领导的人民民主党组织千余名学生举行游行示威。该示威活动遭到军队镇压，当场打死3人，伤无数，酿成闻名全国的"八·三"事件，并导致内阁倒台。与此同时，在人民民主党内，卡尔迈勒与塔拉基之间的权力斗争也日趋尖锐。1967年6月，双方正式分裂，卡尔迈勒一派因于1968年创办《旗帜》报而得名旗帜派（帕尔恰姆）。在苏联支持和授意下，1973年7月17日，旗帜派配合达乌德发动政变，推翻穆沙希班王朝，建立了阿富汗共和国。阿富汗共和国成立初期，旗帜派分享了政府权力，后逐渐被达乌德排挤。1977年宪法颁布后，该派与人民派一起被达乌德正式取缔。在苏联支持下，1977年7月，旗帜派和人民派重新统一，卡尔迈勒仍任人民民主党中央书记。1978年4月25日，卡尔迈勒、塔拉基等几位人民民主党重要成员先后被达乌德政权逮捕。4月27日，人民民主党发动军事政变取得成功，随后建立阿富汗民主共和国。卡尔迈勒被营救出后，出任

阿富汗民主共和国革命委员会副主席兼第一副总理。不久,以塔拉基、阿明为首的人民派开始排挤卡尔迈勒等人领导的旗帜派。1978年6月,卡尔迈勒等6位旗帜派领导被派出国当大使。同年8月17日,人民派以"阴谋政变罪"逮捕旗帜派一些重要成员,并因此下令召回卡尔迈勒等人。卡尔迈勒等人拒绝返回阿富汗,后被苏联收留。当年11月下旬,卡尔迈勒等人被开除出人民民主党。1979年12月25日苏联入侵阿富汗并推翻阿明政权后,卡尔迈勒即被苏联送回喀布尔,并组成阿富汗新政府,卡尔迈勒出任人民民主党总书记、革命委员会主席、政府总理兼武装部队总司令。1981年6月,卡尔迈勒辞去总理职务。戈尔巴乔夫提出政治解决阿富汗问题后,1986年5月,苏联扶植纳吉布拉政权取代了卡尔迈勒政权。同年5月和11月,卡尔迈勒相继辞去人民民主党总书记、革命委员会主席等职务,其政治生涯就此画上句号。1987年5月,卡尔迈勒流亡苏联。1991年,他返回喀布尔。1992年4月,他移居马扎里沙里夫。

## 八 哈米德·卡尔扎伊(Hamid Karzai,1957~)

哈米德·卡尔扎伊曾任阿富汗伊斯兰共和国临时政府主席、过渡政府总统、现总统。1957年12月,卡尔扎伊出生在坎大哈,其家族属普什图族当中阿布达里部族(杜兰尼部族)的波波尔扎依分支。其祖父曾是穆沙希班王朝的国家顾问。其父阿巴杜尔·阿哈德·卡尔扎伊在20世纪70年代初期曾任阿富汗国民议会议长,并且是波波尔扎依首领,他有7个儿子和一个女儿,卡尔扎伊排行第四。卡尔扎伊从小在坎大哈和喀布尔长大,生活比较幸福。1973年达乌德发动军事政变推翻穆沙希班王朝后,卡尔扎伊一家开始流亡生活。1983年,卡尔扎伊随家人逃至巴基斯坦边境城市奎达,并在此定居多年。此后,

## 第二章 历 史

卡尔扎伊的父亲成为阿富汗抵抗力量领导人之一，卡尔扎伊跟随父亲做了许多工作。同时，卡尔扎伊赴印度留学，获两个大学学位。此后，卡尔扎伊留学美国，练就了一口流利的英语。1989年苏联从阿富汗撤军后，卡尔扎伊返回阿富汗。1992年纳吉布拉政权被推翻后，卡尔扎伊出任拉巴尼政府外交部副部长。由于对拉巴尼政府逐渐感到失望，卡尔扎伊重新返回奎达。1996年塔利班夺取喀布尔后，曾邀请卡尔扎伊出任阿富汗驻联合国代表，被卡尔扎伊婉言谢绝。1999年，卡尔扎伊的父亲在奎达被塔利班及其支持者暗杀，这促使卡尔扎伊开始从事反对塔利班的政治活动，并将基地设在奎达。同时，卡尔扎伊继承父业担任部族领袖，还不时奔走世界各地，寻求国际支持和同情。2001年10月7日，美英开始攻打阿富汗。次日，卡尔扎伊秘密潜入阿富汗南部展开活动。他很快拉起一支队伍，参与了对塔利班和"基地"组织的军事进攻，并且得到了美军的全面支持。同年11月初，卡尔扎伊带领的部队在乌鲁兹甘省与塔利班激烈交火，其下属和一些战士丧命或被俘，他本人也险些被俘，后被营救。随后，卡尔扎伊的队伍开始赢得胜利，并控制了乌鲁兹甘省省会塔林科特。此时，塔利班已经四面楚歌，卡尔扎伊的队伍却成为国内一支具有感召力的新军。卡尔扎伊声望因此迅速上升，到波恩会议召开时，他得到了国内外的一定认可和支持。2001年底阿富汗临时政府建立后，卡尔扎伊担任临时政府主席。在此期间，他平衡了各派势力，巩固了政治地位，阿富汗开始告别混乱局面。同时，他和临时政府其他政要频繁出访西方国家和周边国家，获得了国际社会的广泛支持和经济援助，阿富汗重建得以进行。另外，卡尔扎伊内着西装、外加阿富汗传统长袍的富有魅力的个人形象，也深得国际社会欢迎。在2002年6月13日召开的大国民会议选举中，卡尔扎伊以绝对优势当选阿富汗过渡政府总统。在2004年10月9日举行的总统选举中，卡尔扎伊又以

55.4%的得票率当选阿富汗总统。同年12月7日,卡尔扎伊宣誓就职,任期5年。

　　九　布尔汉努丁·拉巴尼（Burhanuddin Rabbani,1938～）

巴尼是阿富汗伊斯兰促进会主席,曾任阿富汗伊斯兰国总统和"拯救阿富汗伊斯兰联合政府"总统。1938年7月,拉巴尼出生于巴达赫尚省,是塔吉克族。1959年,他在喀布尔大学神学院伊斯兰法系学习,大学毕业留校任教。1964～1968年,他在埃及著名的爱资哈尔大学深造,并获伊斯兰哲学硕士学位。回国后,他担任喀布尔大学哲学和宗教学教授。拉巴尼在喀布尔大学学习时就加入"伊斯兰运动中心",1972年当选该中心主席。1974年,他因反对达乌德的亲苏政策而遭到通缉,后逃至巴基斯坦。1978年4月人民民主党政权建立后,他在巴基斯坦的白沙瓦成立了阿富汗伊斯兰促进会,自任主席。1979年苏联入侵阿富汗后,他以白沙瓦为基地,开始领导伊斯兰促进会从事抵抗运动。1990年,拉巴尼出任阿富汗"七党联盟"临时政府外交部长。1992年6月28日,他担任阿富汗伊斯兰国临时总统,当年10月底正式当选总统。1996年9月塔利班攻占喀布尔后,拉巴尼政府迁往阿富汗北部。同年10月,拉巴尼召集成立"保卫祖国最高委员会",组成反对塔利班的北方联盟。1997年6月,北方联盟成立"拯救阿富汗伊斯兰联合政府",拉巴尼出任总统。此后一直到2001年"9·11"事件前,拉巴尼政府被国际社会公认为阿富汗合法政府的代表。尽管如此,拉巴尼从未真正掌握实权,在伊斯兰促进会以及北方联盟内部,其灵魂人物是艾哈迈德·沙阿·马苏德。拉巴尼属伊斯兰教激进主义派,主张在阿富汗建立伊斯兰政府。他发表过一些关于伊斯兰哲学、宗教和政治方面的著作和文章,比如《伊斯兰思想意识》、《阿富汗问题的解决途径》

等。拉巴尼与伊朗关系密切。1983年，拉巴尼曾派伊斯兰促进会总书记访问中国，并派一些官员赴中国学习等。

十　艾哈迈德·沙阿·马苏德（Ahmad Shah Masoud, 1952~2001年）①

马苏德原是阿富汗伊斯兰促进会和北方联盟的军事领导人和灵魂人物。1952年，马苏德出生在阿富汗北部塔吉克族的一个名门之家。其父是查希尔沙军队中的一名上校，有6个男孩，马苏德排行第三。马苏德曾在法国人开办的伊斯蒂列尔中学求学，中学毕业后进入喀布尔大学工艺学院学习民用工程。其大学学业仅持续几个月，便被1973年达乌德政变打乱。1973年，马苏德参与创建旨在推翻达乌德政权的伊斯兰复兴运动组织，开始从事地下反抗活动。1974年，马苏德联络政府军进行了几次流产的军事政变。兵败后，他和大批同党四处逃散，1975年到巴基斯坦寻求政治避难。当时，巴基斯坦军方在白沙瓦附近建立了专门训练营地，招募阿富汗流亡者从事反对阿富汗政府的活动，马苏德、希克马蒂亚尔、拉巴尼等人就在被招募的行列。1975年7月底，一些刚完成训练的年轻人被派到阿富汗东部，计划暗杀阿富汗政府军军官，马苏德也在这个行列。他率领30名敢死队员潜回家乡潘杰希尔执行这项任务，失败后逃回巴基斯坦。这次失败导致阿富汗流亡者内讧，其中以希克马蒂亚尔为首的一方得到了巴基斯坦军方的积极支持，而以拉巴尼为首的一方与巴基斯坦军方的矛盾日趋尖锐，马苏德则坚决站到拉巴尼一边，并得到拉巴尼赏识。1976年，希克马蒂亚尔着手"解决"拉巴尼的左膀右臂，马苏德也遭逮捕，后经多方努力才保住性命。人民民主党上台前的1978年春，马苏德潜回家乡发动

---

①　主要参阅1998年9月30日《文汇报》。

游击战争，不久便站稳脚跟，潘杰希尔谷地成为其根据地。1979年年底苏联入侵阿富汗后，马苏德投入到抗苏民族战争中去，并且开始获得源源不断的金钱、武器和物资援助。从此，他开始结合家乡的实际环境，学习和灵活应用关于游击战争的理论，在潘杰希尔谷地与前来围剿的阿富汗政府军和苏军巧妙周旋。他曾7次挫败苏军的大规模进攻，并建立了一支独立军事政治组织——"北方委员会"，控制了阿富汗北部靠近苏联边境的战略要地，他因此被誉为"潘杰希尔之狮"。1982年，其手下已有3000人正规武装，1992年发展到拥有飞机、坦克、重炮和导弹的3万人精锐部队。1989年2月苏联撤出阿富汗后，在纳吉布拉政权摇摇欲坠之际，马苏德使用反间计，与杜斯塔姆率领的阿富汗前政府军结为秘密联盟，首先攻入喀布尔，并接管了总统府，希克马蒂亚尔领导的伊斯兰党则接管了国防部和内政部，纳吉布拉政权随之垮台。同年4月，反苏抵抗力量成立阿富汗伊斯兰国后，马苏德借助杜斯塔姆赶走了希克马蒂亚尔，同时把伊斯兰促进会的原抗苏游击队改编成政府军，从而大大增强了伊斯兰促进会的实力，并为拉巴尼当上总统奠定了基础。同年6月，拉巴尼当上阿富汗伊斯兰国临时总统，马苏德出任国防部长。10月，由于拉巴尼将其总统任期延长，希克马蒂亚尔对拉巴尼政府发起攻势，阿富汗内战由此展开，他们双方的对峙一直持续到塔利班崛起。与此同时，由于拉巴尼和马苏德未能履约让杜斯塔姆担任国防部副部长，杜斯塔姆也开始反目，并与拉巴尼政府多次交火。1994年初，杜斯塔姆与马苏德再次交战失利后回到马扎里沙里夫独霸一方。1994年塔利班崛起并于1996年9月拿下喀布尔，拉巴尼政府败走北方，并与其他派别联合，组成了反塔利班北方联盟，马苏德成为北方联盟的军事领导人。1999年1月，北方联盟重新组合，成立了"联合阵线最高军事委员会"，由马苏德统一指挥。2001年9月9日，马苏德遇刺身亡。

第二章 历 史

## 十一　穆罕默德·奥玛尔（Mohammad Omar, 1965~）

奥玛尔是原塔利班最高领导人。1965年左右，奥玛尔出生在阿富汗中部乌鲁兹甘省一个贫穷的农民家庭，其家庭属于普什图族吉尔扎伊部族的霍塔克斯分支，社会地位低下。奥玛尔小时，曾在清真寺接受过短期初级启蒙教育，不久即辍学。20世纪70年代，他就担当起养家重担。苏联入侵阿富汗后，奥玛尔在坎大哈办了一所宗教学校，成为一名乡村毛拉，同时参加对苏作战。奥玛尔意志坚强，战斗勇敢，很快成为纳比·穆罕默迪领导的阿富汗伊斯兰革命运动的副总司令。在战斗中，他曾四次受伤，其中一次因炮击而失去右眼。1989年起，他参加了致力于推翻纳吉布拉政权的战斗。1992年纳吉布拉政权被推翻后，奥玛尔回到家乡继续办学，担任了一所宗教学校校长。其后两年，他和其他志同道合的毛拉对横征暴敛、无法无天的军阀和土匪深恶痛绝，决心拿起武器，实现阿富汗和平。1994年7月，坎大哈当地一起残暴的劫案成为奥玛尔起事的导火线。他召集其学生打败劫匪，为老百姓伸张了正义，从而开始赢得民心。1994年8月，奥玛尔正式创立塔利班。1996年3月20日，塔利班在坎大哈召开大协商会议，奥玛尔被推举为"穆民艾米尔"（即"信士们的领袖"）。4月4日，塔利班举行宗教仪式，正式确立奥玛尔在塔利班的最高领袖地位。10月，奥玛尔被推举为阿富汗的伊斯兰宗教领袖，政治地位进一步巩固。奥玛尔主张把阿富汗建成一个纯粹的伊斯兰国家，拒绝与各武装派别谈判，主张严格按照伊斯兰教教义治理国家。奥玛尔是一名虔诚的穆斯林，生活俭朴，深居简出，外界对他知之甚少。2001年年底塔利班政权被推翻后，奥玛尔与其他一些领导人至今下落不明。

# 第三章

# 政　治

从1747年建国以来，阿富汗政治制度经过了从君主制到共和制的发展。其中，1747～1973年，君主制延续了226年。其间以1919年阿富汗独立尤其是阿曼努拉汗颁布1923年宪法为分界线，君主制演变到君主立宪制阶段。此后经过半个多世纪的发展，君主立宪制发展到相对成熟的地步，1964年宪法的颁布就是一个重要标志。1973年后，共和制取代了君主制，但此后不同阶段表现出不同特色。1973～1978年达乌德第二次执政时期，阿富汗表面上推行共和制，但是带有强烈的独裁特征。1978年人民民主党建立政权尤其是1979年苏联入侵阿富汗后，人民民主党政权本质上是傀儡政权，其政治制度具有显著的苏联政治制度的特点。2001年年底阿富汗新政府建立后，国名定为阿富汗伊斯兰共和国，但是其国体本质上是世俗主义的，政权组织上则采用了类似美国总统制的共和制。

## 第一节　政治制度的演变

一　君主制的建立和发展

（一）阿赫马德沙统治时期

1747年阿赫马德沙创建的阿富汗民族国家是一个具有浓厚氏族制残余的军事封建国家。

第三章 政　治

当时，中央权力尤其是国王的权力相对弱小。名义上，国王是国家元首，中央政府首脑，武装部队最高司令，实际上受到多方限制。宰相是国王的主要行政助手。宰相之下设财政部、司法部和王室秘书处三个部门。国防大臣是国王的主要军事助手，是军队的实际总司令。由9名主要部落酋长组成的部落议事会协助国王处理重大问题，实际上维护了部落酋长的利益，限制了王权。

地方上，总督是国王委任的地方政府代表，大权独揽，实际处于独立状态。中央和省府联系松散。驻扎在省城的军队是中央政府控制地方的唯一强制力量。一旦军队不由国防大臣掌管而归总督支配时，中央就很难辖制总督。征收赋税成为中央和省府联系最多的渠道。

此外，阿富汗由大大小小的部落组成。部落是社会的基层组织，实际管理着中央政府鞭长莫及的诸多村镇，处于（半）独立状态。部落是封闭性很强的生产单位，也是基本的行政和军事单位。部落酋长称汗或马里克，是部落的政治、经济、司法和军事首领。他们还是国家与部落联系的中间人，并代表政府在部落收税。部落议事会是部落的一个重要机构，但与酋长相比，其影响越来越小。另外，部落与省府的联系比总督与中央的关系还要松散，部落与中央的联系更少。

（二）阿卜杜尔·拉赫曼统治时期

19世纪末20世纪初，阿卜杜尔·拉赫曼重新统一全国后，开始依靠军队，实行君主专制。其中央行政管理体系是国王实行君主专制的工具，其中包括国务委员会，它行使咨询和松散的管理职能。国务委员会成员包括一位知名人士、掌玺大臣、秘书大臣和其他秘书、皇家警卫队官员、国王私人财政大臣、战争秘书大臣、阿富汗四大区域秘书大臣、邮政大臣、武装部队总司令、御马长官、内务大臣、会计总管、王宫侍从官、杂志总管、贸易

# 阿富汗

和教育委员部大臣等。① 他们都是国王的仆从，由国王任命，国王对他们具有生杀大权。国务委员会中不设宰相，不过拉赫曼逐步训练长子承担起管理政府各部门的工作，长子因而具有一定的政治影响。阿富汗其他官员也均由国王任意挑选，他们是国王的臣仆，效忠于国王。除国务委员会外，当时还存在中央行政部门，主要包括财政部、贸易部、司法部和警察局、档案办公室、公共工程办公室、邮政和通讯办公室、教育部和卫生部等。② 拉赫曼还改变以前做法，把其他所有王子都留在首都，而任命忠实亲信前往地方当省督。部落议事会也受控于拉赫曼。拉赫曼仅在紧急状态下召集部落理事会，以帮助他决定国家大政方针，一旦目的达到，马上予以解散。部落议事会成员也均由他任命，实际上只起咨询作用。拉赫曼还实行严酷刑法，以实现君主专制。

## 二　君主立宪制的建立和发展

### （一）1923年宪法③

19年阿富汗独立后，阿曼努拉汗于1923年颁布了阿富汗第一部宪法。这部宪法以伊朗1906年宪法和土耳其行政法典为蓝本，共73条。它在维护君主绝对地位的同时，也试图揉进一些君主立宪和现代民主的因素。

首先，1923年宪法维护国王的绝对君主地位。它规定，伊斯兰教是阿富汗的国教（第2条），但是"国王陛下是真正的伊斯兰教的仆人和保护者"（第5条）；"率土之滨，莫非王土"（第1条），"国王陛下是阿富汗所有臣民的统治者和国王"（第5条）。国王对国家一切事务具有决定权，包括决定政府高官以

---

① Louis Dupree, *Afghanistan*, Princeton University, Princeton, 1980, p. 421.
② Louis Dupree, *Afghanistan*, Princeton University, Princeton, 1980, p. 420.
③ See http://www.afghangovernment.com/Constitution1923.htm; http://www.afghan-web.com/history/const/const1923.html.

及所有大臣的任免、批准公共法律、颁布和保护公共法律和沙里亚法等。国王还是阿富汗一切武装力量的总司令。

其次，1923年宪法设立大臣会议取代以前的王室管理体制。它规定，国家行政事务由国王领导下的大臣会议负责。国王担任大臣会议主席（第25条），大臣由国王挑选和任命，并对其部门负责（第6条）。大臣会议负责草拟内外政策，但是所有决定和条约、协定等须经国王批准才能生效（第29条）。

再次，1923年宪法规定设立仅具有咨询性质的国务议事会和地方议事会。它还规定，国家司法体系不受任何形式的干涉（第53条）。

此外，1923年宪法还规定阿富汗臣民享有通信自由（第70条），实行初级义务教育（第68条），百姓一律平等对待（第3条），实行一定的新闻和出版自由（第11条）等。

根据1923年宪法，1928年9月，阿富汗选举产生了第一届国民议会，下设立法会议。

### （二）1931年宪法[①]

1931年，穆罕默德·纳第尔沙颁布了阿富汗第二部宪法。这部宪法在保障君主绝对统治的同时，也试图用议会装点君主统治的门面。

当年10月，1931年宪法正式生效。它共有16部分110条。它借鉴了土耳其、伊朗、法国等国的宪法思想，也吸取了阿富汗1923年宪法的精神，同时参阅了伊斯兰教逊尼派哈乃斐教法学派以及阿富汗习惯法的内容。

首先，与1923年宪法相比，1931年宪法赋予宗教势力享有更多的自由和权力。它明文规定，阿富汗的信仰是神圣的伊斯兰教，伊斯兰教逊尼派哈乃斐教法学派是阿富汗的官方宗教，国王

---

[①] See http：//www.idli.org/AfghanLaws/

必须是哈乃斐教法学派穆斯林（第1部分第1条）。这个条款排除了什叶派以及逊尼派其他教法学派在政治上的合法地位，尤其是在继承王位方面的合法性。它还规定，国王将遵照伊斯兰教法和国家的根本原则保护伊斯兰教和阿富汗的独立和主权；国民议会所通过的法案不得违背伊斯兰教义；人民的权利、司法审判、新闻出版等应当以伊斯兰教法为准则等。

其次，1931年宪法赋予穆罕默德·纳第尔沙及其家族统治地位和世袭王位的合法性。宪法第2部分第5条高度赞扬了纳第尔沙的丰功伟绩，并且规定"阿富汗王位过渡给纳第尔沙国王家族……王位的继承将根据国王陛下和阿富汗人民的选择而定"①。许多阿富汗法律学者认为，纳第尔沙国王"家族"不仅仅是指国王的长子或长兄，而且包括许多旁系亲属。

再次，1931年宪法保障了君主统治的绝对地位。宪法第2部分第7条指出，国王有权任免首相，批准内阁成员任免；拥有宣战、缔结和约的权力；保护和批准沙里亚法和民法；国民议会和上院通过的法案须经国王签署后才能生效，国王有权否决议会通过的任何法案；国王兼武装部队统帅。此外，宪法还规定，地方政府隶属于国王和内阁，上院全体议员由国王任命。

第四，关于中央政府的构成，1931年宪法第9部分第73～83条规定，各部大臣在首相领导下，负责政府行政工作。大臣由首相挑选，由国王任命。各部大臣在涉及政府基本政策时，对国民议会负责，但在涉及部门具体政策时对各部负责。

第五，1931宪法还规定设立两院制议会，即国民议会（或下院）和贵族院（或上院）。不过，就国民议会而言，它虽然享有一定权力，但受到许多限制。而且，宪法没有明文规定它有立法创制权。实际上，大多数情况下，国民议会仅仅成为通过内阁

---

① http：//www.idli.org/AfghanLaws/

提出法律议案的橡皮图章，是装点君主绝对统治的门面。宪法还规定，设立地方议事会，包括省议事会和市议事会。

第六，1931年宪法从理论上还导致两种法律体系，即宗教法律制度和世俗法律制度的存在。宪法第11部分第87～94条原则上同意，所有法律诉讼将依据逊尼派哈乃斐教法学派裁决，但同时规定"各级司法部门及其权力将由基本组织法予以确定"。

最后，1931年宪法第3部分第9～26条赋予阿富汗臣民一些权利和自由，其中包括禁止非法监禁和搜查，禁止没收个人财产，禁止强制劳动，实行初级义务教育，臣民有权上诉，臣民有权发行新闻报纸和期刊，实行人人平等。不过，宪法规定，中央政府有权镇压任何骚动和叛乱。实际上，许多权利和自由并未付诸实施，更多时候是被违背。

从实践上看，截至20世纪50年代后期，阿富汗中央机构已包括"外交、国防、内务、财政、工矿、商业、农业、公共工程、计划、交通、教育、公共卫生等13个部，以及相当于部的新闻和出版署和部落事务署。首相、两位副首相、各部大臣和两署署长为内阁成员。宫廷部不属于内阁"。"地方政府归中央政府直接领导。地方政府分为省（州）、县（市）、乡三级。省（州）长由首相提名，国王任命；县（市）长由内务大臣提名，首相任命；乡长由省长提名，内务大臣任命。"各省各部门负责人都由中央各有关部门派遣。"省长是省最高长官，其次是财政大臣和高级法院大法官。"这个时期，阿富汗也存在大国民会议。

### （三）1964年宪法[①]

1964年9月9日到20日，查希尔沙主持召开了制宪大国民会议，审议并通过了1964年宪法。1964年宪法共11章128条，

---

[①] http://www.afghangovernment.com/Constitution1963.html. 阿富汗官方称1964年宪法为1963年宪法。

包括"国家"、"国王"、"人民的基本权利和职责"、"议会"、"大国民会议"、"政府"、"司法"、"行政"、"紧急状况"、"补充条款"和"过渡条款"等章节。

1964年宪法在确保王权至上的同时,理论上第一次真正体现了君主立宪制的原则和精神。它赋予议会立法权、公民民主参政权,使王权至少在理论上受到了一些限制。它比以前宪法突出强调三权分立和制衡等现代政治思想原则,它还促进了政教分离、司法和宗教分离等世俗主义原则和精神的发展。

首先,1964年宪法促进了政教分离与世俗化的发展。它规定伊斯兰教是阿富汗的神圣宗教(第2条),所有政府官员必须是穆斯林(第8条),国王必须是哈乃斐教法学派的阿富汗公民(第8条)。它指出:"国家应当按照哈乃斐教法学派履行宗教仪式"(第2条)。1964年宪法还确立了世俗立法和司法高于宗教立法和司法的原则。第69条规定,议案一旦被两院通过,并由国王签署,即可成为法律;在没有世俗法的领域,伊斯兰教哈乃斐教法学派对教法的解释才能被视为法律。第102条则重申世俗法高于宗教法的原则,它规定,法院审理案件时,应当按照宪法和法律条款进行;当宪法或法律中不存在相关条款时,再按照沙里亚法中哈乃斐教法进行审理。

其次,1964年宪法第1条明文规定,阿富汗是君主立宪制国家,并赋予国王最高权力。它规定,"国王象征阿富汗主权"(第6条),国王是伊斯兰教的保护者,是阿富汗独立和领土完整的保卫者,是宪法的管理者(第7条)。不过,1964年宪法第9条比1931年宪法更为详细地规定了国王的权力和职责。它指出,国王是阿富汗武装力量的最高统帅,有权宣战和缔和;有权召集和主持大国民会议开幕仪式,有权召集和主持议会非常会议的开幕会议,有权解散议会并命令选举新一届议会;有权签署法律并宣布付诸实施,有权发布法令;有权任命首相,任命由首相推荐的各部大臣，任命长老院的非选举成员和长老院议长，任命最高法院大法官和法官，任命民政和军政高官。第63条还规定，国王可以在任何时候根据任何理由解散议会。

再次，1964年宪法明确规定了王位世袭制。第16条规定，王位将由穆罕默德·纳第尔沙陛下的家族继承。第18条规定，如果国王逊位或去世，王位将由长子继承；若长子不称职，王位将由次子继承，以此类推。第19条规定，如果儿子无法继承王位，王位将由长兄继承；长兄无法继承，王位将由第二位兄长继承，以此类推。

第四，为防止达乌德以及其他强有力的家族篡夺王位，1964年宪法限制王室成员从事政治活动。第24条规定，王室成员不能参加政党，并且不能担任首相、大臣、议会成员和最高法院法官等要职。宪法对"王室成员"还作了界定，它包括国王的儿子、女儿、兄弟姐妹及其他们的丈夫、妻子、儿子和女儿，还包括国王的叔父以及他们的儿子。

第五，1964年宪法规定实行中央集权制（第108条），不过在那些有关中央政府组成和功能的规定中，也体现了行政与议会分立和制衡的倾向。中央政府由首相以及首相领导下的内阁大臣组成，首相由国王任命，内阁大臣由首相任命。首相和内阁大臣的人选可以从人民院议员中或有资格担任人民院议员的成员中任命（第86条）。中央政府组成后，须获得议会的信任支持，并经国王发布王室法令，才能正式就任。首相和大臣不得再从事任何其他职业（第87条）。1964年宪法还规定，如果人民院对政府投不信任票，或者议会解散时，或者人民院有三分之一以上成员弹劾中央政府及其成员有叛逆罪、并且这种指控获得人民院三分之二成员同意时等诸种情况下，中央政府将停止工作（第91条和第93条）。另外，1964年宪法重申，中央政府集体对人民院负责，各部大臣对其部门负责（第96条）。

第六,1964年宪法规定设立两院制议会——人民院和长老院。政府、议员、最高法院均可以提出议案,人民院在行使立法权方面高于长老院。另外,议会对政府也具有一定的制衡作用。地方上设省议事会和市议事会。此外,1964年宪法进一步加强了自穆罕默德·纳第尔沙统治以来世俗司法体系的作用。

最后,1964年宪法进一步体现了资产阶级民主、自由等原则和精神。第25条明确规定,阿富汗人民在法律面前享有平等的权利和义务。其他条款明文规定,阿富汗公民享有自由和尊严、享有个人居住权、享有个人财产权、享有个人的通讯自由和隐私权、享有工作选择权、享有思想和言论自由等。1964年宪法还规定,教育是每位公民的权利,由国家为公民提供免费教育,国家应当促进教育的平衡化和普及化发展;促进普什图语的发展;促进卫生事业的发展。另外,1964年宪法首次规定,阿富汗公民享有集会、结社、组织政党等民主参政权。其中,组织政党的条件是:政党的目标、活动和思想不与宪法宗旨相违背;政党的机构和财政来源公开。尽管如此,1964年宪法规定的许多民主条款并未付诸实施。

从实践角度看,1963~1973年10年间,查希尔沙掌握国家大权,但是内阁更迭频繁,前后共换过七届,其作用与议会相比相形见绌。

## 三 共和制的建立和发展

### (一) 阿富汗共和国与1977年宪法[①]

73年7月,前首相达乌德推翻了查希尔沙的统治,宣布建立阿富汗共和国。

---

① http://www.afghangovernment.com/Constitution1976.html. 阿富汗官方称1977年宪法为1976年宪法。

## 第三章 政　治

如前所述，从国体上看，阿富汗共和国成立之初，其政权是由前王室成员、达官显贵和亲苏的人民民主党旗帜派成员组成的联盟。但是到达乌德被推翻之前，其政权成为以前王室成员和达官显贵为联盟和统治的国家。[①] 另外，从政体上看，阿富汗共和国成立后，表面上君主制为共和制所取代，但本质上却是独裁。这里，具体分析一下 1977 年宪法，来说明其政体的专制特色。

1976 年，达乌德任命一个特别委员会起草宪法。1977 年 1～2 月，大国民议会对之进行讨论和修改后予以通过，此为 1977 年宪法。

1977 年宪法包括 13 章 136 条。首先，它赋予总统最高权力。第 20 条虽然规定，"阿富汗是民主、独立、统一和不可分割的共和国"，"国家主权在民"，但是第 75 条规定，总统是国家领袖，并在有关机构协助下，管理和指导行政部门以及党的职能。第 88 条规定，中央政府是最高行政和管理机构，由副总统和各部部长组成，但他们均在总统领导下进行工作。第 78 条规定了总统的职责，包括：担任武装部队最高统帅；在大国民会议建议下宣战和缔和，或在紧急状态下有权作出特殊决定；宣布或终止紧急状态；召集和主持大国民会议的召开；主持国民议会日常会议，或召集和主持非常会议的召开；解散国民议会，并下令举行新一届议会选举；指导和协调国家内外政策；从党的成员中任命副总统，从党的成员中或以外任命各部部长，并有权解除其职务或接受其辞呈；任命最高法院大法官和法官；任命法官、武装部队官员、高级官员或接受其辞呈；委派驻外使团和驻国际组织的领导人员；签署法律和条令，认可国际条约等等。另外，第 76 条规定，总统由党提名，由大国民会议以 2/3 多数通过产生，任期 6 年。这样，总统就集国家、行政、立法、司法、军队等大

---

① 见前引彭树智主编《阿富汗史》，第 331～333 页。

权于一身,其权力在法律上没有受到任何实质限制。1977年宪法通过后,大国民会议就选举达乌德为首任总统,任期6年。同年3月,达乌德建立新内阁,并兼任总理,内阁其他成员由达乌德的亲信组成。

其次,1977年宪法的专制本质还体现在,创建"民族革命党"为唯一合法政党,其他政党必须加入该党,否则须到政治上"成熟后"才能合法化。这无异于确定除"民族革命党"外,其他任何政党都不能合法存在或合法活动。与1964年宪法相比,这显然是倒退。

再次,1977年宪法规定设立装点门面的一院制国民议会以及大国民会议。

此外,1977年宪法还规定,建立一种混合型、由国家进行指导和调节的经济体制,其中大部分经济资源属国家所有,但私人企业和财产以及合作型经济均应得到国家的鼓励、保护、调节和指导。

不过,1977年宪法继承和促进了以往宪法、特别是1964年宪法设立的世俗化发展方向。比如,第21条规定,伊斯兰教是阿富汗的宗教,但是未像1964年宪法那样规定必须按照哈乃斐教法学派履行宗教仪式,同时规定保障非穆斯林的信仰自由。第99条重申了世俗法高于宗教法(伊斯兰教哈乃斐教法学派)的原则。

(二) 阿富汗民主共和国与1987年宪法

1978年4月,人民民主党通过政变推翻了达乌德政权,建立了阿富汗民主共和国。1979年苏联入侵阿富汗后,人民民主党卡尔迈勒政权于1980年4月21日颁布《阿富汗民主共和国基本原则》作为临时宪法。当时,国家最高权力归人民民主党革命委员会。革命委员会类似苏联的最高苏维埃,并设主席团。此外,还建立了由人民民主党控制的各种团体和组织。

第三章 政　治

1987年11月30日，人民民主党纳吉布拉政权召开大国民会议正式通过宪法。1987年宪法明确规定，伊斯兰教为国教，大国民会议是阿富汗人民最高意志的体现。同时设国会，国会分参众两院。1988年4月5~15日，纳吉布拉政权举行执政后的首次议会选举，产生了184名众议员和115名参议员，并为反对派保留了48个众议员和13个参议员席位。此外，纳吉布拉总统还依照宪法规定任命了46名参议员。

颁布1987年宪法，是纳吉布拉政权在苏联占领阿富汗后期，试图拉拢和约束阿富汗抵抗力量，进而与后者实现和平的一种政治努力，但是这无法掩饰该政权是苏联傀儡的本色。

1990年6月3日，纳吉布拉政权公布修改后的宪法。它宣布，阿富汗是独立、统一和不可分割的伊斯兰国家，伊斯兰教为国教，人民通过大国民会议和国民议会行使民主权利。它强调，在阿富汗，任何法律均不能与神圣的伊斯兰教原则相违背。它还规定，阿富汗为不结盟国家，不参加任何军事联盟，不允许外国在阿富汗领土上建立军事基地。另外，它允许建立各类政党，但是纲领、章程和活动不得与宪法和国家其他法律相违背，并规定多党制是国家政治制度的基础。

20世纪90年代，因连年内战，阿富汗一直没有制定其他宪法。

（三）阿富汗伊斯兰共和国与2004年宪法[①]

2001年"9·11"事件和美英攻打阿富汗后，当年年底塔利班政权被推翻，同时诞生了以卡尔扎伊为首的阿富汗临时政府。2002年6月24日，阿富汗过渡政府与临时政府顺利实现了交接。

2003年12月14日至2004年1月4日，阿富汗过渡政府召

---

① http://www.afghangovernment.com/2004constitution.html.

开大国民会议,审议并通过了2004年宪法,这部宪法自2004年1月4日起生效。它共有12章161条,包括序言、第1章"国家"(第1~21条)、第2章"公民的基本权利和义务"(第22~59条)、第3章"总统"(第60~70条)、第4章"政府"(第71~80条)、第5章"国民议会"(第81~109条)、第6章"大国民会议"(第110~115条)、第7章"司法"(第116~135条)、第8章"行政机构"(第136~142条)、第9章"紧急状态"(第143~148条)、第10章"修正条款"(第149~150条)、第11章"其他方面条款"(第151~157条)、第12章"过渡条款"(第158~161条)。2004年宪法的要点如下。

1. 确立立国的基本宗旨和精神

2004年宪法序言规定,阿富汗是一个单一、统一的国家,属于国内定居的所有民族。阿富汗遵守《联合国宪章》等国际社会普遍遵守的原则,争取重新成为国际社会大家庭值得尊重的成员。巩固国家统一,保卫国家独立,维护国家主权和领土完整是阿富汗的主要任务之一。阿富汗将致力于建立一个基于民意、民主之上的政府,创建一个没有压迫、暴虐、歧视和暴力,同时基于法制、社会正义、保护人权和尊严、确保人民基本权利和自由之上的文明社会。它突出强调了在经历20多年的战乱和苦难后,阿富汗政府和人民渴望实现和平、民主与发展的理想和愿望。

2. 确立了带有伊斯兰教特色的世俗主义的政治制度

2004年宪法规定,阿富汗是一个"独立、统一、不可分割的伊斯兰共和国"。伊斯兰教是阿富汗的"神圣宗教",任何法律不得与伊斯兰教的信仰和规定相冲突。但是,阿富汗主权属于阿富汗全体国民,国民可以直接行使主权,或者通过其代表行使主权。

3. 确定了类似美国总统制的共和制政体

2004年宪法规定,总统是国家元首,通过自由、直接、无记名投票的普选方式产生,只要获得超过一半的投票数即可当选，任期 5 年。总统以下设第一副总统和第二副总统。中央政府由总统和各部部长组成。不设总理一职，总统兼政府首脑。国民议会是阿富汗最高立法机构，由人民院（the Wolesi Jirga）和长老院（the Meshrano Jirga）组成。人民院议员通过自由、广泛、无记名和直接的选举产生。长老院成员或者由各省、区议事会选举、或者由总统任命。大国民会议是阿富汗人民最高意志的体现，由国民议会所有成员和省、区级议事会主席组成。

4. 比以往宪法更加突出体现了平等、法治等精神和思想

2004 年宪法规定，禁止任何歧视和特权；不论男女，阿富汗公民在法律面前一律平等；保护生命权；尊重和保护人的自由和尊严；禁止虐待任何人，包括被起诉人、被逮捕人、被监禁者或宣判要受惩罚者；通过强迫手段得到的任何声明、证词或坦白均无效；保护公民的居住、流动、定居和自主权；保护私人财产，包括外国人的财产；尊重和保护就业权和劳动保护的权利，禁止强迫劳动；尊重和保护残疾人的权利；尊重和保护公民通讯的隐私权和自由权。2004 年宪法还强调法治。它规定，在法院正式宣判之前，被告人应无罪；应依法进行追捕、逮捕、拘留或惩罚；保护被告人的辩护权等。

5. 尊重和保护阿富汗公民的各项民主权利和自由

2004 年宪法规定，阿富汗公民享有选举和被选举权；在宪法许可的范围内，公民享有言论、写作、印刷、出版的自由权利；公民享有和平示威和结社的权利。2004 年宪法也规定，公民有权组织政党，不过要求的条件较为严格。比如，党纲和党章不能违背宪法和伊斯兰教；政党"不能包含军事或准军事目的或组织"，"不能成为外国政党或政治组织的分支"。这可能是在吸取 20 世纪 60 年代历史经验教训的基础上，防止政党军事化或发展成为具有政治军事实力、得到外部支持、进而能够与现政权对抗的势力而设定的。另外，2004 年宪法还规定，"不能基于种

族、语言、伊斯兰教派和宗教之上组建政党或发挥政党的作用",这对于防止政党种族化或宗教化将起到一定作用。

6. 确立了经济发展的基本方针和政策

2004年宪法试图建立一种以国家为指导、基于市场经济之上的混合型经济体制。它规定,矿产资源和地下资源属国家所有。国家将提出和实施有效的发展规划,以促进工业、农业、畜牧业和手工业的发展,并提高生产率,提高生活水平。同时,国家将依法鼓励和保护建立在市场经济基础之上的私人企业和资本投资。私人财产不可侵犯。中央银行将依法制定和实施国家的各项金融政策。国内外贸易事务将根据国民经济和公众利益的需要进行立法。

7. 促进教育、科学、文化、艺术、卫生、体育等事业的全面发展

2004年宪法比以往任何宪法更加强调教育发展和提高公民素质的重要性。它规定,促进阿富汗各地教育的平衡发展,促进阿富汗义务教育的发展,促进各民族语言的发展,促进妇女、游牧民文化程度的提高,根除文盲,促进高等教育和职业教育的发展,编写和应用全国统一教材和课程等。2004年宪法显然希望以此作为复兴和促进阿富汗教育发展的一个新起点。

## 第二节 现行行政机构①

一 国家元首与政府首脑

如前所述,2001年年底塔利班政权被推翻后,同年12月22日成立了阿富汗临时政府。来自普什图族的哈

---

① http://www.afghangovernment.com/2004constitution.html; http://www.oefre.unibe.ch/.

## 第三章 政治

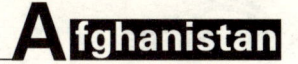

米德·卡尔扎伊出任临时政府主席。2002年6月24日过渡政府组成后,卡尔扎伊当选为过渡政府总统。他同时兼政府总理,并组成新一届内阁。

2004年宪法对阿富汗国家元首和政府首脑作了明确规定。它规定,总统是国家领导人,将依法行使在行政、立法和司法方面的权力。总统不在、辞职或死亡时,副总统将依法行使一些职责。总统的权力和职责包括:监督宪法的实施;获得议会赞同后决定国家的基本政策;是阿富汗武装部队的总司令;在议会赞同后宣战和缔和;在保卫领土统一和国家独立时有权作出必要决定;必要时召开大国民会议;在议会同意后宣布或结束国家紧急状态;任命各部部长、首席检察官、中央银行行长、国家安全理事会主席和阿富汗红新月会主席,并有权解除其职位和接受其辞职,并获得人民院同意;任命首席大法官及其他成员,并获得人民院同意;根据法律,任命法官、武装部队军官、警官、国家安全部队官员和政府高级官员,并有权解除其职位、接受其辞职和令其退休;任命阿富汗驻外使节,接受驻阿富汗外交使团递交的国书等;签署法律和法令;举行公民投票等等。

2004年宪法还规定,总统将通过自由、直接、无记名的普选产生,总统候选人必须获得超过一半的选票才能当选。总统任期5年,连任不能超过两届。新总统的选举,将于现任总统任期届满前30~60天举行。设立一个独立委员会,对总统选举进行监督,该委员会还将依法对国内所有选举和投票进行监督。2004年宪法还规定了总统候选人的资格,其中包括:必须是阿富汗公民,是穆斯林,父母均是阿富汗人,不能拥有另一个国国籍,年龄不低于40岁。

2004年宪法指出,总统对国家和人民院负责。同时,只要有三分之一成员同意,人民院有权指控总统犯下的反人类罪、叛国罪和其他罪行。

2004年宪法还规定，总统是政府首脑，领导由各部部长组成的内阁。

根据2004年宪法，2004年10月9日，阿富汗举行了总统选举。结果，卡尔扎伊以55.4%的得票率当选总统。同年12月7日，他宣誓就任总统。10月23日，他任命了内阁成员。次日，内阁成员宣誓就职。

二　中央政府

2001年12月22日，成立了阿富汗临时政府。根据《波恩协议》，临时政府由1名主席、5名副主席和其他24名成员组成（最后扩充为29名内阁部长），任期6个月。

2002年6月24日，阿富汗过渡政府集体宣誓就职。它由行政、立法和司法三部分组成，不设总理，国家元首兼任政府首脑。其中，行政机构由总统、3名副总统、1名总统国内安全特别顾问和29名内阁部长组成。过渡政府任期18个月，届满后举行大选。

2004年宪法对阿富汗中央政府的组成、职责以及其他方面作了明确规定。它规定，阿富汗实行中央集权制。中央政府由总统领导的各部部长组成。部长可以从国民议会成员、也可以从国民议会之外的成员中任命。各部部长不得兼任国民议会议员，他们对总统和人民院负责。如果各部部长被指控犯罪，将由一个特殊法院进行审理和裁决。

2004年宪法还规定，中央政府的职责主要包括：（1）根据宪法、其他法律以及法院最终裁决履行职责；（2）保卫国家独立、维护领土主权、维护阿富汗国家利益和尊严；（3）维护公共法律和社会秩序，根除腐败；（4）提出并实施规划，以促进阿富汗社会、文化、经济和技术的发展；（5）准备国家预算，制定财政事务规则，保护公共财富；（6）在每一个财政年度末，

第三章 政治

向议会报告财政执行情况,并提出下一年度财政规划;(7)在紧急状态下,尤其是议会休会时,可以提出除财政预算之外的立法动议。立法动议经过总统签署后,即成为法律。不过该项法律还须经议会同意,一旦被议会否决,法律即失效。

2004年宪法对部长的任职资格也作了规定。它规定,部长(1)必须是阿富汗公民,如果被提名部长者拥有另一国国籍,人民院有权力对他(她)的任职资格予以确定或否定;(2)必须受过高等教育,具有工作经历和声誉;(3)年龄不得低于35岁;(4)没有犯罪等任何不良记录。

根据2004年宪法,2004年10月9日,阿富汗进行了总统选举,结果卡尔扎伊当选总统。10月23日,他任命了内阁成员。其内阁成员由总统、两名副总统和27名部长组成,分别是[①]:

总统:哈米德·卡尔扎伊(Hamid Karzai)

副总统:艾哈迈德·齐亚·马苏德(Ahmad Zia Massoud)

副总统:穆罕默德·卡里姆·哈利利(Mohammad Karim Khalili)

商业部长:哈达亚特·阿明·阿尔萨拉(Hedayat Amin Arsala)

外交部长:阿卜杜拉·阿卜杜拉(Abdullah Abdullah)

内政部长:阿里·艾哈迈德·贾拉利(Ali Ahmad Jalali)

国防部长:阿卜杜拉希姆·瓦尔达克(Abdurrahim Wardak)

国家安全顾问:扎尔枚·拉苏尔(Zalmay Rasool)

教育部长:努尔·穆罕默德·卡尔昆(Nor Mohammad Qarqeen)

财政部长:安瓦尔-乌尔·哈克·阿哈迪(Anwal-Ul Haq Ahadi)

---

[①] 《世界知识年鉴》(2005/2006年),世界知识出版社,2006,第34~35页。

经济部长：穆罕默德·阿明·法尔汗（Mohammad Amin Farhang）

交通部长：依纳亚图拉·卡西米（Enayatullah Qasmi）

通讯部长：阿米尔扎伊·山金（Amirazai Sangeen）

矿产与工业部长：米尔·穆罕默德·西迪克（Mir Mohammad Sediq）

能源与水利部长：穆罕默德·伊斯梅尔·汗（Mohammad Ismael Khan）

公共工程部长：苏赫拉卜·阿里·萨法里（Suhrab Ali Safari）

城市发展部长：尤素福·普什图（Yusof Pushtun）

农业、畜牧和食品部长：奥拜杜拉·拉民（Obaidullah Ramin）

司法部长：穆罕默德·萨尔瓦尔·达尼什（Mohammad Sarwar Danish）

高等教育部长：阿米尔·沙阿·哈桑亚尔（Amir Shah Hasanyar）

新闻和文化部长：赛义德·马赫杜姆·拉辛（Sayed Makhdum Rahin）

公共卫生部长：赛义德·穆罕默德·阿明·法塔米（Sayed Mohammad Amin Fatemi）

朝觐及伊斯兰事务部长：尼马图拉·沙拉尼教授（Nematullah Shahrani）

边境及部落事务部长：穆罕默德·卡里姆·布拉霍耶（Muhammad Karim Brahoye）

妇女事务部长：马苏达·贾拉尔（女，Masooda Jalal）

社会及劳工部长：赛义德·埃克拉姆丁·阿迦（Sayed Ekramuddin Agha）

难民事务部长：穆罕默德·阿扎姆·达德发尔（Mohammad Azam Dadfar）

烈士及残疾人事务部长：西迪卡·巴尔希（女，Sediqa Balkhi）

农村复兴与发展部长：穆罕默德·哈尼夫·阿特马尔（Mohammad Hanif Atmar）

禁毒事务部长：哈比布拉·卡德里（Habibullah Qaderi）

2005年9月27日，内政部长贾拉利向卡尔扎伊总统提交了辞呈。2006年3月22日，卡尔扎伊总统宣布改组内阁，达德法尔·兰金·斯潘塔取代阿卜杜拉担任外交部长，妇女事务部长贾拉尔被解职，农村复兴与发展部长阿特马尔改任教育部长。

## 三 地方政府

2004年宪法规定，地方上设省、区以及村级行政机构。省的数目、面积、结构等由有关法律另行规定。省、区以及村级行政领导由中央政府指派。各省须设立省议事会，省议事会成员数目按省人口比例决定。省议事会成员将通过自由、直接、无记名和普选产生，任期4年，省议事会议长由议事会从其成员中选举产生。另外，须设立市级行政机构与市级议事会。市长与议事会成员须通过自由、直接、无记名和普选产生。此外，区级、村级行政机构也要分别建立议事会。这两级议事会成员由当地人民通过自由、直接、无记名和普选产生，任期3年。

2004年宪法规定，中央政府将依据法律把一部分权力委托给地方行政机构，以促进国家各项事务的发展，提高人民的参与程度。省议事会要参与和保证国家的发展目标，依据法律促进其事务的发展，并且对省内重要事情提出建议。另外，省议事会须与省级行政机构相互配合。

## 第三节 立法与司法

一 立法机构

（一）议会①

1. 1964年之前

富汗立法体系经过了长期演变。其中，在1964年之前，根据1923年宪法和1931年宪法所设立的议事会或议会，仅具有咨询或辅助行政机构的职能。

1923年宪法规定，设立只具有咨询性质的国务议事会和地方议事会。国务议事会的主要职责是就立法事宜向政府提出建议，并且准备立法草案。当时，国务议事会的成员一半由各省民众选举产生，另一半由国王从高级政府雇员和高级军事将领中挑选并任命，任期均为3年。国务议事会由议长和3名议长副手领导，其中3名议长副手由国务议事会全体成员选举产生，并且经国王批准。

省议事会的职责是在省级政府官员指导下考虑省级行政事务。其成员有的经选举产生，有的由政府任命，议长由省长兼任。经选举产生的成员由各省纳税人从各省或各区受尊敬和正直的人士中挑选，或者从向中央政府纳税的部落领袖中挑选，任期3年。经选举产生的成员中还要挑选出一名成员作为国务议事会成员。

1931年宪法则规定，在中央设立两院制议会，取代此前的国务议事会。两院制议会包括国民议会（或下院）和贵族院

---

① http://www.afghangovernment.com/Constitution1923.htm；http://www.afghan-web.com/history/const/const1923.html；http://www.idli.org/AfghanLaws/

（或上院）。

就国民议会而言，1931年宪法没有明文规定它有立法创制权。相反，由于1931年宪法第51条规定内阁成员可以就其相关领域提出法律建议，而且第55条和第61条规定内阁成员可以无视国民议会对他们所提议案的拒绝，因此内阁成员就享有了提出法案的权力。此外，1931年宪法还规定国民议会休会时，国王可以以政府名义发布皇家法令。这样，国王也成为立法来源之一。

不过，1931年宪法规定，国民议会享有一定的权力。比如，它有权对政府政策自由发表意见，讨论和批准内阁各部门提交的各种法案，质询内阁，审查和通过国家预算，批准国内外专卖权、条约协定和贷款，控制公共工程等。但是，1931年宪法又对此设定了一系列限制。比如，国民议会通过的议案须交贵族院审议，贵族院批准后退回国民议会报国王批准签署；必要时，国民议会议长、10名国民议会成员或者一名内阁成员可以召集秘密会议，国民议会议长也可以召集会议，禁止国民议会任何成员参加；政府各部在确定各部具体政策时，不对国民议会负责；除讨论政府提交的法案外，国民议会不过问政府工作等等。

1931年宪法规定，国民议会每3年选举一次，定期开会，有一半人数出席即达法定人数，法案经简单多数同意即为通过。国民议会议长由其成员选举产生。

就贵族院而言，1931年宪法规定，贵族院由20名或者以上成员组成（后来最多不超过45名），成员全部由国王挑选和任命，任职终身。国民议会通过的议案须经贵族院复议；有些政府议案也须交贵族院讨论通过，再交国民议会复议，最后呈送国王批准签署；贵族院休会时，国民议会通过的法案只要得到国王批准便立即生效。因此，贵族院也没有立法职能，仅起咨询以及辅助王权的作用。

此外，1931年宪法还规定，设立地方议事会，包括省议事会和市议事会。无论哪一级议事会成员，其半数成员均由国王任命，另一半成员由人民选举产生。中央各部应当在各省派驻代表，并且根据特殊法律在人口超过1.8万名的城镇建立经选举产生的市议事会。实际上，地方议事会成员一般由中央政府官员从地方上挑选拥护中央政策的官员并加以任命。

从实践上看，20世纪30年代以后，在大多数情况下，议会一直充当通过内阁提出法律议案的橡皮图章。第二次世界大战结束后，阿富汗在政治上进行了"自由主义议会"试验。1949年初，阿富汗因此举行了历史上第一次自由的议会选举，议员共有120名，此即第7届议会。它于当年6月开幕，1951年10月闭幕。不过，"自由主义议会"运动的激进化发展，促使政府在1952年初采取了一系列镇压措施，"自由主义议会"试验最终以失败告终。

2. 1964～1973年期间

这个时期，经过半个多世纪的发展，根据1964年宪法所设立的议会开始具有立法创制权，两院之间、议会与政府之间均具有一定的制衡作用。

1964年宪法规定，设立两院制议会——人民院和长老院。人民院议员由人民通过自由、普遍、匿名和直接的选举产生，任期4年。而长老院议员当中，有三分之一由国王任命，任期5年，另外三分之二议员经选举产生，其中包括从各省议事会中选举产生的1名议员（任期3年）以及由各省居民通过自由、普遍、匿名和直接的选举产生的1名议员（任期4年）。长老院议长由国王从其成员中任命，人民院议长由其成员选举产生。

1964年宪法规定了立法创制权的多元化。政府、议员均可以向议会提出议案；涉及司法行政管理方面的议案可以由最高法院提出；涉及预算和财政方面的议案，只能由政府提出；在议会休会和解散时，政府可以就紧急问题发布条令，经国王签署后即可成为法律。

1964年宪法强调了议会之间、议会与政府各部门之间的分立和制衡关系。它规定，人民院在行使立法权方面高于长老院；现任中央政府首脑和成员、军队官员和成员、行政官员和成员不能担任两院议员；一个人不能同时兼任两院议员；议员不能担任其他职务（农业部门和自由职业除外）；政府对人民院负责；人民院可以就一些具体问题质询政府（或大臣），然后决定是否讨论政府（大臣）的解释；人民院还可以调查政府行为等等。

1964年宪法还规定，各省设省议事会。省议事会成员由各省居民通过自由、普遍、直接和匿名的选举产生，省议事会议长由议事会成员从成员当中选举产生，并有资格参加大国民会议。省议事会的职能主要是咨询，包括参与促进国家发展目标的实现，向省政府提出建议，并与省政府合作促进各省发展等。1964年宪法还规定，组织市政机构管理城市发展，并通过自由、普遍、直接和匿名的选举建立市议事会。

这个时期，阿富汗共举行了两次议会大选。由于政党法、省议事会法和市议事会法始终未得到国王批准，因此不存在合法政党。议会选举虽然有政党参加的背景，但不是以政党而是以个人为舞台展开，可称之为"无党派议会民主制"。1964年宪法颁布后举行的第一次议会选举（即第12届议会）是在1965年8～9月举行的，共有272名议员当选。1969年8、9月间，举行了第13届议会选举。与以往只是"橡皮图章"的议会不同，这两届议会力争发挥宪法赋予它的作用，其作用主要表现在调查和质询政府的行为方面。另外，从立法创制方面看，第12届议会主要通过了4个年度的收支和发展预算；政党法、省议事会法和市议事会法也是第12届议会通过的，但未被国王签署；其他通过的法案主要是与外国签订的文化协定、贷款协定、商品交换协定、

航空协定等13项具有法律效力的法案。第13届议会作用不强。它开会时,经常达不到法定人数。

3. 1973~1978年期间

1973年达乌德上台后,废除了1964年宪法,并开始实行专制统治。因此,1977年宪法规定设立的一院制国民议会,仅起到装饰门面的作用。1977年宪法规定,国民议会是"阿富汗人民意志的体现,并代表所有人民",负责日常立法工作。议员(至少50%必须是农民和工人)由政党提名,由人民通过自由、普遍、匿名和直接的选举产生,任期4年。

4. 2005年议会

根据2004年宪法,议会所享有的立法创制权有了更大发展。2004年宪法规定,议会是阿富汗伊斯兰共和国最高立法机构。议会由人民院(The Wolesi Jirga)和长老院(The Meshrano Jirga)组成。人民院议员通过自由、广泛、匿名和直接的选举产生,任期5年。人民院议员选举须在人民院任期届满前30~60天内举行。人民院议员总数不得超过250名。其他选举事宜由选举法予以确定,但必须确保每省有一名女性成员当选。长老院议员产生的办法是:(1)从各省议事会议员中选择,每个议事会可选举一名议员作为长老院议员,任期4年。(2)从各省区议事会议员中选择,每个区议事会可选举一名议员作为长老院议员,任期3年。(3)总统从专家和德高望重的个人中任命长老院其余三分之一议员,任期5年;女性应在其中占一半人数。此外,宪法对两院议员的候选人资格提出了具体要求,独立选举委员会还将对两院议员候选人的资格进行审查。

2004年宪法规定,议会的主要权力是:批准、修改和废除法律和法令;通过经济、社会、文化和技术发展规划;通过国家预算,允许获取和提供贷款;建立和修改行政区划;批准和废除国际条约和协议等。各院需建立一个委员会,就所要讨论的问题

## 第三章 政 治

进行研究。两院委员会可以就任何具体问题质询每位部长。另外,人民院还具有以下特殊权力:决定是否根据宪法质询各部部长;如果与参议院就国家发展规划和预算产生分歧时,人民院有最后决定权;根据宪法通过人事任命事宜等。如果有三分之一议员建议对政府进行质询,人民院有权成立一个特殊委员会处理这类事宜。

在议会开会期间,每院需从其议员中选出一名主席、第一副主席和第二副主席、一名秘书和一名秘书助理,组成各院执行小组,任期1年,以处理内部事务。

2004年宪法规定,议会对总统和行政机构具有一定的制衡权。它规定,除非另有声明,法律草案一旦获得国民议会通过,并得到总统批准,便立刻成为法律。如果总统不同意,可以在草案提交给他(她)的15天之内以正当理由退至人民院。人民院如果仍以三分之二赞同,法律草案即被视为通过并生效。

2004年宪法还规定了立法的基本程序,其中人民院比长老院享有相对较大的权力。它规定,法律动议可以由政府或国民议会提出,但是关于预算和财政事务方面的动议只能由政府提出。由政府提出的法律动议首先要提交人民院,人民院讨论后,将对有关法律动议通过或拒绝。人民院通过后,法律草案将提交长老院,长老院应在15天内对法律草案作出裁决。由政府提出的国家预算和发展规划要由长老院、随同其建议一起提交人民院。无论长老院同意与否,人民院的决定在总统签署后,即开始生效。如果两院的决定相互矛盾,两院将组成一个共同委员会(由两院出相同数量的成员组成)以解决分歧。一旦得到总统赞成,该委员会的决定将付诸执行。如果委员会不能解决分歧,动议将失效。但是,如果该动议得到人民院同意,可在人民院下次开会期间再次表决。如果得到人民院大多数成员同意,将视为通过。总统签署后,无须再提交长老院。如果两院存在分歧的动议涉及

财政事务,同时两院共同委员会无法解决分歧,将由人民院再次表决,若人民院大多数成员同意,将视为通过。总统签署后,该动议将生效,无须再提交长老院表决。

每年,议会召开两次会议。一般情况下,两院分别同时召开会议。否则,将召开联席会议。此时,人民院议长将成为联席会议主席,并主持会议。

根据2004年制定的宪法和选举法,2005年9月18日,阿富汗举行了塔利班垮台后首次议会选举,这次选举应选出249名人民院议员和420名省议事会议员。据统计,约有2760名和3015名候选人分别参选人民院和省议事会议员,其中女性候选人分别占其中的12%和8.1%。由于选举不是以政党为基础进行,因此几乎所有候选人都以独立身份参选。据统计,注册选民人数超过1250万,其中女性占到44%,不过最后只有680万选民参加投票,投票率为53%。[①] 由于计票效率低下和舞弊行为,选举结果一拖再拖,同年11月12日公布最后结果。就人民院看,当选议员成分结构复杂而且分散。其中,阿富汗各主要政治或武装派别领导人和成员获大约100个席位,超过人民院议席的40%;女性议员有68席,占1/4,她们在阿富汗历史上从未获得如此重要的政治地位和发言权;其他当选者包括一些苏联占领时期的原阿富汗政府官员、3名前塔利班政府官员、技术官僚和宗教领袖等。

12月20日,国民议会召开了首次会议,前北方联盟领导人穆罕默德·尤努斯·加努尼当选为人民院议长,前总统穆贾迪迪当选为长老院议长。

**(二)大国民会议**

所谓大国民会议,即 Loya Jirga(Grand Assembly),汉译大

---

① 新华社喀布尔2005年9月18日电;新华社喀布尔2005年10月16日电。

第三章 政 治

支尔格，是阿富汗一种传统的政治机构，由历史上的部落议事会演变而来。在阿富汗生死存亡关头，或在其他紧急时刻，国家或政府领导人常常召集这种大会，来协商决定诸如宣战和缔和、制定或修改宪法、批准签署有关阿富汗领土统一和主权完整的国际条约等重大政策。大国民会议一般由来自全国各地的部落领袖、宗教领袖、地方士绅、政府成员、议员等参加，参加成员和人数在君主制时代由国王决定。大国民会议一般以"协商一致原则"做出决策，大会会期不定，成员也非终身制。

大国民会议曾选举过阿富汗第一任国王。阿卜杜尔·拉赫曼统治时期，大国民会议受控于他。他在紧急状态下召集大国民会议，以决定国家大政方针。一旦达到目的，马上予以解散。当时，大国民会议可以就国王提出的问题发表见解，但不能表达不同观点，实际上也是咨询机构。哈比布拉汗执政时期，曾于1915年召集大国民会议，会议最后同意阿富汗在第一次世界大战中保持中立。阿曼努拉汗执政时期，曾召开3次大国民会议。纳第尔沙统治时期召开过3次。

1941年7月，查希尔沙召开过一次大国民会议，以决定阿富汗在第二次世界大战中的立场。1964年9月，查希尔沙主持召开过另一次大国民会议，审议并通过了1964年宪法。当时，参加大国民会议的成员共455名，主要包括国民议会议员176名、经非直接选举产生的成员176名、由国王指定的成员34名、贵族院议员19名、内阁成员14名、最高法院成员5名、制宪委员会成员7名和制宪顾问委员会成员24名。[①]

另外，1964年宪法对于大国民会议也作了规定。它规定，大国民会议由两院议员和各省议事会议长组成。在下列情况下，

---

① 朱克著《阿富汗》，北京，世界知识出版社，1959，第45页。

161

需要由王室发布敕令召开大国民会议：（1）国王逊位或去世时，没有合格的继承人时，需要从穆罕默德·纳第尔沙陛下男性直系亲属后裔中选举一名王位继承人时；（2）如果国王去世时，其继承人尚未年满20岁，同时皇后也已离世，需要从穆罕默德·纳第尔沙陛下男性直系亲属后裔中选举产生一名摄政王时；（3）国王逊位，而继承人尚未年满20岁，需要从穆罕默德·纳第尔沙陛下男性直系亲属后裔中选举产生一名摄政王时。大国民会议开幕时，由人民院议长（人民院议长缺席时，由长老院议长）主持会议。大国民会议决议一般需要三分之二多数同意才能付诸实施。

1977年，大国民会议曾帮助达乌德审议并通过了1977年宪法。1977年宪法名义上规定，大国民会议是"阿富汗人民最高权力和意志的体现"。它还规定，大国民会议由议员、党中央委员会成员、政府成员、武装部队最高委员会成员、最高法院成员、各省的5~8名代表以及由总统指定的30名成员组成，总统是大国民会议主席。大国民会议须根据总统或总统办公室的命令，在特殊情况下召开。

2001年底，阿富汗临时政府建立后，曾于2002年6月11~19日召开大国民会议紧急会议，会议确定了过渡政府的体制和组成。2003年12月14日至2004年1月4日，阿富汗过渡政府召开大国民会议，审议并通过了2004年新宪法。

2004年宪法对大国民会议的构成、权力等也作了规定。它规定，大国民会议是阿富汗人民最高意志的表现。大国民会议成员由两院议员以及省、区议事会议员组成。内阁成员、最高法院院长及其成员可以参加大国民会议，但是没有表决权。大国民会议在下列时候召开，并享有以下权力：（1）对涉及国家独立和领土完整等重大问题作出决定；（2）修改宪法条款；（3）依据宪法条款对总统提起诉讼。大国民会议在召开第一次会议时，须从其成员中选举出一名主席、一名副主席、一名秘书和一名秘书助理。大国民会议作出的决定一般由大多数成员赞成通过。[1]

## 二 司法机构

### (一) 1920~1964年[2]

20世纪20年代至1964年宪法颁布前,阿富汗实行的是二元司法体系,即以沙里亚法为指导核心的伊斯兰教司法体系和世俗司法体系。1923年宪法、1923年通过的基本组织法以及1931年宪法,特别是后者,从理论上导致上述两种法律体系的存在。世俗司法体系享有基本组织法赋予它的司法权力。此外,在任何其他领域,均由宗教司法法院进行审理和判决。

1. 伊斯兰教司法体系

1919年阿富汗独立后,阿富汗对古老的伊斯兰教司法体系进行了改革。1923年宪法和1923年通过的基本组织法,伊斯兰教司法体系包括三级司法机构,即初级法院、上诉法院和最高上诉委员会。

① 初级法院

初级法院设在每一个区级行政机构,由1名卡迪(教法官)、2名穆夫提(教法说明官)和1名书记官组成,它对世俗法院司法领域之外的所有民事和刑事纠纷进行裁决。民事纠纷最初是由世俗法院中的协调法院进行裁决,当协调无法达成时,再移至初级法院进行裁决。初级法院可以对涉及金额最高达200卢比以下的民事纠纷作出最后判决。对于涉及金额高达300卢比的民事纠纷,由设在各省省会的初级法院进行裁决。就刑事案件而

---

[1] http://www.afghangovernment.com/2004constitution.html.
[2] See Mohammad Hashim Kamali, *Law in Afghanistan: A Study of The Constitutions, Matrimonial Law and The Judiciary*, Leiden, E. J. Brill, 1985.

言,初级法院的判决一般是最后判决,判决后应当立即执行。但是,当涉及死刑、肉体惩罚判决,或有损罪犯名誉的判决时,初级法院的判绝不是最后裁决。死刑案件要自动经过宗教司法机构所有三层法院的审定,并得到国王批准后,才能执行。就肉体惩罚判决或有损名誉判决而言,在接到判决通知15天之内,被告可以进行上诉。初级法院对于重罪的判决,一般要由上一级法院进行复审。尽管如此,上至中央的安全大臣、地方上的省长,下到区长,都可以不经过司法程序单独行使监禁或罚款的权力。

② 上诉法院

上诉法院设在每一个省会,由1名卡迪(al-Qad)、4名穆夫提和2名书记官组成。上诉法院的职责类似初级法院,有权力对应当由初级法院裁决的所有纠纷进行裁决。上诉法院的诉讼程序由沙里亚法以及基本组织法予以确定。被告人、省长或者这两者,都有权力在规定期限内,对初级法院和上诉法院所作的刑事案件判决提起上诉,可以上诉至更高一级法院进行复审。初级法院和上诉法院各自设有办公小组处理民事、刑事以及商业案件。

③ 最高上诉委员会

基本组织法还规定,设立最高上诉委员会作为最高上诉法院。最高上诉委员会设在首都喀布尔,由1名主席和4名成员组成,主席由安全大臣兼任。从司法程序而言,初级法院和上诉法院的性质都是审判性的,而最高上诉委员会的职责在于审定,仅限于判定下级法院的判决是否与沙里亚法和基本组织法的基本原则和精神相违背。它可以核实或者推翻下级法院的判决,但是不能进行审判。除死刑案件需要得到国王的进一步批准外,最高上诉委员会的其他任何决定都是最终裁决。

根据基本组织法,最高上诉委员会和上诉法院的法官、初级法院的卡迪都由国王任命。上诉法院和初级法院的穆夫提由各级任命委员会提名后,再由安全大臣任命。初级法院的穆夫提也可以由省长任命，省长还有权任命上诉法院和初级法院的一般职员。

2. 世俗司法体系

世俗司法体系设有协调法院、政府雇员法院、专门审判大臣的高级法院、军事法院以及商业法院。

① 协调法院

根据基本组织法，阿富汗第一次设立了协调法院。协调法院设在首都喀布尔以及全国其他各省。喀布尔协调法院由1名院长和4名法官组成，其他各省协调法院由1名院长和2名法官组成。协调法院的主要职责是对涉及民事纠纷的双方进行协调，其决定需完全经过双方的同意才可形成。协调法院只能对民事和商业纠纷进行裁决，刑事纠纷无一例外由宗教司法机构审理。根据基本组织法，民事和商业纠纷首先要经过协调法院进行裁决。协调法院的所有法官由省长建议，由安全大臣推荐，最后由国王批准。由于协调法院的裁决是基于纠纷双方同意而达成的，因此其裁决是最终的，不再上诉宗教司法机构进行复审。这说明，协调法院具有相对于宗教司法机构的独立性。此前，尤其是在基本组织法实施之前，民事纠纷无一例外由宗教司法机构进行审理。20世纪30年代中期，协调法院停办，其商业审判职能交由随后建立的商业法院管辖，民事审判职能重新转归宗教司法机构行使。

② 政府雇员法院

政府雇员法院最初从属于国务议事会和省议事会，是一种三级法院体系，负责对政府雇员行使职责时犯下的罪行进行审判。20世纪20年代国务议事会下设三个部门，一个是行政部门，一个是改革部门，另一个就是司法部门。其中，司法部门由政府雇员初级法院和两个上诉法院组成。前者面向首都喀布尔，后两者面向全国各地。此外，国务议事会当时还设有政府雇员最高上诉

法院。

政府雇员初级法院由国务议事会议长的第三名副手以及2名国务议事会议员组成,其中前者兼任院长。初级法院负责初步审理涉及政府雇员的刑事案件以及社会治安案件,涉及首都地区所有政府雇员的这类案件均由初级法院审理。

政府雇员上诉法院由国务议事会议长的第二名副手以及4名国务议事会议员组成,前者兼任院长。上诉法院受理针对首都和各省初级法院的判决所提起的上诉。

政府雇员最高上诉法院由国务议事会议长、议长第一副手以及5名国务议事会议员组成,国务议事会议长兼任院长。政府雇员最高上诉法院成员不能同时兼任下级法院成员。

1931年宪法撤销了国务议事会,司法体系及其地位随之发生变化。其中一个变化在于,国务议事会下辖的原司法体系开始归政府各部管辖。就政府雇员的上诉法院而言,此后它们归政府各部管辖。政府各部都设有一个咨询机构——部议事会,该机构掌握原政府雇员上诉法院的权力。各部议事会分别受理针对省议事会就该部政府雇员裁决所提起的上诉。这样,就出现了许多上诉法院。就政府雇员最高上诉法院而言,它开始归首相管辖,受理针对各部议事会所做裁决的上诉。这样,世俗司法体系就归属于行政机构,并成为行政机构不可分割的一部分。

根据1923年基本组织法,省议事会除享有咨询权外,也被赋予了刑事判决权,不过主要对本省发生的政府官员犯罪案件进行审理,其职能相当于政府雇员初级法院。省议事会的司法裁决如果遭到上诉,则由政府雇员上诉法院受理。喀布尔的政府雇员初级法院所作的司法判决如果受到上诉,则由政府雇员最高法院受理。省议事会基于多数成员同意的原则进行司法判决。宗教上诉法院的院长——卡迪,在省议事会中只有一名投票权。国务议事会中的各级政府雇员法院、省议事会等都有平等的权力,可以对涉案的法官、任何司法雇员（包括卡迪和穆夫提）进行司法审理和判决。1931年司法体系和地位发生变化后，省议事会继续发挥政府雇员初级法院的作用。1957年颁布的咨询议事会法，给予省议事会更大的司法权力。该法规定，省议事会还可以对涉及社会治安、猥亵、道德败坏等方面的犯罪进行审理。此外，诸如流放之类的判决也只能由省议事会作出。

③ 审判大臣的高级法院

这种法院是根据1923年宪法设立的，由国务议事会中由国王任命的16名成员、6名调查员以及9名法官组成，该法院的裁决是最终判决。此后根据1924年颁布的宪法修正案，该法院的组织结构有所改变。

④ 军事法院

军事法院是根据1923年基本组织法设立的，负责审理军官、士兵和警察在行使职责时所犯下的罪行。军事法院在战争部监管下组成，其权力和程序由军事刑罚法予以规定。不过，军人与平民之间的纠纷由非军事法院审理，军人之间的民事纠纷也由非军事法院审理。

⑤ 商业法院

19世纪后期，喀布尔在伊斯兰教司法体系之外建立了商会，它根据商业习俗、合同和书面证据解决商业纠纷。当时，商会主席由喀布尔商人选举产生，经常由善于经商的印度族人担任。不过，1924年大国民会议通过决议，取消了商会，恢复了宗教法院就商业纠纷进行裁决的权力。后来，又在宗教司法体制之内设立了单独的协会，以审理商业纠纷。同时还颁布了一项特殊法律，规定了商业协会的司法程序。1931年，商业纠纷法庭在喀布尔建立。随后几年，坎大哈、马扎里沙里夫等省份也相继建立了类似的商业纠纷法庭。针对这些商业纠纷法庭裁决所提起的上诉，则由设在喀布尔的商业协会受理。针对喀布尔商业协会裁决

所提起的上诉,由商业部议事会作出最终判决。20世纪40年代中期,随着破产法、经纪法、商业注册法的相继颁布,商业司法有了一定的立法指导。1949年,在正义部监管下,建立了三级商业司法体制。除以往的商业纠纷法庭外,增设了商业上诉法院和商业最高上诉法院。1955年和1963年,阿富汗相继颁布了商法和商业诉讼法,商业性法律得以巩固和提高。

20世纪60年代中期以前,主要有五类法律来源。第一是伊斯兰教逊尼派哈乃斐教法学派原则,具体条文由宗教领袖解释。第二是皇家敕令。第三是由内阁成员提出、由议会通过的法律议案。第四是内阁各部就本部门发布的条令。第五是宪法中的一些基本原则。①

**(二) 1964年至20世纪70年代**②

这个时期,阿富汗力图对原有的二元司法体系进行改革,取而代之以融合伊斯兰教司法体系和世俗司法体系的混合型司法体系。一般法院司法诉讼程序主要由世俗法律予以规定,缺失部分由沙里亚教法中的哈乃斐教法学派原则予以确定。或者从理论上讲,世俗法拥有比宗教法更高的权力。1964年宪法以及1967年通过的司法权威与组织法是司法体系发展的重要文件。

1964年宪法所带来的一项重大改革,是进一步加强了自纳第尔沙统治以来世俗司法体系的作用,甚至是放弃二元司法体系。它还强调司法的独立性,司法与立法和行政机构的分立和制衡原则。它还规定设立最高法院以及其他法院,并对最高法院的地位和作用等作了规定。它对法院的人事任命等问题也作了原则

---

① Louis Dupree, "Constitutional Development and Cultural Change/Part Ⅱ: Pre-1964 Afghan Constitutional Development", *South Asia Series*, Vol. Ⅸ, No. 2, Afghanistan/Pakistan, May 1965, p. 12.

② See Mohammad Hashim Kamali, *Law in Afghanistan: A Study of The Constitutions, Matrimonial Law and The Judiciary*, Leiden, E. J. Brill, 1985.

性规定。另外，它还规定设立首席检察官负责调查犯罪和提出法律诉讼，该机构是独立于司法体系之外的一个行政机构。

在此基础上，1967年通过的司法权威与组织法对司法体系进行了重大调整。该法有意回避伊斯兰教司法体系与世俗司法体系之间的区别，将原有法院整合，进而分成一般法院与特殊法院两类。一般法院包括最高法院（新设立的）、最高上诉法院、省级法院和初级法院，负责审理各种普通案件。特殊法院包括少年法院、劳动法院以及"可能由最高法院根据需要设立的其他法院"。

1. 最高法院

1964年宪法和1967年司法权威与组织法规定，最高法院是阿富汗最高司法权威，有权调整和巩固各级法院组织机构和诉讼程序。最高法院院长和法官由国王从符合条件的人选中任命。卸任后，他们仍享有在职时的一切经济待遇，但是不得从事任何政治活动，或接受公共职位。任职10年后，国王将对他们进行评审，不合格者将辞去职务。如果遭到弹劾，在得到下院三分之二多数议员的赞同，以及随后大国民会议的进一步赞同后，他们也将辞去职务。

原先，政府雇员各级法院均享有平等权力，以审理针对法官的司法案件。1967年司法权威与组织法对此进行了调整。调整后的法律规定，法官可以由1名特殊的司法检察官而不是政府检察官员对其提起诉讼。被起诉的法官将由最高法院法官审判庭进行审判。审判庭由最高法院3名法官组成。审判庭的裁决将是最终裁决，不得上诉。

以前，各种法院之间相互矛盾的裁决一直困扰着阿富汗司法系统。1967年司法权威与组织法规定，最高法院有权对相互矛盾的司法裁决作出决定。为此，设立了最高法院司法裁决冲突庭。它由最高法院3名法官组成，可以对司法裁决冲突作出最终

裁决。

除上述权力和职能外,最高法院还享有独一无二解释法律的权力。它可以判定法律是否与宪法保持一致。如果法律条款与宪法相冲突,最高法院有权宣布它违宪,并中止其实施。此外,最高法院还有权力批准涉及法院诉讼程序和行政管理的法律条例,还可以就司法事务提出立法建议,并报议会同意。

2. 最高上诉法院

为促进所有法院诉讼程序和组织结构的一致性,原三类最高上诉法院(宗教性的最高上诉委员会、政府雇员最高上诉法院、商业最高上诉法院)被合并为一个最高上诉法院。最高上诉法院下设三个庭,分别是民事和刑事最高上诉庭、商业最高上诉庭以及公共权力最高上诉庭。

民事和刑事最高上诉庭由7名法官和分别来自其他两个分院的3名法官、共13名法官组成,主要负责处理民事和刑事案件。其实,它负责审理除其他两个庭负责审理领域之外的任何事务。其法律诉讼程序由伊斯兰教哈乃斐教法学派原则以及世俗法予以规定,而且主要由前者来确定。

商业最高上诉庭是针对涉及所有商业和劳动纠纷所作判决提起上诉的最终裁决机构。"商业纠纷"涉及工业生产以及交通运输、专利和保险等领域的所有纠纷。

公共权力最高上诉庭是针对下述领域所作裁决提起上诉的最终上诉机构。这些领域包括所有税收纠纷、个人与国家之间的纠纷、财产没收、全国大选和市政选举所引起的纠纷、政府雇员犯罪、新闻犯罪以及走私犯罪等方面。

最高上诉法院一般根据法律以及沙里亚法处理各种纠纷。1967年司法权威与组织法规定,阿富汗所有各级法院要由1名以上法官组成,此即法官多数化原则。最高上诉法院及其各庭以及各省级法院和初级法院均适用该原则。

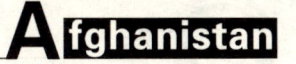

3. 省法院

1967年司法权威与组织法也采取措施促进省级法院组织结构和司法诉讼程序的一致性发展。为此，商业法院和政府雇员法院被合并至新设立的省法院。省法院也像最高上诉法院那样设立了类似的三个庭，即民事和刑事诉讼庭、商业诉讼庭和公共权力（或社会治安）诉讼庭。由于初级法院没有像最高上诉法院和省法院那样内设面向商业、政府雇员以及社会治安的三个诉讼庭，因此省法院是就这三类纠纷进行诉讼的第一级司法单位。省法院设在每一个省内。1975年，阿富汗共有28个省，省法院因此共有28个。

1967年司法权威与组织法规定，各省省法院院长对其省内初级法院进行监督。不过，这种监督主要涉及行政管理方面，比如帮助初级法院，或者给予初级法院以行政指导。而此前，省级法官——卡迪对初级法院事务进行总监督。

4. 初级法院

各省以下行政区设初级法院。初级法院是一种混合型司法机构，负责对各种各样的纠纷进行审理，是针对一般民事和刑事案件进行审理的第一级司法机构。初级法院可以在以下三种情况下作出最终裁决。一是，当纠纷双方对法院裁决表示满意时，或者当法定时间失效时。二是，当纠纷涉及金额不超过5000阿富汗尼时。三是，当初级法院宣布不受理该案件时。由于20世纪60年代的司法改革基本上没有触动初级法院的现存结构，因此初级法院仍旧主要依据沙里亚法进行审理。1975年，阿富汗共有209个这样的行政区，因此初级法院也共有209个。

综上所述，就普通民事和刑事诉讼而言，20世纪60、70年代的司法体系基本上也是三级结构。针对初级法院裁决所提起的上诉由省法院考虑，然后再由设在喀布尔的最高上诉法院作出最终裁决。

另外，如上所述，省法院就是针对商业、政府雇员以及社会治安这三类纠纷进行诉讼的第一级司法单位。因此，为对省法院就这三类诉讼所作的裁决进行上诉，首都喀布尔专门设立了中央上诉高等法院。另外，阿富汗还在其他地区设立了两个受理针对省法院所作裁决的上诉高等法院。这三个地区性上诉高等法院专门各自受理阿富汗总共 8~9 个省省法院的上诉案件。由于交通不便，1968 年，其他两个地区的上诉高等法院被撤销，喀布尔中央上诉高等法院仍旧保留，并受理针对全国各省省法院就商业、政府雇员以及社会治安三类纠纷所做裁决而提起的上诉。

另外，达乌德第二次执政后，分别于 1976 年 9 月和 12 月颁布刑法和民法。刑法对犯罪、犯罪行为和惩罚作了限定，至少在理论上使宗教法官再也不能对涉嫌有罪的人滥施刑罚了。民法借鉴了沙里亚法和一些习惯法，并且取而代之，其内容涉及社会司法的所有领域。

（三）现行司法机构

2001 年年底阿富汗新政府建立后，阿富汗司法机构建设迈出了新的步伐。2004 年宪法规定，司法部门是阿富汗伊斯兰共和国的一个独立机构。司法机构包括最高法院、高等法院、上诉法院。最高法院是最高司法机构，领导国家的司法系统。最高法院由 9 名成员组成，其成员由总统任命，并得到人民院的赞同，任期从 4 年至 10 年不等，不能连任。最高法院院长由总统任命。最高法院可以衡量一般法律是否违宪，可以评估立法条例、国际条约、国际公约等，并且可以对它们做出解释。司法部门的预算由最高法院在咨询政府相关部门后提出，并且提交给国民议会作为国家预算的一部分。最高法院成员卸任后，仍然享受国家财政补贴。不过，如果最高法院院长、成员以及其他法院成员受到人民院的有效弹劾，他们将被解除职务。其他司法部门的结构、功能、人事任命等将由法律另行规定。另外，2004年宪法规定，设立检察官办公室，负责调查和起诉犯罪。该机构是行政机构的一部分，但是具有独立性。

截至2002年前后，阿富汗共有350个左右地方法院和32个上诉法院，上诉法院分设于阿富汗32个省。最高法院设在首都喀布尔。当时，共有4000余名法官在各级法院任职。2002年6月，阿富汗大国民会议紧急会议任命法齐尔·哈蒂·辛瓦里（Fazil Hadi Shinwari）为最高法院院长。[①]

## 第四节　政治军事派别

以卡尔扎伊为首的阿富汗过渡政府建立后，于2003年9月8日批准立法，规定可以建立政党。同年10月12日，过渡政府通过新法，对建立政党做了一些限制。不过，迄今为止，阿富汗没有严格意义上的政党，而是存在一些重要的政治派别和军阀势力，它们对阿富汗中央和地方局势发挥着重大作用。以下是阿富汗主要政治和军事派别[②]。

一　阿富汗伊斯兰促进会[③]

阿富汗伊斯兰促进会（Jamiati Islami, Islamic Association of Afghanistan）又称"阿富汗伊斯兰协会"，成立于1972年，当时属于伊斯兰教逊尼派激进主义组织，成员多数是非普什图族人，尤其以塔吉克族人居多。20世纪70、80年代，该组织在阿富汗上层宗教人士中有较大影响，与

---

① http://www.fmprc.gov.cn/chn/wjb/zzjg/yzs/gjlb/1206/1206xo/default.htm.
② 主要参阅《简明西亚北非百科全书》（中东）；http://www.fmprc.gov.cn/chn/wjb/zzjg/yzs/gjlb/1206/1206xo/default.htm.
③ 见前引《简明西亚北非百科全书》（中东），第504页。

阿富汗

旧王室也有联系，倾向于同前国王查希尔沙合作。它主张弘扬伊斯兰教义，建立伊斯兰国家，反对共产主义。1974年，该组织开始进行反对达乌德政权的武装活动，遭镇压后，其领导人和部分成员流亡国外。1978年人民民主党上台后，该组织发动反政府武装斗争，自称拥有数万武装力量。苏联占领阿富汗时期，该组织开始进行抗苏抵抗运动，政治基地设在巴基斯坦，其所属军事派别活跃在阿富汗北部。布尔汉努丁·拉巴尼是政治领导人，马苏德是军事指挥。该组织设有负责政治、军事、文化、财政、难民事务、对外联络、司法和行政等事务的专门机构。1989年1月，"七党联盟"成立临时政府，拉巴尼出任临时政府外交部长。1992年4月，该组织与其他抵抗力量配合首先进入喀布尔，导致纳吉布拉政权垮台，随后各派抵抗力量建立了阿富汗伊斯兰国。同年6月，拉巴尼担任阿富汗伊斯兰国临时总统，该组织武装成为阿富汗政府军的主要力量。随后，由于希克马蒂亚尔对喀布尔拉巴尼政府发起攻势，阿富汗内战由此展开。1994年7月塔利班崛起，并于1996年9月27日夺取喀布尔后，拉巴尼政府退至阿富汗北部。同年10月，它与其他几个派别成立"保卫祖国最高委员会"，组成反对塔利班的北方联盟。1997年6月，北方联盟成立"拯救阿富汗伊斯兰联合阵线"政府，定都马扎里沙里夫。该联盟承袭了阿富汗伊斯兰国驻世界各国的使馆和联合国席位，拉巴尼仍出任总统，马苏德担任其军事领导人。1999年1月，反塔北方联盟重新组合，成立了"联合阵线最高军事委员会"。但是截至2001年"9·11"事件前，该联盟从未在阿富汗全国实施过有效的统治。2001年9月9日，该联盟军事领导人马苏德遇刺身亡，其副手法希姆接替其职务。2001年"9·11"事件后，该联盟与美英进行政治军事合作，并在阿富汗战争期间成为美英盟军攻打塔利班的重要助手。2001年12月22日阿富汗临时政府以及2002

年 6 月 22 日阿富汗过渡政府建立后，该联盟均在其中占据要职，同时指挥着大约 5 万名军队，其中多数军队属于伊斯兰促进会的武装。目前，伊斯兰促进会在地方上主要控制着潘杰希尔谷地和阿富汗东北部，并且一直在阿富汗政坛发挥着重要作用。

穆罕默德·卡塞姆·法希姆（Mohammad Qasim Fahim）是阿富汗伊斯兰促进会和北方联盟现军事领导人。他是塔吉克人，1960 年左右出生在潘杰希尔山谷的一个小村落，是一位伊斯兰教神职人员的儿子，曾在喀布尔学习伊斯兰教法。20 世纪 70 年代末，法希姆加入到反苏民族斗争中。当时，他征战于阿富汗东北部，并成为马苏德手下一名得力将领，主要负责情报工作。1996 年 9 月，当拉巴尼政府从喀布尔撤向北方时，法希姆作为马苏德的左膀右臂，在撤退中担负重要任务。当北方联盟领导人在塔利班攻势下纷纷出国时，只有马苏德坚守潘杰希尔山谷与塔利班迂回作战，而法希姆则忠实地站在马苏德身边。2001 年 9 月 9 日马苏德遇刺后，法希姆接替马苏德担任北方联盟军事领导人。2001 年年底阿富汗新政府建立后，法希姆担任副总统兼国防部长。他与另外两名主要支持者兼助手——穆罕默德·尤努斯·卡努尼和阿卜杜拉·阿卜杜拉一起控制着阿富汗政府的军队、警察和外交大权。马苏德的兄弟艾哈迈德·瓦利·马苏德也是他的坚定支持者。

## 二　阿富汗伊斯兰民族运动

阿富汗伊斯兰民族运动（Jumbesh Meli Islami, National Islamic Movement of Afghanistan, NIM）创建于 1992 年下半年。1992 年以前，它属于阿富汗纳吉布拉政府军，主要由乌兹别克族民兵部队组成，领导人是阿卜杜尔·拉希德·杜斯塔姆。1992 年 2、3 月间，阿富汗各抵抗力量兵临喀布尔城下，

阿富汗

杜斯塔姆领导的这支政府军迅速转向,抛弃纳吉布拉政府,而与阿富汗伊斯兰促进会等抵抗力量结盟,配合后者攻入喀布尔,为推翻纳吉布拉政权立下汗马功劳。1992年6月,阿富汗伊斯兰国建立后,杜斯塔姆正式创建该组织,准备参加新政府。但是,由于拉巴尼政府欲削弱杜斯塔姆,双方矛盾日益激化。1993年7月,杜斯塔姆与拉巴尼政府反目,暗中与希克马蒂亚尔(阿富汗伊斯兰党领导人)结为联盟。1994年1月,杜斯塔姆与希克马蒂亚尔联手袭击拉巴尼政府。经过7天战斗,杜斯塔姆损兵折将,随后退守北方。此后,杜斯塔姆盘踞北方很少南下,在内战当中基本保持中立。同时,他在北方建立起一个以马扎里沙里夫为中心的"国中之国",成为一个"北方土皇帝"。他控制着以马扎里沙里夫为中心的北部6省,辖区有500万人口,有一个机场和一所大学。他发行货币,经营航空公司,与乌兹别克斯坦等邻国发展友好关系。截至1996年9月塔利班攻下喀布尔之前,杜斯塔姆控制的北方是阿富汗相对稳定的地区,实力逐步增强。塔利班占领喀布尔后,杜斯塔姆及其"王国"受到威胁。同年10月23日,杜斯塔姆再次与拉巴尼政府联盟,并与其他一些派别一起组成了反对塔利班的北方联盟。1997年4、5月间,伊斯兰民族运动内部分裂,杜斯塔姆部将马立克将军反目,并占领马扎里沙里夫,杜斯塔姆出逃至乌兹别克斯坦。同年5月24日,塔利班攻入马扎里沙里夫,不过月底又被马立克将军赶出马扎里沙里夫,该组织力量因此大大削弱,影响力下降。同年9月,杜斯塔姆返回阿富汗,重掌伊斯兰民族运动领导权。1998年夏,马扎里沙里夫重新落入塔利班之手,杜斯塔姆再次出逃国外。2001年美英开始攻打阿富汗后,杜斯塔姆带领不足千人的部队返回阿富汗,重新加入北方联盟,其武装人数在战争中迅速扩大,并在美英盟军和北方联盟取得的第一场胜利——占领马扎里沙里夫中立下战功。2001年年底阿富汗临时政府以及2002年年

第三章 政　治

中过渡政府相继建立后，杜斯塔姆均在其中担任国防部副部长。在 2003 年底至 2004 年初召开的阿富汗大国民会议制宪会议上，他要求设立总理制，将总统变为国家最高权力的象征，以便在未来阿富汗政府中争取更高的职位，但是未能如愿。当前，该组织主要控制着北方以马扎里沙里夫为中心的地区，自称拥有 5 万人的军队，主要得到乌兹别克斯坦、巴基斯坦和伊朗的支持，是阿富汗政坛上一支不可忽视的政治和军事力量。

领导人阿卜杜尔·拉希德·杜斯塔姆（Abdur Rashid Dostum）是乌兹别克族。1951 年出生在阿富汗北部朱兹詹省一个贫困的乌兹别克族农民家庭。上完小学后，他回乡务农 10 年，后当了 4 年工人，再后参加了阿明政权的军队。1979 年苏联入侵阿富汗后，他在苏联扶植的阿富汗政府军中迅速蹿红，并被送往苏联接受军事培训。回国后，他指挥着一支 2 万人的部队，与阿富汗游击队作战，并担任阿富汗政府军第 53 师师长。后来被提升为将军，还获得过"阿富汗共和国英雄"勋章。

三　伊斯梅尔汗派

伊斯梅尔·汗派是当今阿富汗政坛一支重要的政治军事势力，核心人物是塔吉克族的伊斯梅尔汗（Ismael Khan）。他原是驻阿富汗西部最大城市赫拉特的一名政府军军官。1979 年苏联入侵阿富汗后，他加入到反对苏联占领的游击战中，在长期战争中赢得"赫拉特之狮"的称号。1992 年纳吉布拉政权倒台后，他控制了赫拉特和附近几个省份，并出任赫拉特省省长。1995 年塔利班夺取赫拉特，伊斯梅尔汗亡命他乡。两年后，他被塔利班逮捕，并投入监狱。2000 年 3 月，伊斯梅尔汗成功越狱，后流亡伊朗。2001 年 10 月美英军事打击塔利班后，伊斯梅尔汗返回故乡，并加入北方联盟与塔利班和"基地"组织作战。同年年底阿富汗临时政府成立后，他的一个儿子在中

*177*

央政府中任职。2002年6月过渡政府成立后,其子米尔·瓦伊斯·萨迪克(Mir Wais Sadiq)担任民航和旅游部长,被公认为伊斯梅尔汗在政府中的代表。2004年3月21日,萨迪克在赫拉特遇刺身亡,并在该市引发大规模武装冲突。此后,伊斯梅尔汗自任赫拉特省省长,兼任阿富汗西部军区司令。他自称接受中央政府的监督,但赫拉特和西部地区承认,伊斯梅尔汗才是他们心中的领袖。伊斯梅尔汗在控制区内搞地方选举,在阿富汗和伊朗边境地区设置检查站,征收周围几省税收。伊斯梅尔汗主要得到伊朗支持。另外,美国也十分器重伊斯梅尔汗,并在其地盘内设有一个小型空军基地。伊斯梅尔汗大约领导着2.5万名军队。

四 阿富汗伊斯兰统一党

阿富汗伊斯兰统一党(Hizbi Wahdat Islami, Islamic Union Party of Afghanistan)是伊斯兰教什叶派激进主义组织,主要由哈扎拉族等少数民族组成。20世纪80年代,它约有5万名成员,具有强烈的少数民族意识,总部设在伊朗首都德黑兰,主要活动在阿富汗中部和西部。1987年9月,它由八个什叶派小党(纳斯尔组织、伊斯兰行动党、伊斯兰卫队、伊斯兰革命联合阵线、伊斯兰呼声、伊斯兰力量、伊斯兰党和真主党)联合而成,当时称阿富汗伊斯兰革命联盟,也称"八党联盟",领导人是阿卜杜尔·阿里·马扎里。1991年,在伊朗干预下,该联盟内的八个组织合并为阿富汗"伊斯兰统一党",马扎里仍任总书记。1992年4月,该组织武装力量进入喀布尔,抢占和控制了一块地盘。同年阿富汗内战爆发后,该组织于当年8月和次年1月两次参加喀布尔大混战。1993年3月,参加交战各派的停战谈判,并在和平协议上签字。5月,拉巴尼新内阁组成后,该组织得到财政和商业部长两个职位。伊斯兰统一党后来分裂成两派，其中马扎里领导伊斯兰统一党马扎里派，并与伊斯兰党希克马蒂亚尔结盟。阿卜杜勒·卡里姆·哈利利（Abdul Karim Khalili）领导伊斯兰统一党哈利利派。1995年3月，马扎里被塔利班击毙。同年年中，哈利利派与伊斯兰党希克马蒂亚尔派、伊斯兰革命民族阵线和伊斯兰民族救国阵线等4个组织联合建立四党反对派联盟，并参与围困喀布尔的拉巴尼政府。1996年1月，该派别与拉巴尼政府实现和解。同年9月塔利班夺取喀布尔，10月，哈利利派与其他派别一起组成了北方联盟。但是，该派别主要在阿富汗北部和西部抵抗塔利班，力量损失惨重。2001年美英攻打阿富汗期间，该派别与北方联盟一起，协同美英攻打塔利班和"基地"组织。同年12月，阿富汗临时政府成立后，该派别在其中担任两个部长职位。2002年6月22日过渡政府成立后，哈利利任副总统。目前，该派别约有3000名武装，根据地在中部巴米扬一带，其势力逊于阿富汗伊斯兰促进会，主要得到伊朗支持。

五 阿富汗伊斯兰党（哈里斯派）

1979年，阿富汗伊斯兰党（哈里斯派）（Hizb Islami, Islamic Party of Afghanistan）从阿富汗伊斯兰党中分裂出来，属于伊斯兰教逊尼派组织，具有浓厚的宗教意识，多数成员是普什图族人，主要领导人是穆罕默德·尤尼斯·哈里斯（Mohammad Yunis Khalis）。20世纪80年代，该组织进行反苏抵抗运动，主张武装赶走苏军，建立伊斯兰共和国，严格按照伊斯兰教教义治理国家。当时，它号称拥有5000人以上的武装力量，主要在阿富汗东部各省活动。其组织结构严密，拥有当时最好的游击队伍，与沙特阿拉伯、卡塔尔等国有联系。1987年，哈里斯担任设在巴基斯坦白沙瓦的"七党联盟"主席。1989年1月，"七党联盟"成立临时政府时，该组织得到政府职位。1992年4

月阿富汗伊斯兰国成立后,该组织也得到了政府职位。该组织与阿富汗伊斯兰促进会关系密切,这种关系一直持续到1996年塔利班攻入喀布尔。塔利班攻占喀布尔后,该组织武装基本退出战事。2001年年底阿富汗新政府成立后,该组织势力范围集中在阿富汗东部地区,武装人数约为7000人。

领导人穆罕默德·尤尼斯·哈里斯是一个传统的宗教学者。达乌德执政时期,他参加反政府地下斗争,1975年逃往巴基斯坦。1979年,他从伊斯兰党中分裂出来,组建了伊斯兰党(哈里斯派)。哈里斯曾翻译过几部埃及穆斯林兄弟会领导人赛义德·库特布的著作,主张建立一个伊斯兰国家,并保持着反西方和极端保守派的作风。

六 阿富汗伊斯兰民族阵线

富汗伊斯兰民族阵线(Jebhe Meli Islami, Islamic National Front of Afghanistan)又称"伊斯兰民族主义革命委员会",创建于1978~1979年期间。该组织属于比较开明的伊斯兰教逊尼派组织,多数成员是普什图族人,主要领导人是赛义德·盖拉尼。20世纪80年代,该组织是一个地区性联合阵线,组织结构较为松懈,主要依靠南部普什图族地区农民的支持,并在东南部帕克蒂亚省和加兹尼省有较大影响。该组织一些支持者是受过西方教育的上层人士,一些人接近王室,其中不少人是旧王朝的军政官员。当时,该组织自称有4万名追随者以及数万名武装人员。该组织对内主张实行现代伊斯兰民主和自由,反对倒退,反对妇女戴面纱,要求进行议会选举,吸收西方文化;对外维护民族独立,奉行不结盟政策,反对外国干涉阿富汗内政。20世纪80年代,该组织在进行抗苏武装斗争的同时,也考虑政治解决办法,与美国、英国、沙特阿拉伯、埃及和巴基斯坦关系较好。20世纪90年代阿富汗内战爆发后,该组织基本

上未介入，但是要求拉巴尼无条件辞职。1995年年中，该组织与伊斯兰民族救国阵线、伊斯兰党希克马蒂亚尔派以及伊斯兰统一党的一部分联合建立反对派联盟，既反对拉巴尼政府，同时抵御塔利班的进攻。2001年年底塔利班政权被推翻后，盖拉尼率白沙瓦小组出席波恩会议，该小组与前国王查希尔沙有矛盾。

赛义德·盖拉尼（Sayed Gailani）于1933年出生在一个与英国和阿富汗王室有较深历史渊源的宗教世家，该家族在帕克蒂亚省影响较大。盖拉尼原来一直在国内经营卡车运输企业，1978年人民民主党上台后不久，他流亡到巴基斯坦的白沙瓦，开始从事反对人民民主党政权的活动。1979年苏联入侵阿富汗后，他开始从事抗苏民族斗争。

### 七 阿富汗伊斯兰民族救国阵线

阿富汗伊斯兰民族救国阵线（Mahas Meli, Islamic National Salvation Front of Afghanistan）于1978年5月由几个宗教组织合并而成。当时，该组织主张维护民族独立，反对苏联出兵，反对人民民主党政府，属于比较温和的伊斯兰教逊尼派组织，成员多数是普什图族人，主要领导人是西卜加图拉·穆贾迪迪。该组织结构比较松散，不少成员是旧王朝和达乌德政权时期的高级军政官员。其武装力量较少，主要活动地区是阿富汗南部和东南部普什图族聚集区。该组织与美国关系较好，与伊朗不睦。另外，该组织与盖拉尼领导的伊斯兰革命民族阵线关系最为密切，在重大问题上经常采取一致行动。20世纪90年代阿富汗内战爆发后，该组织一度保持中立。1994年塔利班崛起后，1995年年中，该组织与伊斯兰党希克马蒂亚尔派、伊斯兰革命民族阵线以及伊斯兰统一党的一部分建立四党反对派联盟，反对拉巴尼政府，同时抵御塔利班的进攻。1996年9月塔利班攻占喀布尔后，该组织与拉巴尼政府重新合作，共同抵抗塔利班，但力量损失惨重。

西卜加图拉·穆贾迪迪（Sibghatullah Mujadidi）出身于宗教世家，其家族是阿富汗名门望族，历来在政治上有较大影响。穆贾迪迪曾任教于丹麦哥本哈根大学，1978年10月他到巴基斯坦的白沙瓦，担任了阿富汗伊斯兰民族救国阵线的领袖。2005年12月，他当选为阿富汗长老院议长。

八 阿富汗伊斯兰联盟

富汗伊斯兰联盟（Hizbi Ettehad Islami, Islamic Union of Afghanistan）原名"解放阿富汗伊斯兰联盟"（Ittihad Islami Bara-ye Azadi Afghanistan, Islamic Union For the Liberation of Afghanistan）。1980年3月，它由伊斯兰促进会、伊斯兰党（哈里斯派）、伊斯兰革命民族阵线、伊斯兰民族救国阵线和伊斯兰革命运动等5个组织联合而成，阿卜杜勒·拉苏尔·萨亚夫被推举为联盟主席。1981年4月，该联盟因内部冲突实际解体。此后，萨亚夫沿用该联盟名称建立起自己的组织，并在国内建立武装，控制了一小部分地区。萨亚夫领导的这个组织属于伊斯兰教逊尼派激进主义组织，成员多是普什图族人。20世纪80年代，该组织主张以武装斗争方式赶走苏军，建立伊斯兰国家。1992年6月阿富汗伊斯兰国建立后，该组织开始参与内战。1993年后，该组织是唯一一个支持拉巴尼政府的组织。1996年9月塔利班攻占喀布尔后，该组织跟随拉巴尼政府与塔利班作战。2001年年底阿富汗临时政府成立后，该组织在中央政府内控制着一部分军警大权，其下属大多驻扎在阿富汗东南部地区。

领导人阿卜杜尔·拉苏尔·萨亚夫（Abdul Rasul Sayaf）于1945年出生，原系喀布尔大学神学院教授。

## 九 阿富汗伊斯兰革命运动

阿富汗伊斯兰革命运动（Harakat Enghlab Islami, Islamic Revolutionary Movement of Afghanistan）成立于1978年，属于伊斯兰教逊尼派组织，成员多数是普什图族人，其政治立场与伊斯兰民族救国阵线相近，但带有更浓厚的宗教色彩。20世纪70、80年代，该组织反对人民民主党政府，反对苏联出兵。当时，它自称拥有8万人的武装，主要活动东起卢格尔省、西至伊朗边界的尼姆鲁兹省，主要支持者是毛拉和一些受过教育的人士。1982年，该组织分裂为三派，但均打着原组织旗号。该组织主流派得到巴基斯坦、沙特阿拉伯和海湾其他国家的经济援助，与伊朗也有一定关系。1992年，该组织参加组建阿富汗伊斯兰国。20世纪90年代阿富汗内战爆发后，该组织反对内战，呼吁和平。

该组织主要领导人穆罕默德·纳比·穆罕默迪（Mohammad Nabi Mohammedi）于1917年出生，在查希尔沙统治时期当过一届议员，是大毛拉。

## 十 阿富汗伊斯兰运动

阿富汗伊斯兰运动（Harakat Islami, Islamic Operation Party of Afghanistan）成立于1979年上半年，属于伊斯兰教什叶派组织，主张以伊斯兰思想救国，同时宣称不反对民主思想，主张给农民分配土地。1979年，该组织曾参加反对人民民主党政府的赫拉特大暴动。20世纪80年代，该组织参加抗苏战争。1991年，该组织加入阿富汗伊斯兰统一党，1993年与后者脱离。但是，该组织反对内战，呼吁停火，实现和平。

该组织主要领导人谢赫·阿瑟夫·穆赫辛尼（Sheikh Assif

Mohseni）是坎大哈地区著名宗教人士和伊斯兰教什叶派领袖，撰写过许多著作，早年同伊朗宗教领袖霍梅尼一起流亡伊拉克，两人关系密切。

十一　阿富汗伊斯兰党（希克马蒂亚尔派）

富汗伊斯兰党（希克马蒂亚尔派）（Hizb Islami, Islamic Party of Afghanistan）是伊斯兰教逊尼派激进主义组织，成员多数是来自阿富汗东部和东北部的普什图族人，领导人是古尔布丁·希克马蒂亚尔。该组织前身是1968年由喀布尔大学部分师生创建的"穆斯林青年运动"，1973年7月达乌德上台后，这个团体流亡至巴基斯坦。1974年，古尔布丁·希克马蒂亚尔在"穆斯林青年运动"的基础上创建了阿富汗伊斯兰党。1978年人民民主党上台后，特别是1979年苏联入侵阿富汗后，阿富汗伊斯兰党开始抵抗苏联和喀布尔政权。它与巴基斯坦军方关系密切，并通过后者接受了当时国际社会的大多数援助，成为以巴基斯坦为基地的阿富汗抵抗力量当中实力最为雄厚者。当时，阿富汗抗苏抵抗力量有20万多人，而阿富汗伊斯兰党就有12万人。阿富汗伊斯兰党还在巴基斯坦的阿富汗难民营中办学，以宗教知识和武装训练为主要授课内容。当时，它主张严格实施伊斯兰教法，建立伊斯兰共和国。其组织结构非常严密，装备也较好，主要活动地区在喀布尔、昆都士、巴格兰、库纳尔、楠格哈尔等省。1992年4月以穆贾迪迪为首的阿富汗临时政府建立后，其领导人希克马蒂亚尔被任命为临时政府总理。但是由于没有当上总统，希克马蒂亚尔没有赴任。1992年6月前后，阿富汗伊斯兰党开始攻打拉巴尼政府，阿富汗内战由此展开。经有关各方调解，此后阿富汗伊斯兰党与拉巴尼政府签署和平协议，希克马蒂亚尔出任拉巴尼政府新内阁总理。1992年10月28日，拉巴尼任职到期又两度延期至1994年年底后，

第三章 政 治

希克马蒂亚尔辞去总理职务，再次与拉巴尼政府展开新一轮酣战，他们双方的对峙一直延续到塔利班崛起。1994年塔利班异军突起，并节节向喀布尔逼近。1995年2月，塔利班发动大规模攻势，占领阿富汗伊斯兰党总部恰拉西亚布，后者实力大伤。沉寂一年多后，1996年3月，阿富汗伊斯兰党与拉巴尼政府和解，签署共同对付塔利班的军事合作协议。5月，希克马蒂亚尔就任拉巴尼政府总理，双方开始联手对抗塔利班，阿富汗伊斯兰党负责喀布尔东面防御。1996年9月27日，塔利班攻破喀布尔，希克马蒂亚尔宣布辞去总理职务，率领阿富汗伊斯兰党东进，遭塔利班追杀，损失惨重。希克马蒂亚尔本人逃到伊朗，其手下一些将领倒向杜斯塔姆，阿富汗伊斯兰党因此元气大伤。1997年3月，希克马蒂亚尔宣布退出反塔利班北方联盟。2001年10月，美英对塔利班和"基地"组织开战，希克马蒂亚尔回到阿富汗加入对美国的"圣战"。2002年年底前后，阿富汗伊斯兰党扯起反对阿富汗现政府大旗，并组建了武装联盟——伊斯兰烈士旅，在阿富汗东部一带对驻阿美军进行自杀式袭击。2003年2月19日，美国指责希克马蒂亚尔与"基地"组织有关联。同年7月，希克马蒂亚尔首次发表措辞严厉的录像讲话，要求当地人团结起来，把美国人以及其他外国部队从阿富汗赶出去。目前，阿富汗伊斯兰党控制着一支大约2.2万人的武装力量。

古尔布丁·希克马蒂亚尔（Gulbuddin Hikmatyar）于1947年出生在昆都士，是普什图族人。1968年，他进入喀布尔大学学习机械工程，因此得名"工程师"。在校期间，希克马蒂亚尔即投身政治运动。20世纪70年代初，他担任喀布尔地下穆斯林兄弟会领导人。1974年，希克马蒂亚尔逃往巴基斯坦。同年，在巴基斯坦支持下，他创建了阿富汗伊斯兰党，并任该组织主席兼军事委员会主席。

## 十二 塔利班

利班（Taliban），在普什图语中是"学生"的意思，全称为"阿富汗伊斯兰宗教学生运动"，主要由信奉伊斯兰教逊尼派的阿富汗普什图人组成，其中大部分成员是巴基斯坦政党"伊斯兰贤哲会"控制的宗教学校的阿富汗学生和难民，最高领导人是穆罕默德·奥玛尔。塔利班崭露头角是在1994年7月。当时，一辆载满学生的客车在阿富汗境内被武装分子劫持，塔利班发出警告遭拒后迅速出击，消灭了奸杀女学生的军阀并夺回车辆。不过，一般认为塔利班正式成立于1994年8月，地点在巴基斯坦的奎达市。成立之初，塔利班的宗旨是"铲除军阀，恢复和平，重建国家，建立真正的伊斯兰政权"，这赢得了饱受战乱和军阀统治之苦的阿富汗人民的支持，给阿富汗带来了久违的安全和稳定。成立后3个月内，塔利班迅速占领了普什图人聚集的南部、西南部和东南部地区。1995年，塔利班攻占赫拉特，击溃阿富汗伊斯兰党，重创阿富汗伊斯兰统一党，占领阿富汗将近40%的国土。1996年9月27日，塔利班攻占喀布尔，进而成立临时政府接管政权。1997年5月，塔利班攻下马扎里沙里夫，不过当月月底又退至喀布尔周围。同年10月，塔利班改国号为"阿富汗伊斯兰酋长国"。在此前后，巴基斯坦、阿联酋和沙特阿拉伯先后承认塔利班为阿富汗唯一合法政府。1998年，塔利班相继攻占东北部的塔哈尔省、昆都士省和西北部的法里亚布省，并再次拿下被北方联盟重新夺取的马扎里沙里夫以及北方重镇内杰拉卜。截至2001年"9·11"事件前，塔利班已控制阿富汗全国95%以上的国土，反塔北方联盟被赶至阿富汗东北部山区。塔利班武装也由最初的800多人，发展成为一支拥有将近4万~5万人、数百辆坦克和几十架喷气式战斗机、大量火炮和地对空导弹的武装集团。当时，不论从其所控地

## 第三章 政 治

区，还是军事实力看，塔利班在国内众多政治军事派别中都占绝对优势。

塔利班建立政权后，对内实行高度的中央集权制，其组织机构严密。最高领导人是毛拉穆罕默德·奥玛尔，称"信士们的领袖"，是大协商会议和常务委员会主席，重大问题都由他最后拍板。塔利班最高决策机构是大协商会议（大舒拉），成员约有50人，以"协商一致"原则通过决议。大协商会议核心是常务委员会，约有7～10人，辅助奥玛尔研究和决定重大问题。大协商会议之下设两个委员会，它们均是执行机构。其中一个是设在喀布尔的部长委员会（或喀布尔协商会议），负责处理日常事务，包括国防、内政、外交等20个部门。另一个是军事协商委员会，负责指挥军事作战。塔利班总部设在坎大哈，首都仍为喀布尔。

塔利班建立政权后，不断推行极端的内外政策。在社会政策方面，塔利班全面而严格地推行伊斯兰教教法，实行极端宗教统治，要求人们必须严格遵守《古兰经》中对穆斯林的要求。比如，每天必行"五功"；男子必须缠头巾，留大胡子，不抽烟，不喝酒；妇女必须披头巾，戴面纱，不允许接受教育和就业；取消一切体育、娱乐活动，将电影院改为清真寺，禁止收看电视和上互联网；在司法当中保留了鞭刑、剁手指和脚趾、绞刑等原始酷刑。在经济建设方面，自攻下喀布尔以来，塔利班毫无建树，经济每况愈下，走私和毒品经济成为塔利班的主要财政来源。在对外关系上，塔利班推行"输出革命"，主张伊斯兰教逊尼派国家联合一致，为解放被压迫的伊斯兰教逊尼派穆斯林进行"圣战"；它与巴基斯坦、沙特阿拉伯和阿联酋建立和保持密切的外交关系；支持伊斯兰国家开展对美国等西方国家的"圣战"，主张"使用暴力手段将所有美国人赶出伊斯兰世界"。此外，由于塔利班庇护涉嫌制造1998年美国驻非洲两处使馆被炸案的本·拉登及其"基地"组织，1998年8月20日，美国用导弹袭击了

阿富汗

"基地"组织在阿富汗和苏丹的营地。1999年7月,美国开始制裁塔利班,并于当年10月牵头推动联合国对阿富汗进行制裁。2000年12月,美俄又联手推动联合国通过针对塔利班的新一轮制裁。另外,塔利班不顾国际社会激烈反对,于2001年2月27日下令毁掉全国所有雕像和艺术作品,包括世界著名的巴米扬大佛。由于推行这些极端政策,塔利班在国内的支持率日益下降,在国际上也逐渐孤立。

2001年"9·11"事件后,由于庇护和拒不交出本·拉登及其"基地"组织,塔利班陷入内外交困,并遭受重创。当年9月22日和25日,阿联酋和沙特阿拉伯先后宣布与塔利班政权断绝外交关系。9月24日,巴基斯坦也全部撤回其驻阿富汗的外交官。同年10月7日,美英联合国际社会发动针对塔利班和"基地"组织的军事打击。2001年年底,塔利班即被摧垮,"基地"组织也四散。

2001年底阿富汗临时政府建立后,塔利班作为一个政权已经不复存在。但是,它还保存了大约2万人,其中相当一部分成员被疏散,不少人、包括领袖奥玛尔可能仍然藏匿在阿富汗和巴基斯坦边境。同时,由于得到阿富汗国内、特别是南部普什图族以及境外同情者的支持,塔利班有死灰复燃的危险。它不仅经常制造爆炸事件,频繁袭击驻阿富汗国际维和安全部队和阿富汗政府军,还对新成立的阿富汗国民军进行了渗透。希克马蒂亚尔被驱逐至伊朗后,也加入到塔利班的反政府活动中。2003年3月美国攻打伊拉克后,塔利班和"基地"组织趁机重新集结,频繁跨界袭击美国等西方势力及其支持者。2005年是塔利班发动最激烈进攻的一年。全国共有1600人死于各类的袭击和爆炸事件,其中驻阿富汗美军死亡人数达91人。[①] 据报道,塔利班领

---

① 2006年2月6日《人民日报》第4版。

导人奥玛尔已经重组了塔利班的核心领导，吸收了普什图族以外的反政府头目，将指挥委员会由 10 人扩至 18 人，并建立一个由 14 人组成的军事委员会，负责阿富汗东南部的作战指挥，任命贾拉勒丁·贾拉鲁丁·哈卡尼为最高作战指挥官。[①] 2006 年，塔利班武装在阿富汗南部的坎大哈省、赫尔曼德省和查布尔省与阿富汗政府军和驻阿富汗美军多次发生激战。据报道，自 5 月 17 日至 23 日的一周中，约 300 余名塔利班武装分子被打死，40 多名阿富汗军警和 4 名北约士兵阵亡。在 9 月 2 日至 9 日的战斗中，约有 430 名塔利班武装分子被打死。[②] 自 1 月至 8 月，阿富汗因冲突和袭击而死亡的人数已达 2300 人，美军死亡也达 65 人，英军也有 40 名士兵死亡。此外，自 2006 年初至 10 月 8 日，塔利班还发动了 78 起自杀式袭击事件，造成 142 名阿富汗平民、40 名阿富汗安全部队和 13 名北约士兵丧生。[③]

---

[①] 2006 年 5 月 26 日《国际先驱导报》第 3 版。
[②] 美联社阿富汗坎大哈 2006 年 9 月 10 日电。
[③] 美联社阿富汗查布尔省 2006 年 10 月 10 日电。

# 第四章

# 经　济

**阿**富汗是世界上最不发达的国家之一。截至20世纪70年代末，阿富汗仍旧是落后的农牧业国家，自给自足的自然经济在国民经济中占重要地位。粮食基本不能自给，耕地非常有限，仅存在以原材料和农副产品加工为主的轻工业体系，交通运输以公路为主，经济发展严重依赖外援，但是对外贸易比较活跃。此后由于苏联入侵以及20世纪90年代的内战，阿富汗原本薄弱的经济基础遭到严重破坏。2001年"9·11"事件以及当年年底阿富汗新政府建立后，在国际社会帮助下，阿富汗开始了艰难的经济重建。

## 第一节　概述

### 一　20世纪70年代末之前

#### （一）发展水平与经济结构

**阿**富汗是落后的农牧业国家，自给自足的自然经济在国民生产中占重要地位。

20世纪初期，阿富汗经济相当落后。农牧业在经济中占绝对优势，政府的兵工厂以及屈指可数的几家民用工厂是阿富汗现代工业的萌芽。20世纪30年代，私人资本主义经济有了一定程度的发展。1934年，阿富汗第一次建立了现代金融机构——"国民银行"。它是在政府扶植下建立的私有银行，除从事存贷款业务外，还代行中央银行的若干职能。国民银行积极推动阿富汗对外贸易的发展，还涉足农业及农业加工领域，并致力于现代工业的发展。20世纪30～40年代，国民银行以及政府投资创建了棉纺织、毛纺织、皮革、电力、印刷、罐头、火柴等现代工业部门。

从20世纪50年代中期到70年代末，是阿富汗经济发展的黄金时期，并取得了一定的经济成就。首先，交通运输获得长足发展。在苏联、美国等国的援助下，阿富汗陆续建设了高等级公路，形成了联结国内主要城市和地区的环行公路网。1955年，阿富汗开办了国内民航业。一些航空公司陆续建立起来，承担了国际和国内航线。除喀布尔和坎大哈国际机场外，全国还建立了29座省级或小型机场。另外，气象和电讯设施也在全国建立起来。

其次，在农业方面，主要建设和完成了10余个大型水利设施。其中包括由美国援助的赫尔曼德河水利工程，由苏联援助的楠格哈尔水利设施，由我国援建的帕尔万水利工程等。这些设施增加了灌溉面积，大大提高了国内的发电能力。其中，赫尔曼德河水利工程使赫尔曼德河流域的灌溉面积增加到23万公顷，工程总发电能力达到13.2万千瓦；楠格哈尔工程使新增的灌溉面积达2.12万公顷，工程发电能力达1.15万千瓦；帕尔万水利工程灌溉能力可达2.98万公顷土地。[1]

再次，在工矿业领域，除传统工业部门继续发展外，阿富汗还建设了新的工业部门。新的工业部门主要包括人造纤维、化

---

[1] Hamidullah Amin, *A Geography of Afghanistan*, The Center for Afghanistan Studies, 1976, p. 79, p. 80, p. 82.

肥、自行车装配等。阿富汗电力增长也很快。1956年，全国发电总量只有4720万千瓦时，1977年达到7.76亿千瓦时，增长幅度为16倍。① 在苏联帮助下，1967年，天然气田投入开采。20世纪70年代，天然气成为主要出口产品，1975年产量创纪录。此外，阿富汗现代工业的发展使工业结构发生变化。20世纪50年代，家庭手工业是工业的主体，1977年其比例下降到48%。②

第四，金融业也获得一定发展。除国家银行和国民银行外，阿富汗陆续建立了抵押和建设银行（1948年建立）、商业银行（1954年建立）、农业发展银行（1970年由农业与家庭手工业银行改组而成）、工业发展银行（1973年建立）和出口发展银行（1976年成立）。结果形成了以国家银行为央行、由两家商业银行（国民银行和商业银行）和四家专业银行（上述其余银行）组成的银行体系。另外，除三家外国保险公司在阿富汗设立的代理机构外，1963年，阿富汗还成立了阿富汗保险公司。其他金融机构还有1969年成立的科达曼信贷公司（Kohdaman Credit Cooperation）、1971年成立的巴格兰信贷公司以及传统的喀布尔和坎大哈巴扎尔信贷行。此外，阿富汗政府办的养老金业早在1944年就建立起来。

这个时期，由于经济发展，国民生产总值结构发生了变化。农业始终是经济的主体，但呈下降趋势。1953年，国民生产总值为125亿阿富汗尼，其中农林占78%（农业占72%、林业占6%）。1978年，国民生产总值增长到1560亿阿富汗尼，农林渔业比重下降到53%。同期工业比重显著上升，从1953年的7%

---

① EIU, *Quarterly Economic Review of Pakistan / Bangladesh / Afghanistan*, Annual Supplement 1978, p. 32.
② 见前引彭树智主编《阿富汗史》，第330页。

第四章 经 济

上升到1978年的24.7%（其中矿业、制造业、电力/煤气/供水三项合计为20.3%，建筑业为4.4%），从而形成了以初级产品加工为主的现代工业体系。商业基本未变，1953年、1978年分别为8%和7.4%。交通运输以及其他部门是后起之秀，1953年统计为零，1978年为14.8%。[1]

但是，总体而言，在20世纪70年代末之前，阿富汗仍旧是世界上最不发达的国家之一。20世纪60年代，人均国民生产总值只有几十美元，1978年约为229美元。国民生产总值一直处于低增长状态。1935~1973年期间，国民生产总值年均增长率只有1.46%。按1978年固定价格计算，1974~1978年国民生产总值年均增长率也仅为4.7%。另外，农业发展迟缓，粮食一直不能自给，出口创汇增长不快，政府财政收入经常出现赤字，就业机会增长缓慢，生活水平未得到根本改善，外债负担沉重。按1961年价格计算，1932年，政府财政收入约为14.28亿阿富汗尼，1972年约为26.83亿阿富汗尼，年增长率只有0.6%。[2]

（二）经济政策与经济体制

从20世纪50年代到70年代末，政府共拟订过5个经济发展计划。第一个五年计划（1957/58~1961/62年度）的投资重点是水利和电力建设，其次是公路建设。第二个五年计划（1962/63~1966/67年度）中，基础设施投资仍占第一位，工矿业比重有所上升。第三个五年计划（1967/68~1971/72年度）

---

[1] 见前引彭树智主编《阿富汗史》，第300页；《世界经济年鉴》，北京，中国社会科学出版社，1981，第77页。

[2] Maxwell J. Fry, *The Afghan Economy-Money, Finance and The Critical Constraints to Economic Development*, E. J. Brill, Leiden, 1974, p.12, p.38; EIU, *Country Profile: Pakistan / Afghanistan*, 1986/87, p.48; Louis Dupree and Linette Albert ed., *Afghanistan in The 1970s*, Praeger Publishers, New York, 1974, p.107.

*193*

在大型基础设施基本完成的情况下，开始把重点转向生产部门。"三五"计划总投资190.2亿阿富汗尼，其中农业占34.9%（水利工程仍为主要建设项目），工矿业占30.8%，交通运输仅占11.8%，目标是全面推进工农业和文教卫生事业的发展。第四个五年计划（1972/73～1976/77年度）（草案）由于1973年7月发生政变并未执行，取而代之的是一年一度的经济发展规划。1977年，政府公布了七年发展计划（1976/77～1982/83年度），交通运输投资比例大幅回升，并强调实现工业化。1978年4月政变发生后，该计划执行被迫中断。

20世纪50年代之前，私有经济在国民经济中占重要地位，尤其是以国民银行集团为代表的私人资本主义经济，垄断了阿富汗的外贸、金融和国内绝大多数工业，支配着出口农牧产品的生产和销售。达乌德第一次执政时期（1953～1963年），开始加强干预经济的力度。他采取了一系列举措，包括行政改革、强制收购国民银行、建立国营金融体制、由国家投资实行经济计划等，扭转了上述局面，并牢固确立了国家在经济中的主导地位。查希尔沙亲政时期（1963～1973年），政府推行"有指导的混合经济"政策，试图在保持国家主导作用的同时，放松政府对私人资本的控制。其措施包括：放宽对出口商品上缴外汇的控制，取消对农民种植作物的强制规定，建立主要由私人资本参加的工业发展银行等。达乌德第二次执政时期（1973～1978年），再次推行以加强国营经济为特点的经济政策，措施包括将所有银行国有化、加强政府对国内外贸易的监督、限制私有土地的发展等。

截至20世纪70年代中后期，阿富汗形成了国家主导下的混合型经济体制。其特点是：（1）农村土地关系仍然以私有制为主体，但是政府通过大量投资、改善农业生产条件和控制主要农牧产品收购和出售等措施，牢牢控制了农业。（2）在工业领域，国营经济比重一直呈上升趋势。1977/78年度，国营经济在整个工业中占35.1%，在现代工业中占68%。其中，国营经济在电力工业中占98.1%，在机器制造业和金属加工业中占84.2%，在化学工业中占72.7%，在轻工业中占82%。另外，包括天然气、煤炭在内的所有发电站、最大的金属加工厂、水泥厂、建筑公司等都属于国家。[①]（3）在金融和外贸领域，国家也占主导地位。如上所述，截至20世纪70年代末之前，全国6家银行都实行了国有化。在外贸领域，国家控制了羊毛、紫羔羊皮、棉花等主要农牧产品的出口，并且监督着阿富汗与东欧集团以及西方国家之间的贸易。此外，政府对国内贸易和市场也进行监督和指导。

二　1980～2001年"9·11"事件前

1979年12月苏联入侵阿富汗后，阿富汗经济的正常发展随之中断。从那时到21世纪初，由于战乱连绵，经济活动遭到严重影响与破坏。

（一）苏联占领时期

这个时期，阿富汗经济开始纳入苏联经济发展轨道，与苏联经济发展有关的工业，特别是天然气、矿业等部门得到优先发展。据1985年8月阿富汗官方电台报道，在苏联援助下，当时已有200多个工业项目建成或正在建设当中。当时，与苏联进行经济和技术合作的企业，其产值已占阿富汗全部企业产值的60%，占阿富汗全部国营企业产值的75%。苏联是阿富汗工业和基础设施建设最重要的投资者。据阿富汗官方媒体报道，在1981～1985年，苏联对阿富汗的全部直接援助（不包括军事）达267亿阿富汗尼（折合5.28亿美元），占阿富汗全部外援的3/4。阿富汗1986/87～1990/91年度计划总投资1145亿阿富

---

[①]　见前引《世界经济年鉴》，1981，第77页。

阿富汗

尼，其中在已公布的部门投资中，天然气占130亿，农业占110亿，电力占90亿，轻工业占50亿，教育占17亿。①

但是由于战争，这个时期总体经济状况模糊不清。来自阿富汗官方的信息零零星星，主要是正面内容。据阿富汗官方公布，在1981～1985年，阿富汗国内生产总值增长了14%，其中工业增长了26%，农业增长了6%。另据1985年阿富汗喀布尔电台报道，在1978～1985年，阿富汗国民生产总值年均增长4.7%，"国民收入"年均增长5%。②不过，考虑到当时阿富汗当局的宣传政策、苏联在阿富汗实行的"焦土政策"等因素，这些数据令人难以信服。

20世纪90年代初，阿富汗政府公布了新的数据。据此，苏联入侵期间，阿富汗国内生产总值始终在下滑。就80年代下半期而言，按1978/79年度不变价格计算，从1986/87年度到1989/90年度，国内生产总值从1549亿阿富汗尼③降至1247亿阿富汗尼。另外，从1984/85年度到1989/90年度，人均国内生产总值从10446阿富汗尼降至7887阿富汗尼。同期，农业产值从881亿阿富汗尼降至656亿阿富汗尼，建筑业从80亿阿富汗尼降至72亿阿富汗尼，贸易从124亿阿富汗尼降至99亿阿富汗尼。同期，只有矿业和电力有所增长，从332亿阿富汗尼增加到356亿阿富汗尼。④

同期，从1984/85年度到1989/90年度，国内生产总值部门结构发生了一些变化。农业在国内生产总值中的比重从58.7%降至52.6%，贸易从8.3%降至7.9%，交通运输从3.9%降至

---

① EIU, *Country Profile*: *Pakistan / Afghanistan*, 1992/93, p.57, p.58.
② EIU, *Country Profile*: *Pakistan / Afghanistan*, 1990/91, p.59, p.60.
③ EIU, *Country Profile*: *Pakistan / Afghanistan*, 1992/93, p.59. 这与英国经济学家1990/91年度的统计数据有出入。See Ibid, 1990/91, p.60.
④ EIU, *Country Profile*: *Pakistan / Afghanistan*, 1992/93, p.59.

3.5%。不过,同期矿业、制造业和水电所占比重有所上升,从22.1%增至28.5%,建筑业从5.3%增至5.8%。(见表4-1,表4-2)

### 表4-1　1984/85~1989/90年度国内生产总值
### (按1978/1979年度不变价格计算)

|  | 1984/85年度 | 1985/86年度 | 1986/87年度 | 1987/88年度 | 1988/89年度 | 1989/90年度 |
|---|---|---|---|---|---|---|
| 国内生产总值(单位:亿阿富汗尼) | 1500 | 1504 | 1549 | 1390 | 1275 | 1247 |
| 国内生产总值变化率(%) | 1.8 | 0.3 | 3 | -10.3 | -8.3 | -2.2 |
| 人均国内生产总值(单位:万阿富汗尼) | 1.0446 | 1.0273 | 1.0375 | 0.9133 | 0.8221 | 0.7887 |
| 人均国内生产总值变化率(%) | -0.1 | -1.7 | 1 | -12 | -10 | -4.1 |

资料来源:EIU, *Country Profile*: *Pakistan / Afghanistan*, 1992/93, p.59.

### 表4-2　国内生产总值部门结构
### (按1978/79年度不变价格计算)

单位:亿阿富汗尼

|  | 1984/85年度产值 | 在国内生产总值中的比重(%) | 1989/90年度产值 | 在国内生产总值中的比重(%) |
|---|---|---|---|---|
| 农　业 | 881 | 58.7 | 656 | 52.6 |
| 矿业、制造业和水电 | 332 | 22.1 | 356 | 28.5 |
| 建　筑 | 80 | 5.3 | 72 | 5.8 |
| 贸　易 | 124 | 8.3 | 99 | 7.9 |
| 运输与电讯 | 59 | 3.9 | 44 | 3.5 |
| 其　他 | 24 | 1.7 | 20 | 1.7 |
| 国内生产总值 | 1500 | 100 | 1247 | 100 |

资料来源:EIU, *Country Profile*: *Pakistan / Afghanistan*, 1992/93, p.59.

### (二) 20世纪90年代

1989年2月苏联撤出阿富汗后,拉巴尼政权和塔利班政权相继入主喀布尔。这些政权所谓经济政策的首要目标,均是为获取足够的资金来满足军事需要。拉巴尼政府执政期间,原有税收体制已经崩溃,各地军阀沿途设卡,征收过境商税。拉巴尼政府则在俄罗斯境内印制钞票,然后空运至所控区域。这些钞票除支付军饷和收买敌对派别或军阀外,也在喀布尔和巴基斯坦的白沙瓦流通。

塔利班在其控制区域内曾一度铲除军阀,扫清路障,恢复和平,赢得当地人民和商人的欢迎。但是,2000～2001年期间,由于财政困难,塔利班也像军阀一样设立检查站,征收过境商税。塔利班也发行货币,其货币与北方杜斯塔姆控制区域内发行的货币并存。此外,塔利班还靠扩大罂粟种植和鸦片出口获取巨额收入,罂粟种植和鸦片出口成为塔利班一项重要的财政来源。迫于国际压力,2001年,塔利班颁布教令,禁止鸦片种植和销售。国际援助是塔利班另外一项重要经济来源,但是1998年后这项来源锐减,原因主要有3个方面。一是,由于塔利班庇护本·拉登,沙特阿拉伯削减了对它的援助。二是,联合国开始对塔利班进行经济制裁。三是,塔利班与驻阿国际机构之间日趋增多的摩擦,致使国际援助减少。

这个时期,由于更为激烈和频繁的内战,阿富汗经济几乎全面崩溃。1991/92年度是20世纪80、90年代阿富汗经济统计有据可查的最后一年。这一年度,阿富汗国内生产总值为1247亿阿富汗尼,折合17.2亿美元。其中,农业、采矿、贸易、建筑、交通电讯和服务业分别占45.5%、13.6%、8.4%、4.5%、2.7%和16.9%。20世纪90年代初,一些城市、主要是喀布尔还有一些制造业,但是随着上述两政权入主喀布尔以及它们与敌对派别之间的激战,大多数制造业被毁。另外,通货膨胀率也居高不下。据阿富汗官方统计，1993年通货膨胀率达150%以上，此后物价一路飞涨。2001年3月，阿富汗尼与美元的官方比价为3000∶1，黑市上已高达78000∶1。20世纪90年代中期，在喀布尔120万人口中，95%的居民面临食品匮乏和燃料短缺。1998~2000年连续三年的严重干旱，使阿富汗老百姓雪上加霜。截至2001年，饥馑蔓延全国。衣物、住房、医疗服务等严重匮乏，全国购买力急剧下降，国际人道主义援助杯水车薪。①

但是，在一片萧飒中，阿富汗罂粟种植和出口得到畸形发展。截至20世纪90年代末，阿富汗成为世界上最大的鸦片生产国。

### 三 2001年年底卡尔扎伊政府成立后

2001年"9·11"事件以及阿富汗新政府成立后，在国际社会的积极支持和配合下，阿富汗经济重建逐步提上日程。

阿富汗新政府积极利用国际援助，采取了诸多举措刺激国内经济重建。阿富汗经济重建的主要方向是恢复国内经济的"造血机能"，并大力进行交通、能源、水利灌溉等关乎国计民生的相关基础设施建设。同时，阿富汗新政府颁布了投资法，鼓励外商赴阿投资。阿富汗经济历经多年凋敝后，逐步出现一线生机。2000/01年度、2001/02年度、2002/03年度和2003/04年度，国内生产总值（不包括毒品产值）有所提高，分别为27.13亿美元、26.18亿美元、40.27亿美元和44.89亿美元。同期人均国内生产总值也有所增长，分别为129.3美元、122.4美元、187美元和207美元。2002/03年度、2003/04年度，国内生产总值

---

① EIU, *Country Profile*: *Pakistan / Afghanistan*, 2001/02, p. 62, p. 64.

增长率分别为 28.6% 和 23%。另外,从 2000/01 年度到 2003/04 年度,农业产值从 15.47 亿美元增长到 21.77 亿美元,矿业、制造业、水电和煤气从 4.66 亿美元增长到 6.2 亿美元,贸易从 1.14 亿美元增长到 4.18 亿美元,交通运输和电信从 2.26 亿美元增长到 5.1 亿美元。(见表 4-3)

表 4-3  国内生产总值和部门产值

单位:亿美元

|  | 2000/01 年度 | 2001/02 年度 | 2002/03 年度 | 2003/04 年度 |
| --- | --- | --- | --- | --- |
| 国内生产总值 | 27.13 | 26.18 | 40.27 | 44.89 |
| 农业 | 15.47 | 13.94 | 20.06 | 21.77 |
| 矿业、制造业、水电和煤气 | 4.66 | 5.16 | 6.13 | 6.2 |
| 建筑 | 1.64 | 1.66 | 1.94 | 2.3 |
| 贸易 | 1.14 | 1.21 | 4.06 | 4.18 |
| 交通运输和电信 | 2.26 | 2.49 | 3.87 | 5.1 |
| 公共支出 | 1.57 | 1.33 | 1.9 | 2.14 |
| 其他 | 0.4 | 0.398 | 2.31 | 3.2 |
| 人均国内生产总值(单位:美元) | 129.3 | 122.4 | 187 | 207 |

资料来源:EIU, *Country Profile*: *Afghanistan*, 2004, p.34; EIU, *Country Report*: *Afghanistan*, May 2004, p.5; EIU, *Country Profile*: *Afghanistan*, 2005, p.29.

在国际社会和阿富汗新政府的努力下,阿富汗经济重建逐步取得进展。2002 年 3 月 9 日,阿富汗恢复了中断 10 年的粮油和日用品配给制度,各级政府工作人员和教师每月将凭票免费领取大米和面粉在内的日常生活必需品。4 月 30 日,联合国世界粮食计划署和阿富汗临时政府教育部正式开始实施"以粮助学"项目,帮助贫困家庭的孩子接受学校教育。项目将从喀布尔扩展到全国各地,受益学生将达 100 万人。6 月 30 日,联合国粮农组织宣布,向阿富汗 10 万农民家庭提供价值 250 万美元的小麦种子、化肥和农具。10月7日，阿富汗发行新货币，全面取代市场上流通的旧货币。新货币的发行是阿富汗国家主权和统一的象征，有助于结束阿富汗国内多种货币共存的混乱局面。2003年，阿富汗的电讯系统开始逐步恢复和建立。同年，贾拉拉巴德附近一家橄榄油种植和加工厂开始重新建设。2004年，阿富汗老百姓初步恢复正常生活，已有大约300万难民返回国内。根据阿富汗2005/06年度财政预算，预计2005/06年度阿富汗经济增长率大约为11%。2005年4月11日，阿富汗再次发行了面值为1阿富汗尼、2阿富汗尼和5阿富汗尼的新硬币。2005年上半年，阿富汗一些地区的公路、电讯和机场建设项目相继进行。坎大哈军用机场有可能在2006年向民航开放。另外，截至2005年上半年，喀布尔电力供应进一步增长，不过与需求仍存在一定距离。同年3月21日，阿富汗一所由美国援助的大学举行了奠基仪式，该大学设有信息技术、商业和经营以及公共管理等方面的学位。

## 第二节　农牧业

### 一　20世纪70年代

截至20世纪70年代，农牧业仍是国民经济的支柱。1977/78年度，农业占国民生产总值一半以上，农牧产品出口占出口总额的75%，全国劳动力的70%以上从事农牧业。[①]

农业仍然落后，停留在靠天吃饭的地步，粮食不能自给，耕地也非常有限。从20世纪60年代初到70年代初，谷物产品的

---

① 见前引《世界经济年鉴》，1981，第78页。

年增长率不过 1% 左右，低于同期人口的年均增长率（2% ~ 2.5%）。① 在同一部门中，棉花、甜菜、甘蔗以及与工业有关的农业产品情况也大致相同。1970 ~ 1971 年间的严重旱灾，导致农业大幅度减产。20 世纪 70 年代，每年平均要进口 20 万吨谷物，大旱之年要进口 50 万吨谷物。② 据估计，20 世纪 70 年代已耕地面积只有 780 万公顷，约占全国土地面积（按 6250 万公顷计算）的 12.5%。其中，只有 530 万公顷土地有灌溉设施，但是由于雨水缺乏，每年只有大约 250 万公顷的土地可以定期得到灌溉。③ 气候的好坏、特别是雨水的多寡，严重影响农业收成。

（一）种植业④

1. 粮食作物

阿富汗种植业落后，大多数谷物产量不能自给，主要粮食作物有小麦、玉米、稻谷和大麦。

小麦是最重要的农作物。1970/71 年度，小麦种植面积占全部农作物种植面积的 75%，占全部粮食作物面积的 90%，年产量约 250 万吨。1976/77 年度，气候条件好，产量接近 300 万吨。1977/78 年度由于干旱，产量下降到 256 万吨。

玉米播种面积和产量仅次于小麦。20 世纪 70 年代，年播种面积约在 45 万 ~ 50 万公顷，年产量约 70 万吨。1978/79 年度，

---

① Louis Dupree and Linette Albert ed., *Afghanistan in The 1970s*, Praeger Publishers, New York, 1974, p. 104.
② 见前引《世界经济年鉴》，1981，第 78 页。
③ Hamidullah Amin, *A Geography of Afghanistan*, The Center for Afghanistan Studies, 1976, pp. 58 ~ 59.
④ 见前引《世界经济年鉴》，1981，第 78 页；Hamidullah Amin, *A Geography of Afghanistan*, The Center for Afghanistan Studies, 1976, pp. 63 ~ 65，pp. 70 ~ 71，p. 74；EIU, *Quarterly Economic Review of Pakistan / Bangladesh / Afghanistan*, Annual Supplement 1978, p. 33.

产量为78万吨。

稻谷是第三大农作物。20世纪60~70年代，水稻年播种面积为22万公顷。20世纪70年代，年产量约为43万吨。1976/77年度，产量为44万吨。

大麦是第四大农作物，主要用作牲畜饲料。当时，大麦年播种面积约为35万公顷，年产量约为38万吨。1976/77年度，产量为39万吨。

2. 经济作物

阿富汗主要经济作物有棉花、甜菜、甘蔗和油料作物。

棉花是最重要的经济作物，它既是纺织、制皂、食用油加工等行业的主要原料，也是传统的大宗出口商品。阿富汗北部、东部和西部是棉花种植的主要产区，特别是北部，是高质量的棉花产区。1976/77年度，棉花播种面积为12.8万公顷，产量为16万吨。

甜菜和甘蔗次之。1974/75年度，甜菜种植面积为4600公顷，产量约为6.3万吨，制糖量达8900吨。1975/76年度，甜菜产量达10万吨，创历史纪录；1976/77年度，甜菜产量略有下降，达9.1万吨。20世纪70年代，甘蔗产量约为6万吨。1976/77年度，甘蔗产量达7万吨。

油料作物也很重要，主要包括棉籽和芝麻等，用于食用油加工和制皂，另外还向苏联等国家出口。20世纪70年代，油料作物播种面积估计为15万公顷，年产量约达5.1万吨。1976/77年度，产量达6.2万吨。

3. 水果和坚果

阿富汗盛产水果。除满足国内需要外，水果还是重要的出口创汇商品。20世纪70年代后期，果园产品产值约占国民生产总值的10%，占全部出口创汇的30%~35%。1976/77年度，果园产品总产量约达91万吨。

阿富汗水果种类繁多。其中，不论从栽培面积，还是从产量看，葡萄种植非常重要。20世纪70年代，葡萄年产量约在19万~22万吨，栽培面积占果园总栽培面积的一半左右，约达6万~7万公顷。其中，一半以上的葡萄年产量和60%以上的葡萄干产量供出口。

坚果产品，如阿月浑子、杏仁、核桃等也非常重要。1972年，坚果产品出口创汇达1456万美元，占全部出口收入的11.7%。

4. 蔬菜

蔬菜种植也占一定地位，种类主要有马铃薯、萝卜、洋葱、菜花、白菜、菠菜、西红柿、鹰嘴豆等。20世纪70年代，蔬菜年产量约在70万吨以上。1976/77年度，产量达91.8万吨。

表4-4  20世纪70年代种植业产量

单位：万吨

|  | 1969/1971 年度 | 1973/74 年度 | 1974/75 年度 | 1975/76 年度 | 1976/77 年度 |
|---|---|---|---|---|---|
| 小 麦 | 215 | 275 | 270 | 285 | 295 |
| 玉 米 | 70.7 | 76 | 76 | 78 | 79.5 |
| 水 稻 | 37.4 | 42 | 42 | 43.5 | 44 |
| 大 麦 | 36.3 | 36 | 36 | 38.4 | 39 |
| 棉 花 | — | 10.8 | 14.9 | 16 | 16 |
| 甜 菜 | 1.7 | 6.4 | 6.7 | 10 | 9.1 |
| 甘 蔗 | 6.3 | 6 | 5.2 | 6 | 7 |
| 油 料 | — | 3.8 | 4 | 4 | 6.2 |
| 蔬 菜 | 57.4 | 68 | 70 | 72 | 91.8 |
| 水 果 | 71 | 84 | 86.5 | 88 | 91 |

资料来源：EIU, *Quarterly Economic Review of Pakistan / Bangladesh / Afghanistan*, Annual Supplement 1978, p.33; EIU, *Country Profile: Pakistan / Afghanistan*, 1986/87, p.52.

## （二）畜牧业[1]

畜牧业在阿富汗经济中占有重要地位。20 世纪 70 年代初，约占总人口 16% 的牧民从事畜牧业，除此之外，大部分农业人口也直接或间接从事畜牧业。20 世纪 50 年代，畜牧业产值占农业总产值一半以上。此后由于种植业的发展，20 世纪 70 年代畜牧业比重显著下降，种植业产值因此超过畜牧业。

牲畜种类主要有绵羊、紫羔羊、山羊、牛以及少量的驴、骆驼、马和骡。

羊在出口贸易中占重要地位。20 世纪 70 年代，95% 的畜牧业出口收入来自羊毛和羊皮。[2] 1977/78 年度，羊毛产量为 2.42 万吨，出口 5000 吨；羊皮出口 300 万张；羊毛和羊皮出口在出口总值中占 10% 以上。

迈马纳地区是世界驰名的紫羔羊产区。紫羔羊皮是阿富汗大宗的传统出口商品。20 世纪 70 年代后期，紫羔羊皮年产约为 200 万张。紫羔羊是一种古老的羔皮用绵羊品种。公羊多有角，母羊多无角，尾巴肥大。紫羔羊喂粗饲料，耐干旱，肉质优良。羊羔皮毛一般呈黑色，花纹美观，其颜色随年龄增长逐渐变为灰色或棕黑色。混合型毛还可以制毯。

1975/76 年度，羊的存栏总数为 2421 万只。其中，绵羊（含紫羔羊）2121 万只，山羊 300 万只。1974/75 年度，紫羔羊的存栏数为 600 万只；1975/76 年度，存栏数为 620 万只。1975/76 年度，牛的存栏数为 370 万头。[3]

---

[1] 见前引《世界经济年鉴》，1981，第 78~79 页。
[2] Hamidullah Amin, *A Geography of Afghanistan*, The Center for Afghanistan Studies, 1976, p. 90.
[3] *The Middle East and North Africa* (*1979/80*), Europa Publications Ltd., London, 1979, p. 196.

表4-5 20世纪70年代牲畜存栏数

单位：万头（只）

|  | 1973/74 年度 | 1974/75 年度 | 1975/76 年度 | 1976/77 年度 |
| --- | --- | --- | --- | --- |
| 绵羊（包括紫羔羊） | — | 2041.7 | 2121 | 2200 |
| 山羊 | 230 | 300 | 300 | 300 |
| 牛 | 355 | 360.4 | 370 | 380 |
| 马 | 37 | 37 | 37 | 37 |
| 驴 | 125 | 125 | 125 | 125 |
| 骡 | 2.7 | 2.7 | 2.7 | 2.6 |
| 水牛 | 3.3 | 3.5 | 3.5 | 3.5 |
| 骆驼 | 30 | 30 | 29 | 29 |
| 家禽 | 750 | 800 | 1000 | 1050 |

资料来源：EIU，*Country Profile*：*Pakistan / Afghanistan*，1997/98，p.69.

## 二 20世纪70年代末至90年代末

阿富汗20余年的战争使农业遭到巨大破坏。据阿富汗官方估计，从1978/79年度到1986/87年度，粮食作物产量下降了30%。虽然大批难民外逃，但是粮食始终匮乏，每年约从苏联进口25万吨谷物。1988年，设在巴基斯坦白沙瓦的瑞典委员会公布的《阿富汗农业调查》指出，截至20世纪80年代末，战前耕地的30%已经荒芜，仍在耕作土地的产量较战前下降了35%；农业总产值只有1978年水平的45%，粮食作物产量只有苏联入侵前的一半多。1990年，联合国一份报告指出，当时阿富汗农业产量已下降到战前水平的50%~60%。1991/92年度，已耕地只剩下320万公顷，其中只有150万公顷可以得到灌溉。20世纪90年代末的严重旱灾，使粮食匮乏雪上加霜。据联合国和粮农组织合办的世界粮食计划署估计，2001年6月，大约有500万阿富汗人缺粮。世界粮食署还指出，已经有一半以

第四章 经  济

上战前的可灌溉土地荒芜,灌溉设施急需重建,种子质量急需改良和推广。①

在战争中,畜牧业也遭到严重破坏。据 1988 年瑞典委员会的调查,1988 年牛的存栏数已下降到战前数量的 55%,羊的存栏数下降了 65%。② 2001 年,世界粮食计划署发现,阿富汗牲畜正大批染病死亡,需要采取必要手段以确保其存栏数。

当正常农牧业生产被破坏殆尽的时候,罂粟种植和出口却得到畸形发展。苏联入侵阿富汗 10 年间,阿富汗鸦片产量并不高。罂粟大规模种植,是在苏联撤出阿富汗之后。20 世纪 70 年代末,阿富汗罂粟种植面积为 6000 公顷。90 年代初,激增到 5.7 万公顷。③ 1989 年,阿富汗鸦片产量为 1200 吨,90 年代初上升到 3000 吨。1999 年,鸦片产量增加到 4600 吨,比 1989 年翻了两番。2000 年,世界鸦片总产量为 4653 吨,而阿富汗占 70.4%,大大超过缅甸(23.4%)、老挝(3.6%)、哥伦比亚(1.9%)等国的产量,成为世界上最大的鸦片生产和出口国。20 世纪 90 年代,阿富汗的鸦片出口量约在 3000~4000 吨。2000 年 7 月,塔利班下令禁止种植罂粟以换取国际社会的承认,当年鸦片产量比前一年减少 94%,只有 185 吨。当年,罂粟种植面积比前一年下降 90%,只有 1.9768 万公顷。④

鸦片经济的畸形发展与阿富汗 20 多年的内外环境密切相关。这个时期,国际毒品生产和消费迅速增长。据估计,2000 年前后,世界毒品交易总额超过 5000 亿美元,吸毒人口超过 2 亿,

---

① EIU, *Country Profile*: *Pakistan / Afghanistan*, 1990/91, p. 64; Ibid, 1997/98, p. 69, p. 71.
② Ibid, 2001/02, p. 66.
③ Ibid, 1997/98, p. 71.
④ 2001 年 11 月 2 日《国际金融时报》;2002 年 4 月 11 日《参考消息》;路透社 2001 年 9 月 19 日电。

其中约1.5亿人使用海洛因或鸦片。就内部环境而言，20多年战乱所形成的无政府状态以及战争巨额消耗和生存等都需要资金支持等严峻事实，为阿富汗鸦片生产和出口提供了良机。阿富汗土地条件不好，但许多地区适宜种植罂粟。正常农耕很难使农民获得较好收益，种植罂粟却可以获得高额收入。据联合国调查，1999年，阿富汗小麦亩产收入是107.3美元，而罂粟种植收入高达1549.3美元。① 另外，鸦片生产和出口也是阿富汗政治军事派别主要收入来源之一，因此他们对此采取鼓励立场。比如，塔利班每年从鸦片贸易中得到的收入估计为1000万～5000万美元之间。② 塔利班虽然在非传统势力区内对罂粟种植严加控制，但在原势力范围内却放手种植。塔利班的主要根据地坎大哈和赫尔曼德两个省的罂粟种植面积非常大，其中后者的罂粟种植面积几乎相当于当时全国罂粟种植面积的一半。③ 另外，在当时的北方联盟控制区域内，比如巴达赫尚省，罂粟种植也非常普遍。

## 三 2001年年底卡尔扎伊政府建立后④

2001年底阿富汗新政府建立后，多年战乱基本平息，为农业生产恢复和发展创造了条件。在国际社会援助下，阿富汗新政府得以进行农业基础设施建设，并试用新的多样性农作物，并推广使用化肥。加上风调雨顺，2004年，阿富汗粮食生产取得20年来最大的丰收。粮食总产量达到537万吨，比2003年产量增加五成。就地区分布而言，北部增产较大，南部略有歉收。不过当年5月，联合国和粮农组织合办的世界粮食计划署仍开始对阿富汗南部干旱地区36万人提供粮食援助。

---

① 《东欧中亚研究》2001年第4期。
② 2001年11月2日《国际金融报》。
③ 2002年4月11日《参考消息》。
④ http：//af.mofcom.gov.cn/aarticle/ztdy/200511/20051100712696.html。

2004年1月，在意大利政府援助下，联合国和粮农组织对阿富汗牲畜数量进行了调查。结果表明，由于连续干旱，牲畜拥有量减少很多，约需10年时间才能恢复。当时，牛有370万头、绵羊880万只、山羊730万只、驴160万头、骆驼18万头、马14万匹、禽类122万只。

阿富汗新政府建立后，在国际社会援助下，不断采取措施打击毒品生产，但是由于毒品利润巨大，是许多农民和军阀的唯一财源，因此成效甚微，罂粟种植有进一步扩大趋势。据联合国禁毒计划署估计，2002年罂粟种植可能高达4.5万～6.5万公顷，鸦片产量可能达1900万～2700万吨。[1] 2003年，鸦片产量达3600吨，价值23亿美元，相当于国内生产总值的一半以上，占世界总产量的75%。[2] 据估计，2004年，阿富汗罂粟种植面积比前一年将增加30%，达到24.7万英亩（1英亩合0.405公顷）。按2003年单位产量推算，2004年鸦片产量将达到创纪录的5400吨。2006年，阿富汗的鸦片种植面积达16.5万公顷，比2005年增长59%；鸦片产量达到创记录的6100吨，比2005年增长49%，占世界毒品总产量的92%。2005年，阿富汗的毒品交易额约30亿美元，占阿富汗国内生产总值的一半以上。[3]

## 第三节 工矿业

20世纪70年代末，工矿业在国民经济中只占一定地位。当时，阿富汗已形成以原材料和农副产品加工为主的

---

[1] 2002年4月11日《参考消息》。
[2] EIU，*Country Report：Afghanistan*，May 2004，p. 17.
[3] 2006年9月22日《人民日报》第7版。

轻工业体系。但是,阿富汗几乎没有重工业生产,全国仅有一家大型化工企业。此外,阿富汗还存在规模不小的手工业。电力、矿业、纺织、食品加工、金属加工、建筑等是主要工业部门,手工业则以地毯编织为主。1978/79年度,工业总产值(包括制造业、矿业、建筑、交通运输和电讯)为479亿阿富汗尼,约占国民生产总值的29%。1975/76年度,在工业领域就业的人数约为53.8万人,占全部就业人数的9.6%。喀布尔、坎大哈、赫拉特、马扎里沙里夫、昆都士、贾拉拉巴德等城市是最主要的工业中心。

不过,由于20多年的战争,阿富汗主要工矿业生产几乎被破坏殆尽,或因原材料缺乏而停产,或勉强维持。

一　矿业①

富汗矿产资源比较丰富。但是,截至20世纪70年代,其矿产资源尚未得到完整而系统的勘探和开发。在各类矿产资源中,只有天然气、煤、盐、天青石等少数几种矿物得到商业性开发。

(一)天然气

天然气开采始于1967年。1975/76年度,天然气产量达30亿立方米,创历史纪录。据阿富汗官方估计,1978～1984年,天然气总产量达154亿立方米。

20世纪70年代,大部分天然气向苏联出口。苏联入侵阿富汗后,天然气对苏联的出口进一步扩大。1981年和1982年,向苏联出口的天然气均为23亿立方米;1983年,达24亿立方米;

---

① EIU, *Quarterly Economic Review of Pakistan / Bangladesh / Afghanistan*, Annual Supplemen, 1978, 1980; EIU, *Country Profile: Pakistan / Afghanistan*, 1992/93, p. 65, p. 67; Ibid, 1994/95, p. 68; Hamidullah Amin, *A Geography of Afghanistan*, The Center for Afghanistan Studies, 1976, p. 109.

1984年，增加到31.43亿立方米，占当年阿富汗全部出口创汇的一半。1989年2月，苏联最后一批军队撤出阿富汗，天然气井随之关闭。

2001年底阿富汗新政府成立后，国际社会纷纷向阿富汗提供赠款以开发天然气。比如，亚洲发展银行已提供95万美元的赠款，帮助阿富汗进行天然气开发的调查和规划。一些国内外投资商也准备投资天然气开发和输送项目。2006年1月，阿富汗已探明的天然气储量估计为496亿立方米。

（二）石油

整个20世纪70年代，阿富汗北部油田的年产量只有数千吨。

（三）煤

阿富汗煤矿床数量庞大，但仅有少部分得到开发。其中，卡尔卡尔（Karkar）和阿什普什塔是20世纪70年代煤的主要产地。20世纪70年代，煤产量逐步提高。从1973/74年度到1977/78年度，煤产量从11.3万吨增长到17.2万吨。1978/79年度，卡尔卡尔的煤产量创历史纪录，达21.8万吨。苏联入侵后，煤产量急剧下降，后来有所恢复。1987/88年度，煤产量恢复到16.7万吨；1988/89年度，又降至13.8万吨。20世纪90年代后，煤产量降幅很大。1990年，煤产量达10万吨；2000年，产量降至仅1000吨。2001年底阿富汗新政府成立后，煤产量有较大回升。就国内而言，煤主要供应位于马扎里沙里夫的发电厂和水泥厂。

（四）盐类

阿富汗所产盐类主要供应国内消费。20世纪70年代，年均岩盐产量达1.8万~2万吨，湖盐产量为2万~2.2万吨。从1973/74年度到1977/68年度，盐产量从4.2万吨增加到7.8万吨。1978/79年度，盐产量创历史纪录，达8.11万吨。苏联入侵阿富汗后，盐产量降幅很大，且不断波动。1987/88 年度，只有 1.5 万吨；1988/89 年度，恢复到 3.7 万吨。20 世纪 90 年代初，盐产量再一次下降。1990/91 年度，仅为 1.8 万吨。

**（五）宝石**

20 世纪 70 年代，巴达赫尚天青石年产量约为 5~8 吨，大多出口中国。

二 能源与电力[1]

富汗能源极端缺乏。按人均能源消费水平来说，阿富汗也许是世界上最低的国家之一。截至 21 世纪初，阿富汗居民的能源需求主要靠传统的木材、农业秸秆及动物粪便等来满足，约占了国家能源消费的 85%，其中木材消费就占 75%。

第二次世界大战后，特别是前三个五年计划执行期间，阿富汗电力增长较快，但是仍然不能满足国内需要，需从国外输入部分电力。1977/78 年度，全国大小电站共 100 多个。其中，水电站居多，占总装机容量 70% 以上，另外是一些以煤和天然气发电的热电站。萨罗比（Sarobi）水电站、纳格鲁（Naghlo）水电站、马希帕尔（Mahipar）水电站、达伦塔（Darunta）水电站是几个较大的水电站，发电量均在 1 万千瓦时以上，其中纳格鲁水电站的发电能力达 9.7 万千瓦时。最大的热电厂位于马扎里沙里夫，20 世纪 70 年代，其发电能力达 3.6 万千瓦时。

1957/58 年度，全国总发电量只有 4710 万千瓦时，1970/

---

[1] http：//af. mofcom. gov. cn/aarticle/ztdy/200511/20051100712696. html；Hamidullah Amin, *A Geography of Afghanistan*, The Center for Afghanistan Studies, 1976, p. 93, p. 95; EIU, *Quarterly Economic Review of Pakistan / Bangladesh / Afghanistan*, Annual Supplement, 1980; EIU, *Country Profile*：*Pakistan / Afghanistan*, 1990/91, p. 69.

71年度提高到3.95亿千瓦时，1973/74年度和1977/78年度分别增长到5.25亿千瓦时和7.64亿千瓦时。不过，1974/75年度，人均发电量只有大约28.19千瓦时，不能满足国内需要。

苏联入侵阿富汗后，阿富汗电力增长较快，但是也不能满足国内需要。据阿富汗官方估计，从1978/79年度到1987/88年度，年均电力增长4%，发电总量从8.45亿千瓦时增长到12.57亿千瓦时。1988/89年度有所下降，总发电量为11.7亿千瓦时。1988/89年度，阿富汗从苏联输入4200万千瓦时。

进入20世纪90年代，由于战争加剧，实际发电量迅速下降。1992年后，喀布尔大部分城区几乎没有电力供应。据联合国开发计划署估计，1993年中期，阿富汗全国范围的输电线路中有60%停止供电。1996年塔利班接管喀布尔后，情况略有好转。2000年，阿富汗全国发电量只有3.75亿千瓦时，而消费4.54亿千瓦时，不足部分从邻国进口。

2001年底阿富汗新政府成立后，一些国际组织诸如德国发展银行、欧盟、亚洲发展银行和世界银行等均对阿富汗电力重建进行帮助，主要是调研、评估、恢复和新建阿富汗电力系统和水坝。在电力重建工作中，阿富汗政府优先供应具备电缆传输和供电设施的城区，因战争或年久失修遭受破坏的城区被列入二期发展目标。2004年6月3日，亚洲发展银行通过了75万美元的技术援助计划，帮助阿富汗发展全国电力输送规划。同年6月25日，世界银行批准提供1.05亿美元信贷用于改善喀布尔市的电力供应。2004年前后，全国只有5%的人口可以得到电力供应。喀布尔市目前已有340多万人口，要满足最小的需求也要30万千瓦时，但目前只能供应10万千瓦时，夜晚许多地区经常漆黑一片。其他省份，也只有一些城市能够得到电力供应。

## 三 制造业[1]

富汗制造业主要包括纺织、食品加工、金属加工、建材、制鞋等轻工业生产,全国只有一家化工企业,地毯编织手工业蜚声国内外市场。但是除手工业外,其他行业产量基本不能满足国内需要。

### (一) 纺织[2]

纺织业是阿富汗最早建立和最现代化的部门。第一家棉纺织厂建立于1936~1937年间,1940/41年度开始生产。第一家毛纺织厂建立于1943/44年度。1966~1974年,纺织厂从9个增加到25个。20世纪70年代末共有30余家棉纺织厂和2家毛纺织厂。其中,"阿富汗纺织公司"是规模最大的纺织集团,它拥有三家棉纺织厂,分别位于古尔巴哈、普勒胡姆里、杰贝勒希腊吉(Jabul Seraj)。20世纪70年代中期,这家集团共有8.9728万枚锭子、2800台织布机以及独立的漂白、染色和印花分厂。1969/70年度,其就业人数占全国纺织部门就业总数的70%,当年产量达8500万米棉布,占阿富汗当年棉布总产量的87%。其他几家较大的棉纺织厂有位于喀布尔的巴格拉米(Bagrami)工厂、巴尔赫棉纺织厂以及奥梅德(Omaid)棉纺织厂。两家毛纺织厂分别位于坎大哈和喀布尔,主要生产毛毯和衣料。

20世纪70年代,纺织厂基本能满足国内对纺织品、包括普通棉线的需要。但是,高级的纺织品以及次等级的纺织品仍需要

---

[1] Hamidullah Amin, *A Geography of Afghanistan*, The Center for Afghanistan Studies, 1976, pp. 96~97, pp. 98~100, p. 101, p. 103.

[2] EIU, *Country Profile: Pakistan / Afghanistan*, 1990/91, p. 70; Ibid, 1994/95, p. 71; Ibid, 1986/87, p. 56; EIU, *Quarterly Economic Review of Pakistan / Banglades / Afghanistan*, Annual Supplement, 1980.

从国外进口。从 1973/74 年度到 1977/78 年度，棉织品产量从 2500 万米增长到 7700 万米；1977/78 年度，毛织品产量为 40 万米。

苏联入侵后，纺织工业遭到严重破坏，产量连续下降。1978/79 年度，棉纺织品产量为 7700 万米，1979/80 年度下降到 6300 万米，1981/82 年度为 4300 万米。就毛织品产量而言，从 1978/79 年度到 1990/91 年度，产量从 40.5 万米下降到 16.7 万米。

**（二）食品加工**[①]

食品工业主要包括制糖以及水果、食用油、面粉、奶肉制品的加工，但是许多产品不能满足国内需要。1974/75 年度，巴格兰制糖厂白糖产量为 8900 吨，同年度位于楠格哈尔的制糖厂红糖产量为 4522 吨。1975/76 年度，全国糖的总产量达 1.3 万吨，1977/78 年度下降到 1.1 万吨。1974 年，糖的进口量为 3.47 万吨。苏联入侵后，糖产量急剧下降。从 1978/79 年度到 1981/82 年度，糖产量从 1.1 万吨降至 3000 吨。

水果加工以葡萄干加工为主。从 1973 年 9 月到 1974 年 4 月，帕尔万省共向国际市场提供了 6636 吨葡萄干。

植物油加工以棉籽油加工为主，但是不能满足国内需要。1974/75 年度，植物油产量为 1 万吨。1974 年，从苏联进口了大约 1000 吨植物油。20 世纪 70 年代，全国植物油年均产量大约在 1 万吨。苏联入侵后产量下降，1981/82 年度为 7000 吨。

全国主要城市，如喀布尔、坎大哈、赫拉特、普勒胡姆里等

---

[①] EIU, *Country Profile*: Pakistan / Bangladesh / Afghanistan, 1980; EIU, *Country Profile*: Pakistan/Afghanistan, 1993/94, p. 68; Ibid, 1988/89, p. 66; Ibid, 1990/91, p. 70; Ibid, 1994/95, p. 71.

有几家面粉加工以及面包加工厂。1968~1970年,喀布尔的面粉厂共加工生产了4.94万吨面粉以及1.74万吨的面包。1977/78年度和1978/79年度,全国面粉加工产量分别为8.1万吨和9.7万吨。1987/88年度达20.3万吨。苏联入侵后,面粉加工是阿富汗罕有的坚持生产的部门,而且面粉加工产量不断上升。从1979/80年度到1984/85年度,面粉产量从12.3万吨增至15.4万吨。

(三) 金属加工

20世纪70年代中期,共有4家从事金属加工与制造的企业,但是金属制品不能满足国内需要,需要从国外进口。其中,位于詹格拉克的金属加工企业规模最大,其雇用人数占这个部门全部就业人数的87.1%。它主要生产用于生产纺织器械、水泵、犁、公共汽车车体和金属家具等金属消费品。1971/72年度,这家企业年金属产品总值达1.4亿阿富汗尼。另外,20世纪70年代中期,阿富汗还有一家自行车装配厂,年生产能力为4500辆自行车。不过,当时这家企业80%的零配件需要从日本进口,只有20%为自身生产。此外,阿富汗还有一家塑料制品厂和一家玻璃生产厂。20世纪70年代中期,阿富汗金属材料的年进口量为2.6万吨。另外,阿富汗每年还需要进口90万平方米的金属板材用于房屋建造。

(四) 建筑材料与加工

建筑材料与加工业主要生产水泥、大理石和混凝土等。20世纪70年代,阿富汗共有2家水泥厂。1977/78年度,水泥总产量达15万吨。[1] 其中位于普勒胡姆里的水泥厂规模最大,20世纪70年代中期,这家水泥厂每天生产水泥达900

---

[1] EIU, *Quarterly Economic Review of Pakistan/Bangladesh/Afghanistan*, Annual Supplement, 1980.

吨。帕尔万省另有一家水泥厂,20 世纪 70 年代中期,这家水泥厂每天生产水泥达 200 吨。苏联入侵阿富汗后,阿富汗水泥生产没有中断,但产量起伏不定。1981/82 年度降至 7.5 万吨,1987/88 年度增至 20.3 万吨,1990/91 年度又落至 18.6 万吨。①

(五)化学工业

20 世纪 70 年代,位于马扎里沙里夫的氮肥厂是阿富汗唯一一家大型化学工业企业。1978/79 年度,其尿素产量达 10.6 万吨。苏联入侵后,尿素生产没有中断。从 1979/80 年度到 1989/90 年度,尿素产量基本高于战前水平,1986/87 年度高达 12.6 万吨。但是,1990/91 年度,尿素产量降至 10.6 万吨。②

(六)制鞋

20 世纪 70 年代中期,除手工作坊外,阿富汗共有 2 家皮鞋厂、3 家塑料鞋厂和 1 家织袜厂。"鹿"牌制鞋厂是最大的一家皮鞋生产厂,1971/72 年度,其皮鞋产量为 5 万双。1974/75 年度,除手工作坊外,阿富汗皮鞋总产量为 20.9 万双,塑料鞋达 270 万双。

(七)手工业

阿富汗至少有 50 余种重要的手工艺品,既可以满足国内需要,也可出口创汇。据估计,20 世纪 70 年代初,手工艺品总价值约 54 亿阿富汗尼,约占国民生产总值的 8%。其中,地毯编织蜚声国内外。阿富汗地毯图案优美、华贵而耐用。1977/78 年度,地毯出口额为 3840 万美元,占出口总额的 12%。

---

① EIU, *Country Profile*: *Pakistan/Afghanistan*, 1990/91, p. 70; 1994/95, p. 71.
② EIU, *Country Profile*: *Pakistan/Afghanistan*, 1990/91, p. 70; 1994/95, p. 71.

表4-6 主要工矿业产品产量

| 年度 | 发电量(亿千瓦时) | 煤(万吨) | 天然气(亿立方米) | 水泥(万吨) | 尿素(万吨) | 盐(万吨) | 面粉(万吨) | 糖(万吨) | 植物油(万吨) | 棉织品(万米) | 皮棉(万吨) | 人造丝织品(万米) | 毛织品(万米) |
|---|---|---|---|---|---|---|---|---|---|---|---|---|---|
| 1973/74 | 5.25 | 11.3 | 27.35 | 12 | — | 4.2 | 1 | 0.7 | 1 | 2500 | 2.5 | 2800 | — |
| 1974/75 | 4.84 | 15.3 | 29.4 | 14.6 | 1.8 | 5.1 | 1 | 0.9 | 1 | 4500 | 4.5 | 2800 | — |
| 1975/76 | 7.16 | 14.5 | 30 | 14.7 | 6.3 | 6.2 | 1 | 1.3 | 1 | 6000 | 6 | 3500 | — |
| 1976/77 | 6.69 | 16 | 25.46 | 12.5 | 7.5 | 7.3 | 1 | 1.3 | 1 | 7400 | 7.4 | 2800 | — |
| 1977/78 | 7.64 | 17.2 | 25.84 | 15 | 10 | 7.8 | 8.1 | 1.1 | 1 | 7700 | 4.2 | 3000 | 40 |
| 1978/79 | 8.45 | — | — | 12.7 | 10.6 | 8 | 9.7 | 1.1 | 1 | 7700 | 4.5 | 2300 | 40.5 |
| 1979/80 | — | — | — | 9.9 | 10.6 | 6.8 | 10.3 | 0.9 | 1 | 6300 | 2.9 | 2100 | 40.1 |
| 1981/82 | — | — | — | 7.5 | 10.6 | 3.7 | 12.3 | 0.3 | 0.7 | 4300 | 2.3 | 1500 | 24.5 |
| 1982/83 | — | — | — | 8.7 | 11.3 | — | 12.4 | — | — | — | — | — | 27.7 |
| 1983/84 | — | — | — | 13.1 | 12.5 | — | 13.6 | — | — | — | — | — | 28.5 |
| 1984/85 | 10.19 | — | — | 11.2 | 12.1 | — | 15.4 | — | — | — | — | — | 32 |
| 1985/86 | 10.6 | 15.1 | — | — | — | — | — | — | — | — | — | — | — |
| 1986/87 | 11.7 | 16 | — | 10.3 | 12.6 | — | 18.7 | — | — | — | — | — | 26.8 |
| 1987/88 | 12.57 | 16.7 | — | 20.3 | 12.3 | — | 20.3 | — | — | — | — | — | 22.5 |
| 1988/89 | 11.7 | 13.8 | — | 16.6 | 11.7 | — | 16.6 | — | — | — | — | — | 16.3 |
| 1989/90 | — | — | — | 16.5 | 10.5 | — | 16.5 | — | — | — | — | — | 17.1 |
| 1990/91 | — | — | — | 18.6 | 10.6 | — | 18.6 | — | — | — | — | — | 16.7 |

资料来源：EIU, *Quarterly Economic Review of Pakistan / Bangladesh / Afghanistan, Annual Supplement*, 1978, 1980; EIU, *Country Profile: Pakistan / Afghanistan*, 1986/87, p. 56; Ibid, 1990/91, p. 69, p. 70; Ibid, 1994/95, pp. 70~71.

第四章 经 济

## 第四节 交通运输

**第**二次世界大战后，阿富汗政府非常重视交通运输业的发展。在"一五"和"二五"计划中，交通运输的投资均占首位。"一五"计划总投资93.5亿阿富汗尼，而交通运输占53.9%；"二五"计划实际投资246.5亿阿富汗尼，交通运输占39%。在"三五"计划中，交通运输投资比例有所下降，但也占11.8%。在1977年达乌德政府颁布的七年发展规划中，交通运输投资比例大幅度回升，居工矿业和能源之后占第二位，比例为31.5%，其中包括一个铁路修建项目。[①]

截至20世纪70年代末，交通运输有了较大发展，但是仍然比较落后，其中公路是主要运输系统。当时，阿富汗已建立了联结国内主要城市如喀布尔、加兹尼、坎大哈、法拉、赫拉特、希巴尔甘、马扎里沙里夫、昆都士的环行公路网。这些公路还可以直达阿富汗边境，与苏联、巴基斯坦、伊朗等邻国边境的铁路终点相连接。航空工业有所发展，当时阿富汗拥有两家航空公司，两座现代化大型机场和29座地方机场。阿富汗水运和铁路运输非常有限。

### 一 公路[②]

**阿**富汗交通运输主要靠公路。"一五"计划实施之前，阿富汗全年使用的未铺路面只有3700公里，另外

---

① 见前引彭树智主编《阿富汗史》，第284页，第299页。
② Hamidullah Amin, *A Geography of Afghanistan*, The Center for Afghanistan Studies, 1976, p.134, p.139; EIU, *Country Profile*：*Pakistan/Afghanistan*, 1994/95, p.71~p.72; 见前引《世界经济年鉴》，1981，第81页。

阿富汗

还有2500公里的季节性路面。1978年，公路总长1.8万公里。其中，用沥青和混凝土铺就的高等级公路约2800公里。阿富汗南北公路干线主要由美国和苏联援建而成，其中由苏联援建的喀布尔——昆都士高等级公路上萨朗隧道一段，穿越中部山区，将阿富汗南北直接联结起来，使喀布尔与北方的距离缩短了200公里。萨朗隧道长2776米，宽7.5米，总高度达7.1米。

随着公路的发展，汽车数量和运输公司数量也不断增长，但是不能满足国内需要。1967年，汽车总数约为2.4万辆，运输公司有76家；1970/71年度，运输公司增加到110家，汽车总数达到5.81万辆，其中有2万辆卡车，3.45万辆小型轿车以及3600辆公共汽车。1978年，注册的客车和卡车共有6.8万辆；1977/78年度，货物周转量为17.5亿吨公里。1982年，注册汽车增加到8.28万辆，其中卡车4.55万辆。尽管如此，1981/82年度，阿富汗还从苏联和东欧国家进口了650辆卡车和200辆公共汽车。

但是，20多年的战乱基本摧毁了公路网。据联合国驻阿富汗协调员的一份报告，截至20世纪90年代初，大约已有2000公里的高等级公路、3000公里的次等级公路以及将近300座桥梁被破坏。90年代末，所有公路破坏状况日趋严重。

2001年底阿富汗新政府成立后，公路重建是一项重要目标，并在国际援助中占很大比例。其中，截至2004年，计划或已经开始重建的公路项目主要有以下几项。（1）喀布尔——贾拉拉巴德——多尔汗（Torkham）（巴基斯坦边境附近）公路，由欧盟出资，第一期由中国修建。（2）赫拉特至伊朗边境公路，由伊朗援助修建。（3）联结伊朗边境与阿富汗西部迪拉腊姆（Dilaram）的公路，由印度承担，公路全长219公里，总投资37亿卢比（约合8400万美元），2004年8月开工修建，工期3年。

第四章 经 济

(4)坎大哈——边境城市斯平布尔达克（Spin Boldak）的公路，由亚洲发展银行出资修建。(5)喀布尔——坎大哈高等级公路，由美国出资修建。(6)喀布尔——坎大哈——赫拉特公路，由美国、沙特阿拉伯和日本出资，公路总长1200公里，预定工期三年。其中，喀布尔至坎大哈公路总长482公里。截至2003年年底，该公路一期工程已经完工，总投资1.9亿美元。二期工程耗资2.7亿，2004年秋竣工。(7)贾拉拉巴德——阿斯马尔市（Asmar）公路，全长122公里，联结楠格哈尔省、库纳尔和努里斯坦省，由美国援建，2004年5月开工，定于2005年下半年完工。(8)2004年2月，美国和阿富汗宣布开工建造总长约1300公里的省际公路，这些公路将连接阿富汗省会城市和原有主要环型公路。在全部4段公路中，有3段由土耳其公司承包，1段由印度公司承包。

二 空运

截至20世纪70年代，阿富汗有阿里亚娜和巴克塔尔两家航空公司。1955年1月，阿富汗第一家航空公司——阿里亚娜航空公司正式运营。自20世纪70年代起，阿里亚娜航空公司主要承担国际业务，可以飞往巴基斯坦、伊朗、苏联、伊拉克、黎巴嫩、叙利亚、土耳其、沙特阿拉伯、印度、德国、英国、法国、意大利等亚欧国家。巴克塔尔航空公司于1971年1月建立，主要承担国内业务。

20世纪70年代末，阿富汗共有喀布尔和坎大哈两座大型机场以及29座地方机场。喀布尔机场和坎大哈机场是可以供现代化喷气式飞机起降的大型机场，其中喀布尔机场为国际机场。此外还有分布在阿富汗主要城市和地区的机场，比如赫拉特、贾拉拉巴德、马扎里沙里夫、巴米扬、霍斯特、昆都士、迈马纳等地都设有机场。1977/78年度，总飞行里程为451.4万公里，客运

总量为9.71万人,旅客周转量为2.982亿人公里,货物周转量为4030万吨公里。①

20多年的战争使航空事业遭到破坏。阿里亚娜航空公司拥有的许多客机、机场、空中航线等,或无法使用,或具有很大的危险性。1999年,联合国制裁还导致阿里亚娜航空公司无法飞往国外。2001年美英攻打阿富汗期间,阿里亚娜航空公司的大多数飞机被炸毁,到2002年该公司重新恢复时,只剩一架可以使用的飞机。

2001年底阿富汗新政府成立后,在国际社会的援助下,航空事业逐步获得新生。截至2003年,阿里亚娜航空公司已拥有7架民航飞机,其中3架是印度赠送的空中客车,3架是波音727,1架安-24,不过都是旧飞机。截至2004年,该航空公司已开通了十几条国际航线,可以飞往中国新疆、巴基斯坦、印度、伊朗、阿联酋、沙特阿拉伯、土耳其、塔吉克斯坦、阿塞拜疆、俄罗斯、德国等国家和地区。2003年,阿富汗第一家私营航空公司卡姆航空公司(Kam)开航,主要经营喀布尔至赫拉特和马扎里沙里夫的国内航线,拥有两架波音727客机和80名员工。2004年2月,阿富汗与北约、世界银行、国际民航组织等机构签订协议,将在它们援助下重建喀布尔国际机场,预计耗资4000万~6000万美元。

三 铁路

阿富汗最早的铁路是阿曼努拉汗修建的从喀布尔到帕格曼的一段铁路。1975年4月,伊朗允诺提供20亿美元贷款,其中17亿美元用于修建一条总长1815公里、从伊朗通往阿富汗赫拉特、坎大哈和喀布尔的铁路,铁路支线还将延伸至

---

① 见前引《世界经济年鉴》,1981,第81页。

第四章 经 济

阿富汗与巴基斯坦边境以及阿富汗与苏联边境。这条铁路的修建包括在达乌德政府的七年发展规划中，并且拟于1976年3月开始建设，于1983年完工。1975年11月，一家法国公司完成了这条铁路线的勘探工作。截至70年代末，已建设了从苏联边境至喀布尔的几小段线路。但是，从苏联入侵后到21世纪初，阿富汗铁路建设没有任何进展。

迄今为止，阿富汗全国仅有3段铁路线路。一段铁路线如上所述，其余两段均位于阿富汗北部边境附近，分别与现在的土库曼斯坦和乌兹别克斯坦的边境相连。其中一段铁路从土库曼斯坦的古什吉（Gushgy）到图拉格洪德（Tuwraghond），长9.6公里，宽距为1.524米。另一段铁路线从乌兹别克斯坦的铁尔梅兹（Termiz）到阿姆河南岸的海拉巴德（Kherabad），长15公里，宽距同上。[①]

四　水运

阿富汗水运主要在阿姆河流域，阿姆河是阿富汗内河航运得到开发的唯一一条河流。20世纪50年代，苏联帮助阿富汗在阿姆河上兴修了3个港口，分别是谢尔汗班达尔港（Sher Khan Bandar）、塔什格扎尔港（Tashgozar）和达格拉罗萨港（Dagla Arosa）。其中，谢尔汗班达尔港最重要，以前它又称为克孜勒卡拉港（Qizil Qala），或者伊玛姆萨希布港（Imam Sahib）。20世纪70年代，这几个港口曾得到扩建。

据美国中央情报局估计，2001年，阿富汗水运线总长约1200公里。[②]

---

① http：//www.odci.gov/cia/publications/factbook/geos/af.html#Trans.
② http：//www.odci.gov/cia/publications/factbook/geos/af.html#Trans.

## 第五节　财政与金融

### 一　财政

#### （一）20 世纪 70 年代末之前[①]

富汗的财政年度是从当年 3 月 21 日至次年 3 月 20 日。

阿富汗预算制度分经常预算和资本投资预算（也叫发展预算）。20 世纪 70 年代中后期，经常预算经常盈余，并转入发展预算支出中，但是总预算经常呈赤字状态。1974/75 年度，经常预算收入为 102.5 亿阿富汗尼，支出为 62.44 亿阿富汗尼，盈余 40.06 亿阿富汗尼；同年度，发展预算支出为 64.98 亿阿富汗尼，其中包括转入发展预算中的经常预算盈余 40.06 亿阿富汗尼。1977/78 年度，经常预算收入为 191.5 亿阿富汗尼，支出为 125 亿阿富汗尼，盈余 66.5 亿阿富汗尼；同年度，发展预算支出为 202.32 亿阿富汗尼，其中包括 66.5 亿阿富汗尼的经常预算盈余。1978/79 年度也是如此，经常预算收入为 211.3 亿阿富汗尼，支出为 133.8 亿阿富汗尼，盈余 77.5 亿阿富汗尼；同年度，发展预算总支出为 205.1 亿阿富汗尼，其中包括 77.5 亿阿富汗尼的经常预算盈余。

经常预算收入的主要来源是税收。1974/75 年度，税收为 71.66 亿阿富汗尼，占经常算收入的 69%；非税收收入为 30.84 亿阿富汗尼，占 31%。1977/78 年度，税收和课赋为 153.55 亿

---

① See EIU, *Quarterly Economic Review of Pakistan/Bangladesh/Afghanistan*, Annual Supplement, 1977, 1979, 1980; EIU, *Country Profile*: *Pakistan/Afghanistan*, 1990/91.

阿富汗尼，占经常预算收入的 80.2%，内债占经常预算收入的 12%，外国商品援助占 7.8%。

在经常预算支出中，主要项目为行政管理费和国防费用，偿还外债本息只占 15%~20%。1977/78 年度和 1978/79 年度，行政管理支出分别为 69.83 亿阿富汗尼、81.3 亿阿富汗尼，分别占经常预算支出的 56% 和 60%。

发展预算缺额（除经常预算盈余之外的发展预算支出部分）主要靠向阿富汗银行借债和求助于外债。在 1977/78 年度发展预算中，预期外援为 135.82 亿阿富汗尼，占发展预算的 67%。1978/79 年度，预期外援为 127.6 亿阿富汗尼，占发展预算的 62.2%。

20 世纪 70 年代末，在发展预算的支出中，工矿业占首位。1977/78 年度，发展预算总支出为 202.32 亿阿富汗尼，其中工矿业（包括能源）占 36.1%，交通电讯占 31.5%，农业（包括灌溉）占 24.7%，社会服务占 6%。1978/79 年度，发展预算为 205.1 阿富汗尼，其中工矿业（包括能源）占 42.8%，农业（包括灌溉）占 27.9%，交通电讯占 12.3%，社会服务占 15.5%。

**（二）20 世纪 70 年代末到 90 年代初**[①]

苏联入侵后，阿富汗财政预算发生了一些变化。第一，税收在经常预算收入中所占份额日益下降，"非税收"收入比例大大增加，其中绝大多数为苏联的援助。1980/81 年度，财政预算保持平衡，其中总收入为 337 亿阿富汗尼。在总收入中，外国贷款和赠款为 85 亿阿富汗尼（主要来自苏联），苏联捐赠的商品价值 17 亿阿富汗尼，它们共占总收入的 30%。但是，1981/82 年度，"非税收"的比例已上升到 70%。

---

① EIU, *Country Profile: Pakistan/Afghanistan*, 1990/91, p.73.

第二,发展预算支出在财政预算支出中的比例大幅度下降。从 1974/75 年度到 1977/78 年度,发展预算支出约占总支出的 45%。其中 1977/78 年度,发展预算支出还超过了经常预算支出。但是,从 1978/79 年度起,发展预算支出所占比例日益下

表 4-7  20 世纪 70~80 年代财政收支

单位:亿阿富汗尼

|   | 1974/75 年度 | 1976/77 年度 | 1977/78 年度 | 1978/79 年度 | 1980/81 年度 | 1981/82 年度 | 1982/83 年度 | 1983/84 年度 | 1984/85 年度 |
|---|---|---|---|---|---|---|---|---|---|
| 经常预算收入 | 102.5 | 163.7 | 191.5 | 211.3 | 262.9 | 299.78 | 336.24 | 347.44 | 376.15 |
| 其中,税收和课赋 | 71.66 | 136.84 | 153.55 | — | 99.26 | 90.41 | 108.03 | 139.52 | 170.81 |
| 商品援助和内债 | 30.84 | 14.86(商品援助)12(内债) | 14.95(商品援助)23(内债) | — | 163.65 | 209.37 | 228.21 | 207.92 | 205.34 |
| 经常预算支出 | 62.44 | 111.7 | 125 | 133.8 | 195.75 | 268.31 | 300.64 | 377.6 | 431.77 |
| 其中,公共部门 | — | 61.71 | 69.83 | 81.3 | — | — | — | — | — |
| 外国劳务 | — | 13.7 | 21 | 52.5(外国劳务和支出) | — | — | — | — | — |
| 其他 | — | 36.29 | 34.17 | — | — | — | — | — | — |
| 盈余 | 40.06 | 52 | 66.5 | 77.5 | 67.2 | 31.47 | 35.6 | -30.16 | -55.62 |
| 资本投资规划 | 64.98 | 140.27 | 202.32 | 205.1 | 49.78 | 55.79 | 52.62 | 54.33 | 80 |
| 其中,经常账户结算 | — | 52 | 66.5 | 77.5 | — | — | — | — | — |
| 项目援助 | — | 88.27 | 135.82 | 127.6 | — | — | — | — | — |

资料来源:EIU, *Country Profile*: *Pakistan / Afghanistan*, 1990/91, p. 74; EIU, *Quarterly Economic Review of Pakistan / Bangladesh / Afghanistan*, Annual Supplement, 1977, p. 34; Ibid, 1979. 由于材料原始来源不同,表中有些数据与行文中有出入。

降。1979/80年度，发展预算支出为175亿阿富汗尼，占当年预算总支出的49%。1980/81年度，发展预算支出为145亿阿富汗尼，占预算总支出的43%。1981/82年度和1982/83年度，发展预算分别降至80亿阿富汗尼和127亿阿富汗尼。1989年苏联撤出后，发展预算有所波动。1990/91年度，发展预算计划为161亿阿富汗尼，比上一年增加43%。但是，1991/92年度，发展预算预计降至156亿阿富汗尼。

第三，1979/80年度是阿富汗公布预算支出部门分配的最后一年。当年度，工矿业支出为24亿阿富汗尼，农业支出为22亿阿富汗尼，教育支出为22亿阿富汗尼，健康支出为4.94亿阿富汗尼，余为其他项目支出。

### （三）2001年年底卡尔扎伊政府成立以来

2001年年底阿富汗新政府成立以来，在国际社会援助和支持下，制订并执行了2002/03年度预算、2003/04年度预算和2004/05年度预算。

根据2002/03年度财政预算，阿富汗经济重建的6个大方向基本上是基础设施建设，包括道路建设、水利电力建设、城市饮用水建设、政府部门房屋建设等。

在2003/04年度财政预算中，预算总额约为22.5亿美元，其中一般性预算约5.5亿美元，开发预算约17亿美元。按"国家发展项目"所列出的十二项发展领域，在2003年一般性预算中，各领域所占比例分别为：国防占25%、教育与职业培训占24%、公共项目管理占19%、安全占13%、医疗占5%、社会保障占4%、其它领域共占10%。另外，2003年一般性预算比2002/03年度增加了20%，这主要体现在教育、医疗、解除地方和军阀武装、残疾人与烈士家属补贴、公务员加薪等领域，其它政府各部开支与上一年持平。在2003年预算收入中，自筹部分总收入约90亿阿富汗尼（1.8亿美元），主要来源于海关税收

（约占到一半）。同年，财政总支出达 210 亿阿富汗尼（4.2 亿美元）。2003 年，在各国承诺提供的财政援助中，一般性预算为 1.16 亿美元，开发预算为 7.12 亿美元，与实际预算总额相比仍缺少 12.42 亿美元。①

在 2004/05 年度财政预算中，总支出为 303.3 亿阿富汗尼（约合 6 亿美元），比上一财年度增加不少。其中半数自筹，其余通过国际援助解决。财政收入增长的主要原因是：上一年度国民经济增长较快（达 15%），关税征收和其它税收改革进一步加强等。在预算支出中，占最大比例的为安全和司法支出，达 42%；教育和社会福利占 35%，公共行政管理占 11%，经济发展占 7%，其他占 5%。在国际社会对阿富汗 2004/05 财政年度的援助中，美国宣布提供 8.2 亿美元，日本宣布在未来两年半时间里提供 5 亿美元，欧盟宣布提供 4 亿欧元，加拿大宣布提供 2.5 亿美元。各国援助基本上填补了该财年度预算中 10 亿多美元的赤字。②

## 二　金融

### （一）金融体系

20 世纪 70 年代末，阿富汗已经建立了比较完整的国有银行体系。其中，国家银行兼具中央银行和商业银行的职能。但是，所有银行的资产均有限，主要围绕贸易运作。此外，民间还存在货币兑换商。一般而言，国家银行监督货币兑换商所掌握的配额，并规定阿富汗尼的官方兑换汇率。

1992 年纳吉布拉政权垮台后，国家银行体系随之崩溃，原有 6 家国有商业银行基本处于停业状态。截至 2001 年，货币兑

---

① http://af.mofcom.gov.cn/aarticle/ztdy/200511/20051100712696.html.
② http://af.mofcom.gov.cn/aarticle/ztdy/200511/20051100712696.html.

## 第四章 经　济

换商成为阿富汗金融业务的主要提供者。另外，20世纪90年代，在巴基斯坦的白沙瓦活跃着两家阿富汗小银行。1999年联合国对塔利班制裁后，这两家银行随之关闭，塔利班海外资产也被冻结。

2001年底阿富汗新政府成立后，在国际社会援助下，金融系统逐渐走向正轨。2002年10月7日，阿富汗发行了新货币，自此币值开始保持稳定。2002年下半年，阿富汗新政府通过投资法。2003年9月16日，阿富汗总统签署了中央银行法和商业银行法。新银行法规定，设立商业银行的基本条件是该银行信誉良好，资金不少于500万美元；所有获得中央银行批准进入阿富汗的外国银行，均可按照国际惯例开展业务。这是阿富汗自1996年以来首次向外国银行开放市场。截至2004年4月，已有4家外资银行在阿富汗开业，它们是巴基斯坦国民银行、英国渣打银行、阿富汗国际银行（美国和德国投资）和巴基斯坦哈比卜银行（Habib）。新银行法还规定，阿富汗中央银行是一个独立机构，不受任何政治干预。中央银行的主要职能就是发行并保障货币稳定，监管所有商业银行的运营。此前5月，阿富汗中央银行已经开始运营，并兼营外汇储蓄、汇兑以及信用证业务。新银行法无疑有利于阿富汗金融体系的重建。

阿富汗货币名称为阿富汗尼（Afghan）。1阿富汗尼＝100普尔。

20世纪70年代末，阿富汗货币供应量增长较快。1978年货币供应量比1973年增长了137%。[①] 整个80年代，货币增长更快，远远超过当时经济的真实增长幅度。这主要是因为政府滥印钞票以弥补预算赤字所致。

---

[①] 见前引《世界经济年鉴》，1981，第81页。

表4-8  20世纪70~80年代货币供应量（年底数）

单位：亿阿富汗尼

| 1973年 | 1974年 | 1975年 | 1976年 | 1977年 | 1978年 | 1980年 | 1981年 |
|---|---|---|---|---|---|---|---|
| 112.98 | 125.02 | 149.75 | 183.22 | 237.52 | 267.96 | 397.79 | 456.65 |
| 1982年 | 1983年 | 1984年 | 1985年 | 1986年 | 1987年 | 1988年 | 1989年 |
| 529.73 | 556.91 | 687.07 | 744.24 | 829.56 | 1280.89 | 1748.67 | 2188.61 |

资料来源：国际货币基金组织《国际金融统计》，1980年4月；EIU, *Country Profile*: *Pakistan / Afghanistan*, 1990/91, p.74。

## 第六节　对外贸易

对外贸易在阿富汗国民经济中占相当重要的地位。20世纪70年代中期，政府财政收入中约有46.8%来自对进出口商品所征的关税。[①] 同时，对外贸易不仅是阿富汗获取许多基本消费品的主要渠道，也是其外汇收入的重要来源。

一　基本政策

20世纪70年代，阿富汗外贸政策是尽可能扩大出口，以争取更多的外汇收入。1973年、1974年、1975年，政府为此连续三次提高棉花的收购价格。1976年，政府建立"阿富汗出口发展银行"，对传统出口商品发放优惠贷款，以促进生产。为换取更多外汇，政府还特别鼓励向可以自由兑换外汇的发达资本主义国家出口。比如，对私人与这些国家的贸易往来提供便利和资助，并规定紫羔羊皮和地毯这两项世界市场上的

---

① Hamidullah Amin, *A Geography of Afghanistan*, The Center for Afghanistan Studies, 1976, p.116.

第四章 经　济

"高需求"商品只能出口到上述国家。而私商在与苏联以及东欧等国进行贸易时，必须预先向政府申请，取得许可证。

20世纪80年代以前，阿富汗对进口一般没有数量上的限制。但是，进口商必须对所有进口货物预付100%的保证金，另外禁止进口20种非必需品。进口关税按价收税，税率在10%～150%之间。阿富汗还实行外汇管制。紫羔羊皮、羊毛、棉花的外汇收入必须按官方外汇牌价交给"阿富汗银行"，兑换成阿富汗尼。为更有效地促使私商把外汇交给国家银行，在私商兑换阿富汗尼时，要予以补贴，使实际兑换率接近自由市场汇率。

二　外贸方式和过境线路

20世纪80年代以前，阿富汗对外贸易方式主要有三种，分别是易货贸易、自由贸易以及兼有这两种形式的混合贸易方式。

第一，易货贸易。在与苏联、波兰、捷克斯洛伐克、中国、保加利亚以及其他社会主义国家进行贸易时，以这种方式进行。基本方式是：与上述国家签订贸易协定，进出口贸易指标由双方协商而定。在协议规定的时间内，货物的价格和数量通常是固定的，结算单位一般是美元。自20世纪50年代起，阿富汗与上述国家的易货贸易发展很快，其中增长最快的是阿富汗与苏联之间的外贸。阿苏贸易开始时间也较早，1919年阿富汗独立以及苏联（俄）社会主义政权建立之后，阿苏贸易获得初步增长。阿富汗与捷克斯洛伐克、波兰、中国及保加利亚签订的第一份贸易协议分别是在1937年、1956年、1957年和1961年。

第二，自由贸易。阿富汗与当时的西欧、美国、日本及巴基斯坦进行贸易时，以这种方式进行，通常以美元或英镑结算。20世纪70年代中期，这些国家是阿富汗赚取外汇的最佳渠道。

第三，易货贸易与自由贸易兼而有之。阿富汗与印度的贸易

一半是自由贸易方式，一半是易货贸易方式。阿富汗与印度的贸易关系由来已久。1957 年开始，印度同意从阿富汗进口的某些商品，水果和坚果主要用现金支付，其他商品则以回购方式支付。

阿富汗是内陆国，没有海岸线和出海口，对外贸易运输必须经邻国转至世界市场。因此，贸易过境是困扰对外贸易的一个主要问题。20 世纪 70 年代，阿富汗外贸过境线路主要有三条。第一，从阿富汗至巴基斯坦卡拉奇港。这条线路是先用卡车运往白沙瓦，再转火车至卡拉奇港。这条线路最短，费用最低，是最佳选择。第二，通过苏联的陆上运输线。这条线路费用较高，但省时。第三，经过伊朗或土耳其的线路。一般是先由卡车运至伊朗的马什哈德，再由火车运抵海湾沿岸的几个港口。阿富汗南部或西南部没有过境线。

在贸易过境问题上，政治障碍首当其冲。20 世纪 50～70 年代，巴基斯坦线路曾几度因为阿巴关系恶化而关闭，阿富汗不得不依靠其他线路。另外，诸如运输线路长、转运次数频繁、运输货物载体的类型和大小不同等因素，也导致货物成本价格升高或其他损失。再者，由于不掌握运输过程中的一些信息，比如关税情况、转运港口或线路的可行性等，阿富汗无法立即采取措施避免可能的损失。

自苏联解体至 21 世纪初，经苏联的线路改为经与乌兹别克斯坦接壤的海拉塘口至喀布尔。2001 年底阿富汗新政府成立后，在上述三条线路中，由于巴基斯坦政府为打击走私而对阿富汗过境商品进行限制，经过伊朗的线路因此日趋繁忙。

三　外贸收支

由于统计来源不同，阿富汗外贸统计数据有较大出入。20 世纪 70 年代，阿富汗外贸连年逆差是不争的事实。从 1970/71 年度到 1978/79 年度，外贸逆差几乎逐年增长。1970/71 年度，外贸逆差达 1700 万阿富汗尼；1978/79 年度，外贸逆差升至 2.06 亿阿富汗尼，增幅达 11 倍以上。外贸逆差与当时进口增长过快密切相关。从 1970/71 年度到 1978/79 年度，进口贸易额从 9400 万阿富汗尼增长到 4.04 亿阿富汗尼。进口增长过快的部分原因在于糖类和石油类产品价格过高。从 1970/71 年度到 1978/79 年度，出口额缓慢增长。1978/79 年度，出口额比 1970/71 年度增长 157%。[1]

苏联占领期间，阿富汗外贸收支有所好转。从 1979/80 年度到 1982/83 年度，外贸出现历史上少有的顺差。这主要是由于当时天然气出口急剧增加、紫羔羊皮和地毯在世界市场价格上涨等因素所致。稍后不久，由于出口萎缩，进口继续增长（1984/85 年度后开始缓慢下降），贸易逆差再次反弹。1986/87 年度，贸易逆差达 3.097 亿美元。[2]

表 4－9　20 世纪 70 年代外贸收支

单位：亿阿富汗尼（进口额为到岸价，出口额为离岸价）

|  | 1970/71 年度 | 1971/72 年度 | 1972/73 年度 | 1973/74 年度 | 1974/75 年度 | 1975/76 年度 | 1976/77 年度 | 1977/78 年度 | 1978/79 年度 |
|---|---|---|---|---|---|---|---|---|---|
| 进口额 | 0.94 | 1.33 | 1.3 | 1.58 | 2.27 | 2.83 | 2.93 | 3.73 | 4.04 |
| 出口额 | 0.77 | 0.9 | 1.06 | 0.75 | 1.29 | 1.3 | 1.67 | 1.84 | 1.98 |
| 差　额 | －0.17 | －0.43 | －0.24 | －0.83 | －0.98 | －1.53 | －1.26 | －1.89 | －2.06 |

资料来源：D. Gopal, M. A. Qureshi, *Science, Technology and Development in Afghanistan*, Navrang, New Delhi, 1987, p.69; EIU, *Quarterly Economic Review of Pakistan / Bangladesh / Afghanistan*, Annual Supplement, 1980.

---

[1]　D. Gopal, M. A. Qureshi, *Science, Technology and Development in Afghanistan*, Navrang, New Delhi, 1987, p.69.
[2]　EIU, *Country Profile*：*Pakistan/Afghanistan*, 1992/93, p.75.

表 4-10　20 世纪 70 年代外贸收支

单位：亿美元

|  | 1973/74 年度 | 1974/75 年度 | 1975/76 年度 | 1976/77 年度 | 1977/78 年度 | 1978/79 年度 |
| --- | --- | --- | --- | --- | --- | --- |
| 进口额 | 1.863 | 2.442 | 3.496 | 3.357 | 4.913 | 4.069 |
| 出口额 | 1.511 | 2.030 | 2.234 | 2.988 | 3.134 | 3.262 |
| 差　额 | -0.352 | -0.412 | -1.262 | -0.369 | -1.779 | -0.807 |

资料来源：EIU, *Country Profile*: *Pakistan / Afghanistan*, 1986/87, p.70; Ibid, 1990/91, p.75; Ibid, 1992/93, p.75.

20 世纪 90 年代初以后，外贸收支进一步恶化，1990/91 年度贸易逆差高达 7.01 亿美元。这一方面是由于出口严重萎缩、而进口依赖更为严重，另一方面在于大部分工农业生产陷入停顿状态。

表 4-11　20 世纪 80、90 年代外贸收支

单位：亿美元

|  | 1981/82 年度 | 1982/83 年度 | 1983/84 年度 | 1984/85 年度 | 1985/86 年度 | 1986/87 年度 | 1987/88 年度 | 1988/89 年度 | 1989/90 年度 | 1990/91 年度 |
| --- | --- | --- | --- | --- | --- | --- | --- | --- | --- | --- |
| 进口额 | 6.512 | 6.952 | 8.161 | 10.977 | 8.831 | 8.616 | 7.864 | 7.259 | 6.812 | 9.364 |
| 出口额 | 6.943 | 7.076 | 7.286 | 6.329 | 5.568 | 5.519 | 5.119 | 4.327 | 2.359 | 2.351 |
| 差　额 | 0.431 | 0.124 | -0.875 | -4.648 | -3.263 | -3.097 | -2.745 | -2.932 | -4.453 | -7.01 |

资料来源：EIU, *Country Profile*: *Pakistan / Afghanistan*, 1986/87, p.70; Ibid, 1990/91, p.75; Ibid, 1992/93, p.75.

## 四　进出口商品构成

20 世纪 70 年代，阿富汗的主要进口商品是糖、茶、烟草、纺织品等日常生活用品以及包括汽车、轮胎、石油产品、化学品在内的资本货物类。出口商品主要是干鲜果品、

天然气、地毯、棉花、紫羔羊皮等。天然气出口增长较快，特别是在苏联占领时期，天然气是出口商品中唯一的非农牧业产品，但是1989年起停止出口。

20世纪90年代末，尽管遭受了连年战乱，但是阿富汗进出口贸易却稳步增长。2000年，阿富汗进口总额达10~12亿美

表4-12  20世纪70~80年代初主要进口商品

单位：亿美元

|  | 1975/76年度 | 1976/77年度 | 1977/78年度 | 1978/79年度 | 1979/80年度 | 1980/81年度 |
|---|---|---|---|---|---|---|
| 食 品 | 0.77362 | 0.49526 | 0.60328 | 0.70591 | 0.58087 | 0.691（糖和茶） |
| 烟 草 | 0.01923 | 0.02122 | 0.03544 | 0.04104 | 0.05067 | 0.051 |
| 石油产品 | 0.2706 | 0.35623 | 0.39746 | 0.46983 | 0.65186 | 1.24 |
| 旧衣服 | 0.04084 | 0.03767 | 0.0463 | 0.03996 | 0.02293 | 0.025 |
| 动、植物油 | 0.07953 | — | 0.08272 | 0.15787 | 0.24905 | — |
| 化学产品 | 0.1039 | 0.14777 | 0.18961 | 0.07151 | 0.07546 | 0.074 |
| 药 品 | 0.06703 | 0.09062 | 0.11213 | 0.09341 | 0.06055 | 0.044 |
| 鞋 类 | 0.02903 | 0.03222 | 0.02253 | 0.04776 | 0.03316 | — |
| 制造业产品 | 0.68929 | 0.77336 | 1.06779 | 0.76169 | 0.6458 | 0.601（纺织品） |
| 机 械 | 0.05892 | 0.09514 | 0.15038 | 0.08391 | 0.48949 | — |
| 汽车类 | 0.16407 | 0.04494 | 0.11305 | 0.28762 | 0.33565 | 0.895 |
| 运输设备 | 0.22353 | 0.19642 | 0.0799 | 0.38269 | 0.13873 | 0.167（轮胎） |
| 化 肥 | — | — | — | 0.06333 | 0.14927 | — |
| 其 他 | 0.16354 | 0.14887 | — | 0.99328 | 0.77113 | 1.729 |
| 总 计 | 2.68313 | 2.54998 | 3.27738 | 4.19925 | 4.25464 | 5.517 |

资料来源：D. Gopal, M. A. Qureshi, *Science, Technology and Development in Afghanistan*, Navrang, New Delhi, 1987, p.70; EIU, *Country Profile: Pakistan / Afghanistan*, 1990/91, pp.75~76.

元，其中本国消费约占 1/3，即 4 亿美元左右，其余向周边国家再出口。① 在本国消费品中，燃料油、粮食、食用油等生活必需品约占 70%。

表 4-13　20 世纪 70~90 年代主要出口商品

单位：亿美元

|  | 1975/76 年度 | 1976/77 年度 | 1977/78 年度 | 1980/81 年度 | 1988/89 年度 | 1989/90 年度 | 1990/91 年度 |
| --- | --- | --- | --- | --- | --- | --- | --- |
| 干果和坚果 | 0.4726 | 0.6813 | 0.8384 | 1.694 | 1.034（干鲜果） | 1.102（干鲜果） | 0.933（干鲜果） |
| 天然气 | 0.4534 | 0.396 | 0.393 | 2.331 | 0.932 | — | — |
| 棉花 | 0.3156 | 0.6071 | 0.5504 | 0.396 | 0.08 | 0.053 | 0.025 |
| 鲜果 | 0.2319 | 0.232 | 0.2287 | 0.397 | — | — | — |
| 地毯 | 0.1674 | 0.245 | 0.3841 | 1.036 | 0.391 | 0.38 | 0.444 |
| 皮革和生皮 | 0.1214 | 0.126 | 0.1145 | — | — | — | — |
| 草药 | 0.1044 | 0.0864 | 0.1776 | — | — | — | — |
| 紫羔羊皮 | 0.1035 | 0.108 | 0.1844 | 0.333 | 0.061 | 0.036 | 0.03 |
| 油菜籽 | 0.0825 | 0.1138 | 0.0362 | — | — | — | — |
| 羊毛 | 0.0798 | 0.0721 | 0.0628 | 0.123 | 0.309 | 0.055 | 0.096 |
| 其他 | 0.1011 | 0.2306 | 0.1636 | — | — | — | — |
| 总额 | 2.2336 | 2.9882 | 3.1337 | 7.052 | 3.947 | 2.359 | 2.351 |

资料来源：EIU, *Quarterly Economic Review of Pakistan / Bangladesh / Afghanistan*, Annual Supplement, 1979, p. 34; EIU, *Country Profile*: *Pakistan / Afghanistan*, 1992/93, p. 76.

2001 年年底塔利班政权垮台后，由于加强边境控制，走私一类的转口贸易大大减少。同时，由于得到国际援助以及鸦片收入的大幅度增长，对外贸易特别是进口额持续增加。2001 年，

---

① 《外贸调研》2003 年 9 月 1 日第 25 期。

第四章 经　济

进出口总额达 17.65 亿美元，其中进口 16.97 亿美元。2002 年，进出口总额达 24.22 亿美元，其中进口 23.22 亿美元。[①] 当时，阿富汗主要进口商品是食品、轮胎、机械、纺织品等，主要出口商品是水果、地毯、皮革和羊皮等。

表 4-14　阿富汗进出口贸易

单位：亿美元

|  | 2001 年 | 2002 年 |  | 2001 年 | 2002 年 |
|---|---|---|---|---|---|
| 出口额 | 0.68 | 1 | 食品 | 1.97 | 4.3 |
| 水　果 | 0.156 | 0.516 | 机械 | 5.1 | 6.225 |
| 皮　张 | 0.0758 | 0.075 | 轮胎 | 0.373 | 1.432 |
| 羊　皮 | 0.0178 | 0.024 | 纺织品 | 4.634 | 3.165 |
| 地　毯 | 0.119 | 0.193 | 棉纱 | 1.626 | 0.16 |
| 草　药 | 0.019 | 0.018 | 鞋类 | 0.054 | 0.106 |
| 其　他 | 0.293 | 0.175 | 其他 | 3.203 | 5.825 |
| 进口额 | 16.97 | 23.22 | 进出口总额 | 17.649 | 24.219 |

资料来源：http://af.mofcom.gov.cn/aarticle/ztdy/200306/20030600103588.html

## 五　主要贸易国家

20 世纪 70 年代末以前，阿富汗对外贸易的主要国家和地区是苏联、西欧、日本、美国以及邻国巴基斯坦、印度等。大部分天然气、90% 以上的羊毛、棉花等主要输往苏联以及东欧国家。紫羔羊皮主要向西欧出口。地毯以及部分棉花、羊毛、葡萄干等输往西欧、日本和美国。蚕茧主要向日本出口。干鲜果品、蔬菜等主要出口到巴基斯坦、印度、苏联等国。阿富汗从苏联和东欧国家进口的主要是机械设备、石油、糖以及其他

---

[①]《外贸调研》2003 年 9 月 1 日第 25 期。

消费品。从主要资本主义国家进口的是机械设备、汽车等。从巴基斯坦进口的大多数是消费品。从印度进口的主要是茶、棉纺织品等。

20世纪70年代后期,尤其是苏联入侵阿富汗后,阿富汗与美国、西欧等资本主义国家的贸易大幅度萎缩,与苏联、东欧等国的贸易比重不断上升。当时,在阿富汗进出口贸易中,苏联占第一位。1975/76年度,苏联占阿富汗出口贸易的38.7%、进口贸易的23.9%;1980/81年度,苏联占阿富汗出口贸易的59.2%、进口贸易的52.7%;1988年,分别占69.35%和48.8%。[1] 1989~1991年期间,苏联在阿富汗出口中的比例上升到72%,在进口中的比例增长到57%。[2]

苏联解体后,阿富汗的进出口贸易对象有所变化。巴基斯坦、德国、中国和俄罗斯成为阿富汗的主要出口国。在进口国中,日本居第一位;新加坡、中国、巴基斯坦紧随其后。尤其是塔利班接管喀布尔政权后,阿富汗与巴基斯坦的贸易显著增加。

2001年年底塔利班政权垮台后,阿富汗主要商品进口国家和地区为日本、巴基斯坦、中国和欧洲国家。从统计数字上看,中国在阿富汗进口国中排第二位,但是中国商品主要集中在小家电、文具、服装、鞋袜、日用百货等小商品上。实际上,占阿富汗进口近半数的是机械和食品类,在这方面中国并不占优势。在统计表中,巴基斯坦排在对阿富汗进口的第四位。但是,由于它是阿富汗商品的主要供应国之一,加上两国之间的走私贸易,它应该在对阿富汗的进口中排第二位。

---

[1] EIU, *Country Profile*: *Pakistan / Afghanistan*, 1986/87, p. 70; Ibid, 1990/91, p. 76.

[2] EIU, *Country Profile*: *Pakistan / Afghanistan*, 2001, p. 69.

第四章 经　济

## 六　与中国的经贸关系[①]

**中**国和阿富汗友好交往长达 2000 多年。新中国成立后，阿富汗是最早承认中国的国家之一。中阿正式建交后，两国经济、贸易关系得到进一步发展。

1956 年 12 月，阿富汗派出经济代表团访华。1957 年 7 月，中阿签订了贸易换货和支付协定。1965 年 3 月，陈毅副总理兼外长访问阿富汗期间，双方签署了中阿经济技术合作协定。根据协定，中国援建了帕尔万水利工程、巴格拉密纺织厂、达鲁拉孟蚕种场、达龙塔养鱼场、喀布尔养鸡场和喀布尔镶嵌工艺厂，这些援建项目建成后都收到了较好的经济效益，特别是帕尔万水利工程，至 2001 年仍继续发挥着良好作用，对发展当地经济产生巨大影响。巴格拉密纺织厂一度被阿富汗前国王查希尔沙誉为"模范厂"。1972 年 4 月，以外贸部副部长陈洁为团长的中国政府贸易代表团访问阿富汗，签订了 1972 年中阿换货议定书。20 世纪 70 年代，中国还无偿援助阿富汗在坎大哈市建设了一座 150 张病床的医院。在苏联入侵阿富汗和阿富汗内战期间，中国通过多种途径为阿富汗难民提供了大量物资援助。

由于阿富汗长期战乱，中阿两国间经贸交往和经济技术合作受到严重影响。1995 年，两国贸易总额达 4824 万美元，其中中国出口 3160 万美元，进口 1664 万美元。其后一些年份，中国对阿出口额一直在 2000 万～3000 万美元之间，近年来也仅有小额经贸往来。2001 年底阿富汗新政府成立后，阿中贸易和经济技术合作活跃起来。2002 年中国对阿方出口 1991.1 万美元，进口 8 万美元。阿富汗从中国进口的主要商品为纺织、轻工、机械及五金类。

2002 初卡尔扎伊主席访问中国期间，双方签署了中国向阿

---

① http://af.mofcom.gov.cn/aarticle/ztdy/200511/20051100712696.html.

## 阿富汗

提供 3000 万元人民币紧急物资援助和 100 万美元现汇的换文。江泽民主席宣布向阿富汗重建提供 1.5 亿美元援助,其中无偿援助和贴息贷款各占一半。在上述援款项下,中国将为阿富汗修复喀布尔医院和帕尔万水利工程两个项目。3000 万元人民币援助物资已于 2002 年 3 月底全部运交阿方。2002 年,中国外交部部长唐家璇访问阿富汗期间,双方签署中国向阿提供 3000 万美元无偿援助的经济技术合作协定。阿富汗阿卜杜拉外长访问中国期间,双方签署了中国向阿富汗提供 100 万美元物资援助的换文。2003 年,阿富汗沙拉尼副总统访问中国期间,双方签署了中国向阿富汗提供 1500 万美元无偿援助的经济技术合作协定等三个合作文件。2003 年 7 月,两国政府签订换文协定,中国向阿富汗内政部提供价值 140 万美元的警用通讯设备和 22 台车辆。这些设备和车辆已于 2004 年 4 月全部运抵喀布尔,并于 5 月底全部移交给阿富汗。2004 年 3 月底,在柏林召开的援助阿富汗国际会议上,中国宣布免除阿富汗前政府于 1965 年所借的 1000 万英镑的无息贷款(约合 1800 万美元)。

与此同时,中国也陆续援助或承包了阿富汗一些工程。工程项目主要有:(1)修复和重建帕尔万水利工程。该工程由广东新广国际集团负责执行,第一期工程总价为 1015 万美元,于 2004 年 3 月开工,工期为 2 年。(2)昆都士公路重建项目。由世界银行提供贷款,中国中铁十四局集团有限公司于 2003 年 10 月承接。项目包括建设以昆都士为起点,通往阿富汗东部、南部和北部边境地区总长度为 232 公里的 3 条公路干线,投资为 2245 万美元,将在 18 个月内完成。(3)喀布尔共和国医院重建工程。该工程于 2003 年 8 月 2 日开工,是中国政府援助阿富汗战后重建的第一个项目,是中国政府承诺为阿富汗战后重建所提供的 1.5 亿美元援助的一部分。整个工程预计造价为 435 万美元,由中国成套设备进出口公司承建,工期预计为 1 年。(4)喀布尔和外地八省市电话系统扩容改造项目。这两个项目的资金来源为世界银行贷款,由中国的华为和中兴两家公司于 2003 年 8 月分别执行,合同总价 230 万美元,总工期 6 个月。(5) 无偿援建两所小学。一个在喀布尔市,一个在帕尔万省,建设资金来自广州《世界之窗》杂志社发起的募捐款,共计 200 万元人民币(约合 25 万美元)。(6) 从苏洛比(Surobi)到贾拉拉巴德公路的修复工程。工程位于喀布尔至与巴基斯坦交界的托克汗姆海关的中间地段,公路全长 74.3 公里,合同总额 2605 万欧元,工期 2 年,预计 2005 年 11 月底完成。工程由欧盟援助,中铁十四局集团公司中标承建。

## 七 国际收支

由于外贸收支常年逆差,阿富汗国际收支经常项目也长期出现逆差。1978/79 年度,外贸结算和劳务结算赤字之和达 1.917 亿美元。[①] 整个 80 年代,国际收支连年逆差,只有 1988 年例外。上述两个时期,国际收支大部分都靠贷款和赠予来平衡。90 年代,由于中央财政已不复存在,出口贸易严重萎缩,旅游等其他传统国际收入来源基本上也断绝。特别是塔利班上台后,国际收支经常项目进一步恶化。目前,没有官方统计数据。

表 4-15 1969/70 年度至 1975/76 年度平均国际收支

单位:亿美元

| 收 入 | 11.123 | 商业性进口 | 9.408 |
|---|---|---|---|
| 出口收入 | 10.094 | 旅游/机构支出 | 0.135 |
| 外国机构支出 | 0.328 | 政府贷款偿还 | 2.286 |
| 旅游收入 | 0.701 | 差 额 | -0.706 |
| 支 出 | 11.829 | | |

资料来源:EIU, *Quarterly Economic Review of Pakistan / Bangladesh / Afghanistan*, Annual Supplement 1978, p.42.

---

① 见前引《世界经济年鉴》,1981,第 84 页。

**表 4-16　1976/77 年度至 1979/80 年度国际收支**

单位：亿美元

|  | 1976/77 年度 | 1977/78 年度 | 1978/79 年度 | 1979/80 年度 |
|---|---|---|---|---|
| 出　口 | 2.825 | 3.267 | 3.367 | 4.812 |
| 旅　游 | 0.302 | 0.38 | 0.28 | 0.07 |
| 贷款和赠款 | 1.603 | 2.184 | 2.358 | 3.171 |
| 进　口 | -3.498 | -5.213 | -6.386 | -6.811 |
| 项目援助劳务支出 | -0.201 | -0.189 | -0.171 | — |
| 债务偿还 | -0.282 | -0.508 | -0.58 | -0.18 |
| 其他交易 | -0.1 | 1.634 | 2.12 | 0.175 |
| 差　额 | 0.649 | 1.555 | 0.988 | 1.237 |

资料来源：EIU, *Country Profile*: *Pakistan / Afghanistan*, 1986/87, p.71。

**表 4-17　1983~1989 年国际收支**

单位：亿美元

|  | 1983 年 | 1984 年 | 1985 年 | 1986 年 | 1987 年 | 1988 年 | 1989 年 |
|---|---|---|---|---|---|---|---|
| 商品出口 | 7.288 | 7.877 | 6.282 | 4.97 | 5.387 | 4.538 | 3.957 |
| 商品进口 | -8.909 | -12.047 | -9.216 | 11.388 | -9.045 | -7.318 | -6.163 |
| 贸易差额 | -1.621 | -4.17 | -2.934 | -6.418 | -3.658 | -2.78 | -6.163 |
| 劳务等出口 | 0.774 | 0.538 | 0.692 | 0.531 | 0.548 | 0.929 | 0.283 |
| 劳务等进口 | -1.72 | -2.147 | -1.627 | -2.146 | -1.676 | -1.315 | -1.123 |
| 私人资本净拨款 | 0.083 | — | — | — | — | — | — |
| 官方资本净拨款 | 1.096 | 1.273 | 1.437 | 2.674 | 3.117 | 3.428 | 0.875 |
| 经常项目差额 | -1.388 | -4.506 | -2.432 | -5.359 | -1.669 | 0.262 | -2.171 |

资料来源：EIU, *Country Profile*: *Pakistan / Afghanistan*, 1990/91, p.77。

## 八　国际储备

**20** 世纪 70 年代中期开始，由于官方长期资本（主要来自苏联）大量流入，国际储备逐步提高。从 1974/75

年度到 1977/78 年度，国际储备总额从 5941 万美元提高到 3.1829 亿美元。① 20 世纪 80 年代，国际储备缓慢增长。1987 年创历史纪录，达 6.2206 亿美元。②

表 4-18　1974~1991 年国际储备

单位：亿美元

| 年份 | 黄金 | 外汇储备 | 特别提款权 | 在国际货币基金组织中的储备款项 | 总额 |
| --- | --- | --- | --- | --- | --- |
| 1974 | 0.3935 | 0.1497 | 0.0509 | — | 0.5941 |
| 1975 | 0.4094 | 0.1882 | 0.063 | — | 0.6606 |
| 1976 | 0.3772 | 0.7032 | 0.0623 | — | 1.1427 |
| 1977 | 0.3814 | 1.2847 | 0.0569 | — | 1.723 |
| 1978 | 0.4107 | 2.5876 | 0.0702 | — | 3.0685 |
| 1983 | 2.806 | 1.987 | 0.1044 | 0.0503 | 4.9477 |
| 1984 | 2.436 | 2.1076 | 0.1323 | 0.0471 | 4.723 |
| 1985 | 2.347 | 2.7627 | 0.1364 | 0.0529 | 5.299 |
| 1986 | 2.924 | 2.3861 | 0.1399 | 0.0592 | 5.5092 |
| 1987 | 3.4283 | 2.579 | 0.1491 | 0.0687 | 6.2251 |
| 1988 | 3.0076 | 2.418 | 0.128 | 0.0653 | 5.6189 |
| 1989 | 2.8205 | 2.2665 | 0.1063 | 0.0641 | 5.2574 |
| 1990 | 2.7489 | 2.5041 | 0.0902 | 0.0697 | 5.4129 |
| 1991 | 2.6054 | 2.2122 | 0.0667 | 0.0701 | 4.9544 |

资料来源：EIU, *Quarterly Economic Review of Pakistan / Bangladesh / Afghanistan*, Annual Supplement 1978, p.42; EIU, *Country Profile: Pakistan / Afghanistan*, 1986/87, p.71; Ibid, 1992/93, p.77; Ibid, 1997/98, p.75.

---

① EIU, *Quarterly Economic Review of Pakistan / Bangladesh / Afghanistan*, Annual Supplement 1978, p.42.
② EIU, *Country Profile: Pakistan / Afghanistan*, 1990/91, p.77.

20世纪80年代末,国际储备开始下降。1991年,国际储备降至4.9543亿美元,其中,外汇储备为2.2122亿美元,特别提款权为667万美元,在国际货币基金组织中的储备款项为701万美元,黄金为2.6054亿美元。[1] 1992年开始,国际储备迅速消耗。2000年初,国际储备估计有7~8亿美元,但大部分存在国外,兑成现金困难很大。塔利班政权垮台时,估计带走了大约550万美元的外汇。[2]

表4-19 1992~1995年国际储备

单位:亿美元

|  | 1992年 | 1993年 | 1994年 | 1995年 |
|---|---|---|---|---|
| 特别提款权 | 0.044 | 0.028 | 0.014 | 0 |
| 国际货币基金组织中的储备款项 | 0.068 | 0.088 | 0.072 | 0.073 |
| 外汇储备 | — | — | — | — |

资料来源:EIU, *Quarterly Economic Review of Pakistan / Bangladesh / Afghanistan*, Annual Supplement 1978, p.42; EIU, *Country Profile: Pakistan / Afghanistan*, 1986/87, p.71; Ibid, 1992/93, 77; EIU, Ibid, 1997/98, p.75.

## 九 汇率

20世纪60~70年代,阿富汗实行双重汇率。根据与国际货币基金组织的协议,1963年3月,阿富汗取消了多重汇率体制,取而代之以官方汇率。官方汇率为1美元=45阿富汗尼。当时,官方汇率适用的范围是:紫羔羊皮、棉花、羊毛的外汇收入,政府的某些外汇收入,政府为进口以及其他目的

---

[1] EIU, *Country Profile: Pakistan / Afghanistan*, 1992/93, p.77.
[2] EIU, *Country Profile: Afghanistan*, 2003, p.28.

所支付的外汇。另外,阿富汗还存在市场汇率。1978 年 6 月底,1 美元 = 55.78 阿富汗尼。①

20 世纪 80 年代至 90 年代初,阿富汗汇率体制发生一些变化,主要存在官方汇率、混合汇率和市场汇率三种汇率。从 1981 年年中到 1992 年 4 月,官方汇率调整并固定在 1 美元 = 50.6 阿富汗尼。当时,官方汇率适用的范围是:政府交易,部分外籍工人的外汇工资,以及双边协议涉及的具体交易。除官方汇率外,阿富汗还存在一种"混合汇率"。这种汇率具有特定的适用范围,即出口商必须先把其出口收入按比例交给国家银行,而后按照这种汇率兑换成阿富汗尼。如果是医疗产品、葡萄干、非紫羔羊皮的出口,必须交其外汇收入的 10%;如果是紫羔羊皮出口,必须交其外汇收入 100%。1989 年 1 月,这种汇率大约为 1 美元 = 400 阿富汗尼。此外,阿富汗还存在第三种汇率,即市场汇率。1989 年 9 月,市场汇率为 1 美元 = 400 阿富汗尼。20 世纪 90 年代初,市场汇率开始下滑。1990 年上半年,市场汇率降至 1 美元 = 550 阿富汗尼。1992 年 3~7 月,市场汇率徘徊在 1 美元 = 320~2900 阿富汗尼。1992 年 10 月底,降至 1 美元 = 1000 阿富汗尼。②

1992 年 4 月开始,由于外汇储备锐减,政府滥印钞票,汇率急剧下降。从 1996 年 4 月起,官方汇率调整为 1 美元 = 3000 阿富汗尼。但是,从 1992 年 4 月起,市场汇率实际成为唯一的交易规则。1992 年底至 1993 年底,市场汇率降幅较小,从 1 美元 = 1000 阿富汗尼降至 1 美元 = 1500 阿富汗尼。1994 年下半年,由于政府大量印制高额面值钞票(包括面值为 5000 阿富汗尼和 1 万阿富汗

---

① EIU, *Quarterly Economic Review of Pakistan / Bangladesh / Afghanistan*, Annual Supplement 1978, p. 31.

② EIU, *Country Profile*:*Pakistan / Afghanistan*, 1990/91, p. 56; Ibid, 1992/93, p. 56.

尼的钞票),致使汇率狂跌。从1994～1997年初,汇率从1美元=4000阿富汗尼跌至1美元=2.6万阿富汗尼。2000年3月,汇率跌至1美元=7.8万阿富汗尼。2001年1月19日,联合国开始对阿富汗进行制裁,3天后汇率降至1美元=79500阿富汗尼。不过,截至2001年7月,汇率调整为1美元=7.2万阿富汗尼。另外,除市场汇率和名义上的官方汇率,当时阿富汗还存在一种"现付汇率"。2001年7月22日,现付汇率为1美元=4750阿富汗尼。[1]

2001年底塔利班垮台后,尤其是2002年发行新货币后,汇率得以重新调整,开始回升。2002年1月,汇率调至1美元=3万～4万阿富汗尼。2003年全年,汇率稳定大约在1美元=43阿富汗尼。[2] 2004年11月2日,汇率为1美元=42.78阿富汗尼。[3]

## 十 外国援助

### (一) 20世纪70年代末之前[4]

1. 苏联和其他社会主义国家

从第二次世界大战后到20世纪70年代末之前,外援在阿富汗经济中占重要地位。在"一五"计划中,外援占预计投资的71.5%;在"三五"计划年度预算中,苏联援助占40%;在七年发展规划中,外援占计划所需投资的66%。

其中,苏联在外援中占相当重要的地位。1950～1971年,苏联对阿富汗的经济援助总额达6.72亿美元,其中贷款占主要成分,为5.72亿美元,赠款为1亿美元。在苏联贷款中,有

---

[1] EIU, *Country Profile*: *Pakistan / Afghanistan*, 1997/98, p.73; Ibid, 2001/02, p.70.

[2] Ibid, 2003, p.29.

[3] Ibid, 2004, p.2.

[4] Louis Dupree, *Afghanistan*, Princeton University Press, Princeton, 1980;参阅前引彭树智主编《阿富汗史》。

2.276亿美元用于一般经济发展项目，8110万美元用于汽油润滑油设施，1950万美元用于萨朗隧道和贾拉拉巴德等运河的发展，3890万美元用于天然气发展项目，380万美元用于巴格拉姆机场建设项目，1370万美元用于石油勘探，1110万美元用于喀布尔建房工程，800多万美元用于纳格鲁水电工程，2400万美元用于楠格哈尔河谷二期工程，300万美元用于公路养护设备，3330万美元用于商品购买等。一般经济发展项目包括储油罐的修建，"希罗"面包厂的建设，沥青路的铺设以及内河港口的改进，输电线的建设，通往苏联的天然气管道的建设，技术人员工资以及其他基础设施的建设。赠款主要用于向保养工程的技术人员支付工资以及向阿富汗人提供奖学金。20世纪70年代以后，苏联加强了对阿富汗的经济援助。1974年6月，它提供了额外的1.5亿美元援助，用于发展包括天然气在内的21个援建项目。1977年，苏联又提供4.25亿美元的贷款，用于阿富汗的七年计划，项目涉及灌溉、农业开发、化肥厂、发电厂、天然气扩建工程和地质普查等。

另外，东欧社会主义国家也提供了一定的经济和技术援助。1950～1971年，捷克斯洛伐克共提供1200万美元的贷款，南斯拉夫提供了800万美元的贷款。捷克斯洛伐克的援助主要涉及阿富汗政府与捷克技术人员之间的雇佣合同，以及向"三五"计划提供贷款。其中，项目援助主要包括两国之间的易货贸易（用阿富汗的棉花换捷克斯洛伐克的机械设备、摩托车、电讯设备），帮助阿富汗修建玻璃制品厂、陶瓷厂和水泥厂，在坎大哈修建电话交换台等。技术援助包括向巴格兰的卡尔卡尔煤矿以及喀布尔的一家医院提供技术帮助和人员培训。南斯拉夫的援助主要是帮助阿富汗发展哈里河水利工程。另外，自20世纪60年代起，波兰、保加利亚也开始向阿富汗提供技术援助。

2. 美国和其他西方国家

1950～1971年，美国共提供4.128亿美元的经济援助。其

中赠款占主要成分,达 3.135 亿美元,贷款达 9930 万美元。美国援助包括工程援助、非工程援助以及技术援助三类。在工程援助项目中,有运输和基础设施援助(赠款为 1.096 亿美元,贷款为 2080 万美元)、赫尔曼德河河谷工程(赠款为 7920 万美元,贷款为 5930 万美元)、教育(包括 3910 万美元赠款)、政府管理和经济计划援助(赠款为 1320 万美元,贷款为 40 万美元)、农业(包括 1060 万美元的赠款)、人口和家庭计划(赠款为 20 万美元)和工矿业(赠款为 380 万美元,贷款为 70 万美元)等。非工程援助主要包括价值 80 万美元的水果空运赠款,价值 1.046 亿美元的小麦赠款,价值 2110 万美元的玉米赠款,价值 100 万美元的食用油赠款,价值 1420 万美元的小麦和食用油贷款,价值 250 万美元的农业商品和化肥贷款等。

20 世纪 70 年代以后,美国继续援助阿富汗,美阿双方签署了一些援助协议,涉及教科书改革、喀布尔大学发展、农村发展、农村学校和卫生中心建设、赫尔曼德河河谷的排水工程等。截至 1978 年,美国对阿富汗的经济援助总额达 5.33 亿美元。

1950-1971 年,西欧和日本提供了相当份额的经济和技术援助。联邦德国共提供 9830 万美元的经济援助,其中包括 6730 万美元的贷款和 3100 万美元的赠款。同期,法国经济援助达 1410 万美元,英国达 200 万美元,日本达 330 美元。20 世纪 70 年代后,这些国家继续向阿富汗提供经济援助。

3. 国际组织

1950~1971 年,联合国共向阿富汗提供 2130 万美元的赠款,主要包括农业(占 23%)、基础设施(20%)、教育(20%)、公共卫生(17%)以及其他项目(占 20%)。同期,世界银行共提供 1000 万美元的贷款,主要用于公路保养、国际信贷、哈纳巴德水利工程的建设等。另外,亚洲开发银行也提供 220 万美元的贷款,主要用于盖瓦格和恰达拉农业发展项目、喀布尔新工业区的可行性研究、卡贾凯水闸和控制洪水的可行性研究。

苏联入侵后,西方和邻国向阿富汗官方提供的援助非常有限。截至20世纪80年代末,来自西方的援助几乎停滞。

**(二) 2001年底卡尔扎伊政府成立后**

2001年底新政府成立后,阿富汗百废待兴,经济重建急需国际社会援助。联合国等国际组织指出,未来10年阿富汗重建将耗资150亿美元。[①]

2002年1月21~22日,在日本东京召开的援助阿富汗重建国际会议上,各国宣布2002年内将向阿富汗提供金额为19.19亿美元的援助,此后两年半内共提供40.44亿美元。[②] 其中,日本两年半内将提供5亿美元,2002年美国援助2.96亿美元,2002年欧盟援助5亿美元,此后三年沙特阿拉伯援助2.2亿美元,此后两年半亚洲银行、世界银行各提供5亿美元。[③] 资金将用于包括禁毒、排雷以及恢复阿富汗正常生活在内的各种重建工作。此外,阿富汗新政府建立后不久,意大利决定提供830亿里拉的人道主义援助,并投资帮助阿富汗修建广播电视台。

2004年3月31日至4月1日,第三次阿富汗问题国际会议在德国首都柏林召开。各国承诺在2004~2007年三年内,向阿富汗提供82亿美元经济援助。其中美国提供20亿美元,日本4亿美元,德国3.2亿欧元(此后4年内),意大利1.4亿欧元,亚洲开发银行10亿美元。[④]

从外援落实的情况看,从2002年初到2005年上半年,国际社会承诺援助阿富汗160亿美元,但实际到位的仅约80亿美元,

---

① 《新华每日电讯》,2002年1月17日。
② 新华社东京2002年1月22日电。
③ 新华社北京2002年1月21日电。
④ http://af.mofcom.gov.cn/aarticle/ztdy/200511/20051100712696.html.

只占承诺额的一半。① 美国为最大的援助国，截至 2004 年它已提供 42 亿美元的援助。2004 年它承诺提供 22 亿美元，2005 年承诺争取提供 12 亿美元。这些资金全部用于重建项目，不包括驻军费用。其次是英国、德国和欧盟国家。在东京会议上，英国承诺提供 2 亿英镑；2004 年 3 月，英国宣布此后 5 年对阿富汗援助增加至 5 亿英镑，这样每年英国援阿的资金可达 7500 万英镑。2002 年，欧盟提供了 2.8 亿欧元；2003 年，它又提供了 3 亿欧元。加上欧盟各成员国的援助，2002 年，整个欧盟共向阿富汗提供了 8.5 亿欧元的援助；2003 年，共提供了 8.35 亿欧元援助。再次是日本，截至 2004 年 3 月，日本对阿富汗援助总额已达 6.83 亿美元。另外在柏林会议上，日本宣布再向阿富汗提供 4 亿美元援助，从而使"9·11"事件后日本对阿富汗援助总额超过 10 亿美元。②

## 十一 外债

20 世纪 70 年代，阿富汗外债不断增加，负担沉重。从 1973 年到 1978 年，外债从 8.8 亿美元增至 19.12 亿美元。不过，同期已支付的外债总额在国民生产总值中的比重从 47.8% 下降到了 29.1%。③ 其中，大多数外债是欠苏联的。

苏联入侵后，阿富汗外债急剧上升。1982～1988 年，外债从 8.1 亿美元增至 16.39 亿美元。在 1982 年外债中，长期外债达 8 亿美元，短期外债达 1000 万美元。1988 年，长期外债达 16.19 亿美元，短期外债达 1900 万美元。从外债国家分布看，苏联和东欧社会主义国家在外债总额中所占比例从 1982 年的

---

① 2006 年 9 月 22 日《人民日报》第 7 版。
② http://af.mofcom.gov.cn/aarticle/ztdy/20051100712696.html.
③ EIU, *Country Profile: Pakistan / Afghanistan*, 1986/87, p. 61.

49%上升到1988年的77%。另外一组统计数据表明,在1985～1990年,阿富汗外债总额从22.75亿美元上升到50.87亿美元。其中,1990年92%的外债是欠苏联和东欧社会主义国家的。①

表4-20　1973～1978年外债

单位:亿美元

|  | 1973年 | 1975年 | 1976年 | 1977年 | 1978年 |
|---|---|---|---|---|---|
| 总　额 | 8.816 | 14.855 | 16.367 | 18.147 | 19.12 |
| 已支付额 | 6.276 | 7.116 | 8.205 | 9.6 | 11.046 |
| 已支付额在国民生产总值中的比例(%) | 47.8 | 36 | 33 | 30.7 | 29.1 |

资料来源:EIU, *Country Profile*: *Pakistan / Afghanistan*, 1986/87, p.61.

表4-21　1982～1988年外债

单位:亿美元

|  | 1982年 | 1983年 | 1984年 | 1985年 | 1986年 | 1987年 | 1988年 |
|---|---|---|---|---|---|---|---|
| 长期外债 | 8 | 8.09 | 8.66 | 11.17 | 12.7 | 14.82 | 16.19 |
| 经合组织及资本市场 | 1.82 | 1.69 | 1.55 | 1.46 | 1.43 | 1.46 | 1.34 |
| 官方发展援助 | 1.57 | 1.45 | 1.33 | 1.41 | 1.42 | 1.46 | 1.32 |
| 官方出口信贷 | 0.24 | 0.24 | 0.22 | — | — | — | — |
| 多边债务 | 1.1 | 1.09 | 1.09 | 1.19 | 1.29 | 1.39 | 1.37 |
| 非经合组织各国 | 5.08 | 5.31 | 6.02 | 8.52 | 9.99 | 11.96 | 13.49 |
| 经互会 | 4 | 4.25 | 5 | 7.52 | 9 | 11 | 12.52 |
| 阿拉伯各国 | 1.08 | 1.06 | 1.02 | 1.02 | 0.99 | 0.96 | 0.96 |
| 短期债务 | 0.1 | 0.08 | 0.06 | 0.05 | 0.18 | 0.17 | 0.2 |
| 　其中银行 | 0.01 | 0.08 | 0.06 | 0.05 | 0.18 | 0.17 | 0.19 |
| 　出口信贷 | 0.09 | — | — | — | — | — | 0.01 |
| 已证实的债务总额 | 8.1 | 8.18 | 8.72 | 11.22 | 12.89 | 14.99 | 16.39 |
| 　其中优惠额 | 7.75 | 7.85 | 8.43 | 11.12 | 12.69 | 14.81 | 16.17 |

资料来源:EIU, *Country Profile*: *Pakistan / Afghanistan*, 1990/91, p.78.

---

① 　EIU,*Country Profile*:*Pakistan / Afghanistan*,1990/91,p.78; Ibid,1992/93,pp.75～76.

阿富汗

自1992年4月纳吉布拉政权垮台后,阿富汗停止偿付外债。1990~1994年,阿富汗外债继续增长。1991年外债总额达53.05亿美元,1994年为55.86亿美元。2003年,阿富汗外债总额达42.9亿美元。[①]

表4-22　1985~1990年外债

单位:亿美元

|  | 1985年 | 1986年 | 1987年 | 1988年 | 1989年 | 1990年 |
|---|---|---|---|---|---|---|
| 长期外债 | 22.7 | 27.35 | 40.26 | 51.34 | 50.18 | 50.74 |
| 经合组织及资本市场 | 1.46 | 1.43 | 1.46 | 1.34 | 1.26 | 1.56 |
| 官方发展援助 | 1.41 | 1.42 | 1.46 | 1.32 | 1.26 | 1.23 |
| 银　行 | 0.05 | 0.01 | 0 | 0.02 | 0 | 0.33 |
| 多边债务 | 1.19 | 1.29 | 1.39 | 1.37 | 1.33 | 1.31 |
| 非经合组织各国 | 20.04 | 24.64 | 37.41 | 48.63 | 47.59 | 47.88 |
| 中欧和东欧国家 | 19.02 | 23.64 | 36.44 | 47.67 | 46.65 | 46.95 |
| 阿拉伯国家 | 1.02 | 0.99 | 0.96 | 0.96 | 0.94 | 0.94 |
| 短期债务 | 0.05 | 0.18 | 0.15 | 0.21 | 0.37 | 0.12 |
| 其中银行 | 0.05 | 0.18 | 0.15 | 0.2 | 0.37 | 0.12 |
| 出口信贷 | — | — | — | 0.01 | — | — |
| 已证实的总债务 | 22.75 | 27.53 | 40.41 | 51.54 | 50.55 | 50.87 |
| 优惠债额 | 22.65 | 27.34 | 40.26 | 51.32 | 50.18 | 50.41 |
| 总支付债额 | 0.47 | 0.46 | 0.5 | 0.4 | 0.43 | 1.17 |
| 本　金 | 0.26 | 0.12 | 0.09 | 0.1 | 0.11 | 0.12 |
| 利　息 | 0.21 | 0.34 | 0.41 | 0.29 | 0.33 | 1.05 |
| 支付的短期债额 | 0 | 0.01 | 0.01 | 0.01 | 0.03 | 0.02 |

资料来源:EIU, *Country Profile*: *Pakistan / Afghanistan*, 1992/93, p.75~76.

---

① EIU, *Country Profile*: *Afghanistan*, 2004, p.31.

第四章 经　济

表 4-23　1990~1994 年外债

单位：亿美元

|  | 1990 年 | 1991 年 | 1992 年 | 1993 年 | 1994 年 |
| --- | --- | --- | --- | --- | --- |
| 债务总额 | 50.86 | 53.05 | 54.05 | 55.79 | 55.86 |
| 长期外债 | 50.4 | 52.69 | 53.81 | 55.69 | 55.77 |
| 公共外债或公共保障的外债 | 50.46 | 52.69 | 53.81 | 55.69 | 55.77 |
| 私人非保障外债 | 0 | 0 | 0 | 0 | 0 |
| 短期债务 | 0.4 | 0.35 | 0.24 | 0.1 | 0.09 |
| 国际货币基金组织的信贷 | 0 | 0 | 0 | 0 | 0 |
| 已支付的债额 | 1.15 | 0.7 | — | — | — |
| 长期外债支付的本金 | 0.12 | 0.11 | — | — | — |
| 长期外债支付的利息 | 1.01 | 0.57 | — | — | — |
| 短期外债支付的利息 | 0.03 | 0.02 | — | — | — |

资料来源：EIU, *Country Profile*: *Pakistan / Afghanistan*, 1997/98, p.75.

## 第七节　旅游业

　　旅游业是阿富汗新兴产业，截至 20 世纪 70 年代，旅游业仅得到初步发展。2001 年底阿富汗新政府建立后，旅游业也在积极重建。除传统旅游景点外，一些部门还将"基地"组织原设在阿富汗与巴基斯坦边境的一些据点作为新兴的旅游景点。

　　第二次世界大战后，由于经济、特别是交通运输业的发展，阿富汗现代旅游业应运而生。1958 年，阿富汗建立了阿富汗旅游组织，它积极发展与国际旅行机构的商业联系和业务往来。为促进旅游业发展，阿里亚娜航空公司也积极拓展航线，不断增加国际航班。巴克塔尔航空公司的建立，一部分原因也是出于促进国内旅游事业的发展。与此同时，私人宾馆以及一些国际大酒店的建立和建设，比如喀布尔洲际酒店，也促进了旅游业的发展。

　　1958 年，到阿富汗旅游的境外旅客大约为 400 人，1970 年

前后增至大约 10 万人，1971 年达 11.35 万人。1970~1973 年，旅游业为阿富汗共创造了 4480 万美元的收入。① 1976/77 年度，旅游业收入约达 1300 万美元。② 1972 年开始，外国游客人数开始下降。当年，外国游客达 11.02 万人。1973 年、1974 年连续降至 9.144 万人和 9.6 万人。③ 1978 年 4 月政变后，外国游客人数骤减。苏联入侵后的 20 多年一直没有相关统计数据。另外，从外国游客分布上看，20 世纪 70 年代大约 50% 的游客来自巴基斯坦，其他游客主要来自美国、英国、法国和联邦德国。

阿富汗自然名胜和人文景观繁多。瓦罕走廊、巴达赫尚地区、努里斯坦地区和中部山区的壮丽风光以及迷人的高山湖泊，吸引着无数境外游客。例如，距巴米扬不远的班德尔阿米尔湖就是一处游览胜地。此外，阿富汗还有众多的古希腊、佛教时期和广泛分布于阿富汗各地的伊斯兰文化遗址等，比如位于巴米扬河谷的巴米扬大佛等。它们不仅是阿富汗、也是世界上不可多得的人文景观。

此外，城市游览也是阿富汗旅游的一项重要内容，这里主要对 4 个城市作些介绍。

## 一 喀布尔④

布尔是阿富汗首都，是全国的政治、经济和文化中心。1999/2000 年度，其人口约 178 万。⑤

---

① Hamidullah Amin, *A Geography of Afghanistan*, The Center for Afghanistan Studies, 1976, p. 148.
② EIU, *Quarterly Economic Review of Pakistan/Bangladesh/Afghanistan*, Annual Supplement 1977, p. 40.
③ Ibid.
④ 见前引马金祥等编辑《阿富汗/巴基斯坦地图》。
⑤ EIU, *Country Profile：Afghanistan*, 2000, p. 71；据中国中央电视台报道，2005 年喀布尔人口达 400 万。

## 第四章 经 济

喀布尔位于阿富汗东部喀布尔河谷，在海拔 1850 米的高原上。这里，群山环抱成 U 字形，古城幽静，开口处向着西面的高山峻岭。其东部的开伯尔山口，是阿富汗通往巴基斯坦的重要关口。

喀布尔历史十分悠久，有 3000 多年的历史，中国古籍上把它称为"高附"。由于地理位置特殊，喀布尔自古就是东西方贸易的中心。"喀布尔"一词的信德语意为"贸易中枢"。18 世纪后期，阿富汗移都于此。喀布尔见证过 3 次英国对阿富汗的入侵，至今城区还有许多古战场遗址，城市周围山峰上屹立着抵御外来入侵的城墙。1919 年阿富汗第三次抗英战争胜利后，在喀布尔市区查曼大街上设立了独立纪念碑。

美丽的喀布尔河流过市区，把喀布尔分为旧城和新城。市内多宫殿、古塔、古堡、伊斯兰教清真寺。著名的建筑景观有古尔罕纳塔、迪尔库沙塔、萨拉达特宫、蔷薇宫、达尔阿曼宫、沙希杜沙姆施拉寺、巴卑尔的大理石陵墓、前国王纳第尔沙的陵墓、国家博物馆、考古博物馆、喀布尔大学等。城南的扎赫祠，是伊斯兰教什叶派创始人阿里的衣冠冢。每到阿里的诞辰日，这里就要举行宗教仪式活动。不过，许多建筑和古迹在 20 多年的战争中成为一片废墟和瓦砾。

20 世纪 70、80 年代以前，喀布尔集中了全国大部分工业，主要有纺织、水泥、食品、制革及汽车修理等。由于地区气候条件较好，喀布尔还是全国最主要的各类蔬菜种植地。喀布尔还是全国的公路和航空枢纽，对外贸易的集散地。喀布尔有两个现代化的国际机场通往周边国家和欧洲等地。以喀布尔为中心的环形公路网可以通往全国各地，喀布尔到巴基斯坦和伊朗也有公路相连。喀布尔市场具有浓郁的民族特色，各种小商店挤满了街道两旁。集日里，各种手工业作坊排列成行，可以买到精致的手工业品。

## 阿富汗

### 二 坎大哈

坎大哈是阿富汗第二大城市，坎大哈省省会，阿富汗西南部重要城市。21世纪初，其人口约23万。①

坎大哈是阿富汗西南部重要交通枢纽之一，具有重要的战略地位。坎大哈附近农业发达，是全国重要的农产品集散地。它有以食品和纺织业为主的大型工厂和中小手工业企业和作坊，市郊有国际机场。

坎大哈分为新旧城两部分。市内和市郊著名的景点有18世纪中叶建造的杜兰尼王朝陵寝、穆巴拉克清真寺、梅旺德古战场等。

### 三 赫拉特

赫拉特是阿富汗第三大城市，也是西部的军事要地。21世纪初，其人口大约18万多。

赫拉特位于赫拉特绿洲之上，具有2000多年历史。在古代，它位于"丝绸之路"中段，是与周边国家交往的交通枢纽和贸易中心。

赫拉特是阿富汗农畜产品集散地。20世纪70、80年代以前，市内食品、纺织和工商业发达，地毯编织也很有名气。

赫拉特有许多名胜古迹，是伊斯兰教圣地之一。城内有古老的清真寺遗迹，历史上著名统治者和诗人的陵墓。其中，1855年修建的城墙有5个城门。著名的礼拜五清真寺建于13世纪，可容8万人，是世界上最大的清真寺之一。

### 四 马扎里沙里夫

扎里沙里夫位于阿富汗北部阿姆河平原中心，是阿富汗第四大城市，巴尔赫省省会。马扎里沙里夫是阿富

---

① 风梳柳编《告诉你一个真实的阿富汗》，北京，光明日报出版社，2001，第7页。

汗北部军事重镇和商业中心，是羊皮的最大集散地。城中有公路通往喀布尔、赫拉特等城市以及周边国家。市内棉毛纺织业、地毯加工业以及其他手工业比较发达，是国内小麦、皮革和棉花贸易的中心。马扎里沙里夫化肥厂是全国唯一一家大型化学工业企业。

马扎里沙里夫城内著名的景点有壮观的哈兹拉特阿里陵墓、马扎尔博物馆等。

## 第八节　国民生活

### 一　物价和工资

20世纪70年代，伴随货币供应量的增加，物价逐年上涨，但幅度不大。就全国消费物价指数（以1961/62年度=100计算）而言，1970/71年度为265，1975/76年度为298。就喀布尔消费物价指数（以1970年为100计算）而言，1974年为110，1978年为142.1。[①]

苏联占领期间，物价状况比较复杂。阿富汗政府宣称，消费价格涨幅不大。1980/81年度，消费价格仅上涨12%~15%。但是，据非官方来源称，通货膨胀非常严重，工资也不得不大幅度上调，政府一直在大量印制钞票。国际货币基金组织认为，1980~1983年，物价上涨了7.7%，但1984年和1985年上涨幅度较大。以1980年为100计算，1985年消费价格指数为126.6。1984~1991年，物价年均上涨率为41%，只有1986年例外。另外，根据联合国开发计划署的资料，从1978/79年度到1990/91年度，喀布尔物价大约提高了10倍。以1978/79年度为100计

---

[①] 见前引《世界经济年鉴》，1981，第81页。

算,1990/91年度总体物价指数达1078.9,其中食品物价指数为1179.7,非食品物价指数为987。①

1992年纳吉布拉政权倒台后,通货膨胀更为严重。据官方估计,年均通货膨胀率超过150%。1993年后,物价进一步上涨,主要原因是在没有任何硬通货支持下,政府滥印钞票以及食品普遍匮乏。1992～1996年,反政府力量对喀布尔的频繁封锁,致使喀布尔的物价比任何地方都高,政府雇员、士兵的收入远远不能赶上物价上涨幅度。1996年9月塔利班接管政权后,物价更加恶化。

表4-24 喀布尔消费物价指数(1970年=100)

| 1971年 | 1972年 | 1973年 | 1974年 | 1975年 | 1976年 | 1977年 | 1978年 |
|---|---|---|---|---|---|---|---|
| 125.6 | 109.9 | 98.7 | 110 | 121 | 121.6 | 138.2 | 142.1 |

资料来源:《世界经济年鉴》,中国社会科学出版社,北京,1981,第82页。

表4-25 1978~1985年消费物价指数(1980年=100)

| 1978年 | 1979年 | 1980年 | 1981年 | 1982年 | 1983年 | 1984年 | 1985年 |
|---|---|---|---|---|---|---|---|
| 78.8 | 99.1 | 100 | 104.9 | 111 | 107.7 | 116 | 126.6 |

资料来源:EIU,*Country Profile*:*Pakistan / Afghanistan*,1988/89,p.59.

表4-26 1986~1991年消费物价指数(1985年=100)

|  | 1986年 | 1987年 | 1988年 | 1989年 | 1990年 | 1991年 |
|---|---|---|---|---|---|---|
| 消费物价指数 | 96.8 | 115.9 | 138.7 | 242.9 | 344.7 | 540 |
| 年变化率(%) | -3.2 | 19.7 | 19.7 | 25.1 | 41.9 | 56.7 |

资料来源:EIU,*Country Profile*:*Pakistan / Afghanistan*,1994/95,p.64.

---

① EIU,*Country Profile*:*Pakistan / Afghanistan*,1982/83,p.58;Ibid,1994/95,p.64.

## 二 就业

有关阿富汗就业的统计数据不可靠。据粗略估计，20世纪60、70年代，阿富汗劳动参与率较低，农业就业人数占主体，服务业和工矿业次之，不过后两者就业人数逐步提高。1965年，劳动力总数为390万。20世纪70年代颁布的七年发展计划估计，1976年，人口总数大约为1660万，而劳动力总数有561.8万，约占全部人口总数的33.7%。其中，农业就业人数为402.2万，占劳动力总数的71.6%；工矿业就业人数为53.8万，占劳动力总数的9.6%；服务业人数为71.5万，占劳动力总数的12.7%；失业人数约为34.3万，占劳动力总数的6.1%。[1] 截至20世纪70年代末，劳动力结构有了一些变化。据世界银行估计，按人口总数1305万计算，1979年全部劳动力只有394.4万，约占人口总数的30.2%。其中，农业（包括渔、猎、林业）就业人数为236.9万，占劳动力总数的60.1%；工业（包括矿业、制造业、水电、天然气、建筑、交通运输和电讯等）就业人数为61万，占劳动力总数的15.4%；服务业就业人数为88.7万，约占劳动力总数的22.5%；失业人数为7.8万，失业率为2%。[2]

20世纪80年代后，劳动力总数有所增加，但就业变化不大。据官方统计，从1979/80年度到1980/81年度，劳动力总数从495万急剧降至373万。此后，劳动力总数有所增加，1989/90年度劳动力总数增至600余万。从就业结构看，80年代农业就业人数仍占主体，约占劳动力总数的57%~67%，工矿业和服务业大致各占15%。[3]

---

[1] EIU, *Quarterly Economic Review of Pakistan / Bangladesh / Afghanistan*, Annual Supplement 1978, p.31.
[2] EIU, *Country Profile: Pakistan / Afghanistan*, 1986/87, p.58.
[3] Ibid, 1990/91, pp.60~61；1994/95, p.63.

1992年纳吉布拉垮台后,劳动力总数进一步增加。据美国中央情报局估计,2000年劳动力总数已达1000余万,约占人口总数(按2001年人口总数为2681.3万计算)的37.2%。[①]

表4-27 1975/76年度就业结构估计数

|  | 人数（万） | 占劳动力总数的比例(%) |  | 人数（万） | 占劳动力总数的比例(%) |
|---|---|---|---|---|---|
| 农　业 | 402.2 | 71.6 | 非生产领域 | 71.5 | 12.7 |
| 工　业 | 35 | 6.2 | 失　业 | 34.3 | 6.1 |
| 矿　业 | 18.8 | 3.4 | 劳动力总数 | 561.8 | 100 |

资料来源：EIU, *Quarterly Economic Review of Pakistan / Bangladesh / Afghanistan*, Annual Supplement 1978, p.31.

表4-28 1979年就业结构估计数

单位：万人,%

|  | 人　数 | 占劳动力总数的比　例 |
|---|---|---|
| 农、猎、林、渔 | 236.9 | 60.1 |
| 矿业与采掘 | 5.9 | 1.5 |
| 制造业 | 42.3 | 10.7 |
| 电、气、水 | 1.1 | 0.3 |
| 建　筑 | 5.1 | 1.3 |
| 运输、储藏与电讯 | 6.6 | 1.6 |
| 批发、零售与饭店宾馆 | 13.8 | 3.5 |
| 金融、保险、房地产与商业、社区、社会与个人服务等 | 74.9 | 19 |
| 失　业 | 7.8 | 2 |
| 劳动力总数 | 394.4 | 100 |

资料来源：EIU, *Country Profile: Pakistan / Afghanistan*, 1986/87, p.58.

---

[①] http://www.cia.gov/cia/publications/factbook/geos/af.html.

## 三 社会福利

**20** 世纪 70 年代以前，对大多数阿富汗人来讲，家庭、部落或者村庄承担着提供社会福利的责任。病人、残疾人、鳏、寡、孤独者应该由其最亲近的亲戚予以照顾。此外，在一个笃信伊斯兰教的社会里，伊斯兰教也加强了阿富汗的社会福利工作。另外，政府或者政府资助的机构一般能够提供最基本的社会福利。

### （一）传统社会福利

当个人或家庭面临社会或者经济困难时，家庭和部族往往能够承担照顾的责任。因为阿富汗是一个传统社会，个人隶属于一个自给自足的群体。鳏寡、孤儿、残疾人或者老年人得不到应有的照顾，将是一个家庭或者部族的羞耻。一个人突然致残、生病或者生子时，一般所有的亲戚和邻居都会前来帮助。富裕家庭以及所有社会成员都有责任在需要时，比如参加葬礼、婚礼时提供一份资助。

阿富汗是一个伊斯兰国家，向穷人和不幸者提供帮助是穆斯林最基本的一项功课。伊斯兰教规定，完纳天课是穆斯林必须履行的五功之一。穆斯林一般要向毛拉交纳其收入的 2.5% 作为课赋。在村庄或者小城镇，毛拉要挨家挨户收取这种课赋，有时是金钱，有时是物品。然后，毛拉再把它们发放给穷人。在大城镇，毛拉经常会让求助者携带一张信条给富裕的穆斯林，要求后者把所捐献的财物直接给这名求助者。一些家庭会永远承担一份慈善责任，那就是向孤儿提供照顾，向穷人家的女儿支付陪嫁，在各种各样的宗教节日里奉献金钱、衣物或者食品。另外，伊斯兰教主张，穆斯林有义务抚养和照顾有精神疾病者和残疾人等。此外，按照伊斯兰教，寡妇可以继承丈夫财产的 1/10，可以有一间房屋，并且由丈夫的兄弟或者他们的儿子抚养。一个人去世后,如果没有兄弟,其孩子将由一些男性亲属照顾,其财产也由男性亲属来管理。

### (二)社会福利机构①

#### 1."阿富汗红新月会"

它是一个向公众提供社会福利的私人机构,建立于1951年,隶属于国际红十字会和红新月会联盟。在20世纪50年代,查希尔沙长子是名誉主席。这个红新月会主要由其他红新月会和红十字会以及私人提供资助,查希尔沙是一名主要捐赠者。该机构还通过举办各种各样的文化和体育活动来募集资金。

阿富汗红新月会的活动有:招募和培训志愿人员或者乐善好施人员,前往自然灾害发生的地区进行救济。在发生地震、洪水或者流行性传染病的地区,该机构提供医疗服务,还提供其他救济物品,比如食品、衣物、毯子、帐篷等。1956年5月赫尔曼德河发生洪水时,这个机构给许多村民提供了应有的帮助。20世纪50年代,它还在兴都库什山中部、尤其是巴米扬省和萨曼甘省发生大地震时,为许多无家可归的村民提供了切实帮助。另外,在邻国遇到特大灾难时,这个机构也派遣救济人员,提供救济物品。

#### 2. 各种妇女儿童社会福利机构

20世纪40年代末,阿富汗建立了一些机构,为妇女、母亲和儿童提供社会福利。比如妇女社会福利机构。它设在喀布尔。除教授一些与小学水平相当的课程外,还免费提供一些有关家庭经济、育儿和缝纫方面的指导。再如, "罗赞特姆会" (Rozantum Society) 向一些需要帮助的母亲和孩子提供帮助。"玛里斯顿会" (Maristun Society) 设在大城市,由市政官员监

---

① Harvey H. Smith, Donald W. Bernier, Frederica M. Bunge, Frances Chadwick Rintz, Rinn-Sup Shinn, Suzanne Teleki, *Afghanistan*, *A Country Study*, Fourth Edition, United States Government, Washington, 1980, pp. 119~121.

管，主要向孤儿和一些面临绝境的人员提供帮助。

3. 政府机构

一些政府机构也涉及计划和管理社会福利项目，以便提高乡村和城市人民的生活水平。比如，公共工程部及其分支，包括城市规划局、建房局等，负责城市的整修工作。再如，内政部负责发展乡村规划，但是规划部、农业部、教育部、公共卫生部、矿业和工业部和公共工程部等也参与该规划的发展。在这些部门之上，还设有一个高级委员会，监督和协调上述各个部门在这方面的工作，该委员会由首相直接负责。

# 第五章

# 军　　事

## 第一节　20世纪50年代前的阿富汗军队

19世纪下半叶，阿富汗在英印政府帮助下试图建立和发展国家正规军，当时广泛存在于各地的是部落士兵。阿卜杜尔·拉赫曼时期，继续致力于正规军建设。1885年，阿富汗正规军正式建立，1896年拉赫曼对它进行了改组。20世纪初，阿富汗从土耳其招聘军事顾问，以重新改组正规军。与此同时，阿富汗还从俄国、德国、英国和意大利聘请军事顾问，以创建一支空军力量。1923年，阿曼努拉汗颁布征兵法。大约10年后，这部征兵法付诸实施。由于电讯落后，统计数据缺乏，征兵法在实施当中遇到极大障碍。因此，截至20世纪30年代，阿富汗军队仍以部落士兵为主，其中普什图族士兵为主力。1933年，阿富汗正规军共有4.5万名官兵。1945年，正规军人数翻了一番。第二次世界大战期间，阿富汗建立了一支准军事的治安部队，由正规军军官指挥。20世纪50年代初，阿富汗正规军人数下降到战前的一半以下，治安部队扩展至大约2万名。[①]

---

① J. C. Hurewitz, *Middle East Politics: The Military Dimension*, Frederick A. Praeger, New York/Washington/London, pp. 300 – 301.

第五章 军事

## 第二节 20世纪50年代后的军队[①]

第二次世界大战前后,阿富汗一直致力于军队的现代化建设。

二战前后,阿富汗原希望美国帮助阿富汗实现军队现代化,但是没有产生任何结果。然而,在这方面它得到了苏联的大力援助。1956年8月,阿富汗与苏联签订了第一个军事协定。该协定规定,苏联向阿富汗提供价值2500万美元现代军事装备,包括喷气式飞机、坦克、重型武器和轻型武器,以帮助阿富汗军队实现现代化;阿富汗则将棉花、羊毛、油籽出售给苏联作为偿还。该协定签署后,苏联很快开始向阿富汗提供上述装备。此后,阿苏又秘密签订了其他几个军事协约,苏联开始向阿富汗提供更加先进的大量武器装备。截至1965年,阿富汗可能从苏联方面得到了多达100辆坦克,阿富汗空军得以装备苏制米格-17战斗机、伊尔-28轰炸机和将近100架各类军用飞机。苏联还派出军事技术人员,或者在本国和东欧国家的军事院校培训阿富汗军官,帮助阿富汗官兵熟练掌握和使用武器。与此同时,阿富汗政府派遣了少量军官到美国进行培训。土耳其也帮助阿富汗培训军队,但是人数和规模不断减少。在苏联帮助下,截至20世纪60年代中期,阿富汗正规军扩大到9万名官兵。1965年,阿富汗空军已达到大约1500名官兵。就当时军队民族构成而言,大多数高级军官由普什图族人担任,低一层的军事行政管理人员主要由塔吉克族人担当,士兵大多来自塔吉克族、乌兹别克族和哈扎拉族。

苏联的军事援助加强了阿富汗中央政府的军事力量,同时削

---

[①] Ibid, p.302.

阿富汗

弱了地方部落势力的军事实力。随着阿富汗军队现代化的建设，阿富汗征兵工作能够在城镇和乡村展开。阿富汗中央政府在免除许多普什图族部落兵役的同时，给予普什图族部落财政补贴。这使阿富汗中央政府能够不受部落势力的牵制，大力发展忠实于自己的军事力量。不过，阿富汗中央政府仍继续从部落地区征兵，以承担边境保卫工作。

不过，苏联的军事援助也产生了负面影响。就军事领域而言，主要表现在阿富汗军事装备严重依赖苏联零部件的供应和更新；阿富汗军队采用了苏联军事理论；俄语成为阿富汗军队的一种军事语言。

截至20世纪70年代，阿富汗全国军队大约有10万人，包括靠近大城镇至少12个团的兵力，其中大部分军队驻守在喀布尔市近郊。1973年政变前，查希尔沙是国家军队最高统帅。当时，阿富汗兵役制分为自愿兵役和义务兵役两种，正规军可以由受过训练的后备役军人补充。遇到紧急情况，阿富汗还可以动员2万人的部落士兵。20世纪70年代，阿富汗空军配备着苏制现代化武器。除正规军外，阿富汗当时还有一支治安部队。该部队归内政部管辖，负责国内安全，并承担保护边境的责任。另外，阿富汗还有一支警察部队，也归内政部管辖，负责维持社会治安，保护老百姓的生命和财产。阿富汗为内陆国家，没有海军。

1978年人民民主党建立政权后，革命委员会控制国家军队。当时，阿富汗空军在巴格拉姆、信丹德等地设有军事基地。苏联入侵阿富汗之后，阿富汗政府军实际上由其境内的苏军驻阿富汗总司令部指挥。当时，阿富汗政府军征兵年龄大约为15~55岁，服役期3年，其中志愿兵2年，非战斗人员4年。当时，阿富汗政府军陆军兵力约4万人，空军约7000人，此外还有3万人的治安部队。治安部队包括革命防卫队、国境警备队和秘密警察等。另外，马扎里沙里夫、巴格拉姆、法拉等地建有空军军用机场。

第五章 军　事

## 第三节　20世纪90年代的军队

### 一　塔利班[①]

20世纪90年代初，阿富汗再次陷入内战。如前所述，塔利班势力自1994年崛起后迅速发展。截至2001年"9·11"事件前，它已控制全国将近95%的疆域，其军事力量已从当年几百名学生武装发展到8万人。塔利班士兵主要来自阿富汗普什图族人，还有一些是"阿拉伯阿富汗人"。塔利班作战主力包括步兵、装甲兵、炮兵、防空部队和有限的空军，其军事基地主要设在喀布尔、赫拉特以及昆都士3个城市，另外还有一些小型军事基地。

炮兵是塔利班作战效率最高的一支力量，配备有300门左右的大口径牵引火炮和150门多管自行火箭炮，炮口径以122毫米和130毫米居多，其中，俄制D-30型122毫米榴弹炮和俄制M-46型130毫米加农炮威力较大。在火箭炮中，BM-21型122毫米车载火箭炮性能先进，杀伤力强，107毫米多用途火箭炮有牵引式和自行式两种。

塔利班装备有T-54/-55型、T-62型主战坦克和PT-76型轻型坦克约300余辆；BMP-1/-2型步兵战车、BRDM-1/-2型装甲侦察车和BTR-40/-60/-70/-80/-152型装甲人员输送车约350余辆。不过，大多数主战坦克作战能力不强，主要被用作支援、运载步兵或作为火箭炮的发射平台使用，大概只有T-62型坦克才有一定的作战能力。在装甲车中，BMP-1型是

---

[①] 主要参阅《世界2002年军事年鉴》，解放军出版社，2002年11月，第140~141页；田聿：《塔利班防御反击武器大观》，《科技与国力》2001年第10期。

阿富汗

前苏联20世纪60年代初设计的第一代步兵战车。BTR系列装甲车则主要用作迅速反应和火力支援,其中BTR-60型是60年代苏联以及华约集团广泛使用的装甲人员输送车,BTR-80型是80年代在BTR-70型的基础上改进的。塔利班还有一些更加老式的BTR-40型装甲车。

塔利班步兵配备的轻武器有手枪、自动步枪、机关枪和冲锋枪等。其中使用最多的是苏制AK-枪族,包括AKM步枪、AK-74型5.45毫米小口径步枪、AKS-74U短管冲锋枪等。另外,步兵还配备有不同口径的迫击炮、高射炮、反坦克武器等。

在塔利班防空武器中,最有力的武器是20世纪80年代美国向阿富汗抵抗力量提供的"毒刺"式导弹,它是第二代单兵便携式近程防空导弹。另外,塔利班当时还有冷战时期世界上广泛使用的苏制"飞毛腿"-B导弹,这是一种地对地战术导弹。塔利班还大量使用"蛙"-7型无控火箭,用于远程进攻作战。

塔利班空军力量有限。在其拥有的70架飞机中,以运输机和教练机为主,而能够作战的只有大约10架苏-22型战斗轰炸机和5架米格-21型战斗机。在直升机当中,有5架米-24型"母鹿"武装直升机。

二 北方联盟

2001年"9·11"事件前,反塔利班北方联盟军事力量已被削弱。当时他们的总兵力约有3万人。[①] 其中,拉巴尼和马苏德领导的阿富汗伊斯兰促进会实力最强,兵力在北方联盟中占绝大多数,大约有1.2万人,来自塔吉克族。北方联盟当中,还有杜斯塔姆领导的乌兹别克族武装以及阿富汗哈扎拉族什叶派武装。在当时北方联盟小型武器装备中,主要有AK自

————————
① 《世界知识年鉴》(2001/2002),世界知识出版社,北京,2001,第36页。

动步枪、机枪、枪榴弹、无后坐力炮。装甲兵器主要有650余辆各种坦克和装甲车，其中有T-62、T-54、T-55型主战坦克、BMP步兵战车、BRDM-1/-2型侦察车。炮兵装备兵器有107~220毫米多管火箭炮、82毫米和120毫米迫击炮、100~152毫米牵引炮、76毫米山炮等。北方联盟空军有苏-22型和米格-21型战斗机30余架。其防空力量主要包括ZSU-23-4型自行高炮、ZU-23-2型车载高炮、"毒刺"式地对空导弹等。导弹当中，还有"蛙"-7型无控火箭、25~30枚飞毛腿-B型短程地地导弹。北方联盟当时还有大约8架米-8型运输直升机、3~4架货物运输机等。①

## 第四节 阿富汉军队重建

2001年年底阿富汗卡尔扎伊临时政府建立后，军事和安全重建是阿富汗面临的最重要、最艰难的一项工作。目前乃至今后，驻阿美军是阿富汗及其新政府安全保障的第一道屏障。② 另外，国际安全援助部队是目前阿富汗、尤其是首都地区安全和稳定的另一道屏障。

但当务之急，是建立由阿富汗中央政府直接统辖的国家军队，以便将来取代驻阿美军和国际安全援助部队的主要职能，将是阿富汗安全与稳定的最终保障。阿富汗临时政府上任伊始，即积极争取国际支持，以组建国家军队。为此，阿富汗临时政府成立了以国防部长为首的专门委员会，负责国家武装部队的筹建工作。2002年4月，阿富汗制定了建军方案，并规定新的国家军队（阿富汗国民军）的主要任务是确保国家安全，保证公民的

---

① 美联社2001年10月7日电。
② 将在第六章"外交"中阐述。

生命和财产安全,平息国内民族纠纷,维护边界的安定,执行反毒反恐行动,帮助经济重建以及分发人道主义援助物资,在国家发生紧急情况时及时提供保障,抢险救灾等。①

专门委员会的任务有三项:其一,创建一支精英部队作为未来阿富汗国民军的样板。精英部队有1500~2000名官兵,人员来自阿富汗所有主要部族。

其二,把现有总兵力估计达70万的各派武装,缩编成人数在20万~25万之间的阿富汗国民军,置于中央政府的统一指挥之下。

其三,根据建军方案,新的国家军队总兵力约为8万人。其中,陆军6~7万人,编成4个地区司令部、9个军部、32个师(每省部署一个师,每个师只有约2000人)。主要武器装备有 T-54/-55型、T-62型坦克约500两;PT-76型轻型坦克若干两;BMP-1/-2型步兵战车约120辆、BRDM-1/-2型装甲侦察车若干辆、BTR-40/-60/-70/-80/-152型装甲人员输送车225辆;M-1938型和M-1942型76毫米牵引火炮若干门、D-48型85毫米牵引火炮若干门、M-1944型100毫米牵引火炮10门、M-30和D-30型122毫米牵引火炮100门、M-46型130毫米牵引火炮10门、D-20和M-1937(ML-20)型152毫米牵引火炮若干门;BM-21型122毫米火箭炮60门、BM-14型140毫米火箭炮10门、"乌拉干"式220毫米火箭炮10门;M-37型82毫米、107毫米、M-43型120毫米迫击炮若干门;"飞毛腿"(scud)地地导弹5部、"蛙"(frog)-7型无控火箭10部;AT-1/-3型反坦克导弹若干枚、SPG-9型73毫米和B-10型82毫米无坐力炮若干枚。防空武器有14.5毫米高射机枪、ZU-23/ZU-23-4SP型23毫米高射炮、

---

① 《世界2004年军事年鉴》,解放军出版社,2004年12月,第146页。

第五章　军　事

M-1939型37毫米、S-60型57毫米、KS-12型85毫米、KS-19型100毫米高射炮和萨姆-7/-13型防空导弹。[①] 空军约8000人，主要装备有：米格-21型战斗机5架；安-24型运输机若干架；L-39型教练机2架；米-24型武装直升机5架、米-8/-17型运输直升机8架。此外，还有边防军1.2万人，警察部队等7万人。

　　截至2003年年中，阿富汗国家军队共建有3个旅，兵力5300人，装备了坦克、火炮、装甲车等重型装备。2003年8月30日，成立了统辖上述部队的中央军团司令部，这是阿富汗国家军队组建的第一个军团级的建制，是阿富汗全国军队的指挥中枢。但是，由于不能向军队提供足额军饷，阿富汗中央军团的兵力只完成了建制定额的65%。截至2005年6月，阿富汗国民军已有2.47万人。

　　此外，阿富汗内政部制定了一项到2007年的警察系统改革计划，其中包括将原来的游击队员转变成为正规警察。目前，德国以及由联合国派遣的警察顾问，正帮助阿富汗政府培训警察，并为警察系统改革提供建议。

　　与此同时，设法解除地方武装和军阀队伍，加强中央对地方的控制，是保障阿富汗安全与稳定的另一项重大举措，也是阿富汗新政府的当务之急。在驻阿美军和联合国支持下，阿富汗政府决定从2003年7月1日起，解除各地方军事武装。该计划曾一度受阻，但在阿富汗政府对国防部进行改组并增强普什图族人在其中的领导地位后，该计划得以从2003年10月24日开始实施。该计划名为"放下武器，解甲归田，复兴阿富汗"，计划耗资达2亿美元。该计划率先从北部昆都士省试点，到次年春天，拓展

---

[①] 《军事力量对比》（2005/2006年），英国伦敦国际战略研究所，2005年10月，第233页。

到阿富汗全国，涉及地方武装人员10万名，预计上缴武器将达100万件。解除武装的士兵每人将得到200美元现金和一些衣物；如果签署一份永不再拿起武器的承诺书，每人还能得到职业培训机会或一份工作；另外一些人将被整编到阿富汗国家军队中。不过，该计划进展缓慢，截至2004年，大约只有2万余人放下武器。

20世纪初，阿富汗贾拉拉巴德附近建立了阿富汗军事学院。苏联入侵阿富汗之前，它是阿富汗唯一一所高等军事学院。1956年，查希尔沙开始建立皇家军队时，苏联和捷克斯洛伐克帮助该学院修建了高标准的校舍。当时，这所军校占地面积约150万平方米，可容纳3000名学生，有教学楼、办公楼、学员宿舍、礼堂和餐厅等20余栋建筑，还有大型的室外操练场。新校舍的建成大约花了10年时间，总造价为900万美元。多年来，这所学院为阿富汗培养了好几代军事人才。后来由于战争，这所军事学院多次关闭，多次易主，很多教学设施和楼房遭到严重破坏。塔利班统治时期，这所学院曾是宿营地。塔利班被推翻后，这里成为阿富汗新政府的军事培训基地，是阿富汗培养国家军事人才的摇篮。阿富汗新政府第一支军队——由美国训练的国民卫队第一营就是在这里培训出来的，该营毕业后负责总统府的安全。学员们要在这所学院学习军事理论、实弹射击、实地战术以及驾驶、紧急救护、测距识图等军事基础知识。

## 第五节　外国在阿富汗驻军

### 一 "持久自由行动"部队（OEF）

2001年10月7日，美英部队开始对阿富汗进行军事打击，阿富汗战争正式爆发。美国将这次军事行动的代

第五章 军事

号定为"持久自由行动"(Operation Enduring Freedom)。在美国对阿富汗的军事行动中,英国军队不仅参与了对阿富汗的空袭,而且派出了地面部队。法国、意大利等国也派出了地面部队。12月9日塔利班政权垮台后,参加"持久自由行动"的各国部队仍驻留阿富汗,执行"反恐"任务,继续清剿塔利班的剩余武装人员。截至2005年8月,美国驻富汗的军队仍有1.8万人,司令为卡尔·艾肯伯里中将。美国在阿富汗控制的军事基地有:喀布尔以北的巴格拉姆基地(BAF)、坎大哈机场(KAF)和西部赫拉特省的信丹德机场。其他10余个国家的军队仍有2500人,其中有:法国陆军约700人,罗马尼亚1个步兵营和1个连共418人,西班牙陆军约400人,澳大利亚约300人(计划增至500人),意大利256人,德国约100人,丹麦约100人,波兰87人(拟增加1000人),挪威70人,新西兰约50人,斯洛伐克陆军40人。

## 二 国际安全援助部队(ISAF)

2001年12月中旬,美英等西方国家和一些伊斯兰国家磋商后,敲定了驻阿富汗国际安全援助部队的基本框架。同年12月20日,联合国正式通过决议,决定成立国际安全援助部队(International Security Assistance Forces,ISAF),协助阿富汗临时政府在首都喀布尔及其附近地区维护和平与安全。决议还要求联合国各会员国派兵参加这支多国维和部队,并向它提供必要的装备。2002年1月5日,阿富汗临时政府和国际安全援助部队司令约翰·麦科尔签署协议,规定了这支部队的任务和权力。其首要使命是维护阿富汗的和平与稳定,确保喀布尔等城市的社会治安。其次是训练阿富汗军事和安全人员,并给予阿富汗军事技术援助。2001年底,国际安全援助部队开始陆续抵达阿富汗。2003年8月11日,北约正式接管这支部队,这是北约

阿富汗

首次在欧洲以外的地区执行维和行动。在阿富汗政府和联合国的多次呼吁下,2003年10月6日,北约同意将国际安全援助部队首次从喀布尔扩大部署到外省。10月13日,联合国安理会正式授权国际安全援助部队扩大部署到阿富汗任何区域,并将这支部队的任期延长12个月。2005年上半年,国际安全援助部队开始部署到阿富汗西部,以接替美军在这个地区的维和任务。12月初,这支部队进一步向阿富汗南部部署维和兵力。这支部队的人数也不断增加。2004年年底,它大约有5500人。

截至2005年8月,这支部队约有7600人,来自36个国家,已知有:德国1900余人,加拿大1576人,意大利990人,英国585人(其中空军270人,直升机5架),法国565人,比利时250人,丹麦185人,土耳其161人,荷兰153人,挪威147人(1个加强步兵连),新西兰131人,匈牙利130人,希腊127人,西班牙125人,芬兰83人,阿尔巴尼亚81人,美国67人,捷克56人,马其顿48人,保加利亚34人,罗马尼亚32人,波兰22人,阿塞拜疆22人,克罗地亚22人,蒙古21人(陆军教官),瑞典19人,斯洛文尼亚18人,斯洛伐克17人,爱尔兰11人,拉脱维亚10人,卢森堡9人,葡萄牙8人,立陶宛6人,瑞士4人,奥地利3人。此外,爱沙尼亚派出1个爆炸物处置组、1个搜索犬组和1个医疗组。国家安全援助部队司令由英国人戴维·里查兹中将担任,2007年2月将由美国人丹·麦克里尔上将接替。

2003年年底,美国提出将北约领导的阿富汗维和行动与美国领导的阿富汗反恐行动合并在一起,也就是要求北约领导的国际安全援助部队承担反恐作战任务,以减轻美国的负担。这一建议虽遭到德国、法国等一些北约国家的反对,但势在必行。截至2006年8月,英国已增派了4000名维和士兵,德国维和士兵也增至2800人,但北约仍深感兵力不足。在9月9日召开的北约

26 国国防部长会议上，北约一致同意向阿富汗增派 2500 名维和士兵。除波兰已表示可以增派 1000 名士兵外，其他一些国家表示无兵可派。

三 联合国驻阿富汗援助团（UNAMA）

截至 2005 年 8 月，已知有 11 个国家向联合国驻阿富汗援助团派出观察员共 13 名，其中罗马尼亚和奥地利各派出 2 名，丹麦、德国、瑞典、孟加拉、澳大利亚、韩国、新西兰、波兰和乌拉圭各 1 名。

# 第六章
# 教育、科学、文艺、卫生

古代和中世纪，阿富汗文化相对繁荣，古希腊文化、印度佛教文化和伊斯兰文化相继在此留下了深刻烙印。尤其是伊斯兰文化，迄今为止仍在阿富汗政治、经济、社会生活等各方面发挥着重要作用。近代以来，由于内战频繁和外敌入侵，经济停滞不前，文化逐渐衰落。1919年阿富汗独立后，阿富汗教育、文学、艺术和新闻事业有所发展。但是与其他国家相比，其自然科学和社会科学仍然非常落后。

## 第一节 教育[①]

### 一 发展简史

阿富汗是古代文明的摇篮和交汇地，曾创造出光辉灿烂的文化。20世纪初，伊斯兰教传统已深入到阿富汗社会生活的各个方面，包括各级教育和培训机构。家庭和清真寺开办的非正规学校以及穆斯林学校和学术界，都为公众提供教育

---

[①] 主要参阅赛义夫·R.萨马迪著《趋向与现状——当代阿富汗教育》，杨红译，载《教育展望》2002年第12期。

## 第六章 教育、科学、文艺、卫生

服务。其中，穆斯林学校为年轻人开设普通知识课程和神学课程，培养宗教人士、社会领导和教师，学生在非正规的范围内学习写作、诗歌、文学、历史、自然科学和传统医学。清真寺则教授《古兰经》和伊斯兰教的价值观和伦理道德准则，以及识字和算术。

1903年，喀布尔创办了第一所中学——哈比比亚中学，这是阿富汗现代教育的开始。它聘请了本国教师和外籍教师，为国家培养公务员。不久，阿富汗又陆续建立了几所现代小学和一所师范学校。1909年，政府成立了教育委员会，指导包括传统教育机构在内的教育工作。1919年阿富汗独立后，阿曼努拉汗政权重视教育发展，于1922年任命了第一任教育部长。20世纪20年代，喀布尔建立了数所小学和中学，同时还建立了农业、手工艺和公共管理等方面的职业学校。当时，阿富汗还第一次选派学生到国外留学，促进了阿富汗现代教育体制的发展。

1929年开始的内乱期间，阿富汗教育发展严重受挫，现代学校被迫关闭。不过，纳第尔沙成为阿富汗新国王后，教育发展再次受到关注，国内13所中小学重新开学。1931年宪法规定，阿富汗初等教育为义务教育，一切现代教育机构均由国家管理，阿富汗人可以免费接受从小学到大学的各级教育服务。

1933年，查希尔沙即位后，教育得到长足发展。普什图语教育受到重视，各省都建立了中学，一些传统宗教学校也开始推行现代教育，并进入正规教育系统。喀布尔还开办了一所女子中学、两所职业学校和一所培养医生和药剂师的学校。1932年，阿富汗创办了医学院，1946年更名为喀布尔大学。1938年，一批中学生被派往法国、德国和美国留学。不过，二战期间，教育发展速度放慢。

在1930年以后的20年中，学生人数由1590人增加到9.53万人，其中有4350名女生；全国各地共创办了366所学校，其

中小学308所，初中25所，高中16所，职业学校4所，师范学校1所，正规宗教学校7所和高等院校5所。

第二次世界大战结束后，政府为促进教育发展采取了一些重要措施。1947年，政府改组教育部。50年代初，政府致力于推动教育系统的发展和提高教育质量。"一五"计划在教育领域，将初等教育作为重点，并拨款9.58亿阿富汗尼专门用于教育。"二五"计划则把重点放在中等教育、技术教育和高等教育上，并拨款17.59亿阿富汗尼用于教育发展。"三五"计划特别重视提高师范教育的质量，支持各级教育的平衡发展，并投资30多亿阿富汗尼发展教育。

1973年阿富汗共和国建立后，曾制订和推行七年发展计划，其中打算拨款30.5亿阿富汗尼发展教育用于人力资源开发。但是1978年政变后，该计划中止。

总之，在20世纪后半叶，阿富汗现代教育得到了长足发展。1950～1978年，全国在校学生总数增加了10倍多，从9.6万人增加到103.78万人。18所技术职业学校共招生6000人，16所师范学校共招生5400人，高等院校招生1.6万人。另外，20世纪60～70年代，阿富汗教育设施从集中在喀布尔等几个大城市向各省发展。

1979年苏联入侵阿富汗后，受苏联支持的阿富汗人民民主党政权于1980年制定了教育政策，旨在推广扫盲工作，普及基础教育，促进职业培训和高等教育的发展。它还注重使用除普什图语和达里语之外的其他民族语言作为开展少数民族教育的教学语言，另外在外语教学中重视俄语学习。但是由于该政权遭到大多数人的反对，这些政策收效甚微。

苏联撤出阿富汗后，20世纪90年代初入主喀布尔的拉巴尼政权曾把发展传统教育作为重要任务，同时重视改善和提高基础教育的质量。但是此后由于战乱，阿富汗社会生活包括教育在内

第六章 教育、科学、文艺、卫生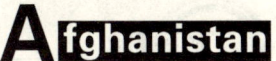

的大部分基础设施均遭到严重破坏。全国没有统一的教学大纲和教育体系,绝大部分受过教育的阿富汗人都在 80 年代离开了阿富汗。1994 年塔利班崛起后,阿富汗女孩入学率大幅度下降。此时,为阿富汗国内部分儿童承担基础教育的主要是国际社会和阿富汗非政府组织。另外,阿富汗各政治军事派别也在阿富汗国内和国外难民营(包括巴基斯坦、伊朗等国)开办了一些宗教学校,提供传统的宗教教育。但"这些学校在课程质量和教学内容方面存在很大差异,对阿富汗社会和文化缺乏统一的认识"。

二 现代教育体制的发展

(一) 初等教育和成人扫盲

1975 年,小学在校生为 78.9 万人,占全国学龄人口的 24%,其中 30% 为女孩。20 世纪 60~70 年代,小学入学率年均增长 3%,与亚洲其他国家持平。此后 10 年,小学入学率锐减。进入 20 世纪 90 年代,男孩子基础教育有所发展,但女孩子教育机会明显减少。

20 世纪 80 年代以前,小学的课程设置与教材基本全国统一,但是学校有权根据具体情况改动某些教学内容。20 世纪,小学的教育结构曾多次改革。1930 年,学制 4 年;1944 年,学制延长为 6 年;1975 年,延长为 8 年;80 年代,减少到 5 年;1990 年恢复为 6 年。

从办学方式上看,20 世纪阿富汗小学主要分为以下 3 类:(1) 在城市和农村地区建立的正规小学,科目主要有语言、社会科学、算术、理科和职业技术。(2) 在人口稀疏地区开办的农村小学,以传授劳动技能为主,并教授宗教知识、语言和算术。(3) 在无正规学校的地区,清真寺学校和私塾式传统家庭学校非常重要,不过,这里的学生经过考试,可以进入正规小学

或宗教学校读书。20世纪80年代，阿富汗与联合国教科文组织及非政府组织合作创建了农村基础教育中心，以便将正规教育和为青少年和成年人提供的非正规教育结合起来。2000年，全国已经设立12个非正规教育中心，同时开展扫盲教育和实用技能教育。1996年，塔利班关闭了女子学校，家长和社区在非政府组织支持下，建立了一些为女孩子提供教育的家庭学校。

阿富汗扫盲教育可以追溯到1906年。当时，一位教育家制定了扫盲计划，教成年人读书认字。1950年，阿富汗出版了《成人识字课本》，并创办了一种成人扫盲期刊。此后10年，阿富汗许多部门和组织包括宗教机构相继开办了扫盲班，并且与联合国教科文组织和粮农组织合作开展实验项目。尽管如此，成人识字率仍无较大提高。

（二）中等教育

1950年前，全国约有17所中学共3000名学生。1980年，10~12年级的学生总数已达到2.591万人，分别在全国133所中学学习，其中16所为女校。20世纪60~70年代，中等教育的年增长率超过20%。当时，全国还有13所普通寄宿学校，其中中学有9所。另外，喀布尔还有一所阿富汗普什图族学校和一所部落普什图语学校。70年代初，多数寄宿学校被淘汰，各省普遍建立了普通走读学校。

中等教育包括初中和高中两部分。20世纪，中等教育学制也经过了多次改革。1930年，中学学制为8年，初中4年，高中4年。1944年，中学学制减至6年，其中初中3年，高中3年。1975年进一步减为4年，初、高中各2年。80年代改为6年，4年初中，2年高中。1990年，又改为初中3年，高中3年。

初中一般开设语言、社会科学、理科、数学和宗教等课程，毕业生可以升入普通高中、职业学校或师范学校。大部分中学生

第六章 教育、科学、文艺、卫生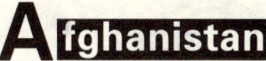

要学习英语,有的重点学校也教授法语和德语,80年代则教授俄语。高中一般开设语言、社会科学和数学等高级课程。重点学校只开设自然科学、社会科学和文学课程。男女学生在课程设置方面的主要区别是,女校每周开设一节或两节家政课。

(三) 技术教育和职业教育

第一次世界大战后,阿富汗现代技术和职业教育发展起来。1923~1963年,阿富汗相继建立了第一所手工艺学校(1923年)、第一所医学学校(1937年)、第一所农业学校(1944年)、第一所商业学校(1948年)、第一所技术学校(1951年)、第一所女子职业学校(1959年)、第一所公共管理学校(1959年)和第一所饭店管理学校(1963年),许多职业学校都建在喀布尔。"一五"计划期间,各省都建立了第一批职业学校。20世纪60~70年代,技术和职业学校迅速发展。1978年,教育部主管的职业学校有24所,在校生6000人,其中女生650人。全国各地还开办了7所机械学校、7所农业学校、4所艺术和手工艺学校和6所商业管理学校。

初中技术职业教育培养技术工人,高中培养技术人员。1970年,职业学校升级,招收接受9年普通教育和技术培训的学生入学,接受1~2年的中学后教育。多数技术和职业学校是根据与外国的双边技术援助协议创办的,培训课程的设置和组织都受到捐赠国技术教育模式的影响。

(四) 师范教育

1923年,第一所师范学校在喀布尔落成。1955年,许多省份开办了师范学校。1955年和1962年,一些部门与美国合作创办了教育协会和教育学院。60年代中期,与联合国合作成立了教育工作者学会和高等师范学院。1967年,阿富汗设立了师范教育部,负责监督和推广所有非大学类教师培训机构和项目。

20世纪70年代,师范教育进一步发展。1975年,全国共有

27所师范院校和机构,可招收学员6000人,其中有8所基础师范学校,5所高等师范学院,4所大学,8所神学院,1所工艺学院和1所体育学院。这些院校的基本职能是:(1)基础师范学校针对小学教师进行培训,开设普通教育10~12年级的课程。中学毕业生接受为期1年的职业培训后,也可以成为教师。(2)紧急教师培训计划。这项计划于1962年制定,面向师资匮乏的偏远地区,中学毕业生接受为期1年的专业培训后即可执教。(3)高等师范学院培养中学教师。(4)大学招收高中教师接受培训,学习民族语言、外语、数理化、历史和地理等专业。(5)神学院和宗教学校为宗教、阿拉伯语和伦理学教育培养教师。(6)1964年成立的教育工作者学会,为有经验的教师提供研究生培训,以便到新建的师范院校工作。(7)教育学院为需要普通教育或职业培训的教师提供在职培训,课程安排在寒暑假。1967年,教师的在职培训成为师范学院的职责。

(五) 高等教育

高等教育始于1932年,喀布尔医学院是全国第一所高等学府。随后相继建立了法学院(1938年)、理学院(1942年)和文学院(1944年)。1946年,这些学院合并,成立了喀布尔大学。1951年新建了神学和伊斯兰研究学院。1956年后,喀布尔大学增建许多新的设施,并相继增加了经济学院(1957年)、药学院(1959年)、教育学院(1962年)和工业学院(1967年)。除喀布尔大学外,1963年还成立了楠格哈尔大学医学院。此外,60年代,教育部还开办了其他几所高等院校,其中包括师范学院和工业管理学院(1962年)。巴尔赫、赫拉特和坎大哈等地分别于1986年、1988年和1991年开办了大学。

1975年,有1.226万名学生在高等院校就读,其中女生1680人;教师共有1100人,其中女教师64名。

编写教材是大学肩负的一项重要任务。截至1968年,学术

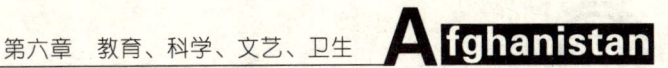

界已经编写了 170 种医学教材和教学辅导书及 44 种自然科学教材。此外，大学还出版了许多有价值的自然科学期刊，比如《医学》、《科学》、《科学与技术》、《地理》等。喀布尔大学还设置了研究生课程，比如医学博士课程、教育学与文学专业的研究生课程等。

为保证自然科学的教育和发展，20 世纪 60 年代，喀布尔大学与一些外国大学建立了技术合作和专业共建计划。比如，医学院和药学院与法国里昂大学相关学院合作，理学院与德国波恩大学合作，经济学院与德国科隆大学合作，工学院和农学院与美国几所大学建立合作关系，还有几所院校与苏联的高等院校保持着密切的合作关系等。这些双边合作在促进自然科学教育大纲与教材的编制、开展合作研究项目、培养阿富汗自然科学人才等方面发挥了重要作用。

全国还设有专门的宗教学校，著名的有阿萨迪伊斯兰经学院、欧莱玛沙里亚学院、喀布尔大学伊斯兰法学系等。

### 三 教育的恢复和发展

2001 年底阿富汗新政府成立后，在国际社会的大力援助下，教育事业逐步开始恢复和发展。2003 年，适龄儿童中有 400 万人入学，占总数的 54%，其中 40% 的适龄女童得以入学。2002 年，阿富汗共有 6 所高等院校。其中，喀布尔大学是全国最高学府。赫拉特大学是阿富汗西部教育中心，2002 年 8 月复校，有学生 3100 多人，包括 700 余名女生。[1] 另外，在 2004 年宪法中，阿富汗对教育事业的恢复和发展描绘了蓝图。它规定，接受教育是阿富汗所有公民的权利，阿富汗实行免费义务教育，推动全国各地教育事业的平衡发展，其中包括促

---

[1] http://af.mofcom.gov.cn/

进妇女和游牧民教育水平的提高,根除文盲。在全国使用统一课程,课程内容将根据伊斯兰教教义、阿富汗民族文化和学术原则来制定。另外,将根据阿富汗全国伊斯兰教派的现状,促进伊斯兰教宗教课程和内容的完善和发展。此外,国家、阿富汗公民以及外国人都有权利建立和经办高等、普通以及职业教育学校。[①]

截至2004年,阿富汗有各级学校5063所,其中3525所因缺乏教具和用水几乎停办。全国总共有教师64850名。同年,在阿富汗450万适龄儿童中,有300万入学。在7~11周岁的小学生中,女生约占30%。阿富汗有6所高等院校。其中,喀布尔大学仍为全国最重要的大学。赫拉特大学为西部教育中心。它已于2002年8月复校,有学生3100人,其中女生700余人。[②]

## 第二节  科学技术

一  自然科学

(一) 简史

阿富汗古代曾创造出光辉灿烂的自然科学方面的文化。特别是在中世纪伊斯兰教盛行时期,巴尔赫、赫拉特、加兹尼等地曾兴起许多学习研究中心,为这个地区培养了大批研究自然科学、哲学以及文学方面的学者。在萨曼王朝统治时期(874~999年),首都布哈拉和主要城市撒马尔罕就涌现出世界著名的医学家拉齐(865~925年)和伊本·西那(阿维森纳,980~1037年)、学识渊博的地理学家阿布·雷汗·比鲁尼

---

① http://www.afghangovernment.com/2004constitution.html.
② 《世界知识年鉴》(2005/2006年),世界知识出版社,2006年3月,第37页。

## 第六章 教育、科学、文艺、卫生

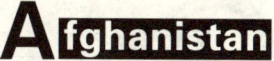

(973~1050年)。其中,伊本·西那在10世纪撰写的医学专著《医典》,一直使用到19世纪末。

此后,特别是在近现代由于外敌不断入侵,阿富汗科技发展进程被迫中断。同时,由于国内政局持续动荡,统治者也无暇顾及科技发展,科技发展似乎从未在统治者心目中占据重要地位。另外,不断抵御外敌的需要和一些传统习俗,也导致阿富汗社会对外来信息和技术采取抵制态度,妨碍它与外界进行必要的思想、信息和技术的交流。因此,长期以来阿富汗很难获取外部先进科技,更谈不上进一步发展了。

1919年独立后,阿富汗摆脱了外来统治,政治环境基本进入良性发展阶段。尤其在第二次世界大战后,阿富汗经济包括工农业、交通电讯、外贸等领域的逐步发展,为科技发展奠定并提供了一些必要的基础设施。现代教育及其体制的引进和发展,在一定程度上为科技发展提供了必需的人才资源。尽管如此,截至20世纪70年代末,科学和技术并未在国家发展计划中给予应有的重视,也尚未获得能够自主发展的充分基础和条件,阿富汗仍旧严重依赖外国科学技术及其人才。1979年,阿富汗科学家和工程师总数只有1.1万名,一般技术人员有2万名。每1万人当中,只有大约7名科学家和工程师、113名技术人员。[1]

(二) 科研体制和活动[2]

科技发展和进步离不开科研队伍的培养、科研体制的建设、科学技术的对外合作与交流。截至20世纪70、80年代,阿富汗主要存在两种层面上的科研组织和队伍。

1. 自然科学和技术委员会

就国家层面而言,主要有自然科学和技术委员会。它建立于

---

[1] D. Gopal, M. A. Qureshi, *Science, Technology and Development in Afghanistan*, Navrang, New Delhi, 1987, p. 75.

[2] Ibid, pp. 75~83.

1979年，是阿富汗自然科学和技术领域的最高决策机构，其宗旨是有效利用科学和技术以促进国家全面发展。其成员来自自然科学和技术领域的学者和专家，由政府任命。它负责制定涉及技术普及、应用、发展、转让等方面的政策，并协调科研活动。一些重要任务包括：促进科研机构与工业部门之间的协调、为科学和技术活动提供必要的财力、利用技术促进各地工业的发展、培训科技人才等等。另外，它还监督和指导科研机构和工业部门的科技活动。科学技术最高理事会是自然科学和技术委员会的领导机构，成员有自然科学和技术委员会主席以及领导科技领域的一些部长。理事会会长由总理或副总理担任。理事会每年至少召开一次会议，讨论自然科学和技术委员会提出的建议。自然科学和技术委员会之下设三个次一级委员会，分别负责理论科学、科学和应用技术以及科技咨询方面的事宜。每个次一级委员会还设有若干下一级部门，后者的活动由前者负责协调。

除自然科学和技术委员会外，阿富汗国家计划委员会还设有一个科学和技术部门。

2. 支持或从事科研的机构

就机构层面而言，支持或从事科研的主要机构有阿富汗科学研究院、高等和职业教育部、农业部、矿业和工业部、水电部、卫生部等。

（1）阿富汗科学院

阿富汗科学院建立于1978年，由总理办公室管辖，是阿富汗支持并从事科研的最高学术机构。其职责包括自然科学领域研究，有效利用自然资源，提高生产水平，发展国家经济以及社会科学领域研究，丰富阿富汗文化，促进民族语言发展，保护和保存优秀文化遗产，提高全民教育水平等。20世纪80年代，它已建有自然科学研究部、社会科学研究部、语言和文学研究部、普什图语国际中心、大百科和文化作品研究所。其领导层包括科研

第六章　教育、科学、文艺、卫生

中心最高科学委员会、各研究部委员会、行政部门委员会。其中，最高科学委员会的领导人为阿富汗总理，其他成员有高等和职业教育部长、财政部长、矿业和工业部长、农业和土地改革部长、国家计划委员会主任、研究院院长（秘书长）和副院长、喀布尔大学校长、研究院各研究部主任、2名研究院顾问和4名院士。

（2）高等和职业教育部

高等和职业教育部下辖两所大学（喀布尔大学和楠格哈尔大学）、教育部科学中心、教育学研究所、综合性工艺研究所和工业管理研究所。其中，喀布尔大学是最早建立的现代教育机构，同时也是最重要的科研基地之一。它支持着喀布尔大学研究中心，还管理着工程咨询与应用研究中心。前者致力于发展和提高自然科学、数学等领域的教学水平，并为高中教学提供实验设备和仪器。后者则为政府部门以及私人企业提供广泛的有关工程技术方面的咨询和应用研究服务。喀布尔大学工学院的所有人员和技术人员都可以参与工程咨询与应用研究中心的活动。此外，喀布尔大学还设置有医学院、理学院、药学院和农学院等自然科学教育和研究基地。楠格哈尔大学也设有医学院、农学院、工程学院等自然科学教育和研究基地。另外，20世纪60年代末，阿富汗国内各所学院开展的科研项目总数约为20个。[①]

（3）农业研究和土壤科学研究部

1965年，农业部设立了农业研究和土壤科学研究部，主要负责科学领域的研究活动，同时对土壤进行分析和分类。该研究部下设几个分部，包括统计和规划分部、作物产量提高分部、农学分部、昆虫和植物病研究分部、土壤科学分部、园艺学分部、农业机械分部。各分部拥有自己的实验室，以便进行常规研究活

---

① 见前引《趋向与现状——当代阿富汗教育》。

动。另外，农业研究和土壤科学研究部在全国不同省份还建有总共9个研究站，其中4个位于喀布尔周边地区。在它们当中，绵羊培育研究站设立于1958~1959年，主要职能是培育优质绵羊品种和提高羊毛品质。位于喀布尔的羊毛研究试验中心致力于研究提高羊毛产量、制定羊毛出口标准等，另外还为羊毛研究和管理培训人才。

(4) 水电资源调查与工程规划研究所

水电资源调查与工程规划研究所是水电部下设的机构。1969年起，阿富汗水文学家开始全力对地表水进行调查。截至80年代，该研究所下属的水文研究室承担了所有地表水及其相关工作的研究事宜。

(5) 制药研究所

1976年，卫生部设立了有关制药的研究所，以规范所有药物产品的生产、进口和分配。该研究所垄断了所有医用酒精和麻醉品的进口权，并且负责所有国有部门药物产品的使用。它还为私有部门进口药物产品颁发许可证，并且予以控制。该研究所还购买所有未注册的药物产品及其原料，并从国际市场上购买一些药物产品。

(6) 技术合作和专业共建计划

如前所述，为保证自然科学的教育和发展，20世纪60年代喀布尔大学与一些外国大学建立了技术合作和专业共建计划。这些双边合作在促进自然科学教育大纲的制定与教材的编写、开展合作研究项目、培养阿富汗自然科学人才等方面发挥了重要作用。

不过总体来看，阿富汗自然科学领域的科研能力和影响还是有限的。它们没有极大地推动生产部门进行革新，而且许多科研及其相关活动主要倾向于农业生产的发展以及出口产品的增长。另外，就出版的有关自然科学刊物和书籍的数量而言也是如此。

## 第六章 教育、科学、文艺、卫生

1977年，阿富汗出版的书籍总数为199种，其中只有25种是科技类；同年，刊物出版总数为23种，其中只有6种是科技类。1978年，发表著作的科学家只有4人。

### (三) 地质勘探和成就[①]

阿富汗资源勘探工作基本上是在东西方竞争下、尤其是在苏联的经济和技术援助下进行的。20世纪50年代之前，阿富汗曾希望美国、联合国帮助它进行石油资源的勘探，但是均未产生结果。1950年，阿富汗邀请法国开始在其北部进行石油勘探。1953年后，阿富汗开始大力接受苏联援助。1955年，苏联向阿富汗提供价值1亿美元的贷款，其中一部分资金用于石油资源的勘探，自此苏联开始在阿富汗资源勘探中占据领先地位。1954年，阿富汗终止了法国的石油勘探工作，取而代之以瑞典勘探小组，该小组自1956年开始进行钻探。1957年，苏联向阿富汗提供1500万美元贷款用以石油勘探和开发，不过由捷克斯洛伐克承担。捷克斯洛伐克因此接替了此前瑞典小组的勘探工作，并且于1958年发现石油。不久，苏联技术人员和专家接手了捷克斯洛伐克的勘探工作，并且于1960年之前在阿富汗北部希比尔甘地区发现了丰富的石油资源。1961年，苏联又提供了价值2亿美元的信贷，以进一步促进阿富汗的油气勘探和开发。

1963年4月，阿苏签订协议，苏联得以勘探和开发阿富汗其他矿产资源。70年代初，喀布尔出版了一份由苏联地质人员提供的英文版阿富汗资源手册。该手册内容很少，翻译质量较差，而且认为阿富汗资源缺乏。不过，1974～1976年，联合国赞助了一项阿富汗资源评估工程，两名加拿大地质学家因此参与了原先只有苏联人员参加的资源勘探中的监督工作。他们所提交

---

① See Rosanne Klass ed., *Afghanistan: The Great Game Revisited*, Revised Edition, Freedom House, New York, 1990.

的报告认为，阿富汗资源潜力可观。但是，这种结论遭到阿富汗政府的否定。

20世纪70年代，苏联共编辑了两套关于阿富汗资源的调查报告。一套如上所述提供给阿富汗，它对阿富汗资源状况持悲观态度。另一套更加准确，但仅供苏联使用。1976年，苏联还编辑、绘制了一组有关阿富汗矿产资源、地质构造、水文地质等方面的重要地图，但一直没有公开出版。

尽管如此，1977年，在联合国授权下，一份阿富汗资源调查报告问世。该报告有419页，主要来自苏联和阿富汗地质学家的努力和调查。该报告经过压缩，由苏联人员翻译成英文，由一名加拿大地质学家予以编辑。即便如此，当时这份报告仍处于机密状态，只是到1978年政变后，这份报告的详细副本才被西方得到。这份报告以及其他有关阿富汗的经济报告确定，阿富汗资源丰富，有相当的经济发展潜力。

另外，20世纪50、60年代，由于阿富汗迫切需要绘制一份高质量、范围广泛的地形图以促进地质调查活动，美国地形学家自1958~1959年起在阿富汗全境进行航空测绘。不过，苏联对此表示反对，并从美国手中接管了绘制阿富汗北部航空测绘图的工作。截至60年代初，诞生了一组完整的、具有各种各样详细比例尺的阿富汗地形图系列。但是直到70年代，在阿富汗绘图研究所工作的苏联专家把这组地形图绘制成低级别的密级地图后，这些地形图才公之于众。

## 二　人文社会科学

### （一）研究基地

截至苏联入侵阿富汗之前，阿富汗人文社会科学的研究和发展主要集中在大学、尤其是喀布尔大学。如前所述，喀布尔大学设有法学院、文学院、神学和伊斯兰研究学院、

第六章 教育、科学、文艺、卫生

经济学院、教育学院等社会科学教育和研究基地。截至1968年，阿富汗各大学共编写有96种法学与经济学教材、40种艺术与人文学科教材。① 各大学中相关学院、系等，还从事语言、文学、宗教和历史领域的研究和出版工作。

20世纪，阿富汗历史学会和普什图学会这两个自治团体也从事语言、文学和历史方面的研究和出版工作。就阿富汗历史学会而言，它致力于普及阿富汗历史。它出版的学术月刊是《阿里亚娜》（Aryana），使用普什图语和达里语。另外，阿富汗历史学会还协助出版有关研究阿富汗历史、手稿、考古和文物等方面的学术著作。普什图学会致力于发展普什图文学，并且致力于推动普什图语文学在讲非普什图语的民众中的发展。它出版月刊《喀布尔》，并且协助有关古典普什图语手稿以及有关普什图语语言和文学研究著作的出版。

（二）普什图语的国内外研究②

20世纪80年代初之前，外国学者和阿富汗本国学者对普什图语进行了研究，并陆续发表和出版了一些研究成果。

19世纪后期，许多西方语言学家曾对普什图语的历史和亲缘关系作过研究。英国学者特鲁姆普（Trump）确信，普什图语应该属于印欧语系中的印度雅利安语族，但不是印度雅利安语族的一支，而是以独立的形式存在。这种观点被当时的不少学者接受。但是，另一些学者的看法不同。他们认为，普什图语是印欧语系伊朗语族东伊朗语支的一种语言，由于这种语言与普拉克利特语（中古印度语，即梵语俗语和巴利语）接近，所以同印度语族的语言有些相同。持这种观点的学者以法国语言学教授达尔米斯蒂塔尔（Darmestetter）为代表。他肯定地说，普什图语既

---

① 见前引《趋向与现状——当代阿富汗教育》。
② 见前引《普什图语及在国外的研究情况》。

不是波斯语的一种方言,也不是帕赫拉维语(Pahlawi,中古波斯语)的一支。普什图语的许多基本词汇是在波斯语和帕赫拉维语中所没有的,只能在赞德语(Zand,意为知识,是袄教经典《阿维斯塔》中最早使用的语言)中找到其痕迹。因此,达尔米斯蒂塔尔教授推测,普什图语可能是从一种与赞德语极相近的方言中脱胎而来。

20世纪,其他国外语言学家也对普什图语的历史和亲缘关系进行过探讨。20世纪50年代,美国语言学教授赫伯特·潘泽勒(Herbert Penzl)也认为,古普什图语与《阿维斯塔》中使用的语言十分相近。挪威语言学家摩尔根斯蒂恩(Moegenstiern)同意这种看法。另外,同时代苏联普什图语学家,比如契科巴娃和恩·德沃利扬科夫将普什图语归在印欧语系的伊朗语族。①

在这个时期,阿富汗本国学者里士庭(Rishtin)教授则将印欧语系分为欧洲雅利安语团和亚洲雅利安语团。他同时又把亚洲雅利安语团分为三个语族,即印度语族、伊朗语族和巴赫塔利语族,而普什图语属于巴赫塔利语族。他还认为,普什图语与《阿维斯塔》中所使用的语言以及梵语是三个姊妹语。

此外,外国和阿富汗本国语言学家还对普什图语作了专门的语言学研究。早在1847年,英国学者哈里斯(Harris)就编出了《普什图语语法》。同年,俄国学者布·杜兰也编辑出版了《普什图语文章选注》。这位学者还撰写了不少论文,为俄国和苏联的普什图语研究奠定了基础。另外,在19世纪60、70年代,英国还出版了两种普什图语英语辞典、三种普什图语语法书以及《普什图语手册》等其他专著。

20世纪,国际上对普什图语进行专门研究的学者非常多。苏联、德国、英国、美国、挪威、瑞士、捷克斯洛伐克及伊朗等

---

① 本书采用这种看法。

## 第六章 教育、科学、文艺、卫生

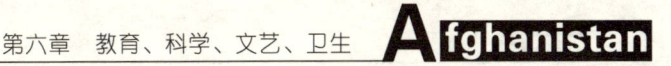

国都有学者对普什图语进行了多方面研究。其中，挪威学者摩尔根斯蒂恩的《语言学代表团访问阿富汗报告》值得一提。20世纪50年代，美苏两国都有普什图语研究的专著出版。比如，美国学者赫伯特·潘泽勒教授出版的《帕什图语语法》，在阿富汗影响很大。后来，这本书被译成普什图语，并在阿富汗出版。苏联学者朱金于1950年、1955年分别编写了《阿富汗语—俄语小词典》和《俄语—阿富汗语词典》。苏联另一名学者列别捷夫教授分别于1961年、1962年编写了《俄语—阿富汗语袖珍词典》和《阿富汗语—俄语袖珍词典》。1966年，由苏联学者恩·德沃利扬科夫教授主持、由阿斯拉诺夫教授编写的中型《阿富汗语—俄语词典》在莫斯科出版。这部词典收集了大量成语，并包含5万条习语词条。1973年，列别捷夫教授与其他学者合作，完成了中型《俄语—阿富汗语词典》。另外，这个时期，苏联、美国、伊朗以及联合国都设立了研究普什图语的科研或教学机构。

20世纪，阿富汗本国学者和印巴学者们在普什图语专门研究方面也编写和出版了许多专著。其中，在词汇学方面值得一提的有，穆罕默德·古勒·姆门德于1938年出版了《帕赫图语辞海》（Pakhto Sind），穆罕默德·阿古姆·阿亚吉于1941年出版了《帕赫图语一万词》（Las Zara Pakhto Lughatuna），从而为普什图语基本词汇的研究打下了基础。另外，1952~1955年，阿富汗普什图语学会陆续编写、出版了两卷本《帕赫图语词典》和三卷本《阿富汗语词典》。这两种辞典都是双语词典，前者是普什图语—波斯语词典，后者是波斯语—普什图语词典。1959年，巴基斯坦的白沙瓦出版了巴赫达尔·沙阿·祖弗尔编写的《祖弗尔词典》。这部词典是普什图语原文词典，但附有乌尔都语释义，其实也是双语词典。另外，1970年起，巴基斯坦白沙瓦大学普什图语研究院陆续编写、出版了一部大型的普什图语原文词典——《普什图语》，截至1981年已出版七卷，当时估计全书将分十三四卷完成。

另外，在语法学方面，20世纪阿富汗本国学者穆罕默德·古勒·姆门德出版了《帕赫图语之路》（1939，巴尔赫版）、里士庭教授出版了《帕赫图语语法》（1949，喀布尔版）和《帕赫图语指导》（1962，喀布尔版），这些专著都是自成体系的普什图语语法书。

（三）考古研究和成果①

近现代时期，阿富汗考古挖掘和研究在外国、尤其是欧美的直接帮助和参与下发展起来。

18世纪30年代起，欧洲旅行家以及钱币收藏家已经开始对巴克特里亚一带出土的古希腊钱币产生极大的兴趣。一些旅行家还对从白沙瓦至喀布尔、巴米扬、巴尔赫一路的遗址进行了有价值的历史和考古调查。19世纪30年代，英国人查尔斯·迈森（Charles Masson）在阿富汗考古史上首次对巴格拉姆古城作了描述。他在此收集的将近3万枚古希腊和贵霜时期的古钱币，引起了欧洲考古界对阿富汗的浓厚兴趣。他还发现了喀布尔周围的其他一些遗址，并在贾拉拉巴德附近发现了数十座佛塔并进行了部分挖掘，其中一些珍贵文物以后被收藏到大英博物馆。19世纪以来，欧洲其他一些旅行家和考古学家，比如瑞士的 M. 洪尼格·伯格（M. Honig Berger）、挪威的克里斯蒂安·莱森（Christian Lassen）、俄国的 F. 纳扎罗夫（F. Nazarov）、I. 彼瞿林（I. Bichunrin）等也对阿富汗古迹作了调查或研究，并且陆续发表和出版了相关的报告和著作。

---

① See F. R. Allchin and Norman Hammond ed., *The Archaeology of Afghanistan: From Earliest Times to the Timurid*, Academic Press, London / New York / San Francisco, 1978.

## 第六章　教育、科学、文艺、卫生

20世纪，阿富汗考古研究掀开了新的一页。1922年，法国与阿富汗签署考古协议，据此成立了法国阿富汗考古队，该考古队当时在阿富汗考古领域中享有实际垄断权。它是阿富汗首次建立的考古研究基地，首任团长为法国著名考古学家 A. 富歇（A. Foucher）。截至20世纪60年代末，该考古队及其考古学者相继发表和出版了有关阿富汗考古的一系列报告和书籍，其考古成果涉及阿富汗巴克特里亚、哈达、巴米扬、巴格拉姆、加兹尼、锡斯坦、坎大哈等地的挖掘和发现，揭开了阿富汗史前时期、希腊化时期、佛教盛行时期的部分历史发展轨迹。另外，第二次世界大战以前，一支小型的英国考古和探险队也对阿富汗北部、尤其是昆都士和巴达赫尚一带遗址进行了调查。

第二次世界大战后，阿富汗考古研究在国际社会的帮助下获得了新进展。1946年，一支印度考古队获准对阿富汗北部一些遗址进行了挖掘和研究。50年代起，一支意大利考古队相继对加兹尼等阿富汗中部佛教遗址地区进行了广泛挖掘。英国对阿富汗的考古研究一直由个人进行。不过，1972年英国阿富汗研究所在喀布尔建立，该研究所对坎大哈地区的遗址进行了挖掘和研究。这个时期，德国考古工作者对锡斯坦的伊斯兰时期遗址以及赫拉特地区遗址也进行了调查研究。

这个时期，美国考古学家也在阿富汗进行了一系列考古研究和挖掘。1949年，W. 菲尔维斯（W. Fairervis）率领美国第一支考古队对坎大哈以及锡斯坦两地的一些遗址进行考古挖掘。当年稍晚时候，美国著名考古学家和阿富汗研究专家路易斯·杜普雷开始在德赫莫拉希·昆达遗址以及沙姆希尔加尔遗址进行考古调查。1953年，罗德尼·扬（Rodney Young）对巴尔赫低城堡全部分遗迹进行了考察。1954年，卡勒敦·库恩（Carleton Coon）首次对卡拉卡马尔洞穴进行挖掘，发现了阿富汗石器时代的遗存。上述工作属于对阿富汗史前遗址的首批考古挖掘。1959年起,路易斯·杜普雷开始对阿富汗其他史前遗址及其晚些时期遗址作进行进一步挖掘,其中包括对巴达赫尚西部著名的的阿克库普鲁克遗址及阿富汗北部其他遗址所作的考古挖掘。

此外,苏联也与阿富汗合作建立了苏阿联合考古队。1971年开始,苏阿联合考古队在阿富汗一些地区进行考古调查和挖掘。1960年开始,日本也进入该领域,与阿富汗考古学家合作进行考古工作。他们主要对哈达地区的佛教遗址进行了挖掘。

1965年起,阿富汗本国考古学家在政府支持下开始独立进行考古挖掘。S.穆斯塔曼迪博士(S. Mustamandi)和Z.塔尔齐(Z. Tarzi)博士先后对哈达周围地区的遗址进行了挖掘,从而奠定了阿富汗本国考古学的基础。

## 第三节 文学艺术

### 一 文学[①]

**(一)诗歌与小说**

1. 达里语(或波斯语)文学

富汗古代文学作品大部分是口耳相传的诗歌。中世纪的阿富汗文学深受波斯文学的影响,这个时期是阿富汗文学的一个繁荣时期。公元9世纪前半期有诗作流传下来的诗人,是汉扎拉和迈哈茂德·沃拉克。10世纪有诗作流传下来的诗人是巴尔赫的阿布·舒库尔和达基基,后者写过许多爱情诗。

---

[①] 主要参阅前引朱克著《阿富汗》、马晋强著《阿富汗今昔》;《大美百科全书》,台北,中华书局,1990;宋兆霖、王然译《阿富汗诗歌选》,北京,人民文学出版社,1959;http://www.hxlaojiu.com/srjj/waiguo/danye/afuhan.htm;〔苏〕科·列别捷夫编辑《阿富汗民间故事·序》,周彤、曾宪溥译,天津,白花文艺出版社,1959;前引《阿富汗现代史纲要》。

## 第六章 教育、科学、文艺、卫生

另外,当时,萨曼王朝的首府布哈拉、主要城市撒马尔罕以及加兹尼王朝的都城加兹尼,都是著名的文化艺术中心,并且涌现出不少世界知名的学者和诗人。赖比尔·巴尔希就是一位著名的女诗人,她是阿富汗第一位用阿拉伯语和波斯语写作的诗人,其兄弟是10世纪巴尔赫的一名统治者。11世纪的著名诗人有安萨里(Unsari 或 Onsori,死于1049年),他的许多诗歌表达了伊斯兰宗教思想。同时代的菲尔多西(Firdawsi 或 Firdausi, 934~1021年)在此时期完成了伟大的叙事诗《列王记》(Shah Nameh)。《列王记》共耗时6年,由6万行组成,用波斯语生动地叙述了神话中的波斯英雄人物和波斯各民族争取独立的斗争故事。① 菲尔多西还将印度古代神话《克利莱和迪木乃》用波斯文叙述出来,使他在阿富汗地区和中亚广为流传。帖木儿王朝统治时期也是阿富汗的一个文艺复兴时代。在这个时期,诗人贾米(Jami, 1414~1492年)完成了46部抒情诗和浪漫诗以及圣徒传和《古兰经》的注释。哈菲兹·阿卜鲁(Hafiz Abru,死于1430年)编撰了世界通史。阿里·雅兹迪(Sharaf-ad-Din Ali Yazd)编写了帖木儿征服时期的编年史。

16、17和18世纪,阿富汗也产生了许多诗人。比如喀布尔的卡希、赛义杜汀·安萨里和巴达赫尚的艾卜尔-法伊兹·哈兹拉特。

现代达里语(波斯语)文学也是阿富汗文学的一个重要组成部分,尤其在城市里和北方的农村中占主要地位。阿富汗的知识分子和广大农民熟知中世纪波斯文的诗歌和民歌。当代阿富汗著名的达里语诗人有哈里鲁拉·哈里里,他曾任国王文学顾问。另外,曾任喀布尔大学文学院教授的阿卜杜尔·贝塔布,被当时的文学界推选为"诗王"。

---

① 见前引彭树智主编《阿富汗史》,第90页。

阿富汗

2. 普什图语文学

普什图语文学是阿富汗文学的另一个重要分支。普什图语最早的作品可能始于8世纪，但长时间仅口头流传于一些山区和游牧部落当中，没有得到整理和发展。用普什图语创作的阿富汗最伟大的诗人生活在17世纪，他就是胡什哈尔汗·哈塔克。他是当时阿富汗哈塔克部落领袖，领导了17世纪60年代阿富汗部落联盟反对莫卧尔帝国争取独立的起义。他是阿富汗杰出的民族诗人和演说家，其诗作题材广泛，不少诗篇歌颂了阿富汗人酷爱自由、荣誉、无畏的个性，反映了爱国主义精神。比如："雄鹰第一次刚冲出窝巢，它就该飞翔得比鸟儿高，因为，它的猎物就是鸟！我的朋友，战场上要表现得英勇无敌，要像那荒野中把自己看成狮子的狐狸。""阿富汗人要为自己的荣誉而战，情愿在同敌人的搏斗中死去，——阿富汗人要为自己的荣誉而战。弟兄们啊！在战斗中不能分离，也别容忍我们队伍中出现胆小鬼，——弟兄们啊，战斗中要紧密地团结在一起！"他的爱情诗缠绵而激昂，田园诗则富有哲理，对后世诗人影响很大。胡什哈尔汗·哈塔克有《胡什哈尔·哈塔克诗集》传世，他被尊为"普什图文学之父"。

另外，阿卜杜勒·拉赫曼巴巴（Abdal-Rahman Baba，约逝于1740年，"Baba"是对长者的尊称）在普什图语文学上与胡什哈尔汗·哈塔克齐名，被誉为阿富汗普什图语文学先驱。他的诗作大部分是爱情诗，诗歌情调忧郁悲怆，表达了对祖国的热爱和对莫卧尔帝国的痛恨。他的很多诗句长期在人民口头流传。比如，"盛着爱情琼浆的酒罐，永远也不会喝干，要知道塑成它的，是法尔哈特和希林的骨灰。""为要获得力量清醒过来，大地便向太阳恳求；为要期待自己的光明，心儿也向欢乐恳求；……没有太阳多么寂寞凄凉，心儿盼望着自己的光明。爱情啊，终于从焦思苦虑中，救出了拉赫曼巴巴。"阿卜杜勒·拉赫曼巴巴著有《拉赫曼巴巴诗集》。

第六章　教育、科学、文艺、卫生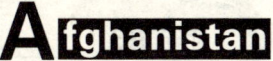

与阿卜杜勒·拉赫曼巴巴同时代的阿卜杜尔·卡达尔，其普什图语诗歌也非常出色，他是现在巴基斯坦西北部地区的人。比如，他的爱情诗"微微的晚风给我带来了情人卷发的芳香。麝香能变得这样馥郁，定是吸取了你卷发的芳香。龙涎香能变得这样芳香，这些蔷薇能变得这样清雅，都因为它们在这时候触到了你卷发的芳香。"此外，阿富汗近代民族国家的奠基者阿赫马德沙也是这个时期的一位诗人，他用普什图语写作，有时也用达里语。

阿卜杜尔·拉乌弗·贝纳瓦是20世纪30年代著名的普什图语诗人，他写的一部三卷本的著作是现代阿富汗文学的代表作。另外，在阿富汗普什图语当代文学史上，乌尔法特（Gul Pacha Ulfat, 1909～1977年）也占一席之地。他是阿富汗作家、诗人，曾任报刊编辑和普什图学会主席。主要作品有《散文选》、《诗选》、《谈写作》等。他观察敏锐，文字凝练，主要成就在散文创作方面，代表作如《两个葬礼》。他的诗表达了强烈的爱国主义精神，著名诗篇有《民族独立》、《自由的微风》、《祖国的话》等。此外，与乌尔法特同时代的作家和诗人是哈代姆（Kiialudin Hadim, 约1911～1979年）。他曾任报社编辑，长期在普什图学会从事研究工作，主要著作有《普什图民族风情》、《诗集》等。他的作品富于民族主义和爱国主义精神，但也有宣扬男尊女卑、一夫多妻等内容。里希汀（Sidiqulla Rishtin, 1917年～）是阿富汗著名的散文作家，早年曾任普什图学会主席，后在喀布尔大学文学院任普什图文学教授。他的作品主要有《印度之行》、《民间故事集》等，另外还著有《普什图文学史》、《普什图语入门》（口语教材）和《普什图语语法》等。

3. 当代文学特点

20世纪50、60年代，阿富汗当代文学活动的特点是"新诗"运动，代表人物是苏莱曼·拉伊克和巴里克·沙菲等人。他们尝试抛开古典的写诗方法，采取自由体。拉伊克于1962年

阿富汗

出版了诗集《琼加尔》,沙菲于1963年出版了诗集《锡塔克》。1962年,"新诗"运动倡导者还共同编辑和出版了"新诗"诗集,诗歌内容以抒情、历史为主,较少反映现实。

中国于1959年出版的《阿富汗诗歌选》,主要搜集了两类诗歌。一类是抒发热爱祖国和自由,赞美为保卫祖国而英勇战斗和献身的精神。比如:"要是我的朋友光荣地为国捐躯,我将用自己的头发为他缝一件尸衣。"又如:"自己的国境既然必须保卫,我就能为它献出我的一生。阿富汗人不是懦夫,决不会屈服于敌人。啊,要是战事开始了,我一定勇敢地投入斗争。阵亡并没有什么可怕,我决不在命运前屈身。明天战斗又要开始,青年们将在那儿勇敢地流出第一滴鲜血,并给敌人以沉重的打击。"另一类是歌颂炽热而缠绵的爱情的诗篇。比如:"飞到我这儿来吧,我驯服的鹰啊!我要把我的心,劈成许多碎片来喂你。飞到我这儿来吧,永远和我在一起。"又如:"我要沿着道路攀上隘口,从那儿覆着冰的山上,看到我亲爱的家。我要询问山鹰,我要询问和风,心上人曾否托你们把什么转告我?我还要托它们带上给你的问候,作为我给你的答复。"

阿富汗小说发展缓慢。20世纪60、70年代,人民民主党领导人努尔·穆罕默德·塔拉基的小说主要描写农民生活,如《班格流浪记》、《干活》等,它的小说具有一定的社会意义。其他著名的历史学家、散文作家和记者还有麦哈茂德·贝格·塔尔兹、古拉姆·穆罕乌德汀·阿富汗、莫拉威·萨勒·穆罕默德、阿布杜尔·哈迪·杜威和艾哈迈德·阿里·科扎德等。

(二)民间文学

自古以来,阿富汗人就喜欢故事。描写亚当汗和杜尔汗妮的辛酸而忠贞不渝的爱情故事,像中国的梁山伯和祝英台的传说一样,在阿富汗国内广泛流传。描写英雄法捷赫汗的传说,经常用来鼓舞阿富汗人反对异族统治。法捷赫汗力大无穷,威风凛凛,

第六章 教育、科学、文艺、卫生

孤身斗群敌，连敌人都不禁对他的尸体肃然起敬。他和他的战友虽然英勇地牺牲了，但成了鼓舞后代的好榜样。快活的吉良和爱人沙赫充满惊险的故事，道出了爱情的力量。马德和那马德的故事充满了幻想。在阿富汗普什图语里，"马德"的意思是善良，"那马德"的意思是凶恶。这则故事告诉人们，无论凶恶怎样厉害，善良一定会胜利。

在阿富汗民间口头创作中，小故事——"黑卡亚"占有独特地位。"黑卡亚"是阿拉伯语，意思为"小故事"、"童话"，在中国维吾尔语、哈萨克语中，也有这个词。"黑卡亚充满生动的哲理和入骨的讽刺，同时又俏皮得恰到好处。它们显示出阿富汗人民敏锐的观察能力。""黑卡亚体现出人的品德应有的东西，同时也无情地嘲笑和暴露人类的缺点。"中国于1959年出版的《阿富汗民间故事》中，收录了65篇"黑卡亚"。

阿富汗格言和谚语丰富多彩，它们通常简练，意味深长，充满了机智和幽默。比如，"腋下夹着《古兰经》，两眼盯着小公牛。"描述了伪善。"一个巴掌拍不响"证明心绪不佳。一个怯懦的男子被叫做"西沙·迪尔"，即有一颗用玻璃制成的心。一个怀恨在心的人被叫做"怀恨在心的骆驼"。对女性的尊敬被视为"阿富汗民族的鼻子"。其他谚语还有："埃米尔的王位，商人的秤，农民的犁，阿富汗人的剑。""盐巴会破坏蜜蜂，怀疑会破坏信任。""鞋在脚上试，人在考验中试。""朋友会离开，真主将永在。""即使乌云滚滚，也会落下银珠颗颗。"

二　戏剧电影[①]

阿富汗现代专业戏剧艺术创始于20世纪20年代。当时上演的剧目主要有表现现实生活的短剧以及

---

① 主要参阅前引马晋强著《阿富汗今昔》。

阿富汗

抨击封建主的剧目和历史剧等，《在安达卢西亚的胜利》是当时最成功的剧目之一。1926年，阿富汗第一家剧院在喀布尔近郊的帕格曼落成，以后喀布尔、赫拉特、坎大哈、马扎里沙里夫等城市也相继建立了剧院。不过，当时男女不能同台演戏，舞台上经常出现男扮女装。20世纪60年代后，戏剧艺术获得较大发展，当时，一些剧目取材于欧洲古典戏剧作品，不过最多且最受欢迎的还是直接取材于阿富汗老百姓的日常生活的剧目。除上述城市剧院外，许多戏剧演出公司到全国其他省会或城镇巡演。1978年，阿富汗国家话剧院在喀布尔建立。

1915年，阿富汗第一家电影院——喀布尔电影院在喀布尔落成。1925年，第二家电影院——帕格曼电影院在喀布尔近郊投入使用。1934年以前，这些影院主要放映英国无声电影短片。1938年，首映苏联有声故事片。1941年，第一家为妇女开办的电影院在喀布尔建成。第二次世界大战后，电影事业迅速发展。除喀布尔之外，全国其他城市比如赫拉特、马扎里沙里夫、昆都士、迈马纳、恰里卡尔、贾拉拉巴德、加兹尼、霍斯特、加德兹和坎大哈等也陆续兴建了电影院。截至50年代末，全国共有15家电影院，多数由政府经营。每年，全国大约放映300部影片，主要从印度进口，其余从苏联和欧美进口。截至80年代初，阿富汗约有30余家电影院，其中约一半在喀布尔，当时还出现了几家宽银幕电影院。

20世纪40年代中期，在美国和印度协助下，阿富汗本国拍摄了第一部艺术纪录片——《爱情与友谊》。1958年，阿富汗政府成立了一个摄制组，开始拍摄纪录片，该摄制组属国家出版司管辖。1969年阿富汗电影制片厂在喀布尔建成。1970年，它拍摄了阿富汗第一部故事片《宠臣》。1974年，它拍摄了另一部故事片《劳动日》。

第六章 教育、科学、文艺、卫生

## 三 音乐舞蹈[①]

阿富汗人喜欢舞蹈，尤其是在宗教节日、民族节日以及婚礼上，阿富汗人都要尽情跳舞。集体舞"阿丹"（Attan）盛行民间，它过去是普什图族的民族舞蹈。跳舞时，舞蹈者围成圆圈，用手鼓等伴奏，一边拍手，一边跳舞歌唱。男子跳舞时不停地转身甩头，显示其彪悍精神。阿富汗女子舞蹈动作柔和，非常优美。[②]

阿富汗民间音乐非常丰富。其音乐和民歌受中亚、伊朗和印度等国家和地区音乐的影响，同时具有浓郁的民族特色。20世纪60、70年代，阿富汗广播电台和电视台积极搜集、整理和推动民间音乐的发展。此外，阿富汗音乐工作者和国外一些专家也在不断搜集和整理阿富汗民间音乐。阿富汗在不断发展和振兴民间音乐的同时，也不断汲取西方音乐的营养。阿富汗音乐在许多方面比如音域、音质、音调、节奏等，都与西方音乐不同。

古拉姆·侯赛因（1886～1966年）和卡瑟姆·阿富汗（1883～1956年）是阿富汗现代最著名的音乐家，被誉为阿富汗现代音乐的奠基人。阿布杜勒·加富尔·布列什纳（1906～1974年）也是著名的音乐家，他是阿富汗首批专为广播电台服务的专业乐队的创始人和组织者。

阿富汗民间乐器也受到中亚、伊朗和印度的影响。主要乐器有"托勒"（Dhol）。这是一种圆台双面鼓，鼓面用山羊皮制成。圆台四周用一截绳子打成数段紧勒鼓面，绳子还要套进可以移动的铜环以调节鼓面的松紧，鼓面边缘嵌进一圈硬制木箍。有时，

---

[①] See Louis Dupree, *Afghanistan*, Princeton University Press, Princeton, 1980, pp. 678～688.

[②] 主要参阅前引马晋强《阿富汗今昔》、朱克著《阿富汗》。

阿富汗

圆台四周雕刻着同心圆作装饰。演奏时，"托勒"挂在脖子上，用手或者小槌敲打鼓面。"托勒"主要在普什图族的游牧部落中使用。

"多霍拉克"（Doholak）是一对单面小鼓，一大一小。其外形像一对蒙上皮面的小水壶，鼓面用山羊皮制成，鼓身是木制的，鼓面中心都涂有一个黑色圆面。鼓面四周箍着一圈绳索，绳索对折后向下拉至鼓的底部，再穿过一圈用布做成的圆环。演奏时，用核桃木制成的鼓槌敲打鼓面。它们与中亚的一种对鼓类似。

"代拉"（Daira）是单面手鼓，与中亚、中东各地的手鼓类似。鼓面半透明，四周箍着一圈木箍，鼓面与木箍连接处蒙着一层绿白相间的布料。演奏时，把"代拉"垂直放在一只手掌上，用另一只手的手指敲打。放在"代拉"的不同地方，敲打出来的音调也各不相同。

"泽巴加利"（Zerbagali）也是一种单面鼓，外形类似一只高脚酒杯。鼓面用山羊皮制成，中心涂有一个黑色圆面。鼓身是用陶轮滚制的土胚制成，上面绘制有同心圆花纹。有的鼓身是黄色的，花纹是银色的。鼓面四周一般用一圈红白相间并织有金丝的布料蒙着。中东地区比如土耳其、伊朗等国也有类似的单面鼓。

"坦布尔"（Tambur）是一种弦乐器，类似马头琴。琴箱是木制的，箱面嵌着琴柱，琴柱一般用象牙制成。琴弦用金属制成，要穿过琴箱箱面上的琴柱。大一点的"坦布尔"有18根弦，琴把末端有相应的6个弦纽，琴把边缘有12个弦纽。小一点的"坦布尔"有17根弦，琴把末端和边缘各有6个和11个琴纽。"坦布尔"可以独奏，也可以在唱歌时作为低音伴奏。印度有类似的弦乐器。

"雷巴布"（Rebab）也是一种弦乐器，类似印度北部的古典琵琶。琴身是木制的，琴面是山羊皮，琴档用肠线做成。琴身装

## 第六章 教育、科学、文艺、卫生

饰有浮雕,并嵌有珍珠母。大一点的"雷巴布"指板上嵌有很多的珍珠母,小一点的指板上只嵌有零星几个。弦纽也是木制的,纽头上刻有花纹。弦柱一般用象牙制成。大一点的"雷巴布"有18根弦,小一点的有17根弦。演奏时,用木制的拨子弹奏。

"扎姆布拉"(Dhamboura)也是一种弦乐器,在阿富汗广泛使用,一般用拨子或手指弹奏。"扎姆布拉"一般有两根弦,用一根尼龙线对折而成。它由琴把和琴箱组成。琴柱有时是象牙的,有时是骨质的。琴纽一般是木制的。琴把背面以及指板上经常刻有花纹。小一点"扎姆布拉"的琴箱箱面上有8个音孔,大一点的有15个音孔,而且按照一定的图形比如三角形排列着。琴身经常装饰着嵌入的象牙。

"沙什塔尔"(Shashtar)与上述几种弦乐器类似。它由琴把和琴箱组成。琴箱箱面一般用羊皮蒙着。琴板上、琴把背面和琴箱背面刻有许多花纹。它有10根弦,用拨子弹奏。

"理查克"(Richak)是一种胡琴,与伊朗的一种弦乐器类似。它有两根弦,琴把是细长的圆柱形,琴纽头刻有装饰品。琴箱是扁圆体,蒙着山羊皮。弹奏时一般立起来,用琴弓弹奏。

"萨琳达"(Sarinda)类似古典琵琶,用琴弓演奏。阿富汗南部俾路支居民当中以及巴基斯坦经常见到这种乐器。琴弓一般有马鬃制成。它有7根琴弦,1根用肠线,其余6根用粗细不同的金属丝制成。共鸣箱上有木制的琴柱,箱面蒙着山羊皮。

"瓦吉"(Waj)或"旺兹"(Wanz)形状介乎竖琴与琴弓之间,与中亚一带的弦乐器类似,用木制的拨子弹奏。上面有4根弦,可以弹奏出三全音程。共鸣箱是扁八角体,上面蒙着山羊皮,可以将乐声从弦上导入共鸣箱内。琴弦用肠线制成,两头固定在一张弯成弧形的木弓的两侧。

"萨拉尼"(Sarani)可能也是用琴弓演奏的弦乐器,弹奏时

# 阿富汗

要立起来。琴箱与竖琴形的琴身用一块木头刻制而成,浑成一体,琴把和琴纽头也是如此。琴箱是木制的,箱面蒙着山羊皮,上面有音孔,排列成三角形。萨拉尼有两根琴弦,用一根肠线制成,固定在琴纽头上,并且穿过琴柱。琴箱中间区域可能是琴弓弹奏的地方。

"图拉"(Tula)是一种用嘴吹奏的笛子。它是木制的,上面绘有红、绿、黄等各种颜色,正面有6孔,背面有1孔。

"苏尔奈"(Surnai)类似我国唢呐。腔体是细长的圆锥形,正面有7个孔,背面有1个空。喇叭口小一些,口上经常绘有棕色、黄色和橘红色的花纹。双簧用一根芦秆做成,用腔体上一根突出的黄铜管固定在腔体上。两把"苏尔奈"经常在一起合奏。有时,一把"苏尔奈"也经常与一面单面鼓或一面双面鼓合奏。这种吹奏乐器在中亚、中东和欧洲南部也经常见到。

## 四 造型和建筑艺术[①]

阿富汗的建筑和造型艺术历史悠久,造型优美,有很高的艺术欣赏价值。由于阿富汗地处古代东西交通的要冲,其艺术发展受到中国、中亚、伊朗、印度等国艺术风格的影响。20世纪初由于考古研究的进展,阿富汗史前直至伊斯兰鼎盛时期的优秀艺术作品逐步展现在世人面前。

### (一)公元1世纪之前

在阿富汗石器时代的考古挖掘中,出现了比较粗糙的造型艺术品。巴克特里亚王国时期的作品,有岩画、陶土人俑、动物造

---

① 陈辉著《阿富汗出土的古代艺术一瞥》,载《西亚非洲》1983第4期;郭子鹰著《阿富汗文化遗产几多烽火劫》,载《旅行家》2002第2期;Louis Dupree, *Afghanistan*, Princeton University Press, Princeton, 1980, p. 305~307; Nancy Hatch Dupree, *An Historical Guide to Afghanistan*, Afghan Air Authority, Afghan Tourist Organization, Kabul, 1971.

型、妇女装饰品、彩绘器皿等，艺术风格类似于中亚、伊朗等地，时间大约在公元前4世纪末至前2世纪初，称为"兽形图案"[1]。

此后，阿富汗艺术作品受到古希腊和罗马风格的影响。如第二章所述，距离塔吉克斯坦—阿富汗边境仅10分钟路程的阿伊哈努姆遗址，是阿富汗北部出土具有2300年历史的古希腊和罗马要塞遗址的代表。20世纪60年代，法国考古学家发现了这个遗址。在其宝藏中，有不少来自地中海的橄榄油、燃香、金币和宝石，此外还发现了一批印度艺术品和一个镶嵌了玛瑙和水晶的皇冠。据考证，这顶皇冠和罗马附近发现的塔希拉王朝的皇冠属同一时期。

另外，考古发现，阿富汗北部的巴格拉姆古城可能是贵霜时期的文化名城——迦毕试。这里出土了许多精美的艺术品，荟萃了东西方文化艺术精华。在出土的文物中，古罗马制造的骑马像、雅典娜像、表现希腊神话故事的圆版石膏像以及彩画玻璃器上的绘画，都具有古代印象派的风格。其中，印度的象牙雕刻作品，接近马吐腊式的艺术风格。"这一派喜爱裸体，崇尚体形美，人物姿容妖冶，类似印度民间崇拜的小神灵药叉女。她们头部倾侧，胸部扭转，臀部耸出，构成优美动人的S形曲线。"另外，这里还出土了中国的漆器。

从发掘出来的其他文物看，比如水罐、盅和神的雕像等，当时的手工艺术品已达到较高水平。在属于公元前1世纪中叶的遗址挖掘中，还发现了以柱廊为特点的宫殿、寺庙式建筑，殿堂内有彩饰壁画。

（二）佛教鼎盛时期

公元1~4世纪，是佛教在阿富汗传播的鼎盛时期。如今，在阿富汗境内分布着诸多佛教遗址及其雕刻和绘画艺术。佛教遗

---

[1] 见前引马晋强著《阿富汗今昔》，第210页。

阿富汗

址主要分布在以下三个地区。

第一，位于贾拉拉巴德附近的石窟群。它们包括喀布尔河沿岸的费尔哈纳石窟、该地区西部的希亚考山石窟、南部查哈尔巴格高地上的阿拉哈那扎尔石窟、东南部哈达地区的几处石窟、东部靠近巴基斯坦的一处石窟群。[①]

其中，哈达地区的石窟群最为著名。哈达佛教寺院距贾拉拉巴德东南约8公里处，海拔高度约在457米，这里有数千座佛塔，塔身一般用灰泥粉刷。佛教寺院分僧院和塔院两处，塔院中心为塔，周围为祠堂，大塔旁边还有奉献小塔。20世纪初，这里出土了约2.3万件各种大小的石制头像，其中包括神态安详的佛和菩萨、和蔼的捐赠者、龇牙裂嘴的恶魔、带头盔的战士、苦行僧、和尚等，一些文物修复后保存在喀布尔博物馆或巴黎的吉梅博物馆中。20世纪60、70年代，哈达周围其他佛教遗址还出土了一些珍品，其中包括一些用灰泥和黏土做的佛像或佛像碎片以及一个独特的"鱼形回廊"壁龛。就佛像来讲，其制作方式是成批模塑，哈达是制作中心。佛像面部表情沉静、安详，"莲瓣似的嘴唇微微翘起，浮现出发自内心的微笑"。壁龛的年代大约在公元2、3世纪，上面绘有用拉毛粉装饰的各式各样的海洋生物。另外，哈达附近的塔贝绍托尔遗址是阿富汗最有价值的考古发现之一，其佛龛中的佛像具有鲜明的希腊佛教艺术特色。这里曾被改造成一座博物馆，不过1982年被毁。[②]

第二，阿富汗北部的佛教遗址。它们包括海巴克附近的塔夫特鲁斯塔石窟、海巴克西北约16公里处的哈扎尔斯姆石窟群、距离喀布尔北部约80公里处的巴格拉姆佛教遗址群。其中，巴格拉姆的佛教寺院装饰有精湛的雕塑和绘画，其独树一帜的艺术

---

[①] 桑吉著《阿富汗佛教与巴米扬大佛》，《法音》2000第4期。
[②] 《中国青年科技》2001第6期。

第六章 教育、科学、文艺、卫生

形式受到古希腊艺术的影响。另外，这里出土的燃灯佛石雕，"既不同于用红砂石雕出的印度马吐腊式佛像的轻盈秀美，又不同于用青灰色片岩雕出的巴基斯坦佛像那样的沉着、冷峻"，具有"阿富汗山民的气质，性情刚烈，生命感和力量感表现得淋漓尽致"。

第三，著名的巴米扬石窟。它坐落在兴都库什山中部的巴米扬峡谷，距离喀布尔西北约 330 公里，海拔约 2500 米，这里自古以来就是联结东西方的交通要道，是当时佛教文化艺术中心之一。在巴米扬峡谷南侧的悬崖上布满了洞穴，并镶嵌入两座大佛像。巴米扬即古代的梵衍那国，玄奘取经曾经过此地。玄奘在《大唐西域记》卷一《梵衍那国》中，对这两座佛像作了记载。据它记载："王城（梵衍那国）东北山阿有立佛石像，高百四五十尺，金色晃耀，宝饰焕烂。东有迦蓝，此国先王所建也。迦蓝东有鍮石释迦佛立像，高百余尺，分身别铸，总合而成。"西侧大佛高 53 米（或 55 米），修建年代约在 5 世纪，其造型与东侧大佛略有不同。《大唐西域记》形容这尊大佛"高百四五十尺，金色晃耀，宝饰焕烂"，说明当时佛像贴有金箔或铜箔，并且有许多装饰。后来，这尊大佛面部被非常整齐地削去，不过佛像整体大致安然无恙，魁梧的身躯昂然挺立，胸膛宽厚，腰部和大腿粗壮，具有古代阿富汗人民的虎虎生气。这座佛像曾被认为是世界上最大的佛像，后来发现中国的乐山大佛更大。这座佛像石窟内残存的壁画不多，主要是佛、菩萨以及伎乐天、供养天女等。东侧大佛距西大佛约 400 米，高 35 米（或 37 米），修建年代约在 3 世纪下半叶。《大唐西域记》说它乃"鍮石"制作。鍮石即黄铜，但有专家指出，它并不是黄铜铸像，有可能在佛身上包裹了一层黄铜箔。[①] 其石窟内残存的壁画以佛和菩萨居多，此外还

---

① 见前引《阿富汗佛教与巴米扬大佛》。

有日、月、天、风神和飞天的形象。除两尊大佛外,这里还有大小约 750 个洞窟以及 1500～1600 尊小型造像,造像的年代大约在 5 世纪末至 7 世纪初。巴米扬佛雕艺术属于犍陀罗艺术中的瑰宝,融合了印度、中亚、伊朗以及古希腊和罗马艺术的风格和思想,它与我国的敦煌石窟、印度的阿占塔石窟一同被列为世界三大佛教艺术最珍贵的遗产地。

2001 年 2 月 27 日,塔利班领导人奥玛尔下令捣毁阿富汗全国境内所有佛像,包括上述两尊大佛。同年 3 月 14 日,塔利班正式宣布,已经将巴米扬两尊大佛彻底捣毁。国际社会为之震惊,并普遍反对这种摧毁人类文化遗产的行为。塔利班垮台后,在联合国以及国际社会的帮助下,阿富汗开始修复这两尊大佛。

此外,在巴米扬大佛东南约 4 公里处的卡克拉克(Kakrak),还有一处佛教遗址。这里有一尊 10 米高的立佛和一处佛龛。佛龛中央有一尊盘膝而坐的佛像,四周环坐着稍小一些的佛像。卡克拉克遗址的年代约在 5～6 世纪,或稍晚时期。

### (三) 伊斯兰教鼎盛时期

阿富汗到处都可发现伊斯兰教鼎盛时期的遗址。9～13 世纪,阿富汗伊斯兰建筑和造型艺术日臻完善,多表现在清真寺、宗教学校和陵墓的建筑、雕塑和绘画方面。代表性建筑有:巴米扬河谷的沙赫尔·伊·古尔科拉要塞(12 世纪中叶)、拉什卡利·巴扎尔 3 座设防的城堡(11 世纪初)、加兹尼尖塔(12 世纪)和马茂德宫殿(12 世纪)、贾姆尖塔(12～13 世纪)、布斯特的清真寺拱门(12 或 13 世纪)等。这些建筑多为砖砌,庭院宽阔,使用色彩艳丽的彩陶和高而尖的拱形正门,还有一系列刻画人物和动物的白色大理石浮雕,其风格受伊朗影响。[①]

---

① 参阅《大美百科全书》,台北,中华书局,1990。

第六章 教育、科学、文艺、卫生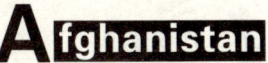

沙赫尔·伊·古尔科拉要塞位于巴米扬佛教遗址南部，它是12世纪中叶由古里王朝建立的一座皇家堡垒。从这儿，向北可以俯瞰巴米扬河谷，向南遥望绵延的群山，不过如今已成一片废墟。

在加兹尼王朝鼎盛时期，都城加兹尼是当时一个伊斯兰文化艺术中心。由苏丹马茂德三世（1099~1114年）修建的尖塔和苏丹巴赫拉姆沙（1118~1152年）修建的尖塔，是加兹尼最著名的伊斯兰建筑遗址。它们呈多面锥体，有许多装饰图案，如今只有原始建筑的一部分高度，是著名的贾姆尖塔的范本。据专家推断，它们最初可能是清真寺的一部分建筑。此外，20世纪50年代，在加兹尼尖塔附近发现了一处宫殿遗址。据推断，它修建于1112年，曾是苏丹马茂德三世的一处宫殿。宫殿中央是一个宽大开阔的长方形院落，地面用白色的大理石铺就，院墙装饰华丽，庭院的东西两侧分布着一些小房间，西北角矗立着一座清真寺。

贾姆尖塔是一座伊斯兰教宣礼塔，位于阿富汗中部哈里河南岸，高65米。在世界上所有伊斯兰宣礼塔中，只有印度的库屠塔（Qutob Minar）比它高。在20世纪最后20多年的战乱中，它幸存下来，但其周边遗迹被严重破坏。

在帖木儿王朝时期，尤其是沙哈鲁和苏丹侯赛因·贝卡拉统治时期，赫拉特成为伊斯兰文明的一个重要中心。这里曾矗立着宏伟的宫殿和陵墓，分布着图书馆、花园、公园等建筑群。这些建筑装饰华丽，瓷釉陶板表面图案色彩缤纷，通常配以黄色高光的各种深浅的黄色组合，瓷砖花纹绚烂。赫拉特大清真寺是其中最美丽的人文风景线。它最初建于10世纪初，12世纪古里王朝曾予以重建。其外墙面令人叹为观止的装饰，据断定年代在15世纪。不过，以后它曾被毁坏，20世纪40年代又重新修缮。装饰一新的赫拉特大清真寺色彩绚丽，花样精美，令人过

*311*

目难忘。

哈兹拉特阿里的圣陵最初修建于 1136 年，后被毁，15 世纪苏丹侯赛因·贝卡拉统治时期予以重建，但如今贝卡拉时期的装饰已所剩无几。20 世纪，这座圣陵经过修缮，恢复了昔日的光彩，成为当时阿富汗最优美的伊斯兰建筑之一。这座圣陵有三处入口，从最精美的南门进去，可以看到一处非常宽阔的庭院，这里可以容纳数千人做礼拜；西部矗立着一座壮丽的现代清真寺，数千只白鸽在这里盘旋，更增添了圣陵的魅力。

帖木儿王朝时期的著名建筑还有赫拉特的伊斯兰寺院（15～16 世纪）和巴尔赫的寺院（15 世纪晚期）等。

1982 年，阿富汗政府向联合国教科文组织申报了 9 项世界文化遗产，其中 4 项通过认定。分别是巴米扬、赫拉特、贾姆尖塔和阿伊哈努姆遗址。

（四）其他

在阿富汗造型艺术中，金银器的手工加工艺术、铜丝织品、木雕制品以及地毯编织艺术也享有盛誉。

除上述造型和建筑艺术外，由于伊斯兰教不鼓励活体画法，所以犍陀罗艺术中的壁画仍能保持其独特的风格达数世纪之久。15 世纪，赫拉特成为以贝赫扎德（Bihzad，生于 1440 年）为首的著名纤细画画派的中心。该派画家还包括阿里（Qasim'Ali）和阿布尔马利（Nasr Allah Abu'l-Ma'Ali），他们的绘画试图阐释诗与历史作品。另外，沙·姆扎法尔也是这个时期的著名画家。此外，15 和 16 世纪，阿拉伯文书法也高度发展起来。

阿富汗古代艺术作品给现代艺术创作增添了新的动力和源泉。一些现代绘画家试图直接从 15 世纪的纤细画画派作品中汲取营养，还有一些画家深受西方艺术风格的影响。从建筑艺术方面看，帖木儿时期的伊斯兰建筑风格和技术、尤其是清真寺和陵墓的外墙设计风格被保存下来。20 世纪 30 年代，阿富汗第一所

第六章 教育、科学、文艺、卫生

艺术学院马科塔布·萨纳伊·纳费萨（Maktab-i-Sanai Nafisa）在喀布尔建立。不过，在20世纪最后20年的战乱中，阿富汗大批文物被洗劫一空，许多艺术品和文物被走私到欧美地区。

## 五 文化设施

### （一）图书馆

1978年4月以前，阿富汗全国有各类图书馆约250所，其中约100所在喀布尔，总藏书100万册。最大的图书馆是喀布尔公共图书馆。它建于1957年，前身是1920年建立的教育部图书馆。20世纪50年代，喀布尔图书馆藏有1万册图书和数百部有价值的手稿。80年代，喀布尔图书馆约有藏书10万册，原有的手稿部已改为国家档案馆，藏有手稿3000部左右。另外，在其他各省图书馆当中，赫拉特图书馆年代最久，其藏书达4000册。[1]

一些大学内也设有图书馆，比如喀布尔大学图书馆。它建于1963年，60年代馆内有各种参考书共8万余册，其中75%用西方语言撰写。[2]

### （二）博物馆[3]

1. 喀布尔国家博物馆

喀布尔国家博物馆是阿富汗最大的博物馆，是世界公认的多种文化珍品聚集的宝库。其前身是1918年建立的喀布尔博物馆，它是在阿富汗历代国王私人收藏品的基础上建立的。馆内原陈列有大量的自阿富汗史前时期到现代不同时期的考古文物。

在馆内众多珍贵文物中，有一组是"巴格拉姆文物系列"。

---

[1] 见前引马晋强著《阿富汗今昔》，第203页。
[2] 见前引《趋向与现状——当代阿富汗教育》。
[3] See Ann Dupree, Louis Dupree, A. A. Motamedi, *A Guide to The Kabul Museum*, Afghan Tourist Organization, Kabul, 1968.

它是镇馆之宝,主要是在巴格拉姆周围遗址中挖掘和发现的珍贵文物,包括大量源自古印度、希腊和罗马、中国和中亚的文物,比如象牙饰品、青铜器以及精美的玻璃制品等,大多文物属于1~3世纪。"巴格拉姆文物系列"生动地反映了阿富汗是古代东西方文化汇集地的特点。

馆内还有一组珍贵文物,是从蒙迪加克和德赫莫拉希昆达两处遗址挖掘和发现的阿富汗史前时期的丰富文物,其中有大量的彩绘陶器、陶土头像、珍贵的"母神"雕像和青铜器制品。大多数文物属于公元前3000年至前1000年的青铜器时代。

馆内另有一组珍宝,是在哈达遗址发现的佛教盛行时期的文物,包括无数灰泥制的小佛像,有站、坐等各种姿势,此外还有独特的具有希腊艺术风格的佛的头像。

馆内的"巴米扬"珍宝文物系列,主要来自阿富汗中部巴米扬、卡克拉克以及卡马达卡(Kama Dakka)附近发现的文物,大多属于佛教盛行时期。这组珍宝包括大量的佛和动物的浮雕、壁画和雕像等,一些雕像具有波斯萨珊时期或古印度的艺术风格。

馆内还有一组具有特色的文物,是在加兹尼等地出土的伊斯兰时期以及稍晚时期的艺术品。其中有大量的青铜器和陶瓷制品,包括一些家庭用品、浮雕、雕塑以及壁画残缺品等。

馆内值得一提的文物,还有一组源自公元前8世纪到公元19世纪末的庞大的古钱币藏品,其中包括珍贵的古希腊和罗马特色的钱币。

喀布尔国家博物馆以前还陈列有一些武器、民族服饰和用品以及新出土的文物等。

不过,经过数十年战乱,尤其是20世纪90年代的内战阶段,喀布尔国家博物馆被抢劫一空,如今已千疮百孔,盛极一时的文化宝库风采荡然无存。塔利班执政时期,曾于2001年3月

## 第六章 教育、科学、文艺、卫生

开放了喀布尔国家博物馆。当时馆内残砖碎瓦,仅开放了3个展室,多陈列着古代的茶壶酒具,地下室的陈列架上摆放着数千块陶瓷碎片。[①]

2. 其他博物馆

阿富汗国内其他大城市原来也建有博物馆。

(1) 加兹尼小型伊斯兰艺术博物馆

它开放于 1966 年,是在苏丹阿卜杜尔·拉扎克(Sultan Abdur Razaq)陵墓的基础上扩建的,其陵墓具有 16 世纪帖木儿王朝时期的建筑风格。馆内陈列着从加兹尼周围遗址中出土的伊斯兰教鼎盛时期的各种文物,如大理石雕刻品、贵族家庭中使用的具有艺术价值的家庭用品、著名诗人的手稿、各种陶瓷制品等。馆内还陈列有不同于伊斯兰艺术风格的众多动物饰品。此外,馆里还有深受波斯萨珊王朝以及中亚地区影响的艺术品,比如骑士、跳舞的姑娘、狮子、骆驼、大象、鹿等各种雕像。

(2) 赫拉特博物馆

馆内陈列有在赫拉特附近出土的一些珍贵手稿,有不同时期的建筑装饰残片、青铜器、陶土制品和当地的一些绘画。

(3) 坎大哈博物馆

馆内陈列有当地艺术家绘制的许多绘画,它们生动地描绘了坎大哈的传奇历史。此外,馆内还有一些青铜器和古代的武器。

(4) 马扎里沙里夫博物馆

馆里陈列有大量的古代石制雕像、珠宝、古钱币等,还有一些来自 19 世纪中亚尤其是布哈拉一带的游牧用品,生动地反映了当时阿富汗北部与中亚的密切联系和交往。

---

[①] 见前引《阿富汗文化遗产几多烽火劫》;前引马晋强著《阿富汗今昔》,第 203~204 页。

## 第四节 医药卫生

### 一 20世纪70年代之前

与20世纪30~50年代相比，经过40年的发展，阿富汗医疗卫生条件有了较大改善。

1972年，在全国将近1000万人口中，阿富汗共有67家医院，医生总数为827人，病床3500多张。另外，当时阿富汗已有两所大学——喀布尔大学和楠格哈尔大学从事医学和药学的教学和研究工作。而1932年，全国仅有600张床位；1941年，只有38位医生；1951年，全国仅有50家医院。[1]

20世纪50年代，阿富汗人还受到多种传染性疾病的威胁。比如，各种结核病、痢疾、伤寒、性病、沙眼等。但是70年代初，由于政府采取了一些措施，霍乱、疟疾、天花这些疾病已经得到控制。人口寿命也由1960年的34岁提高到1979年的41岁。[2]

尽管如此，阿富汗的医疗卫生条件仍旧很差。20世纪50年代，婴儿死亡率非常高。据估计，在10个新生婴儿中，有4~5个在未满周岁前就死去。当时，阿富汗政府机关和企业人员基本上可以免费求医，但是农村居民患病时大多求助于草药、巫医等。同时，阿富汗的西药和医疗器械全靠进口，全国还没有自来水、下水道设施和公共厕所。

---

[1] Maxwell J. Fry, *The Afghan Economy: Money, Finance and The Critical Constraints to Economic Development*, Leiden, E. J. Brill, 1974, p. 13, p. 14.

[2] EIU, *Country Profile: Pakistan / Afghanistan*, 1986/87, p. 45.

第六章 教育、科学、文艺、卫生

表6-1  1932~1972年阿富汗卫生条件统计

|  | 1932年 | 1941年 | 1946年 | 1951年 | 1956年 | 1961年 | 1966年 | 1972年 |
|---|---|---|---|---|---|---|---|---|
| 医院(所) | — | — | — | 50 | 52 | 59 | 63 | 67 |
| 医生(位) | — | 38 | 88 | 137 | 149 | 250 | 527 | 827 |
| 医院病床(张) | 600 | 730 | 770 | — | 1380 | 1759 | 2197 | 3504 |

资料来源：Maxwell J. Fry, *The Afghan Economy*: *Money, Finance and the Critical Constraints to Economic Development*, Leiden, E. J. Brill, 1974, pp. 13~14.

## 二 20世纪90年代以来

20世纪最后20余年的战乱摧毁了阿富汗原本很差的医疗体系。截至20世纪末，大多数医疗专业人士早已离开阿富汗，医疗培训项目也不复存在。一些国际机构估计，阿富汗大约三分之一的医疗设施已经遭到了破坏，全国只有不到一半的人能用上安全的饮用水。[①]

世界卫生组织对2000年6月的阿富汗卫生状况作了评估。该组织认为，阿富汗在全部191个国家中排名第173位。全国至少有80万人是残疾。传染病、儿科疾病、妇科病以及精神疾病是影响阿富汗人民健康状况的主要疾病。一些在其他国家已经得到控制的传染病，如霍乱、痢疾、疟疾、肝炎、麻疹和结核病（如肺结核）等，在阿富汗依然十分猖獗。每年有3.5万名儿童死于麻疹。同时，多年内战使许多人患上了精神疾病，而整个阿富汗却仅有一家精神病医院，每天只接受40多名急诊病人。

1999年，联合国儿童基金会曾在阿富汗成功地实施了接种预防小儿麻痹症疫苗的规划，但是2000~2002年的干旱恶化了

---

① EIU, *Country Profile*: *Afghanistan*, 2003, p. 14.

阿富汗

阿富汗的卫生状况。一项调查指出，2001年3月，阿富汗的干旱致使人口死亡率上升，在一个城区约有30%的儿童患有营养缺乏症，有5%的儿童患有严重营养不良。2001年和2002年，阿富汗全国因寒冷、饥饿和坏血病而死亡的人数有所上升。

2001年"9·11"事件后，阿富汗新政府估计，全国平均每2.7万人能拥有一所医疗机构，有些地方甚至是每3万人拥有一所医疗机构。男子平均寿命只有43岁，妇女平均寿命只有47岁，约1/4的儿童活不到5岁，至少有70%的阿富汗人依赖于国际社会提供的医疗服务。全国有1/4的人口得不到基本卫生保障。此后10年，阿富汗需要22亿美元才能为全国提供基本医疗保健。①

阿富汗还是世界上产妇死亡率、婴儿和儿童死亡率最高的国家之一，同时也是寡妇和孤儿人数比例最高的国家之一。2002年9月，一个非政府组织在报告中指出，阿富汗每10万个新生婴儿就可能导致594位产妇死亡，其产妇死亡率仅次于塞拉里昂居世界第二。② 2002年11月，巴达赫尚省产妇死亡率达到联合国儿童基金会有史以来记载的世界最高记录：每1000名新生婴儿中就导致65名产妇死亡。2002年，阿富汗每1000个新生婴儿中，就有144个死亡。③

2002年12月4日，亚洲开发银行决定向阿富汗提供300万美元援助用于提高该国的卫生保健状况。这笔资金将提供给阿富汗的卫生部门，专门用于研究如何使政府更好地与非政府机构就提高农村的初级卫生保健状况进行合作。这些合作项目包括营养研究、卫生人员的培训、生育服务以及药品供给等。通过这笔援

---

① 新华网喀布尔2004年2月3日电。
② EIU, *Country Profile*: *Afghanistan*, 2003, p.14.
③ http://www.cia.gov/cia/publications/factbook/geos/af.html.

第六章 教育、科学、文艺、卫生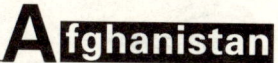

助,亚行希望可以使阿富汗儿童死亡率在3年内下降30%。尽管如此,要遏止阿富汗卫生状况下降的势头还需要许多年。

## 第五节 体育

### 一 "巴兹卡什"①

阿富汗人最喜欢的传统体育项目是"巴兹卡什"(Buzkashi),它是阿富汗人生活中密不可分的一部分。"巴兹卡什"的意思是"抢夺山羊",最初可能来源于马背上的骑士在崇山峻岭中捕猎山羊的活动。"巴兹卡什"现在指一队骑手谁能最先抢得一头死牛犊冲过终点线,谁就是冠军。这种比赛一般没有规则,只有一些简单的规定。不过,20世纪60、70年代,阿富汗奥林匹克联合会(Afghan Olympic Federation)曾对这项传统体育活动作了规范。它规定,如果明目张胆有意用鞭子抽打对手,或者试图将对手摔下马,均算犯规,犯规者将被逐出比赛。它还规定,比赛时间为一小时,中场休息10分钟,场地大小为400×350米,两队人数从5人到15人不等。

20世纪60、70年代,巴兹卡什比赛在阿富汗北方最为活跃。尤其是在夏末小麦和大麦收获季节以及秋初犁地时节,许多乌孜别克族、塔吉克族和土库曼族的群众就在犁过的田地上进行巴兹卡什比赛。下雪后,这项比赛就停止了。开春后,尤其是临近瑙鲁兹节,即阿富汗新年第一天时,又恢复巴兹卡什比赛。每年这个时候,可以在马扎里沙里夫看到高水平比赛。春季和夏季也经常举办这种比赛活动。这时,尤其是在瑙鲁兹节和杰辛节,北方大多数省会和其他中小城镇都举办巴兹卡什比赛。10月份,

---

① See Louis Dupree, *Afghanistan*, Princeton University Press, Princeton, 1980.

阿富汗

省际冠军再汇集喀布尔,在国王生日当天进行比赛,争夺全国冠军。

巴兹卡什的训练漫长而艰苦。大多数主力骑手都有自己的马,他们和教练员要细心地与马一起训练。主力骑手至少在40岁以上参加比赛最好。马一般经过5年训练,才能正式开始参加比赛,一匹好马可以参加20年比赛。马匹的饲料都很讲究。有时一天喂两次大麦,另加应季的柠檬,偶尔还喂掺生鸡蛋和黄油的大麦。经过长期严格的训练,马在参赛时很少踩踏落地的骑手,也会避免与其他骑手相撞。因此,尽管这项比赛比较危险,但是很少发生伤害事件。阿富汗谚语说:"较差的骑手配良驹胜于较差的马配优秀骑手"。当然,当骑手与马匹均优秀时,主力骑手就产生了。

北方巴兹卡什比赛通常是这样的。一头牛犊的躯干放在一个大圆圈的中间,圆圈外环绕着两对选手,两队选手有时多达1000人。一声哨响(或枪响),圆圈外第一线上的主力骑手就冲向中央,力争把牛犊抢到马鞍上。骑手抢到牛犊后,就把它放到马鞍上。为防止对方抢走,他要将牛犊的腿压在自己腿下,并紧紧地抵着鞍头,嘴里噙着马鞭,冲向拐弯处。他必须绕着场地骑上几圈,常常上千米远,然后返回,将牛犊丢在最初的圆圈中,就得一分。如果牛犊滑出圆圈,就不得分。主力骑手确定自己得分后,会将马鞭高高举起,这时赞助商和所有观众就会很快决定这个骑手是否得分。如果认为得分,会给予奖励。自然,另一队骑手要争取从对方手中抢回牛犊。一旦抢到牛犊,比赛就重新开始。有时,两到三名主力骑手同时抓住牛犊,然后拼命争抢。一旦牛犊碎为几段,骑手可以拿着抢到的那份飞快地驰向圆圈,然后将它丢下。这时,赞助者和裁判必须决定谁抢到的最大,谁就得分。此后比赛继续进行,直到赞助者和裁判发完奖金和奖章。巴兹卡什比赛虽然要求同队骑手密切配合,但一般是个人之间进

第六章 教育、科学、文艺、卫生

行激烈角逐，相互之间的合作比较松散。

在阿富汗重大的国家节日、宗教节日以及阿富汗人生子婚丧等重要时刻，都要举行巴兹卡什比赛。另外，一起举办的比赛还有赛马、钉帐篷等。

二 打猎

打猎以及其他各种非正式的射击比赛，也是阿富汗人非常喜欢的体育项目。各种鸟类，比如鸭子、鹧鸪、鹌鹑、松鸡和雪鸡等通常都是猎物。大型猎物包括高山上的野生绵羊和山羊、沙漠中的瞪羚、雪豹、熊以及西伯利亚虎等。但是，一般阿富汗人不把大型猎物作为体育比赛的猎捕对象。只有当它们偶尔混进家畜时，才将它们捕获。最受阿富汗人喜欢的狩猎动物是马可·波罗绵羊。阿富汗猎狗常常伴随主人一起打猎，这种猎狗尾短，头长，视觉敏锐，是阿富汗人追赶猎物、尤其是在追赶瞪羚和野兔时的好帮手，深受阿富汗人的喜爱。

三 斗鸡

阿富汗人还喜欢捕获一些小型动物来争斗。他们首先用一些技巧诱捕小动物。最常见的办法是用网子诱捕。有时，用小棍支起一张小网，棍子一头系着草绳，周围撒一些谷物。有时，将笼内的小鸟放在一张大网旁边作诱饵，大网则由诱捕者控制。岩鸡（或者石鸡）和一种类似云雀的小鸟被捕获后，经常用来比赛。阿富汗人常以其岩鸡为荣，除精心训练它们外，还要喂葡萄干和杏仁。有时，还带它们出去散步，梳理它们的羽毛，用漂亮的绣花布来盖装岩鸡的笼子。岩鸡争斗时，一般禁止岩鸡致对手于死地，也禁止以大斗小。裁判和岩鸡的主人来决定哪两只岩鸡可以比赛。岩鸡挑选后，首先要挑起岩鸡的斗势，然后撤去笼子，争斗即开始。每位主人有4次暂停机会，如果认为自己的岩鸡要输时,可以用笼子扣住。岩鸡斗势再次被挑起后,新一轮争斗即开始。一旦一只岩鸡明显地处于优势,争斗即结束。阿富汗人用来争斗的动物还包括骆驼、公羊、狗等等。

四　球类比赛

里斯坦地区盛行摔跤、类似曲棍球的比赛和多少类似橄榄球的比赛。普什图族人居住地区也存在类似的比赛。在举行类似橄榄球的比赛时,两队选手人数相等,须选定两个目标(树或岩石),同时划定比赛区域。比赛开始时,两队选手要面对面组成人墙,以堵截、抓住对方。每队各有一名选手,要冲破对方人墙,到达终点线。不过,每位选手必须把一只脚背向后背,单脚跳向终点线。如果脚落到地面,选手比赛资格就被取消,这时对方就在人数上占据优势。

五　现代体育

20 世纪初,西方现代体育运动开始传入阿富汗。阿曼努拉汗在位时期,将网球、板球和高尔夫等运动引进到阿富汗上流社会。当时,一位苏格兰工程师为阿富汗建造了 2～3 个高尔夫球场。第二次世界大战以后,一些有组织的团队比赛项目、对身体协调性具有很高要求的个人运动项目相继引进阿富汗。20 世纪 50、60 年代,诸如篮球、足球、排球、曲棍球等新型运动项目也陆续进入阿富汗。另外,像摔跤、举重这些奥林匹克运动项目也颇受阿富汗人的欢迎。阿富汗还陆续派出了曲棍球队、摔跤队和举重队参加了奥林匹克运动会。

1936 年,阿富汗第一次参加奥运会。在奥运会历史上,阿富汗运动员穆罕默德·易卜拉希米,曾于 1964 年在日本东京奥运会上夺得男子轻量级自由式摔跤比赛第五名,这是阿富汗运动员参赛以来取得的最好成绩。1983 年,一位名叫穆罕默德·伊

第六章 教育、科学、文艺、卫生

斯麦尔·巴卡基的阿富汗运动员参加了当年国际田径锦标赛的100米比赛。1996年，阿富汗派出了一支仅由几名男子运动员组成的体育代表团参加了美国亚特兰大奥运会。当亚特兰大奥运会结束时，塔利班已控制了阿富汗首都喀布尔，这几名参赛运动员随后申请在英国政治避难。1999年10月，由于塔利班宣布禁止女运动员参加比赛，国际奥委会随即取消阿富汗国际奥委会的成员资格。阿富汗与其他国际单项体育组织的联系也就此中断。

2001年底阿富汗新政府建立后，2003年6月29日，国际奥委会宣布恢复阿富汗国际奥委会的成员资格，允许其派代表团参加2004年的雅典奥运会。阿富汗有关部门称，可以派运动员参加摔跤、拳击、跆拳道和田径项目的比赛。2003年8月，阿富汗派代表团参加了巴黎世界田径锦标赛。在比赛中，一个名叫阿兹米的女孩参加了100米短跑，标志着阿富汗在中断20年后重新回到了国际田径赛场。2004年5月，阿富汗一支由5人组成的奥运代表团抵达雅典，开始备战8月开幕的雅典奥运会。其中有两名少女，分别叫穆吉姆亚和雷扎伊，她们参加了短跑和柔道比赛。

阿富汗从未派体育代表团参加冬奥会。

## 第六节 新闻出版

一 报纸与通讯社[①]

19世纪后半期，阿富汗有了报刊和出版机构。1967年，喀布尔诞生了阿富汗第一份杂志《喀布尔》，不过不久即被查禁。1875年，阿富汗第一份周刊《沙姆斯·乌恩－纳

---

① 主要参阅前引马晋强著《阿富汗今昔》。

阿富汗

哈尔》也在喀布尔诞生，不过4年后停刊。1912年，喀布尔出版了阿富汗第一份报纸《锡拉季·乌尔－阿赫巴尔》（《新闻之光》），它是当时青年阿富汗派的喉舌。

1923年宪法明确规定公民有出版书籍和定期刊物的权利。1924年，阿富汗通过了出版法，准许私人出版报纸、杂志和开办印刷厂。随后，阿富汗报纸和杂志数量明显增加，喀布尔之外的其他大城市也出现了出版物。与此同时，喀布尔开办了5家大出版社，赫拉特、贾拉拉巴德等城市也陆续开办了印刷厂。当时，《阿曼·伊·阿富汗》（《阿富汗和平》）是一份重要报纸，由阿曼努拉汗主持创办。另外，创办于1927年的《阿尼斯》（友谊）和1929年的《伊斯莱》（改革）两种日报，影响也很大。20世纪30年代，杂志《普什图》影响和发行量也较大。这个时期，出版物在确定阿富汗文学语言的书写规则、传播和推广普什图语等方面均发挥了重要作用。在同一时期，喀布尔和全国其他城市的印刷厂合并，称为国家中心印刷厂及其分厂。

1939年，阿富汗创建了新闻社"巴赫塔尔"（Bakhtar），现为国家通讯社。

第二次世界大战后，阿富汗政府于1951年1月颁布新出版法，准许私人出版报纸和杂志。随后，阿富汗出现大约10家报纸。不过，许多影响较大的反对派报纸相继遭到政府查禁，不久即停刊。

1964年宪法再次规定出版自由。1965年7月，阿富汗政府再次颁布新的出版法，允许私人出版报纸和杂志，因此60年代涌现了更多的私人报纸。

1973年达乌德执政后，封闭了所有私人报刊，并对国家出版机构活动进行严格控制。当时允许公开发行的只有半官方性质的《朱姆胡里亚特》（《共和国报》）。

1974年，有14种日报和其他11种报纸，报纸发行总量有

第六章 教育、科学、文艺、卫生

49.9万份。随后由于新闻检查，报纸数量锐减。

2001年阿富汗新政府成立后，阿富汗国内主要报纸有《喀布尔时报》（阿官方报纸）、《喀布尔周报》（阿唯一英文报纸）、《祖国报》、《阿尼斯报》等。

阿富汗2004年宪法规定，言论自由不可侵犯，阿富汗每位公民都有印刷和出版的自由。不过，涉及印刷、广播、电视、报刊和其他大众媒体方面的法令，将另行制定具体法律予以规范。①

二 广播、电话与电视②

（一）广播

1920年，苏俄赠送给阿富汗第一台无线电装置。1941年，阿富汗第一个无线广播电台开始播音，使用普什图语、达里语、乌尔都语和英语，电台位于喀布尔，另外坎大哈、赫拉特、贾拉拉巴德等城市则进行转播。1964年，喀布尔广播中心扩建。同年，喀布尔广播电台改称阿富汗广播电台。1976年，阿富汗大约有11.5万台收音机。③

1985年3月，坎大哈、赫拉特、贾拉拉巴德、加兹尼和阿萨达巴德广播电台准许播音。当时，其他一些省市的广播电台也相继建成。80年代，阿富汗广播电台和阿富汗电视台归电讯部管理。电台和电视台的播音，对内使用普什图语、达里语、努里斯坦语、乌兹别克语、土库曼语和俾路支语，对外使用乌尔都

---

① http://www.afghangovernment.com/2004constitution.html.
② 主要参阅前引马晋强著《阿富汗今昔》；http://af.mofcom.gov.cn/aarticle/ztdy/200511/20051100712696.html.
③ *The New Encyclopaedia Britannica*, Vol.1, 15th Edition, 1981, Encyclopaedia Britannica Inc, WIlliam Benton / Helen Hemingway Benton, Chicago / London / Toronto, p.172.

语、阿拉伯语、英语、俄语、德语、普什图语和达里语。1999年，阿富汗共有16.7万部收音机。广播电台有9个，其中有7个中波电台，1个调频立体声电台和1个短波电台。不过中波电台只有1个能正常使用，短波电台可以用普什图语、达里语、乌尔都语和英语广播。

（二）电话

1971年，约有2.1万部电话，电话主要集中在喀布尔。1978年，电话机增加到3.1万部。战争时期，阿富汗电讯系统遭到破坏。截至1998年，喀布尔约有2.1万条电话线。

（三）电视

1978年8月，阿富汗开始播送彩色电视节目，当年约有上万台电视机。1997年，全国至少有11家电视台，包括1家设在喀布尔的"中央政府"电视台和其他10家地方电视台。1999年，阿富汗约有10万台电视机。

2001年底阿富汗新政府成立后，优先恢复和发展电讯工业。截至2004年，大城市特别是喀布尔的电讯系统得到很大改善，不但固定电话业务基本恢复，还开通了移动通讯和互联网业务，其中移动通讯总用户已达3万户。当时，阿富汗已有两家无线电通讯公司，即阿富汗无线通讯公司（Afghanistan Wireless Communication Company，简称AWCC）和阿富汗电讯发展公司（Telecom Development Company Afghanistan，简称TDCA）。前者于5年前开始营业，但提供移动通讯服务仅一年；后者于2004年开通。

# 第七章

# 外　交

　　自独立以来，阿富汗努力在外交上奉行独立自主的中立主义政策，致力于与大国、周边国家以及其他所有国家发展友好关系，以便获取必要外援、巩固民族生存、促进国家发展。这种政策的形成，与阿富汗独特的地理位置、特定的历史条件、贫穷弱小的基本国情密切相关。但是，大国的激烈角逐、地理贸易的限制、一些民族跨境而居等因素，增加了阿富汗处理对外关系的难度，曾使其在协调民族独立与获取外援关系方面产生许多偏差甚至失误。2001年年底卡尔扎伊政府成立后，积极与世界各国发展友好关系。但是，无论其政权生存，还是战后重建，阿富汗均需要国际社会的支持和帮助。

## 第一节　外交政策

### 一　影响外交政策的因素[①]

　　像任何国家一样，阿富汗外交政策的核心目标是如何确保国家独立和民族生存。尤其像阿富汗这样一个贫瘠

---

① See Louis Dupree and Linette Albert ed., *Afghanistan in The 1970s*, Praeger Publishers, New York, 1974, pp. 76~90.

弱小、随时可能面临强国干涉的国家，怎样确保民族生存，一直是阿富汗为之奋斗的主要目标。与此同时，通过外交方式削弱和打击国内异己势力、巩固统治者自身政权，在一定意义上也与该目标有相同之处，有时两者相互交织。此外，如何获取必要外援、促进国家全面发展，是阿富汗外交政策的另一个重要目标。近现代以来，阿富汗认为，现代化改革和建设是确保国家独立和民族生存的必要条件，而这离不开外部的帮助和支持。

如何实现上述两大目标，还要看阿富汗所面临的内外环境和因素。首先，阿富汗位于从东方到西方、从中亚到中东和南亚的必经之地，易受外族势力的冲击。其次，阿富汗贫穷弱小，但是在特定的历史阶段，其南北邻国或东西方势力却非常强大，如何在夹缝中生存和发展，一直是阿富汗外交所面临的困境之一。再次，阿富汗是一个封闭的内陆国，没有出海口，对外贸易需要借道邻国来实现。第四，阿富汗民族成分比较复杂，而部落（部族）是阿富汗基层的社会单位，民族凝聚力不强，常常需要借助外力来强化统治。第五，阿富汗与邻国有漫长的边界线，一些民族跨境而居等。这些客观因素，加上统治者的部族背景，有不同的爱好和个性，影响或决定了阿富汗实现上述两大目标的手段和方式。其中，许多因素对阿富汗是非常不利的，尤其如何协调维护国家独立与获取必要外援之间的关系，增加了阿富汗处理对外关系的难度，限制了其外交政策的选择余地。

二　外交政策的基本原则和特点[①]

历史上，尤其是独立以来，阿富汗形成了一些具有鲜明特色的外交原则和传统。

---

① See Harvey H. Smith, Donald W. Bernier, Frederica M. Bunge, Frances Chadwick Rintz, Rinn-Sup Shinn, Suzanne Teleki, *Afghanistan*, *A Country Study*, Fourth Edition, United States Government, Washington, 1980, p.350.

# 第七章　外　交

## （一）中立主义

自18世纪中叶建国以来，阿富汗外交政策一直表现着中立主义的特点。无论是在英俄激烈争夺的19世纪，还是两次世界大战当中，或者是在苏美激烈角逐的冷战时期，阿富汗一直试图在几乎所有重大国际问题上保持中立立场，不与其中任何一方结盟。对阿富汗而言，中立主义不仅是获取外国经济和军事援助的一种手段，也是维护国家独立、巩固政权的一种目标。只有采取谨慎的中立主义立场，才能不冒犯任何一个大国，防止任何外国势力对其内部事务产生过多影响。冷战时期，阿富汗中立主义政策表现在以下几个方面。（1）阿富汗既不加入社会主义阵营，也不加入西方阵营，同时也不与美国或苏联结盟。阿富汗对于决定两大阵营对垒的意识形态因素没有多少兴趣。（2）在外交日常事务上，阿富汗也试图在两大阵营之间保持某种平衡关系，或者利用一个阵营来平衡和抑制另一个阵营。（3）在官方互访、缔结经济技术援助协定或者缔结文化和教育交流协定时，也有一种考虑，那就是不让任何一个国家左右阿富汗。（4）在处理世界事务中，也采取比较折中和积极的立场。当时，阿富汗称这种政策为"积极的中立主义"政策。

## （二）"第三国主义"

鉴于地缘政治和历史环境特点，阿富汗在外交政策上除竭力保持中立主义政策外，还采取了一种"第三国主义"政策，来达到平衡或抑制南北两大强邻（或东西方阵营）的目的。

所谓"第三国主义"，就是在两大强邻或两大对峙阵营之外、在远离阿富汗的地区寻找第三种势力。第二次世界大战前，德国、意大利和日本等国是阿富汗推行"第三国主义"政策、与之发展关系的主要国家。当时，美国也是阿富汗需要的一个国家，但是美国对阿富汗没有多少战略兴趣，阿富汗的目标没有实现。冷战时期，联邦德国、日本以及除美国和英国之外的西方国

家是阿富汗选择的对象。在阿富汗看来,这些国家远离阿富汗,在阿富汗没有殖民主义或侵略史,对阿富汗独立和安全不会构成威胁。同时,由于它们具有较强的经济、技术和军事实力,能够向阿富汗提供必要的各种援助,因此,它们会对阿富汗两大强邻或两大对峙阵营起到平衡或牵制的作用。推而广之,发展与周边国家、伊斯兰国家以及其他所有国家的友好关系,也是阿富汗推行"第三国主义"政策的一种体现。

(三) 地理贸易限制与睦邻友好

如上所述,由于地理条件限制,阿富汗在外贸过境问题上不得不依赖邻国。这促使阿富汗总是试图打开所有贸易进出口通道的大门,并且与所有邻国保持着友好而平稳的关系。阿富汗尤其考虑的是,需要得到经过邻国进口军事设备的权利。如果阿富汗在邻国政策上不采取谨慎立场,完全可能伤害自身的经济和国家利益。

19世纪和20世纪初,阿富汗的外交政策就表现出这样的特点。比如1879年,在阿富汗一再要求下,阿富汗从英国那里获得了与英印政权进行贸易以及通过英印领土进出口货物的权利。1893年,在阿富汗与英国签订的一项条约中,特别规定阿富汗"有权(从英印)进口战争物资"。1919年阿富汗独立后,英国一度否认了阿富汗的这项权利。但是,在双方于1921年签订的《喀布尔条约》中,英国重新同意了阿富汗的这项权利以及阿富汗从英印领土自由进出口货物的权利。冷战时期,这种地理贸易因素在很大程度上是促使阿富汗寻求经由苏联领土进出口货物的线路、进而加深对苏联依赖的一个重要原因。

(四)"普什图尼斯坦问题"的困扰

"普什图尼斯坦问题",即杜兰线以东普什图族人的归属问题,在很长时期尤其在冷战时期,影响着阿富汗与巴基斯坦的关系。如前所述,该问题的根源在于英国殖民主义者分而治之的政

第七章　外　交

策。1947年印度和巴基斯坦分治后，阿富汗与巴基斯坦之间所发生的三次重大冲突，都是由该问题直接引发的，尤其是双方在该问题上坚持强硬立场的结果。相反，如果阿巴双方在该问题上保持相对克制和灵活的立场，或者暂时搁置该问题，双边关系就能够相对得到改善。截至2006年，"普什图尼斯坦问题"还没有得到妥善解决，是影响阿巴关系的一个消极因素。

"普什图尼斯坦问题"不仅影响阿富汗与巴基斯坦的关系，而且影响阿富汗与其他国家的关系。比如在冷战时期，阿富汗对巴基斯坦加入中央条约组织以及美国向巴基斯坦提供大量军火就表示疑虑，这一度影响阿美关系的发展。而当阿富汗与巴基斯坦双方淡化该问题，双边关系得到顺利发展时，阿富汗与美国、英国、联邦德国等西方国家的关系也能够顺利发展。此外，苏联支持阿富汗在"普什图尼斯坦问题"上的立场，也是20世纪50～60年代阿苏关系能够密切发展的一个主要因素。

三　不同时期的外交政策[①]

自18世纪末到20世纪初，阿富汗面临的外部环境主要是英国和沙俄为建立和巩固世界霸权而在亚洲地区包括阿富汗等国竞相角逐。为确保英印及其西北部的安全，当时英国向阿富汗施加了强大压力，甚至采取军事入侵方式，同时辅之以向阿富汗统治者或代理人提供经济和军事援助的方式，从而比较成功地将沙俄势力拒之于阿富汗领土之外。阿富汗统治者比如阿卜杜尔·拉赫曼接受了英国的这种支持及其外交保护，以达到击败国内敌对势力、抵制沙俄渗透的目的。不过，阿富汗为此付出了沉重代价，包括丧失了对杜兰线以东普什图族人的控制。当时，后者约占阿富汗国内普什图族总人口的一半，一直是阿富汗

---

[①] 主要参阅前引彭树智主编《阿富汗史》。

阿富汗

中央军事力量的主要来源,并且是阿富汗统治者的政治支持者。同时,由于担心国内敌对势力以出卖国家利益为借口攻击自己,阿卜杜尔·拉赫曼采取了一种孤立的外交政策,以拉开与英国的距离,减轻对英国的依赖。其中一个例证,就是拒绝在阿富汗建造铁路,以免外国进行干涉。

第一次世界大战打破了原有的国际体系,为阿富汗外交开创了新的局面。这时,苏俄①取代了沙俄,并开始鼓励亚洲被压迫国家反对欧洲列强的统治。英国在英印地区面临着起义和反抗。在中东伊斯兰国家包括阿富汗国内,泛伊斯兰主义和民族主义蓬勃兴起。阿曼努拉汗敏锐地抓住这种有利时机,领导阿富汗进行了第三次抗英战争,成功地摆脱了英国控制,获得了民族独立。

阿富汗独立后,阿曼努拉汗积极建立独立自主的全方位外交关系,以确保民族独立和国家安全,并使阿富汗得到国际社会认可,从而屹立于世界之林。与此同时,新生的苏俄政权与英印之间由于互存芥蒂,担心对方利用阿富汗作为向本国一些附属区域进行干涉的基地,因此在阿富汗展开新的角逐。阿曼努拉汗利用这种竞争关系,分别与苏俄和英印签署了和平条约,建立了双边外交关系。此外,出于维护民族独立、促进现代化改革的需要,同时为平衡苏俄(联)和英印势力的影响,阿曼努拉汗还设法与大多数欧洲国家和一些新兴独立国家建立双边关系,包括与距离遥远的、在阿富汗没有干涉历史的一些大国比如法国、德国、意大利、日本等国建立和发展外交关系。当时,这些国家对阿富汗进行现代化改革提供了一些援助,主要集中在外贸和教育文化

---

① 1917年10月社会主义革命胜利后,在原沙俄境内出现了许多苏维埃政权,"俄罗斯苏维埃联邦社会主义共和国"是其中一个主要政权,简称苏维埃俄国,或苏俄。1922年12月30日,苏维埃俄国与外高加索联邦、乌克兰、白俄罗斯成立"苏维埃社会主义共和国联盟"(后扩至15个加盟共和国),简称苏联。——著者注

## 第七章 外　交

领域，但是规模不大。

纳第尔沙统治时期以及穆罕默德·哈西姆担任首相期间，为巩固政权和促进现代化改革，阿富汗致力于恢复和保持与国际社会因战乱而中断的正常关系。阿富汗与苏联因此得以保持正常的政治关系，双方经贸关系也随之发展。阿富汗与英国的关系也得到一定改善，英国向阿富汗提供了一些军事和经济援助。从20世纪30年代中期到第二次世界大战前，为平衡英苏两国的影响并获取必要外援，阿富汗仍继续发展与德国、意大利和日本的关系。特别是在这个时期阿富汗和德国进行了全面合作，德国成为阿富汗最重要的贸易伙伴和信贷国之一。此外，1934年，阿富汗加入国联，这是阿富汗努力扩大对外关系的一个重要成果。1937年，阿富汗还与土耳其、伊朗、伊拉克签署了萨阿达巴德条约，希望借此维护自身安全。

第二次世界大战期间，哈西姆政府恪守中立，与英苏两国以及德、意、日轴心国均保持友好关系。1941年6月苏德战争爆发，英国和苏联先后于当年10月和11月要求阿富汗驱逐轴心国所有非外交人员。摄于同盟国的强大压力，同时担心本国领土遭到外国军队占领，哈西姆政府采取了灵活的变通方法，命令交战国所有非外交人员离境。这在事实上造成轴心国撤离大多数人员，同时维护了阿富汗的传统中立，避免了阿富汗被外国军队占领。与此同时，由于同盟国对军事物资的需求，阿富汗对西方出口迅速扩大，纽约取代伦敦成为阿富汗紫羔羊皮出口的主要市场。

战争结束后，阿富汗国际环境和地区局势发生了深刻变化。美国开始与苏联进行冷战以争夺全球霸权，中东包括阿富汗成为以美国为首的西方和以苏联为首的东方激烈角逐的重要地区。与此同时，英国势力全面收缩，并且退出中东和南亚。1947年巴基斯坦和印度实现分治，杜兰线以东普什图族被逐渐归入巴基斯

坦。在这种背景下，尤其是在达乌德第一次执政期间，阿富汗对外政策发生了一些重大变化。由于阿富汗和巴基斯坦均在杜兰线以东普什图族人归属问题（即"普什图尼斯坦问题"）上采取强硬立场，两国关系因此两度交恶，边界冲突也屡有发生，巴基斯坦还对阿富汗采取了贸易禁运、边界封锁等诸项措施。为解决贸易过境问题，同时继续推进现代化建设，解决实施经济计划所需要的资金，阿富汗积极向苏联和美国寻求经济和军事援助。阿富汗的努力首先得到苏联的积极回应，苏联因此成为这个时期占阿富汗第一位的援助国，阿富汗也因此与东欧国家建立了密切关系，并且得到了后者援助。阿苏关系的迅速发展，刺激了美国对阿富汗援助的增加。结果在这个时期，美国成为阿富汗第二大援助国。此外，阿富汗还继续加强与联邦德国、日本等西方大国的关系，并因此得到了实惠。截至20世纪60年代中期，东西方两大阵营的援助帮助阿富汗奠定了现代经济的基础，并对阿富汗的政治和文化带来巨大影响。此外，在这个时期，阿富汗与伊朗的关系得到改善，它与印度、土耳其、埃及等国也保持着友好关系，阿富汗还成为不结盟运动的创始国之一，其传统中立政策因此得到了新的发展。

1963~1973年查希尔沙亲政时期，阿富汗在外交上纠正了过分依赖苏联援助的状况，更加注重传统的中立和平衡政策。查希尔沙首先遍访世界各国，努力与各国发展友好关系，积极寻求外援来源的多样化。其次，他与苏联也保持密切的政治、经济和军事关系。这个时期，苏联对阿富汗的援助有所下降，但仍是阿富汗第一大援助国。其经济援助涉及阿富汗"三五"计划、教育等领域，军事援助则包括向阿富汗提供武器装备和军官培训等，此外苏联还成为阿富汗重要的贸易对象。再次，查希尔沙加强了与美国、西欧、日本等西方国家的关系。但是60年代中期后，美援大幅度下降，西欧和日本援助相对增强，联邦德国成为

## 第七章 外　交

仅次于苏联的第二大援助国。与此同时，联合国对阿富汗的援助也有所增强。第四，查希尔沙改善了与邻国的关系。阿富汗虽然坚持在"普什图尼斯坦问题"上的强硬立场，但采取了搁置方式，阿富汗与巴基斯坦的关系因此得以缓和。阿富汗的这种立场还在 1965 年、1971 年第二、三次印巴战争中经受了考验。另外，1973 年，阿富汗与伊朗解决了百年之久的赫尔曼德河河水争端问题，后者随之开始向阿富汗提供援助。

达乌德第二次执政时期，阿富汗对外政策前后经历了一些变化。达乌德执政初期，出于政治考虑，他与苏联保持着密切的关系，与美国的关系相对冷淡。此外，由于继续坚持在"普什图尼斯坦问题"上的强硬立场，阿富汗与巴基斯坦的边界冲突屡有发生。达乌德执政中后期，随着达乌德打击和最终取缔人民民主党旗帜派和人民派并设法改善与西方和邻国的关系，阿富汗与苏联的关系日趋紧张。苏联一方面巩固与阿富汗的官方关系，继续向阿富汗提供大量的经济和军事援助，另一方面开始积极为推翻达乌德政权做准备。阿苏关系趋于紧张的同时，阿美关系则有所加强，这种转变发生在达乌德主动向美国示好之下。阿美双方高层实现了互访，美国除继续提供大量经济援助和一些军事援助外，还促使中东产油国、日本等国向阿富汗提供援助，并设法帮助阿富汗改善与邻国的关系。此外在执政中后期，达乌德在"普什图尼斯坦问题"上的立场趋于温和，他主张通过和平方式解决双方分歧，阿富汗与巴基斯坦两国首脑因此两度互访。同时，阿富汗与伊朗两国领导人也实现了互访，伊朗继续向阿富汗提供经济援助，阿富汗则正式批准了赫尔曼德河水条约。不仅如此，在达乌德执政中后期，阿富汗与其他伊斯兰国家的关系也得到进一步发展，沙特阿拉伯、科威特、埃及、印度等国分别向阿富汗提供了经济和军事援助。

1978 年阿富汗民主共和国成立后，塔拉基政府采取了向苏

## 阿富汗

联一面倒的政策，阿富汗与苏联的经济合作进一步加强，双方最终建立了军事同盟关系。与此同时，塔拉基政府对苏联和东欧之外的国家采取了强硬和敌对政策，阿富汗与它们的关系随之逆转。阿明政府的对外政策却与之相反，它一方面处处与苏联作对，导致阿苏关系恶化；另一方面，它试图改善与美国和周边国家的关系。

在苏联占领阿富汗期间，苏联先后扶植了阿富汗卡尔迈勒和纳吉布拉傀儡政权，阿富汗全盘苏联化。另一方面，阿富汗人民在国际社会支持下，在境内外展开了如火如荼的抵抗运动。其中一类抵抗运动派别，是总部设在巴基斯坦白沙瓦的7个伊斯兰逊尼派组织，它们受到西方国家以及巴基斯坦、沙特阿拉伯等邻国或伊斯兰国家的大力支持。另一类派别，是总部设在伊朗并受到伊朗支持的8个伊斯兰什叶派组织，势力相对弱小。

20世纪90年代内战期间，阿富汗各种政治派别为削弱和打击对方，入主喀布尔，积极寻求外部势力的支持。就拉巴尼政府而言，在成立初期，它逐渐得到了巴基斯坦、沙特阿拉伯和伊朗等国的支持。90年代中期塔利班崛起并日益壮大后，拉巴尼政府以及此后成立的反塔利班北方联盟与巴基斯坦的关系相对冷淡，但是得到越来越多的其他国家支持，包括伊朗、沙特阿拉伯、印度以及俄罗斯和中亚一些国家。此外，拉巴尼政府还得到了国际社会的正式承认。塔利班的崛起与迅速发展，最初离不开巴基斯坦和美国公开或秘密的支持。塔利班夺取喀布尔并建立政权后，先后得到巴基斯坦、沙特阿拉伯和阿联酋三国的正式承认，并分别建立了外交关系。不过，90年代后期，塔利班与美国的关系渐行渐远。2001年"9·11"事件后，北方联盟与美国和西方建立了军事合作关系，以共同打击塔利班及其庇护的"基地"组织，此外它还继续得到上述国家的支持和帮助。塔利班则成为美英军事打击的目标，而且被此前承认它的三个国家所

## 第七章 外　交

抛弃。

2001年年底阿富汗新政府成立以来，阿富汗不断改善和发展与邻国的互利合作关系。阿富汗与巴基斯坦、印度、中国、伊朗等邻国高层已数次互访，达成多项共识，获得各方积极的援助承诺，阿富汗还与伊朗和印度签订了双边互惠贸易协定等文件。2002年12月22日，阿富汗政府在喀布尔举行了"睦邻友好国际会议"，与6个邻国[①]签署了《喀布尔睦邻友好宣言》。各邻国承诺尊重阿富汗主权和领土完整，不干涉阿富汗内政并致力于维护地区稳定。2003年9月22日，阿富汗与6个邻国签署《＜喀布尔睦邻友好宣言＞签署国政府关于鼓励更紧密贸易、过境和投资合作宣言》。2004年3月柏林会议期间，阿富汗与6个邻国又签署了《喀布尔睦邻友好禁毒宣言》。

阿富汗新政府还重视发展同美国、德国、日本和欧盟等西方国家的关系。截至2004年，卡尔扎伊（主席）总统已3次访美，2次访德，并由此获得西方国家的大力援助，获得国家重建尤其是政治、安全和经济重建的基本保证。2004年，阿富汗外交更加积极活跃，以争取国际社会支持总统大选，寻求更多国际援助。

阿富汗新政府重视同联合国的合作，积极参加在联合国框架内由各方组织召开的援阿国际会议，并在联合国各专门委员会和组织的大力协助下，统筹规划援助资金，加快国内经济重建。

阿富汗新政府还积极参与多边事务。截至2004年，卡尔扎伊（主席）总统相继出席了八国峰会、上海合作组织峰会、北约峰会等。已有上百个国家与阿富汗建立或恢复外交关系，34个国家向阿富汗派驻大使。

---

① 6个邻国为中国、塔吉克斯坦、乌兹别克斯坦、土库曼斯坦、伊朗和巴基斯坦。

# 第二节 同美国的关系

## 一 双边关系沿革[①]

1919 年阿富汗独立后,为巩固新生政权和独立成果,阿曼努拉汗试图与美国建立联系。1921 年 7 月,阿曼努拉汗派以瓦里汗为首的代表团访问美国,并拜会了哈定总统。1924 年,美国外交官科尼利厄斯·H.凡·恩格特回访阿富汗。纳第尔沙统治时期,为巩固政权并恢复与国际社会的正常关系,也曾派阿富汗驻英国大使争取美国承认阿富汗。不过,当时美国认为阿富汗过于落后,人身安全难以保障,一直反应冷淡。

哈西姆首相执政时期,为平衡苏联和英国的影响并获取必要外援,继续致力于扩大对外关系,阿富汗与美国因此建立了外交关系。1934 年,美国正式承认阿富汗。次年,美国驻伊朗大使兼任驻阿富汗代表。1936 年,阿美两国签订第一个正式友好条约。不过,截至第二次世界大战前,美国企业很少关注阿富汗。直到 1937 年,美国纽约内陆勘探公司才作为第一家美国公司在阿富汗获得为期 75 年的石油勘探特许权。该公司在阿富汗北部进行了初步勘探,后因战争危险增大,于 1939 年中止了合同。

第二次世界大战期间,阿富汗恪守中立政策,它与美国的关系有所发展。1942 年和 1943 年,阿美两国正式开设使馆并交换使团。恩格特成为首任美国驻阿富汗公使,阿卜杜勒·侯赛因·阿齐兹成为阿富汗首任驻美国公使。美国态度发生变化的一个主

---

① 主要参阅前引彭树智主编《阿富汗史》。

第七章 外 交

要原因，是为了在战争期间改善同盟国军队在阿富汗和中东地区的战略地位。

第二次世界大战后，英国从南亚撤退，为平衡苏联影响，同时积极争取美国的经济和军事援助，阿富汗把加强阿美关系作为一项重要内容。与此同时，美国也开始逐步向阿富汗渗透。美国主要出于与苏联在全球进行冷战的考虑，特别是防止阿富汗落入苏联怀抱，以免苏联以阿富汗为立足点，对中东和南亚地区发动可能的侵略。另外，为保护在海湾和南亚的战略资源，美国也需要对阿富汗进行投入。美国希望把阿富汗当作一个"缓冲国"，在东西方两大阵营之间保持独立和中立的地位。在这种背景下，阿富汗与美国关系日益发展。1948 年，两国关系升为大使级关系，厄立·E. 帕尔马和穆罕默德·纳伊姆汗·萨达尔分别成为美国驻阿富汗大使和阿富汗驻美国大使。另外，对于阿富汗的经济援助需求，美国于 1946 年与阿富汗达成协议，成立摩里逊—努德逊阿富汗公司，帮助阿富汗修建赫尔曼德河水利工程。不过，美国对阿富汗的经济援助比较谨慎。比如，对于阿富汗在赫尔曼德河工程建设方面的贷款申请，美国进出口银行只批准了部分款项。此外，美国拒绝了阿富汗的军事援助要求。

达乌德第一次执政初期，由于美国对阿富汗的战略兴趣不大，同时由于阿富汗拒绝加入美国在中东和南亚组建的军事集团，美国对阿富汗的经济援助依然有限，对阿富汗的军事援助需求仍然置之不理。但是，总体来看，这个时期，阿富汗与美国的关系得到迅速发展。一方面，阿富汗始终需要把美国作为平衡苏联势力的一个砝码，同时希望继续得到美国的经济和军事援助。另一方面，更重要的是，此时阿富汗与苏联关系的迅速发展使美国非常担心阿富汗的中立地位受到削弱，美国及时调整了阿富汗政策，开始扩大对阿富汗的经济、技术、文化和军事援助。

阿富汗

1956年2月,阿富汗与美国签订技术援助协定,扩大了美国在阿富汗农业、矿业和教育中的作用。1957年3月底,美国总统特使詹姆斯·P.理查兹访问阿富汗,阿富汗宣布在不放弃中立政策的前提下接受美国军援。1958年6月,达乌德首相访问美国。1957、1958年间,美国还极力帮助改善阿富汗和巴基斯坦之间因"普什图尼斯坦问题"恶化的关系,促使阿巴双方签订了航空协定和贸易过境协定。1962年2月,阿富汗与伊朗签订过境协定,同时与美国签订了美国物资经伊朗转运的协定。这个时期,美国对阿富汗的经济援助仅次于苏联居第二位。美国的经济援助款项大部分用于继续修建赫尔曼德河水利工程以及阿富汗南部具有战略意义的项目,其中包括修建喀布尔—坎大哈—斯平布尔达克和喀布尔—贾拉拉巴德—多尔汗两条公路以及坎大哈国际机场。1957年4月,美国购买阿富汗阿里亚娜航空公司49%的股份,并在阿富汗南部进行油气勘探和航空地形测绘和其他工矿业建设。

不过,与这个时期的苏联援助相比,美国的文化援助比较突出。1958年6月,阿富汗与美国签订文化协定,美国先后帮助阿富汗创建了喀布尔大学农学院(1956年)、教育学院(1962年)和工程学院(1963年),参与了阿富汗中学教育改革和英语教学,并接纳大批阿富汗留学生。

此外,这个时期,美国还派遣顾问到阿富汗政府部门和企业中工作。另外,美国还向阿富汗提供了少量军援,并为阿富汗警察建设提供技术援助和人员培训等。

查希尔沙亲政时期,执行更为平衡和中立的外交政策,阿富汗与美国的政治关系得到进一步发展。1963年9月,查希尔沙偕王后首次对美国进行国事访问,双方发表了联合公报。1969年,阿美双方签订农产品销售协定。1969年5月和12月,美国国务卿威廉·罗杰斯和副总统斯波罗·阿格纽分别访问阿富汗。

## 第七章 外 交

但是这个时期,由于美国此前援建的许多基础设施建设项目趋于完成,美国认为尚没有其他值得大力投资的新项目,同时由于与苏联之间的冷战趋于缓和,美国向阿富汗提供的经济援助相对下降。以前,美国经济援助占阿富汗全部外援的1/3,1969年仅为3%。① 此时,美国的经济援助项目仍是赫尔曼德河水利工程、喀布尔—坎大哈—斯平布尔达克公路、联结赫拉特至巴基斯坦伊斯兰堡的公路。另外,美国进出口银行贷款给阿里亚娜航空公司购买一架波音727飞机。1968年5月,阿里亚娜航空公司开始定期飞行国际航班。

阿富汗共和国成立后,在达乌德执政初期,由于达乌德怀疑美国参与了针对新政权的政治阴谋,同时由于美国对新政权采取一种观望态度,阿美关系一度冷淡。不过不久,达乌德主动采取措施向美国示好,其胞弟纳依姆向当时美国驻阿富汗大使厄利耶特保证,阿富汗希望与美国保持友好关系,希望看到美国在阿富汗强大的经济存在。1974年,美国国务卿亨利·基辛格访问阿富汗。在会谈中,达乌德表示希望美国继续扩大对阿富汗的经济、技术和教育援助,基辛格则表示愿意在经济和社会领域继续提供帮助,以巩固阿富汗的稳定和独立地位。可以说,此时美国认为,达乌德的对外政策既不"亲苏",也不"亲美",如果美国继续提供帮助,可以鼓励达乌德采取更加不偏不倚的外交政策。

在这种背景下,阿富汗与美国的政治关系和经济关系得到了进一步发展。1976年6~7月,纳依姆以阿富汗总统特使的身份访问美国。同年8月,国务卿基辛格再访阿富汗。1977年夏,美国正式邀请达乌德访美。阿富汗把达乌德访美的时间定在1978年9月,此后由于1978年4月政变而未成行。从经济关系

---

① 见前引彭树智主编《阿富汗史》,第294页。

阿富汗

来看，1975年1月，美国一些高级官员先后访问阿富汗，商谈具体援助项目。随后，阿富汗与美国双方签订了一系列新的援助协议。另外，阿富汗也增加了赴美国受训的军事人员人数。除此之外，美国还敦促沙特阿拉伯、日本等国加强对阿富汗的经济援助，并希望阿富汗继续改善与邻国的关系。

二 苏联占领时期美国的阿富汗政策[①]

（一）苏联入侵前

1978年4月27日建立的阿富汗人民民主党政权，采取了向苏联一面倒的政策，同时对包括美国在内的西方国家以及周边国家采取了敌视态度。

人民民主党政权建立初期，美国与该政权保持谨慎接触，一些援助照常进行。随着阿富汗国内事态的发展，美国开始采取两手战略。一是与阿富汗人民民主党政权维持正常关系，二是敞开与阿富汗日益壮大的抵抗力量接触的渠道。随着阿富汗国内对政府不满情绪的日益高涨，美国对人民民主党政权及其激进政策愈发不安。1979年2月，美国驻阿富汗大使阿道夫·杜布斯被绑架并遇害，导致两国关系恶化，美国遂决定削减对阿富汗的经济援助，并自1979年4月起开始秘密支持阿富汗抵抗力量。

（二）苏联占领前期

1979年苏联入侵阿富汗、同年伊朗发生伊斯兰革命以及当时世界其他地区发生的一系列重大事件，促使美国认为，全球战略格局发生了有利于苏联的变化，而且"苏联控制阿富汗是企图南下印度洋并支配南亚次大陆的一个重要步骤"。1980年1月23日，卡特政府警告苏联："外部势力企图控制波斯湾的任何努

---

[①] http://nsarchive.chadwyck.com/

## 第七章 外交

力,都将被视为对美国至关重要利益的侵犯,美国将采取一切可能手段、包括使用武力进行回击。"不过,卡特政府并不打算在海湾和阿富汗与苏联直接进行军事较量,而是主要采取了两手战略。一是向阿富汗境内外抵抗力量提供更多的秘密援助。二是与苏联进行政治谈判,寻求政治解决阿富汗问题。不过,1980年上台的里根政府,基本上放弃了第二手战略,而采取了更为强硬的进攻性政策。这些政策主要包括:

首先,美国通过一些渠道,秘密向阿富汗抵抗力量提供军事援助。达乌德政权被推翻后,巴基斯坦接纳了数百万阿富汗难民,而且成为阿富汗抵抗力量的一个重要基地。里根政府因此鼎力支持巴基斯坦,以便把巴基斯坦作为向阿富汗抵抗力量提供援助的一个重要渠道。巴基斯坦情报机构则选择了其境内更为激进的阿富汗抵抗组织作为援助对象,并且把相当数量的美国武器提供给这些组织,其中主要包括希克马蒂亚尔领导的阿富汗伊斯兰党。

在向阿富汗抵抗力量提供军事援助方面,美国国会和中央情报局起到很大的推动作用。1984年,美国国会通过决议,要求提高对阿富汗抵抗力量秘密援助的规模和质量。此后,美国提高了援助武器的质量,其中包括一些欧制地空导弹和美制"毒刺"导弹。"毒刺"导弹上是当时世界上最有效的肩扛式地空导弹。整个80年代,美国国会向阿富汗抵抗力量提供了将近30亿美元的秘密援助。80年代初期,美国中央情报局也不断从国际军火市场上购买苏制武器运至巴基斯坦,并转至阿富汗抵抗力量手中。截至1987年,美国每年向阿富汗抵抗力量提供的军事援助约达7亿美元。

其次,通过一些途径,美国秘密向阿富汗难民提供相当数量的人道主义援助,其中包括向美国支持的大量非政府组织提供资助。美国说服其他许多国家,或通过资助美国支持的非政府组

织，或通过向联合国难民署提供支持等手段，对阿富汗难民进行了援助。不过，其中大部分援助最后落到阿富汗抵抗组织手中，成为这些组织对阿富汗难民施加政治影响的有力工具。

再次，向阿富汗抵抗力量提供心理和精神支持。1983 年，美国总统里根签署国家安全命令第 77 号，决定协调政府各部门工作，通过"公众外交手段"加强国家安全并反击反美宣传。据此，美国成立了阿富汗工作小组，以便在美国政府部门之间进行协调，并讨论如何加强对阿富汗战争的报道，提高国际社会对阿富汗抵抗力量的同情和支持。当时，设在巴基斯坦的"西方外交官消息来源"成为国际社会关于战争报道的一个比较可靠的渠道，其实该消息就是由美国驻巴基斯坦的使领馆提供。1985 年，美国国会通过法令，决定通过美国情报机构指导阿富汗抵抗力量如何拍摄并报道抵抗斗争。美国驻伊斯兰堡的官员还每周一次向外国媒体宣读一份由美国驻喀布尔大使馆提供的一线战况报道。

（三）苏联占领后期

1985 年戈尔巴乔夫上台后，提出了政治解决阿富汗问题，谋求从阿富汗撤军。1988 年，苏联加快从阿富汗脱身的步伐。对此，美国尤其是国会一直表示怀疑。直到里根总统承诺即使苏联撤军，美国将继续向阿富汗抵抗力量予以支持后，美国国会才同意签署《日内瓦协议》。1988 年 4 月，在联合国斡旋和主持下，巴基斯坦、阿富汗纳吉布拉政权以及美国和苏联四方外长在日内瓦签署了政治解决阿富汗问题的协议。美国对《日内瓦协议》的解释是，苏联撤军后，只要继续向纳吉布拉政权提供援助，美国也将向阿富汗抵抗力量继续提供帮助，此即"积极对称"政策。1989 年 2 月 15 日，苏联如期完成撤军，美国官员庆贺"冷战"结束。此前一个月，美国关闭了驻喀布尔大使馆。

第七章 外 交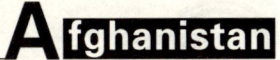

## 三 20世纪90年代美国的阿富汗政策[1]

**20**世纪90年代初,随着苏联撤军、东欧解体,美国开始关注其他重大国际问题,对阿富汗失去了兴趣。20世纪最后10年,美国对阿富汗几乎没有连贯的政策,只是就事论事,甚至相互矛盾。所谓打击"恐怖主义"、打击毒品走私、争夺中亚里海地区油气外运管线、遏制伊朗以及国内政治等因素,对美国的阿富汗政策造成较大影响,其中打击恐怖主义日益占据突出地位。这个时期,美国对阿富汗的政策大致可以分为以下3个阶段。

### (一)支持抵抗力量推翻纳吉布拉政权

1989年2月苏联撤出阿富汗同时,美国老布什政府上台。它继续向阿富汗抵抗力量提供支持,以便促使纳吉布拉政权尽快垮台,同时敦促阿富汗抵抗力量各派尽快组建一个得到国际社会承认的临时政府,以填补阿富汗的政权真空。

随后,考虑到阿富汗抵抗力量不能一举推翻纳吉布拉政权这个客观事实,美国对阿富汗政策作了一些微调。在与巴基斯坦协商后,美国开始同意联合国提出的建立包括纳吉布拉政权在内的阿富汗联合政府、国际社会停止对阿富汗各派的武器供应等主张。1991年9月13日,美苏两国在莫斯科签订协议,宣布自1992年1月1日起,两国停止向阿富汗交战双方供应武器。从1992年起,美国对阿富汗原抵抗力量的援助开始减少,并逐步取消了对阿富汗民间组织的援助计划。

1992年4月纳吉布拉政权垮台后,美国几乎彻底从阿富汗事务中抽身。它不仅拒绝在阿富汗原抵抗力量之间进行斡旋,以促使各派就阿富汗政治前途达成解决方案,而且任由盟友比如巴

---

[1] Ahmed Rashid, *Taliban*: *Militant Islam*, *Oil and Fundamentalism in Central Asia*, Yale University Press, New Haven/London, 2000.

基斯坦、沙特阿拉伯等国插手阿富汗事务。由于美国以及其他大国力量的缺失,此后阿富汗周边国家在阿富汗事务中有了更大的发言权和影响力,从而加剧了阿富汗内战。

(二)抛弃希克马蒂亚尔,间接支持塔利班

自1993年起,美国不得不重新关注阿富汗事务。其中一个重要因素,源自1993年2月26日发生的美国纽约世界贸易中心爆炸案。据美国调查,该爆炸案肇事者与希克马蒂亚尔领导的伊斯兰党有密切关联,而苏联入侵阿富汗期间,该组织一直受到美国的间接支持。1993年底1994年初,美国决心抛弃希克马蒂亚尔。另外,希克马蒂亚尔在阿富汗内战中屡次失败,威信日益丧失,也是美国抛弃他的一个原因。

与此同时,阿富汗日趋严重的毒品问题、争夺里海油气管线以及遏制伊朗等因素,促使美国考虑在阿富汗重新扶植一支力量,这支力量最后被定为塔利班。美国之所以选择塔利班,首先是来自巴基斯坦方面的认可。其次,美国认为塔利班是伊斯兰教逊尼派组织,是反伊朗的组织,可以牵制伊朗。再者,美国认为塔利班有能力结束阿富汗内战,恢复阿富汗稳定和秩序,以便为建设经由阿富汗、巴基斯坦转至世界市场的里海油气管线铺平道路。当时,美国并不认为塔利班反西方,并且忽视了塔利班是一个极端的伊斯兰组织。塔利班被选定后,美国主要通过巴基斯坦和沙特阿拉伯间接支持它。1996年塔利班夺取喀布尔后,美国与塔利班进行了短暂接触,并且积极敦促其他国家与塔利班接触。[1]

(三)日趋反对塔利班

1997年,美国对塔利班的政策发生转向。1997年和1998年,美国相继派出一系列高层官员出访南亚,解决阿富汗问题是

---

[1] Ahmed Rashid, *Taliban: Militant Islam, Oil and Fundamentalism in Central Asia*, Yale University Press, New Haven/London, 2000, p.178.

第七章 外 交

其中一项重要内容。1997年11月国务卿奥尔布赖特访问巴基斯坦时，第一次公开谴责塔利班的性别政策是"可耻的"[1]。

美国的政策之所以发生变化，一个原因在于，阿富汗问题久拖不决，对美国利益构成日益严重的威胁。另外，美国国内女权主义者的压力，对当时的克林顿新政府产生了一定影响。此外，1997年初克林顿政府负责外交领域决策层的更替，也对美国的政策产生了影响。当时，美国国务卿奥尔布赖特以及助理国务卿卡尔·因德弗斯的个人经历和看法与前任有所不同，比如奥尔布赖特就比较看重人权问题。但是更深刻的原因在于，美国认为，塔利班支持和庇护于1998年参与针对美国驻非洲使馆进行袭击的本·拉登及其"基地"组织。因此，如第二章所述，自那时起，捉拿本·拉登并粉碎"基地"组织开始在美国对外政策中占据主要地位，美国同时加大了对塔利班的施压力度。不过，美国也在与塔利班直接接触，以解决本·拉登的引渡问题。

反观塔利班，截至1997年本·拉登移居坎大哈之前，它并没有特别反对美国和西方，只是一再要求他们承认其政权。随着本·拉登以及"基地"组织对塔利班的影响与日俱增，特别是在1998年8月20日美国对"基地"组织驻阿富汗和苏丹的大本营进行导弹袭击后，塔利班开始在口头上激烈反美，一再拒绝美国将本·拉登驱逐出境的要求。但是，截至2000年，塔利班没有放弃与美国和国际社会接触的努力，试图将交出本·拉登与得到美国和国际社会的承认挂钩。

四 2001年"9·11"事件后同美国的关系

2001年"9·11"事件后，美国决定攻打阿富汗。除铲除塔利班和粉碎"基地"组织外，美国还希望实现

---

[1] Ahmed Rashid, *Taliban*: *Militant Islam, Oil and Fundamentalism in Central Asia*, Yale University Press, New Haven/London, 2000, p.180.

以下战略目的。第一,出兵阿富汗是美国发动全球反恐战争的一个起点,并为以后反恐战争奠定基础。第二,争夺欧亚大陆主导权,以利于美国实现全球霸权。第三,打击伊斯兰激进势力,恢复阿富汗和平与稳定,扩大美国在中亚的影响,并控制里海油气资源的开发和走向。同年10月7日,美英联军开始实行军事打击。短短两个月左右,塔利班政权即被击垮,"基地"组织也全线溃退。

2001年12月22日,在美国、联合国和国际社会其他成员的帮助下,阿富汗卡尔扎伊新政府得以建立。就阿富汗方面看,无论是在政权生存、安全和军事重建,还是经济和社会重建上,均离不开美国和西方的支持。就美国方面看,它虽然不愿意陷入收拾阿富汗残局的泥潭,但从国家安全战略考虑,美国不得不在阿富汗事务上长期投入,以确保阿富汗新政权站稳脚跟并顺利进行重建,防止阿富汗重新成为国际激进主义滋生的温床。

因此,卡尔扎伊新政府建立后,阿富汗与美国保持着密切而友好的关系。卡尔扎伊政府积极寻求美国的政治、军事和经济支持,美国一直对阿富汗重建工作予以支持。截至2004年,卡尔扎伊总统(主席)已3次访美。塔利班政权垮台后不久,美国外交官就重返驻阿富汗使馆,但一直以"联络办公室"的名义开展工作。卡尔扎伊政府建立后,美国驻阿富汗大使到任。2002年1月17日,美国驻阿富汗大使馆重新开馆并恢复工作。除帮助阿富汗进行政治建设外,美国、尤其是驻阿美军是阿富汗安全和军事重建的一个重要保障。截至2004年年底,美国在阿富汗保留着一支大约1.8万人的军队,设有三个军事基地,美国还拟使美驻阿军事基地永久化。驻阿美军不仅继续围剿塔利班和"基地"组织残余,还部署在阿富汗西部和南部以稳定当地局势。不过自2004年起,在驻阿富汗国际安全援助部队的协助下,美军开始逐步从阿富汗西部和南部撤出,以全力围剿塔利班残余势力。在经济援助阿富汗方面，美国投入的力度虽然不大，但是也逐步形成了以美、欧、日三方为主导的援助格局。

## 第三节 同其他西方国家的关系

### 一 同英国的关系[①]

19年阿富汗独立后，阿富汗与英国之间存在不少矛盾，其中最主要的矛盾涉及英印政府实际控制的西北边境省内普什图部族的归属问题。英国想控制和渗透这个地区，因此在该地区推行"前进政策"。阿富汗则希望该地区成为自己领土的一部分，或者是该地区成为阿英（印）之间的缓冲地带，因此支持该地区的反英斗争，而且接纳印度民族主义者在阿富汗建立"印度临时政府"。尽管如此，自1920年4月起，阿富汗开始与英国和英印政府就签订友好条约事宜进行会谈。1921年11月22日，阿富汗终于与英国签署了《喀布尔条约》，英国正式承认阿富汗的内政和外交独立，阿英两国随之建立了外交关系。此后，阿富汗与英国的关系比较冷淡。1923年，两国签订贸易条约。阿曼努拉汗曾访问英国。

纳第尔沙统治时期，为巩固政权，设法改善与英国的关系。1930年，阿富汗宣布承认1921年《喀布尔条约》和1923年英阿贸易条约。对于英印境内普什图族部落反抗英国的武装斗争，此时阿富汗只是名义上支持，实际上没有提供多少援助。英国则于1931年向阿富汗提供了1万支步枪和18万英镑现金，用于改善阿富汗军队装备以及筑路等。

哈西姆首相执政期间，虽然对英国深怀戒心，但出于保证国

---

① 主要参阅前引彭树智主编《阿富汗史》。

阿富汗

家安全、争取外援的考虑，继承了纳第尔沙时期不支持英印境内普什图族部落和印度民族主义者反英斗争的政策。英国因此继续向阿富汗提供了经济、技术和军事援助，其中包括一些轻型武器、50万英镑的贷款。

第二次世界大战结束后，英国谋求从中东和南亚地区撤出，同时在撤出前，它主张印度和巴基斯坦分治。1947年，英印西北边境省公民投票，多数人支持加入巴基斯坦。同年，印巴实现分治，英国势力退出南亚。此后，对于印巴分治而导致的"普什图尼斯坦问题"，英国总体上保持"不干涉"的政策。

反观阿富汗，在印度与巴基斯坦分治前，它对英印西北边境省内普什图人的民族主义要求予以支持，要求该地区加入阿富汗或独立。印巴分治后，英印西北边境省多数公民支持加入巴基斯坦，阿富汗对此不予承认。1949年7月，阿富汗大国民会议宣布废除1893年《杜兰协定》以及1905年、1919年、1921年签订的英阿条约。此外，阿富汗国内一直存在着反英情绪。

尽管如此，自二战后到苏联入侵阿富汗前，阿富汗与英国一直维持正常的国家关系。尤其是1963年达乌德下台后，阿英关系得到进一步改善。1964年，英国开始向阿富汗提供贷款，援助阿富汗发展经济，其经济援助项目主要包括扩建巴格兰制糖厂、建设布斯特（Bost）棉籽油加工厂、提供无息贷款用于阿富汗购买卡车和公共汽车、在喀布尔建设一个可容纳200张床位的宾馆等。①

苏联入侵阿富汗期间，英国和其他西方国家一样拒绝承认苏联扶植的阿富汗傀儡政权，并在不同程度上支持阿富汗抵抗力

---

① Harvey H. Smith, Donald W. Bernier, Frederica M. Bunge, Frances Chadwick Rintz, Rinn-Sup Shinn, Suzanne Teleki, *Afghanistan, A Country Study*, Fourth Edition, United States Government, Washington, 1980, p.350.

第七章 外　交

量。不过这个时期，阿富汗与英国存在一定的贸易关系。比如1980年，英国在阿富汗出口国家中所占的份额为7.4%，而在1975/76年度其所占份额为6.7%。①

20世纪90年代阿富汗内战中，英国等西方国家对阿富汗的政治影响相对较小，不过与阿富汗也有一定经济联系。1990年、1991年和1999年，英国在阿富汗出口国家中所占的贸易份额分别1.9%、0.9%和0.7%。②

2001年"9·11"事件发生后，在美国攻打阿富汗军事行动中，英国是美国最亲密的伙伴之一。2001年底阿富汗新政府成立后，阿富汗与英国恢复了自苏联入侵后中断20余年的外交关系。2002年1月7日，英国首相布莱尔对阿富汗作短暂访问，成为阿富汗临时政府成立后第一个访问阿富汗的外国政府首脑。1月底2月初，卡尔扎伊主席访问英国。此外，英国还参与了协助阿富汗进行安全重建的驻阿富汗国际安全援助部队。

二　同欧洲和日本的关系

（一）第二次世界大战前③

19年独立后，出于巩固政权、扩大对外关系以及现代化改革的需要，阿富汗积极推行以"第三国主义"为特点的对外政策，设法与距离遥远的、在阿富汗没有殖民历史的欧洲国家和日本发展关系，德国因此成为阿富汗最重要的"第三国主义"代表。1923年12月，德国使节福里茨·格罗巴抵达喀布尔。随后，阿富汗与德国双方在经济、技术、贸易、文化、甚至军事方面的合作不断发展。此外，1921年阿富汗与意

---

① EIU, *Country Profile*: *Pakistan/Afghanistan*, 1992/93, p.73.
② Ibid, 1994/95, p.76; Ibid, 2001, p.27.
③ 主要参阅前引彭树智主编《阿富汗史》。

大利签订了领事条约和商务协定。1922年、1923年,阿富汗相继与法国、比利时签订了友好条约。根据与法国签订的条约,法国在阿富汗成立了考古工作队,该工作队对阿富汗各个阶段的考古工作都提供了有效帮助。1923年,阿富汗还开办了一所由法国人任教的法语中学。1922年起,在法国资助下,阿富汗派留学生到法国接受高等教育。在1927~1928年间阿曼努拉汗旅行欧洲和亚洲期间,阿富汗又与日本、芬兰、瑞士等国缔结了外交条约。

20世纪30年代初,阿富汗与德国恢复了因叛乱而中断的政治关系。1929年12月,纳第尔沙任命了阿富汗驻柏林的新外交使节。1931年5月,德国新外交使节抵达喀布尔。自此到第二次世界大战前,阿富汗和德国进行了全面合作,德国成为在阿富汗最重要的贸易伙伴和信贷国之一。1936~1941年,德国西门子公司在查克瓦尔达克和普勒胡姆里建成了两座水电站。德国还在阿富汗广泛参与了修建工厂、公路、桥梁以及地质勘探和科学调查活动。1937年,阿富汗与德国建立了第一条固定航线。1939年8月,阿德两国签订一项财政和商务协定,规定德国向阿富汗提供长期信贷,用于进口德国的纺织和水电设备,阿富汗将以棉花偿还。此外,德国和意大利还参与了阿富汗重整军备以及空军的计划,德国因此向阿富汗提供了贷款。与此同时,阿富汗还大力发展与日本的关系。在这个时期,日本在喀布尔开设了贸易公司,在赫尔曼德河修筑了一段运河,并接受了一些阿富汗留学生。

(二) 第二次世界大战后[①]

第二次世界大战后,为平衡苏联和美国的影响,同时获取必要外援,阿富汗继续致力于与欧洲和日本等西方国家发展关系。

---

① 主要参阅前引彭树智主编《阿富汗史》。

## 第七章 外 交

就联邦德国而言,它急于填补英国势力撤出后阿富汗和南亚一带的势力真空,同时也着眼于与阿富汗发展经贸关系。这个时期,阿富汗与德国之间的政治经济关系得到了较大发展。

1963年8月,查希尔沙对联邦德国进行国事访问。1967年3月,联邦德国总统对阿富汗进行了回访。就经济关系而言,20世纪50~70年代,联邦德国向阿富汗提供了非常慷慨的经济和技术援助,尤其在60年代中期以后,联邦德国成为仅次于苏联的阿富汗第二大援助国。其中,联邦德国的工程援助项目主要包括:重建位于普勒胡姆里的纺织厂,完成位于喀布尔北部的古尔巴哈棉纺织厂的建设,完成位于喀布尔河上两座水电站的建设,帮助阿富汗发展位于霍斯特的农业发展项目等等。其技术援助项目主要包括:向阿富汗计划部派遣"德国发展志愿团"这样的经济顾问小组,向霍斯特地区发展项目派遣农林方面的技术顾问,向阿富汗西南部派遣地质调查队,向阿富汗电力研究机构、国家能源署、阿富汗电台、公共卫生研究等机构派遣相应的顾问。另外,联邦德国还向阿富汗警察提供技术援助和培训工作。此外早在1957年,喀布尔至柏林之间的固定航线已经开通。二战结束后,德国西门子公司与阿富汗恢复了商业往来,50、60年代它成为在喀布尔设立代理处的几个较大的外国公司之一。不仅如此,联邦德国还向阿富汗教育提供了一定援助。

第二次世界大战结束后,日本也积极向阿富汗提供信贷和技术援助。1956年,阿富汗首相达乌德访问日本,日本随后恢复了战前与阿富汗的经济联系,开始提供长短期贷款。50、60年代,阿富汗与日本的具体合作项目有:建设位于昆都士的陶瓷厂,在玻璃制造、织袜、自行车组装等方面进行合作。当时,日本技术援助涉及实验室和车间的建设、小型发电站的建设以及市政供水设施的建设。日本也向阿富汗教育提供了

援助。

第二次世界大战结束后,阿富汗与法国的关系也比较友好。1965年6月,查希尔沙访问法国,并且与戴高乐总统会晤,双方表示要继续发展友好的政治和经济技术关系。这个时期,法国向阿富汗提供了一定援助,主要集中在教育、文化活动和小型工业的指导等领域。比如向喀布尔大学派遣法律和医学方面的教授,为喀布尔大学建设法语培训中心并提供教师,在库纳尔省建设一个木材加工中心和一个家具厂等。

(三) 20世纪最后20年

1979年苏联入侵阿富汗后,欧洲国家和日本拒绝承认苏联扶植的阿富汗政权,并在不同程度上支持阿富汗抵抗力量。这个时期,欧洲和日本仍然向阿富汗提供少量官方援助。其中,在1985~1989年,瑞典提供的官方援助分别为100万美元、280万美元、540万美元、1470万美元、1670万美元;同期,联邦德国提供的官方援助分别达280万美元、290万美元、490万美元、1230万美元、1270万美元。① 另外从贸易角度看,阿富汗与欧洲国家和日本也保持一定的联系。其中,在1975/76年度、1980年和1990年,联邦德国在阿富汗出口国家中所占的贸易份额分别是9.8%、7.3%、3.0%;1990年,比利时所占的比例是2.3%;阿富汗向这些国家出口的主要货物是紫羔羊皮。在阿富汗进口国家中,1975/76年度、1980年和1990年,日本所占的比例分别是18.2%、17.8%和8.6%,联邦德国所占的比例分别是10.1%、3.1%和1.5%。②

20世纪90年代阿富汗内战中,欧洲和日本对阿富汗的政治影响相对较小,不过阿富汗与它们仍有一定的经济联系。1990

---

① EIU, *Country Profile*: *Pakistan/Afghanistan*, 1992/93, p.76.
② Ibid, 1992/93, p.73.

第七章 外 交

年、1992年和1999年，德国在阿富汗出口国家中所占份额分别是3.0%、1.4%、5.4%；1990年、1992年和1999年，比利时所占份额分别是2.3%、1.0%和7.2%。①90年代初，德国在阿富汗出口国家和地区中的地位排在苏联和中国台湾后居第三位；1999年，德国排在巴基斯坦、印度、比利时之后居第四位。90年代初，比利时在阿富汗出口国家和地区中的地位排在第五位，1999年居第三位。另外，1990年、1991年、1992年，德国还向阿富汗提供了一定数量的官方发展援助，分别为1270万美元、770万美元和1730万美元。②

在阿富汗进口国家中，90年代初和1999年，日本均排在第二位。1990年、1992年和1999年，日本在在阿富汗进口国家中所占份额分别是8.6%、5.7%和15.6%。另外，日本对修建从里海经阿富汗到巴基斯坦的输油线路也很感兴趣。此外，1990年、1991年和1992年，法国在阿富汗进口国家中所占的份额分别是1.1%、1.6%和1.6%。③

（四）2001年"9·11"事件后

2001年"9·11"事件发生后，欧盟、北约以及德国、意大利、日本等国家积极支持美国对阿富汗发动的战争。"9·11"事件后，北约19国表示支持美国，认为对北约一个盟国的袭击是对整个北约的打击。同年10月4日，北约通过具体支持美英攻打阿富汗的8项措施。此外，欧盟也表示支持美英在阿富汗采取的行动。美英开始打击阿富汗后，德国表示无条件支持美国，并且全面参与美国军事行动，这是德国在二战后首次向国外派出

---

① EIU, *Country Profile: Pakistan/Afghanistan*, 1994/95, p. 76; EIU, *Country Report: Afghanistan*, 2001, p. 27.
② EIU, *Country Profile: Pakistan/Afghanistan*, 1994/95, p. 79.
③ EIU, *Country Profile: Pakistan/Afghanistan*, 1994/95, p. 76; EIU, *Country Report: Afghanistan*, 2001, p. 27.

武装力量。10月7日，意大利众参两院通过派兵参与军事打击行动的计划，其兵力阵容是以"加里波第"号航空母舰为首的4艘军舰，其中包括12架作战飞机、数十辆装甲运兵车和2000名军人。同年9月19日，日本宣布了援助美国的"七点方案"，既慷慨解囊，又要求临阵出力。10月，它提出并通过《恐怖对策特别实施方案》、《自卫队法修正案》和《海上公安厅法修正案》等3项法案。10月8日，日本决定派遣3艘自卫舰前往印度洋，为美英军事打击提供后方支援。此外，在日本的军事计划中，还包括派遣另外3艘军舰、数架飞机和1600名自卫队员。至此，日本开辟了二战后向海外派遣自卫队的先例。除此之外，北约和欧盟其他成员国也不同程度地支持了美英的军事行动。

2001年年底塔利班政权垮台后，欧洲国家和北约还成为协助美国维护阿富汗安全和稳定的一支有效力量，这主要通过指挥由联合国授权的驻阿富汗国际安全援助部队来完成。阿富汗新政府成立后，欧洲国家和日本相继与阿富汗恢复了自苏联入侵后中断20余年的外交关系，它们还在阿富汗政治重建中发挥了积极作用。其中，有关阿富汗政治前途和重建的国际会议，主要是在欧洲、尤其是德国和日本举行的。此外，欧洲国家和日本在阿富汗经济重建中也发挥了重要作用。

欧洲国家和日本之所以帮助美国在阿富汗维和，并积极参与阿富汗重建，首先是因为阿富汗现实安全形势的需要。其次，欧洲国家希望能借助阿富汗重新返回中亚，确保欧洲在阿富汗问题上的发言权，同时对美国主导阿富汗重建有所牵制。再次，欧洲和日本还希望能够在未来里海油气资源开发上获利。此外，就德国和日本而言，两者都是二战战败国，都希望寻找时机以发挥政治大国的作用。就阿富汗而言，其政治建设、安全保证尤其是经济重建离不开欧洲和日本的支持。

第七章 外 交

三 同国际组织和机构的关系①

苏联入侵阿富汗期间以及20世纪90年代阿富汗内战时期，国际社会为推动阿富汗和平进程进行了不懈努力。其中，联合国大会、安理会每年均审议阿富汗问题，寻求和平解决途径。

2001年10月美英军事打击阿富汗后，联合国积极推动阿富汗问题的解决。当年11月27日至12月5日，联合国秘书长阿富汗问题特使卜拉希米主持召开阿富汗问题波恩会议，与会阿富汗各方就联合国提出的阿未来政治安排达成一致。12月20日，联合国安理会通过决议，向阿富汗派遣国际安全援助部队（ISAF），以协助阿富汗政府维护治安。此后，联合国安理会多次通过决议，延长这支部队的任期，授权这支部队向阿富汗增派军事力量，并将其执行维和任务的范围扩大到阿富汗全境。2004年9月，联合国安理会决定将国际安全援助部队的任期延至2005年10月，将联合国阿富汗援助团（UNAMA）的任期延至2005年3月。

联合国还召集或参与召开了有关阿富汗重建的国际会议。在2001年11月27日至12月5日举行的有关阿富汗政治前途的波恩会议，就是由联合国召集的。波恩会议为阿富汗政治重建奠定了坚实的基础。2004年3月，联合国还参与主办了在柏林举行的阿富汗问题国际会议，积极呼吁国际社会持续关注阿富汗和平进程，为阿富汗战后重建提供帮助。另外，联合国还向阿富汗提供经济、社会等方面的重建。2002年6月30日，联合国粮农组织向阿富汗10万农民家庭提供了价值250万美元的小麦种子、化肥和农具。

---

① http：//www.fmprc.gov.cn/chn/wjb/zzjg/yzs/gjlb/1206/1206xo/default.htm.

阿富汗还是伊斯兰会议组织（OIC）成员。20世纪90年代阿富汗内战开始后，伊斯兰会议组织将阿富汗席位空缺。2001年"9·11"事件后，该组织呼吁国际社会为阿富汗人民提供必要的人道主义援助。2003年11月，伊斯兰会议组织在卡塔尔举行成员国会议，决定成立援助阿富汗基金，帮助阿富汗进行重建。2004年6月，伊斯兰会议组织与阿富汗签署协议，正式成立援阿重建基金。

## 第四节 同俄罗斯（及苏联）和中亚的关系

### 一 同苏联和东欧的关系[①]

#### （一）20世纪50年代中期之前

19年阿富汗独立前后，为制约英国、争取民族独立、扩大对外关系，阿富汗致力于发展与新生的苏维埃俄国的关系。苏俄也同样希望与阿富汗这样的新兴独立国家发展友好关系，以打破帝国主义的封锁和武装干涉。在这种背景下，阿富汗与苏俄相互靠近，建立了正式外交关系。

1919年3月27日，苏俄宣布承认阿富汗的独立和主权，它是世界上第一个承认阿富汗的国家。同年4月，阿曼努拉汗两次致函苏俄政府，提出建立友好关系。5月，苏俄宣布准备立即同阿富汗互派大使。5月底，阿富汗派以瓦里汗为首的代表团访问苏俄，并且与苏方代表布拉文举行会谈，双方同意布哈拉和希瓦两汗国独立。9月，布拉文作为首任驻阿大使到达喀布尔。10月，瓦里汗抵达莫斯科，受到列宁接见。同年12月，苏俄新任驻阿大使舒里茨抵达喀布尔。1921年2月，阿富汗与苏俄在莫

---

① 主要参阅前引彭树智主编《阿富汗史》。

第七章　外　交

斯科正式签署友好条约。双方相互承认和尊重彼此的独立，并接受布哈拉和希瓦两汗国的"实际独立和自由"。苏俄将几块有争议的地区归还阿富汗，并给予阿富汗财政和其它援助，这些援助包括资金、武器和通讯设施。双方还同意互设领事馆。同年8月，阿富汗批准这项条约。

尽管如此，在阿富汗独立后，阿富汗与苏俄之间也存在一些问题。就阿富汗而言，它希望乘苏俄立足未稳收复中亚地区一些失地。1920年，阿富汗军队开入中亚的梅尔夫—库什卡一带活动。同时，对于活跃在中亚地区反对苏维埃政权的"巴斯马奇"运动，阿富汗也给予财政和物质援助。苏俄则在1920年9月推翻了布哈拉君主统治，取而代之以苏维埃政权，阿富汗对此感到不悦。

阿苏双方签署友好条约后，两国关系逐步从曲折走向稳定。1921年秋，阿曼努拉汗与潜入布哈拉、支持"巴斯马奇"运动的青年土耳其党领袖恩维尔取得联系，并且派出一支部队进驻阿富汗北方边境。1922年8月，恩维尔在与苏俄的战斗中被打死，"巴斯马奇"的主力被打垮，苏俄同时要求阿富汗从边境地区撤军。这种结局为阿曼努拉汗收复中亚失地的意图画上了句号。1925年，苏联占领了阿姆河上阿苏双方一个有争议的小岛——乌尔塔·塔盖勒（扬吉·卡拉），阿富汗就此提出抗议。此后，阿苏双方同意成立一个联合委员会对这一争端进行仲裁，该委员会最终将这个小岛判给阿富汗。

乌尔塔·塔盖勒岛争端的和平解决，促使阿苏双方于1926年签署了互不侵犯条约。此后，双方关系未出现较大起伏，经济和贸易关系也随之发展。1924~1925年，苏联帮助阿富汗在从坎大哈到赫拉特和从喀布尔到马扎里沙里夫之间架设了两段电话线，并在赫拉特修建了一座轧棉厂。1927年，两国签署建立从塔什干到喀布尔航线的协定。1922年底，阿苏两国恢复了直接

贸易，此后从1923/24年度到1929年，双边贸易额从500万卢布增至6160万卢布。

纳第尔沙统治时期，最初出于对苏联可能"干涉"其政权的担心，以及苏军越境事件的发生，纳第尔沙疏远了与苏联的关系。同时，苏联对于阿富汗与英国之间的关系也感到不满。不过，出于巩固政权的共同需要，阿苏两国仍设法维持正常的国家关系。1931年6月24日，双方续订了为期5年的《中立和互不侵犯条约》，承诺不允许反对另一方的组织和个人存在于本国领土。1932年，两国签订了邮政协定。1933年2月，阿富汗在苏联发起的关于侵略定义的互不侵犯公约上签字。这个时期，两国的贸易关系也有所发展。1933/34年度，两国贸易额占阿富汗对外贸易总额的17%。

第二次世界大战前，阿富汗继续与苏联保持正常的国家关系。1935年，两国签订在边境地区合作灭蝗的协议。1936年，双方签订有关阿富汗进口商品经苏联过境的协定。同年，两国同意将1931年中立和互不侵犯条约延长至1946年。这个时期，阿富汗也禁止其北方中亚反苏分子向苏联发动袭击。由于政治关系未出现较大起伏，双方经贸关系随之发展。截至1938/39年度，苏联在阿富汗对外贸易中的比例已上升到24%。此外，苏联还帮助阿富汗在北部7个城市修建了轧棉厂及其附属车间。

第二次世界大战结束初期，阿苏关系相对冷淡，不过保持着正常的国家关系。1946年，苏联主动提出签订新的阿苏边界协定。该协定修改了阿苏之间原以阿姆河和喷赤河左岸为界、长达1200公里的边境，而改以河中心线为界，阿富汗获得使用这些河水的权利。[①] 与此同时，在印度和巴基斯坦分治后，阿富汗与巴基斯坦在"普什图尼斯坦问题"上的争端日趋激烈，并导致

---

① 见前引朱克著《阿富汗》，第60页。

第七章 外　交

巴基斯坦对阿富汗实行贸易禁运，促使阿富汗寻求新的贸易过境线路。在这种背景下，阿苏经济贸易关系开始复苏。1950年7月，双方签订战后第一个贸易和换货协定。此外，苏联还给予阿富汗商品过境权。苏联还帮助阿富汗修建汽油储藏罐以及建设电报电话线，并在阿富汗北部开始进行石油勘探。50年代初，苏联在阿富汗对外贸易额中所占的比例已恢复到战前水平。

### （二）20世纪50年代中期到70年代中后期

冷战时期，尤其是自20世纪50年代中期到70年代中后期，阿富汗与苏联关系迅速发展，双方保持着密切而特殊的合作关系。从阿富汗方面看，它坚持独立自主和中立主义的外交政策，主张在不与东、西方阵营结盟的前提下，与东西方阵营、周边国家以及伊斯兰国家发展关系，以获取经济发展和各项现代化建设所需要的外援，并维护国家独立。但是，由于阿富汗和巴基斯坦在"普什图尼斯坦问题"上的争端所导致的贸易过境问题，以及最初美国对于阿富汗援助要求的漠视，促使阿富汗积极向苏联寻求援助。与此同时，在冷战形势下，苏联为打破美国和西方设置的政治军事包围圈，并确保其南部中亚地区的安全，需要增强其在阿富汗的影响，尤其因为阿富汗是苏联南部唯一一个没有加入巴格达条约组织的国家。苏联力图使阿富汗保持中立地位，或处于自己的影响之下。这是苏联向阿富汗全面渗透的一个主要原因。另外，第二次世界大战结束后，英国势力退出中东和南亚，也为苏联向阿富汗渗透提供了有利条件。

这个时期，阿富汗与苏联的政治经济关系得到长足发展。1955年巴基斯坦对阿富汗实行边境封锁后，苏联同意延长1950年苏阿过境协定。同年12月，苏联党政领导人赫鲁晓夫和布尔加宁访问阿富汗，苏联与阿富汗因此延长了1931年苏阿中立和互不侵犯条约，苏联还宣布向阿富汗第一个五年计划提供1亿美元贷款，并公开支持阿富汗在"普什图尼斯坦问题"上的立场。

阿富汗

1960年3月,赫鲁晓夫再访阿富汗。1961年9月巴基斯坦对阿富汗实施长达两年多的边境封锁后,阿富汗再次要求苏联给予帮助。同年9月,阿富汗外交大臣纳依姆访问苏联,苏联同意建立一条水果空运线,并为阿富汗"二五"计划提供4.5亿美元贷款。10月,苏联军事代表团访问阿富汗,双方商讨大批培训阿富汗军官和大批派遣苏军教官事宜。11月,阿苏签订补充过境协定。1963年10月,苏联领导人勃列日涅夫访问阿富汗,表示理解阿富汗在"普什图尼斯坦问题"上的立场。1965年8月,阿富汗国王查希尔沙访问苏联,两国再次宣布将阿苏中立和互不侵犯条约延长10年。1973年7月达乌德第二次执政后,苏联第一个对该政权予以承认。1974年6月,达乌德访问苏联,苏联同意为阿富汗七年计划提供巨额贷款。达乌德公开支持苏联倡导的"亚安体系",苏联则赞赏阿富汗在"普什图尼斯坦问题"上的立场。1975年12月,阿苏双方再次同意延长1931年中立和互不侵犯条约协定。

这个时期,从苏联方面看,它除与阿富汗发展官方政治关系外,还积极培植阿富汗亲苏势力。成立于1965年1月的阿富汗人民民主党,无疑受到苏联倡导的社会主义意识形态的深刻影响。通过人民民主党及其分裂后的人民派和旗帜派的影响,20世纪60~70年代在阿富汗逐渐产生了一批亲苏势力。另外,苏联对阿富汗的军事援助和文化渗透,也对培植亲苏势力产生了影响。此外,70年代初期,出于对与美国和西方发展关系的担心,苏联支持人民民主党旗帜派与达乌德亲王联手发动1973年政变,推翻了查希尔沙的统治。70年代中后期,随着达乌德政权对苏联离心倾向的日益增强,苏联推动阿富汗人民民主党人民派和旗帜派于1977年联合,为推翻达乌德政权做准备。

这个时期,苏联也积极向阿富汗提供军事援助。1956年7月,苏联向阿富汗提供价值2500万美元的军事援助,用于向苏

## 第七章 外　交

联和东欧国家购买各类军事装备。50年代中期，苏联开始派遣大批军事顾问到阿富汗，负责阿富汗军队的训练工作，同时每年接受一批阿富汗青年军官到苏联训练。截至1972年，苏联对阿富汗的军援总额已达4.55亿美元。1973～1974年间，苏联和东欧国家总共向阿富汗交付价值1.37亿美元的军火。1977年，苏联向阿富汗交付的军事装备有1.27亿美元。截至1978年，阿富汗军队已配备许多新式苏式武器，苏联为阿富汗培养的军官至少有4000人。此外，苏联还在马扎里沙里夫、信丹德和巴格拉姆修建了3个空军基地。

从经济和文化关系看，截至70年代中后期，阿富汗成为苏联在第三世界重点援助的对象，苏联成为阿富汗第一大援助国。① 此外，自1960年起，苏联开始接受阿富汗留学生。1957年，苏联对外广播开始设立普什图语节目。1967年，苏联为喀布尔大学建成综合技术学院。

由于与苏联关系的密切发展，截至20世纪60年代后期，除民主德国、朝鲜和越南之外，阿富汗与其他社会主义阵营国家均建立了外交关系。不过，当时只有阿尔巴尼亚、保加利亚、捷克斯洛伐克、波兰和南斯拉夫在阿富汗设有使领馆。匈牙利通过驻伊拉克的使节与阿富汗保持外交关系，蒙古和罗马尼亚分别通过其驻印度的使节与阿富汗保持外交关系。许多社会主义国家像苏联一样与阿富汗进行换货贸易，并且向阿富汗提供了一定数量的经济援助和军事装备。比如，阿富汗与捷克斯洛伐克进行了比较密切的贸易、科技和技术合作，后者还向阿富汗提供了一定数量的军事援助，阿捷两国也建立了定期航线。阿富汗与南斯拉夫的关系也很友好，20世纪60年代，阿南两国高层互有访问。阿富汗与波兰的关系基本限于文化领域，不过20世纪60、70年代阿

---

① 苏联的经济援助项目参阅第四章。

波两国高层也互有来访,并签订了文化合作协定,阿富汗还向波兰派遣了一些留学生。[1]

### (三) 苏联占领阿富汗时期

1978年4月建立的人民民主党政权,完全是一个亲苏政权。1978年4月30日,苏联第一个宣布承认这个新政权,该政权与苏联随后建立了密切的政治经济军事同盟关系。

1979年12月25~26日,苏联开始入侵阿富汗。自此到1989年2月15日,苏联在阿富汗占领了将近10年。苏联为什么出兵阿富汗?

对于这个错综复杂的问题,国内外学术界主要有两种观点。一种观点是"南下扩张"说,当时的西方政府和学者主要持这种观点。他们认为,从历史上看,自18世纪初彼得大帝起,沙俄就有南下中亚和阿富汗、进而占领印度、夺取印度洋出海口的野心,不过其扩张势头在19世纪受到了英国的有力遏制,阿富汗因此成为沙俄与英印之间的缓冲国。他们认为,从20世纪70年代末的国际环境看,苏联入侵阿富汗是苏联全球战略和南下扩张战略的一个必要步骤,目的在于以阿富汗为基地南下印度洋,进而威胁中东产油区和西方石油运输的交通咽喉——霍尔木兹海峡,并迂回包抄欧洲,最终争霸世界。

另一种观点否认"扩张说",这主要依据前苏联档案,或者由苏联解体后的前苏联高官提出。这种观点认为,当时苏联没有制定宏大的战略计划,以建立通向中东产油国的新的立足点,并由此获得对美国的全球优势。[2] 它认为,苏联出兵阿富汗属于

---

[1] Harvey H. Smith, Donald W. Bernier, Frederica M. Bunge, Frances Chadwick Rintz, Rinn-Sup Shinn, Suzanne Teleki, *Afghanistan*, *A Country Study*, Fourth Edition, United States Government, Washington, 1980, p. 229.

[2] 〔俄〕阿纳托利·多勃雷宁著《苏军出兵阿富汗内幕》,载《世界知识》1997年第11期。

# 第七章 外 交

"防御"性质，最直接的动机是担心阿明政权无法为苏联控制，阿富汗有可能落入美国和西方的势力范围。一旦阿富汗成为不友好或敌对的国家，苏联中亚地区的安全和稳定将受到威胁。苏联作出出兵的决定，仅限于最高层几个核心人物，没有与外交部、国防部等重要部门进行磋商。[①]

除需要探讨苏联出兵阿富汗的原因外，另一个需要考虑的问题在于，苏联为什么决定撤出阿富汗。1985年苏联领导人戈尔巴乔夫上台后，开始考虑缓和东西方关系，并政治解决阿富汗问题。至少在1986年1月13日之前，苏共中央政治局会议已提出撤军计划。[②] 1988年，苏联加快了脱身步伐。当年2月，戈尔巴乔夫提出，苏联拟于同年5月15日开始从阿富汗撤军，10个月完成。在苏联表现出撤军诚意后，1988年4月14日，在联合国主持下，阿富汗、巴基斯坦、美国和苏联四方最终签署《日内瓦协议》。据此，从1988年5月15日到1989年2月15日，苏联在规定期限完成了全部撤军工作。

苏联之所以撤出阿富汗，毫无疑问，首先在于其入侵阿富汗遭到了阿富汗人民的坚决抵抗以及国际社会的广泛反对。在一定意义上，苏军不仅是与单独的阿富汗抵抗力量作战，而且是与支持阿富汗抵抗力量的西方国家、阿富汗周边国家以及其他国际社会成员作战。失道寡助，得道多助，是苏联最后不得不撤出阿富汗的根本原因。[③]

其次，苏联入侵阿富汗成为旷日持久的消耗战，苏联没有达到预期目的，反而背上沉重的包袱。苏联决策者最初估计，军事

---

① 王昌滨著《苏联出兵阿富汗之谜》，载《当代世界》1997年1月；〔俄〕阿纳托利·多勃雷宁：《苏军出兵阿富汗内幕》，载《世界知识》1997第11期。
② 王秋文著《最新披露的阿富汗战争秘密档案》，载《当代世界与社会主义》1997年第1期。
③ 主要参阅前引朱克著《阿富汗今昔》。

阿富汗

行动可以在数星期内结束，但是战争却延续了将近10年，而且看不到尽头。据估计，苏联每年的战争费用为25～36亿美元，直接经济损失约200～300亿美元。① 近10年间，苏联派出大约70万军人，在阿富汗共阵亡13833人，负伤49985人，致残6669人，失踪330人，死于战火的阿富汗人约有10万之多。② 同时，苏联国内经济也日益恶化。20世纪70年代以来，苏联军事开支一直占国民生产总值的15%左右，但经济发展势头却不断减弱。1985年戈尔巴乔夫上台时，当年财政赤字为200亿卢布；1989年剧增到1000亿卢布，占当年预算支出的20%，占国民生产总值的11%。③ 战场失利和沉重的负担，进一步引起苏联国内民众的强烈不满。

再次，从军事角度看，苏联在阿富汗受挫还包括以下原因。一是，苏联在阿富汗进行的是一场特殊的局部战争，也是一场反游击战，但是苏军的作战思想和部队训练不适应这种特殊战争的需求。二是，自古以来阿富汗的独立意识很强，并受到伊斯兰教"圣战"思想的影响，阿富汗人民不会轻易屈服。三是，阿富汗地形复杂，道路崎岖，交通困难，限制了苏军机械化部队的优势。四是，普什图族跨界而居，再加上受到巴基斯坦和以美国、沙特阿拉伯为首的国际社会的有力支援，巴基斯坦成为苏联无法割断的阿富汗抵抗力量的大后方。

1989年2月15日苏联撤出阿富汗后，起初仍大力援助纳吉布拉政权，以迫使阿富汗抵抗力量接受其政治解决方案，即与纳吉布拉政权一起组成联合政府。除战场上遗留的大规模武器装备

---

① 林家恒、周明著《20世纪大国在阿富汗的角逐》，载《福州师专学报》2002年第4期。
② 金重远著《出兵阿富汗》，载《浙江师大学报（社会科学版）》2000年第4期；新华社莫斯科1999年2月15日电。
③ 见前引《20世纪大国在阿富汗的角逐》。

和军事设施外，苏联每年还向纳吉布拉政权提供价值 30～50 亿美元的军援和经援，同时留下一批军事顾问帮助纳吉布拉政权的军队。与此同时，苏联和纳吉布拉政权在阿富汗国内展开了一系列政治、外交的和解攻势。这些努力虽然延长了纳吉布拉政权的寿命，但是未能从根本上挽救该政权。

1991 年 8 月，苏联发生剧变后，决心摆脱阿富汗这个负担。当年 9 月 13 日，苏美两国在莫斯科签署协议，宣布自 1992 年 1 月 1 日起停止向阿富汗交战双方提供武器。1992 年初，继承苏联衣钵的俄罗斯，大幅度减少了对纳吉布拉政权的援助，并撤回大批军事顾问。失去支持的纳吉布拉政权，最终在当年 4 月垮台。随后，俄罗斯停止了武器供应。

## 二 同俄罗斯和中亚的关系

### （一）阿富汗内战与俄罗斯的政策

20 世纪 90 年代中期、特别是塔利班崛起并迅速发展后，俄罗斯开始重返阿富汗，支持此前反对它的阿富汗原抵抗力量，即阿富汗拉巴尼政府以及此后的反塔利班北方联盟。俄罗斯的考虑主要有四个方面。一是作为苏联的主要继承者，俄罗斯在阿富汗问题上承袭了以前的方针，力图恢复并保持在阿富汗的战略利益。二是维护俄罗斯在中亚地区的战略利益，防止阿富汗内战和伊斯兰激进主义危害中亚和俄罗斯的车臣地区。俄罗斯特别将塔吉克斯坦作为抵御伊斯兰激进主义的前哨。三是拉巴尼政府曾是苏联的仇敌，但形势发展使俄罗斯认识到，与塔利班及其所代表的伊斯兰激进势力相比，拉巴尼政府危害较小，而前者既威胁中亚国家的安全，也给俄罗斯稳定和国家安全带来不利影响。俄罗斯还对塔利班的国际背景感到不安，认为塔利班的迅速发展与巴基斯坦和美国的支持密切相关。四是俄罗斯希望支配里海油气的开采和外运，使里海油气管线能够穿越本国领土，反

对其经阿富汗直抵印度次大陆。

俄罗斯重返阿富汗、秘密支持拉巴尼政府不晚于 1995 年前后。当时，俄罗斯对于阿富汗的公开立场是严守中立，不干涉阿富汗内政。① 不过，它一直秘密支持拉巴尼政府。比如，在靠近阿富汗边境的塔吉克斯坦境内，俄罗斯驻扎着大约 2 万名军队。俄罗斯技术人员在阿富汗巴格拉姆机场帮助拉巴尼政府更新设施。俄罗斯还从本国、塔吉克斯坦和乌克兰，向拉巴尼政府运送武器弹药、燃料和在莫斯科印制的阿富汗货币。此外，俄罗斯还在阿姆河上修建桥梁，在阿富汗北部塔卢坎修建机场。

1996 年 9 月塔利班攻克喀布尔后，俄罗斯开始公开反对塔利班。当月，俄罗斯外交部长宣布，俄不打算与刚上台的塔利班政权进行接触。同年 10 月 4 日，俄罗斯国家杜马发表声明，呼吁对阿富汗实行无条件武器禁运，冻结阿富汗在外国银行的资产，并对阿富汗实行空中封锁。同一天，俄罗斯国家杜马还通过了修改和补充后的《俄罗斯联邦国家边界法》，以完善边界守卫体系。俄罗斯和塔吉克斯坦两国还表示，要保卫塔阿边界。另外，当时俄罗斯与哈萨克斯坦、吉尔吉斯斯坦、乌兹别克斯坦和塔吉克斯坦 5 国首脑还召开紧急会议，警告塔利班不要把战火引向独联体国家的南部边界，否则将采取相应行动。

1998 年起．俄罗斯开始秘密或公开地支持北方联盟，并加大了反对塔利班的力度。俄罗斯虽然没有派一兵一卒，但是向北方联盟提供重型武器，帮助后者进行军事训练，并提供后勤支持。此外，俄罗斯与伊朗开始在帮助北方联盟上结成松散的联盟。另外，俄罗斯还与乌兹别克斯坦一起，向阿富汗北部军阀杜斯塔姆派提供支持。2000 年 5 月，俄罗斯官方进一步声称，有可能对分布在阿富汗的"基地"组织营地实施预防性打击，因

---

① 1996 年 10 月 17 日《人民日报》。

第七章 外 交

为俄国内车臣武装已经与"基地"组织和塔利班进行合作，后两者承诺向车臣分子提供人员、武器和弹药方面的援助。不过，在军事威胁的同时，2000年9月，俄罗斯还派出一位总统特使前往巴基斯坦，以便与塔利班进行对话。2000年10月左右，俄罗斯政府官员、电视台公开声称，塔利班"扩散恐怖主义、毒品和伊斯兰原教旨主义"，并且为在1999年和2000年连续袭击吉尔吉斯斯坦和乌兹别克斯坦的"乌兹别克运动"提供活动基地。2001年3月10日，俄罗斯总统普京签署总统令，决定执行联合国安理会于2000年12月19日通过的加强对塔利班执行制裁的决议。

（二）阿富汗内战与中亚国家的政策

1991年苏联解体后，独立出来的土库曼斯坦、塔吉克斯坦和乌兹别克斯坦成为与阿富汗接壤的北部邻居。

1. 塔吉克斯坦的政策

塔吉克斯坦独立后，一直被内部矛盾以及它与乌兹别克斯坦之间的紧张关系所困扰。1992~1997年期间的塔吉克斯坦内战，促使数千名塔吉克斯坦反政府人员和难民逃往阿富汗北部寻找庇护。

对于阿富汗内战，塔吉克斯坦官方支持主要由塔吉克族构成的拉巴尼政府，特别是与其军事领导人马苏德保持密切联系。1998年，马苏德在塔吉克斯坦的一个空军基地拥有一个很大的供应中心。在许多塔吉克斯坦人眼里，马苏德是塔吉克斯坦的民族英雄，因为他与塔利班进行斗争。对许多塔吉克斯坦人而言，塔利班代表伊斯兰激进势力，与中亚地区温和的伊斯兰势力不合。塔利班同时还代表普什图民族的扩张性，与塔吉克斯坦的民族愿望直接相悖。

另外，塔吉克斯坦反政府派别既支持拉巴尼政府，也在军事上支持塔利班。20世纪90年代末，塔利班则庇护着塔吉克斯坦反政府势力，让后者在阿富汗土地上建立基地。

2. 乌兹别克斯坦的政策

20世纪80年代,还在苏联从阿富汗撤军之前,乌兹别克斯坦当地政府就与苏联一起,在阿富汗北部推行一种政策,即培植当地的阿富汗乌兹别克人,建立一条由乌兹别克人控制的世俗"防疫线",防止任何阿富汗抵抗势力控制这个地区。阿富汗政府军中的杜斯塔姆将军就是这种人选,并因此受到前两者的军事援助。

20世纪90年代,阿富汗内战也波及刚刚独立的乌兹别克斯坦,致使这里的伊斯兰激进势力对乌兹别克斯坦政府构成严重挑战。乌兹别克斯坦的费尔干纳谷地,是中亚最富庶的农业区,但是在90年代这里成为乌兹别克斯坦反政府的伊斯兰激进势力的聚集区。在这些反政府势力中,许多激进分子曾于80年代在阿富汗、沙特阿拉伯以及巴基斯坦的抵抗组织中秘密接受培训。因此,阿富汗塔利班崛起后,这些反政府势力很快与塔利班取得联系,并在军事上支持塔利班,塔利班则在阿富汗塔利班控制区内为他们提供庇护。

反观乌兹别克斯坦政府,20世纪90年代,它一直试图抵御塔利班及其所代表的伊斯兰激进势力,以维护国家安全和稳定。一方面,它仍旧沿用了20世纪80年代的战略,与俄罗斯一起,继续向杜斯塔姆提供军事援助。它相信,阿富汗北部乌兹别克人占优势的6个半省能成为防止塔利班扩散的缓冲区。另一方面,它也鼓励拉巴尼政府与杜斯塔姆建立良好关系,以共同抵御塔利班向北方推进。它还试图在中亚与俄罗斯之间构筑反对塔利班的联盟。1998年后,它推行的这些政策显然失败,因为塔利班已经打到乌兹别克斯坦边境。此后,加上不愿意支持马苏德,乌兹别克斯坦政府对阿富汗的影响日渐削弱。

3. 土库曼斯坦的政策

由于贫穷弱小、无强大的军事力量保卫边境,土库曼斯坦与

## 第七章 外 交

阿富汗、乌兹别克斯坦等国家一样，在外交政策上均选择中立。自独立后，土库曼斯坦面临最大的问题是如何为其油气资源寻找更广阔的外部市场，它希望选择除原苏联管线之外的其他替代管线，其中包括阿富汗管线、伊朗管线以及中国管线。因此，土库曼斯坦在与俄罗斯拉开距离的同时，也避免卷进该地区新兴的经济和军事集团。在阿富汗问题上，土库曼斯坦也选择中立立场，不站在阿富汗冲突的任何一方，而且拒绝加入反塔联盟。从20世纪90年代初到1995年，土库曼斯坦一直向控制阿富汗西部的伊斯梅尔·汗提供燃料。后来，土库曼斯坦还向塔利班提供燃料。另外，在土库曼斯坦驻赫拉特的领事馆与塔利班保持良好关系的同时，其驻马扎里沙里夫的领事馆也与反塔利班的北方联盟保持友好关系。土库曼斯坦是中亚地区中唯一一个向塔利班示好，而不与其对抗的国家。

4. 吉尔吉斯斯坦的政策

吉尔吉斯斯坦不与阿富汗接壤。1996年9月塔利班攻克喀布尔后，吉尔吉斯斯坦对此表示不安。它既担心数百万阿富汗难民可能涌向中亚，也担心战火将烧至独联体边界、尤其是塔吉克斯坦边界。因此，吉尔吉斯斯坦表示要加强塔吉克斯坦与吉尔吉斯斯坦边界，并向阿富汗难民提供人道主义援助。但是，它反对独联体国家介入阿富汗内部冲突，主张不应向阿富汗任何一派提供军事和物资支持。

（三）"9·11"事件后同俄罗斯和中亚的关系

2001年"9·11"事件后，俄罗斯和中亚国家在不同程度上支持美英攻打阿富汗。当年9月24日，俄罗斯总统普京声明，俄罗斯主张加强国际组织尤其是联合国在反恐怖问题上的作用，将配合美国的反恐怖行动，其中包括加强国际社会的情报合作，向提供人道主义物资援助的飞机开放领空，愿意参与国际搜寻和救援行动，继续向拉巴尼政府提供更多的武器和技术援助。不

过，俄罗斯不会参与军事行动。同日，乌克兰决定向美国军用运输机开放领空。10月5日，乌兹别克斯坦宣布，允许美军有限使用本国军用机场。同日，美国还宣布将从吉尔吉斯斯坦购买武器援助北方联盟。10月7日，塔吉克斯坦同意美国使用其机场。12月，吉尔吉斯斯坦同意美国在其境内建立军事基地。此外，哈萨克斯坦也在阿富汗战争中向美方提供了政治、军事和外交支持。

2001年年底阿富汗新政府成立前，俄罗斯和中亚国家开始积极支持和参与阿富汗重建进程。当年10月22日，俄罗斯宣布关于组建阿富汗未来政府问题上的立场。当日，俄罗斯、塔吉克斯坦和阿富汗三国宣布，准备向拉巴尼政府提供必要支持，主张加强联合国在解决阿富汗问题上的作用，在阿富汗建立一个为各派所接受的、基础广泛的联合政府，但是决不能将塔利班吸收进未来政府当中。同年11月28日，独联体集体安全条约成员国①外长在莫斯科召开会议，表示愿意参与战后阿富汗问题的政治重建，以成立一个具有广泛代表性的政府，消除恐怖主义和毒品犯罪。

2001年底阿富汗卡尔扎伊新政府建立后，阿富汗与俄罗斯的双边关系有了初步发展。就阿富汗新政府而言，致力于加强与国际社会、包括俄罗斯和中亚的双边和多边合作，有利于巩固新生政权，并加快各个方面的重建步伐。就俄罗斯而言，与阿富汗加强全方位合作，不仅有利于恢复它对中亚、南亚一带的影响，防范阿富汗境内国际恐怖主义势力的蔓延，确保俄南部缓冲地带的安全和稳定，而且有利于与美国争夺在阿富汗和中亚的主导权。2002年年初，阿富汗法希姆国防部长访问俄罗斯。当年3

---

① 1992年签署成立。目前有俄罗斯、白俄罗斯、哈萨克斯坦、吉尔吉斯斯坦、塔吉克斯坦和亚美尼亚6国。

月，卡尔扎伊主席访问俄罗斯。同年2月5日，俄罗斯外长伊·伊万诺夫访问阿富汗，这是俄外长20多年来的首次访问。9月5日，俄罗斯国防部长也自20世纪90年代以来首访阿富汗。在卡尔扎伊访问俄罗斯期间，阿富汗与俄罗斯双方签署了17份经济合作备忘录，其中包括改造原苏联在阿富汗建立的合资企业。在俄罗斯国防部长谢·伊万诺夫访问阿富汗期间，双方可能签署了一项为期五年的军事和军事技术合作政府间协定，俄罗斯将为阿富汗提供价值3500万至4000万美元的武器和军事技术装备，并为阿富汗军队培养干部和军官。此外，自阿富汗新政府建立后，俄罗斯提供了价值1200万美元的人道主义援助。

## 第五节 同巴基斯坦的关系

### 一 双边关系沿革[①]

在阿富汗的邻国中，阿富汗与巴基斯坦的关系居于特殊而突出的地位。

历史上，普什图族聚集的普什图尼斯坦地区，一直属阿富汗普什图族独立部族所有，被阿富汗普什图族认为是阿富汗版图的一部分。1893年11月，为控制阿富汗，英国胁迫阿富汗政府与英印政府签订了阿（英）印边界协定，即《杜兰协定》。这项协定将阿富汗与当时的英属印度边界划分开，将世代生活在高山中的普什图族人人为地划入这两个不同的地区，从而埋下长期民族冲突的隐患。

1947年6月，英国在印度和巴基斯坦分治前在英印西北省举行公民投票。最后，普什图族部族通过"公决"，同意并入巴

---

① 主要参阅《国际资料信息》2002第3期；前引彭树智主编《阿富汗史》。

阿富汗

基斯坦的西北边境省。对此，阿富汗政府拒不承认，它要求该地区加入阿富汗或独立。同年，印度和巴基斯坦实现分治，英国势力退出南亚。

1949年7月，阿富汗大国民会议宣布废除1893年《杜兰协定》和1905、1919、1921年签订的英阿条约及其他任何涉及普什图族地位的条约。因此，从1947年巴基斯坦独立到20世纪60年代初，阿富汗与巴基斯坦之间因后者境内的普什图族人归属问题经常发生冲突。

第一次重大冲突发生在1949年9月。当时，巴基斯坦境内的普什图族人宣布建立独立的国家——普什图尼斯坦。对此，阿富汗积极支持，巴基斯坦则出兵镇压。阿富汗与巴基斯坦的关系迅速恶化，两国召回各自大使。后来，由于阿富汗与苏联关系迅速升温，巴基斯坦在谋求与美国靠近的同时，于1952年主动与阿富汗交换大使，两国遂恢复正常关系。

第二次重大冲突发生在1955年。当年3月，巴基斯坦宣布将包括普什图族部落聚居区在内的西巴基斯坦各省①合并为一个省，阿富汗对此提出抗议，从而再度引发"普什图尼斯坦"之争。阿巴双方首都还发生了"国旗事件"，两国因此断绝外交关系，巴基斯坦开始对阿富汗过境贸易实行封锁。经邻国调停，9月30日，阿富汗与巴基斯坦恢复外交关系。这次冲突后，阿富汗与苏联的关系得到深入发展。美国为阻止阿富汗过分靠近苏联，也极力协调阿巴关系。1958年5月，阿富汗和巴基斯坦在喀布尔签订航空协定以及贸易和过境协定，规定了有利于阿富汗方面的贸易进出口货物过境的办法，阿巴两国贸易关系日趋正常化。

---

① 1971年孟加拉国独立前，巴基斯坦分为东巴基斯坦和西巴基斯坦。东巴基斯坦指现在的孟加拉国，西巴基斯坦指现在的巴基斯坦。

# 第七章 外 交

达乌德第一次执政期间,一直在"普什图尼斯坦问题"上持强硬立场。从1960年下半年到1961年上半年,阿富汗与巴基斯坦两国边境屡有冲突。1961年8月,巴基斯坦因此关闭驻阿富汗领事馆。9月,阿富汗断绝与巴基斯坦的外交关系。此后,巴基斯坦封锁巴阿边境长达2年多。

1963年3月达乌德下台后,阿富汗和巴基斯坦获得改善关系的契机。同年5月,在伊朗斡旋下,阿巴两国举行谈判。由于双方均搁置了"普什图尼斯坦问题",两国遂达成恢复邦交、开放边境和过境贸易的协议,并中止了宣传战和边境冲突。此后到1973年,阿巴两国关系发展平稳。同时,巴基斯坦也充分认识到稳定巴阿关系的重要性。1970年,巴基斯坦颁布新宪法,宣布解散单一的西巴基斯坦省,赋予各省以自治地位,同时在普什图部落聚居区建立高度自治的"联邦管理部落区"。新宪法保证,"联邦管理部落区"的独立性不受政府的任何干扰。新宪法得到巴基斯坦国内普什图人和俾路支人的认可,普什图人因此放弃了争取独立的立场,转而谋求在巴基斯坦内实现真正的自治。

1973年达乌德第二次执政后,在其执政初期恢复了在"普什图尼斯坦问题"上的强硬立场。阿富汗公开鼓励巴基斯坦境内的普什图人实现民族自决,多次在国际会议上重提"普什图尼斯坦问题",并秘密或公开地利用媒体攻击和指责巴基斯坦。巴基斯坦则指责阿富汗训练普什图族和俾路支族游击战士,并把他们派到巴基斯坦作战。阿巴双方关系因此趋冷,双方矛盾还逐步演化为边境冲突。

达乌德执政后期,调整了此前的强硬立场,开始主张通过和平方式解决阿巴两国分歧。在伊朗斡旋下,阿巴两国关系明显改善,并首次实现首脑互访。1976年6月,巴基斯坦阿里·布托总理访问阿富汗。巴基斯坦首次公开承认两国间存在分歧,阿富汗有权关心杜兰线以东和以南普什图人的命运。阿富汗则同意本

着五项原则解决有关分歧。齐亚·哈克担任巴基斯坦总统后,阿巴再度实现首脑互访,阿富汗同意遣返境内普什图族和俾路支族难民。

1978年塔拉基执政后,重提"普什图尼斯坦问题",公开支持巴基斯坦境内普什图人的自决要求,并支持流亡在阿富汗的巴基斯坦反对派领袖,阿巴关系日趋冷淡。1979年9月阿明执政后,表示要改善与巴基斯坦等国家的关系。但是,同年12月25日苏联开始入侵阿富汗。从那时起,"普什图尼斯坦问题"始终没有在阿富汗和巴基斯坦之间得到正式解决。不过,由于阿富汗长年战乱,这个问题一直被淡化。

## 二 苏联入侵与巴基斯坦的阿富汗政策

苏联占领阿富汗期间,阿富汗与巴基斯坦之间不存在正常的国家关系。巴基斯坦拒不承认苏联支持的阿富汗政权,并拒绝与它们直接会谈,阿巴两国边境冲突更是频繁发生。不过,巴基斯坦借助抗苏这个历史契机,积极通过各种方式支持阿富汗反苏抵抗力量,成为国际社会支持阿富汗抵抗力量最重要的后方基地。

首先,巴基斯坦利用伊斯兰教这面旗帜,把本国变成反苏抵抗战士的培训基地。20世纪80年代中期以来,齐亚·哈克军政权在巴基斯坦推行"社会伊斯兰化运动",在沙特阿拉伯等国的资助下开始创建一批批研习《古兰经》的伊斯兰学校。在巴基斯坦以及美国和西方政府的鼓励下,这些学校演变成为反苏圣战者的培训中心。一批批穆斯林青年在这些学校毕业后,源源不断地投入到抗苏战场上去。这些伊斯兰学校也是20世纪90年代中期崛起的塔利班的摇篮。

其次,在支持阿富汗抗苏斗争中,巴基斯坦的三军情报局发挥了重要作用。20世纪80年代,美国、西方以及阿拉伯国家对

第七章 外　交

阿富汗抵抗力量的援助达数十亿美元，巴基斯坦三军情报局是这些援助的接受者、管理者、使用者和控制者。上述国家和巴基斯坦三军情报局利用这些援助对阿富汗抵抗力量提供武器装备、资金支持和后勤保障，同时还提供游击战术指导。三军情报局常常能够决定把这些援助给予阿富汗哪一派抵抗力量。其中，希克马蒂亚尔领导的伊斯兰党由于得到三军情报局的鼎力推荐，得到的援助最多。

不仅如此，自1982年起，在齐亚·哈克军政权的支持下，三军情报局还开始推行一项宏伟计划。那就是，把全世界伊斯兰激进势力聚集在巴基斯坦，然后派往阿富汗战场，与阿富汗圣战者一同作战。三军情报局和巴基斯坦的伊斯兰激进组织为这些伊斯兰志愿者提供住宿、训练以及前往战场的便利，沙特阿拉伯则提供活动经费。与上述"社会伊斯兰化运动"相配合，从1982年至1992年，共有大约3500名来自中东、中亚等43个国家的伊斯兰圣战者被派往阿富汗战场。[1] 这些人也被称为"阿拉伯阿富汗人"，其中就有本·拉登及其"基地"组织成员。

此外，三军情报局还向阿富汗以及巴基斯坦所有驻外情报机构，派遣数百名军官以监督当地局势的发展。由于美国中央情报局提供当时最先进的技术装备，包括电讯方面的装备，三军情报局因此能够监督国内每一个打出的电话。截至1989年前，三军情报局一直是巴基斯坦军政府的耳目，是巴基斯坦最重要的内外政策决策机构。

再次，巴基斯坦还积极参与政治解决阿富汗问题的国际努力，并且发挥着日益重要的作用。1980年1月，巴基斯坦首都伊斯兰堡召开了由34个伊斯兰国家外长参加的紧急会议。会议一致通过决议，谴责苏联入侵粗暴地违反了国际法，要求从阿富

---

[1] 《国际资料信息》2002年第3期。

汗撤走所有苏联军队。会议决定中止阿富汗的伊斯兰会议组织会籍，呼吁所有成员国拒绝承认阿富汗非法政权，并同它断绝外交关系。巴基斯坦还是联合国大会历年关于苏联从阿富汗撤军的提案国。此外，1982~1988年，在联合国斡旋和主持下，巴阿外长在日内瓦共举行了11轮间接谈判。1988年4月14日，在联合国秘书长德奎利亚尔主持下，巴基斯坦、阿富汗纳吉布拉政权、美国和苏联四国外长在日内瓦签署了有关政治解决阿富汗问题的历史性决议。

巴基斯坦之所以鼎力支持阿富汗的抵抗力量，是希望借此在阿富汗建立一个亲巴基斯坦的普什图族抵抗政府。这样一个政府将有利于化解长期困扰巴阿两国的普什图尼斯坦问题，有利于一劳永逸地消除阿富汗长期以来对巴基斯坦境内普什图族聚集区的领土要求。另外，巴基斯坦希望这样可以为巴基斯坦对抗印度提供"战略纵深"。巴基斯坦领土狭长，面积狭小，没有纵深的内陆腹地。如果与印度开战的话，难以与印度长期对抗。

三　阿富汗内战与巴基斯坦的阿富汗政策

（一）支持拉巴尼政府

苏联撤出阿富汗后，巴基斯坦开始努力在阿富汗建立一个亲巴的政府，但是一直拒绝与苏联支持的纳吉布拉政权来往。

起初，巴基斯坦一直支持以白沙瓦为基地的阿富汗7个派别的抵抗力量武装夺取喀布尔，推翻纳吉布拉政权，但是一直未能得手。1989年6月，在与美国磋商后，巴基斯坦和美国一起开始同意政治解决阿富汗问题，而且对此后联合国提出的一系列政治解决阿富汗问题的主张均表示支持，但是仍然拒绝与纳吉布拉政权谈判。1991年7、8月间，巴基斯坦还与伊朗一起推动了两轮由巴基斯坦、伊朗、阿富汗原抵抗力量（包括巴基斯坦支持的"七党联盟"和伊朗支持的"八党联盟")参加的三方会谈。1992年4月16日,纳吉布拉政权垮台。同年4月,阿富汗原各派抵抗力量,包括境内战场主要游击队,在联合国斡旋下,宣布成立了阿富汗伊斯兰国。对于这个新政权,巴基斯坦很快予以承认。

阿富汗内战爆发后,巴基斯坦积极斡旋,促使阿富汗各派力量参与政权,特别是同意希克马蒂亚尔领导的伊斯兰党参与政权,以平息内战。在巴基斯坦以及其他国家的调解下,1993年3月,阿富汗各派到伊斯兰堡聚会,签署"伊斯兰堡和平协议"。该协议规定各派均有权利参加政府,拉巴尼政府也同意希克马蒂亚尔分享权力。6月中旬,希克马蒂亚尔就任阿富汗总理,阿富汗内战暂告平息。这一年,阿富汗与巴基斯坦的关系迅速发展,巴基斯坦高层领导人相继访问阿富汗,巴基斯坦还向阿富汗提供了大量人道主义援助。

但是此后,由于阿富汗局势仍然不稳,巴基斯坦逐渐对希克马蒂亚尔以及拉巴尼政府感到失望。

(二) 积极扶植塔利班[①]

1993年开始,巴基斯坦贝·布托政府在制定巴基斯坦阿富汗政策方面开始发挥积极作用,并造就了塔利班。巴基斯坦为什么选择塔利班?

其一,塔利班成员大多数为普什图族人,大多来自巴基斯坦难民营,从小在巴基斯坦宗教力量——巴基斯坦伊斯兰贤者会的伊斯兰学校接受教育,并且接受过圣战者的训练,塔利班家属甚至还持有巴基斯坦的身份证。因此,巴基斯坦认为,与其他派别相比,塔利班更易受巴基斯坦的控制。

---

① See Ahmed Rashid, *Taliban: Militant Islam, Oil and Fundamentalism in Central Asia*, Yale University Press, New Haven/London, 2000.

阿富汗

其二，当时巴基斯坦军方认为，塔利班将认可杜兰线，不再支持巴基斯坦境内的普什图族民族主义运动，还有利于巴基斯坦控制境内的伊斯兰激进主义运动。

其三，20世纪90年代初，克什米尔因素对巴基斯坦的阿富汗政策也产生了重要影响。巴基斯坦认为，一个友好的阿富汗政府将使克什米尔地区受到巴方支持的激进组织获得一个重要的后勤基地。当时由于印度压力，美国几乎把巴基斯坦定位为支持恐怖主义的国家。为缓解矛盾，1993年巴基斯坦把克什米尔许多激进组织基地转移到阿富汗东部地区。为使这些组织得到保护，巴基斯坦必须与阿富汗有关部族以及控制阿富汗局势的权力部门保持密切关系。由于不便直接支持克什米尔激进组织，巴基斯坦开始通过一些伊斯兰激进组织间接支持它们，其中就包括本·拉登领导的"基地"组织。巴基斯坦也支持本·拉登与塔利班携手。在巴基斯坦的引荐下，1996年本·拉登第一次与塔利班领导人会面。

巴基斯坦支持塔利班，主要通过其前内政部长纳西鲁拉·巴巴尔将军进行。纳西鲁拉·巴巴尔将军首先创建了阿富汗贸易发展局。该部门表面上负责协调巴基斯坦各政府部门之间的工作，以便为打开一条穿越阿富汗抵达中亚地区的贸易通道创造条件。实际上，其主要作用是从巴基斯坦财政中直接拨款，为塔利班提供后勤支持。在巴巴尔将军指挥下，巴基斯坦电讯部门为塔利班敷设了电讯网。这个电讯网是巴基斯坦国内电讯网的一部分，巴基斯坦可以在国内任何一个地区与坎大哈通联。巴基斯坦公共工程部和水利能源发展部则负责为塔利班修建道路，为坎大哈提供电力。巴基斯坦边境事务部还帮助塔利班建立了内部无线电网络，使塔利班能够与其前线指挥官直接联络。巴基斯坦国际航空公司和民航局则派出技术人员，为塔利班修复坎大哈机场以及各种直升机和战斗机。巴基斯坦广播电台也为塔利班设立的"阿

## 第七章 外　交

富汗广播电台"提供技术支持。1995年塔利班攻下赫拉特后，巴基斯坦进一步加大对塔利班的扶持力度。

此外，1995年左右，巴基斯坦三军情报局也决定加入支持塔利班的阵营。一个重要原因是，此时拉巴尼政府开始从巴基斯坦对手——俄罗斯、伊朗以及印度那里寻求帮助。另外，巴基斯坦伊斯兰贤者会在成为巴基斯坦执政联盟一员后，也在支持塔利班中发挥了作用。其作用主要表现在积极为塔利班寻求欧美以及沙特阿拉伯等国的资金支持。

1996年后国际社会日趋增加的压力，没有改变巴基斯坦支持塔利班的立场。1997年5月24日，塔利班攻陷马扎里沙里夫。次日，巴基斯坦承认塔利班为唯一合法政府。马扎里沙里夫被北方联盟夺回后，巴基斯坦一度在阿富汗交战各方之间斡旋，试图建立一个各方都能够接受的联合政府，但收效甚微。巴基斯坦决定再次全力支持塔利班。1998年下半年，塔利班终于再次夺取马扎里沙里夫。巴基斯坦人认为，其阿富汗政策是正确的，塔利班的胜利也是它的胜利。鉴于塔利班已经夺取阿富汗全国80%的领土，巴基斯坦要求国际社会认可塔利班。2000年9月，塔利班夺取北方联盟战略要地塔卢钦并控制阿富汗约95%的国土。这进一步密切了巴基斯坦与塔利班的关系。塔利班除在伊斯兰堡设有大使馆外，还在卡拉奇、白沙瓦和奎达设有领事馆。

但是，巴基斯坦支持塔利班最终却使自己成为受害者。其一，不是塔利班为巴基斯坦提供了战略腹地，倒是巴基斯坦为塔利班提供了战略纵深，并加剧了它自身的政治和社会动荡。其二，塔利班不是任何人的傀儡，而且极力摆脱巴基斯坦的控制。在普什图尼斯坦问题上，塔利班拒绝承认杜兰线，它甚至支持巴基斯坦境内普什图族的民族主义要求，进而开始影响巴基斯坦境内普什图族的事务。另外，塔利班还庇护巴基斯坦伊斯兰逊尼派激进组织。这些组织希望通过伊斯兰革命推翻巴基斯坦当局，在

阿富汗

巴基斯坦建立一个伊斯兰逊尼派国家。其三，巴基斯坦因此背上沉重的财政包袱，巴阿边境之间的走私贸易也沉重地打击了巴基斯坦经济。巴基斯坦官方估计，由于贸易走私，1992/93年度巴基斯坦仅关税收入一项就损失35亿卢比（相当于8000万美元），1993/94年度、1994/95年度、1997/98年度关税收入损失分别递增到110亿卢比、200亿卢比和300亿卢比（相当于6亿美元）[①]。最后，由于在塔利班问题上一意孤行，巴基斯坦最终在国际社会上陷入孤立，加深了它与西方以及周边国家的紧张关系。

四 2001年"9·11"事件后同巴基斯坦的关系

2001年"9·11"事件后，巴基斯坦的塔利班政策走进死胡同。在美国和国际社会的重压和利诱下，巴基斯坦宣布支持美国利用巴基斯坦境内打击塔利班以及本·拉登领导的"基地"组织，它与塔利班的关系因此急转直下。同年11月8日，巴基斯坦要求塔利班关闭其驻卡拉奇的领事馆，其他两处驻阿领事馆也相继关闭。当月13日，塔利班驻巴基斯坦外交人员全部撤离巴境。12月，巴基斯坦关闭驻阿使馆。巴基斯坦与塔利班之间非同寻常的关系就此结束。

2001年年底阿富汗新政府成立后，尽管存在一些分歧和不信任，阿富汗与巴基斯坦的关系获得逐步发展。2002年1月，巴基斯坦首先恢复了在喀布尔和贾拉拉巴德的使领馆工作。从那时起到2004年底，阿富汗与巴基斯坦两国最高层进行了四次访问。2002年2月8日和9日，卡尔扎伊主席访问巴基斯坦。同年4月2日，巴基斯坦总统穆沙拉夫回访阿富汗。2004年8月

---

① Ahmed Rashid, *Taliban: Militant Islam, Oil and Fundamentalism in Central Asia*, Yale University Press, New Haven/London, 2000, p.191.

## 第七章 外 交

23日和24日，在阿富汗举行首次总统选举前夕，卡尔扎伊总统再访巴基斯坦。阿富汗总统大选结束后，同年11月6日，穆沙拉夫总统对阿富汗又进行了为期一天的访问。高层访问使阿巴暂时搁置"普什图尼斯坦问题"。

阿富汗和巴基斯坦两国还加强了经济、技术和贸易联系。巴基斯坦还积极支持阿富汗各项重建工作，承诺为阿富汗重建提供约1.5亿美元的援助资金，并为阿富汗军队建设提供帮助。2002年5月12日，阿富汗阿里亚娜航空公司重新开通喀布尔至伊斯兰堡的航线。同年12月27日，阿富汗、巴基斯坦与土库曼斯坦三国正式签署协议，建设一条天然气管线，从土库曼斯坦穿越阿富汗南部坎大哈直达巴基斯坦马尔丹市。2003年，阿富汗与巴基斯坦冷静地处理了巴基斯坦驻阿富汗使馆被闯事件。此外，巴基斯坦对阿富汗的贸易也获得长足发展。2002年，巴基斯坦是阿富汗商品的主要供应国之一。加上两国之间的走私贸易，巴基斯坦实际上在对阿富汗的进口国中排第二位。[①]

对阿富汗新政府而言，无论是打击塔利班和"基地"组织残余，维护国家安全和稳定，还是巩固政权，保证重建工作的顺利进行，均离不开巴基斯坦的积极配合和有力支持。比如，"普什图尼斯坦问题"虽然被阿巴双方所搁置，但是该问题总会对阿巴关系产生一些消极影响。再如，塔利班和"基地"组织残余借助阿巴两国漫长边境线和普什图族跨境而居的现状，轻易地穿行于边境线实施恐怖袭击，并到另一方寻求庇护所。阿富汗国内小乱不断，安全状况堪忧，就与塔利班和"基地"组织频繁发动的跨界袭击密切相关。因此，与巴基斯坦发展友好关系，不但有利于阿巴双方消除上述隔阂和裂痕，也有利于敦促巴基斯坦加大打击上述残余势力的力度。此外，阿富汗是内陆国家，多年

---

① http://af.mofcom.gov.cn/aarticle/ztdy/200511/20051100712696.html

来巴基斯坦一直是阿富汗对外经济联系的主要通道。阿富汗新政府建立后，巴基斯坦仍旧是国际社会援助阿富汗的主要渠道。因此，稳定和发展与巴基斯坦的友好关系，有利于国际社会加快援助阿富汗重建步伐，并进一步加强阿巴双方的经济合作。

就巴基斯坦而言，它同样需要一个稳定而友好的阿富汗。这首先有助于巴基斯坦最大限度地打击国内伊斯兰激进势力，维护国家安全和稳定。另外，这将有助于巴基斯坦避免地区间战略失衡，警惕阿富汗与印度过分靠近，使自身免于东西两线受到包围。此外，巴基斯坦还希望借助阿富汗重建契机，拓展巴基斯坦在阿富汗的经济和贸易市场份额，以促进国内经济发展。

## 第六节 同其他周边国家的关系

### 一 同伊朗的关系

代，波斯人曾统治现在的阿富汗地区，给阿富汗打上了永久而深远的烙印。1919年阿富汗独立后，积极发展与伊朗的关系。1922年6月，阿富汗与伊朗正式建立了大使级外交关系。1926年，两国订立条约，规定互不侵犯，在一国受到第三国侵犯时保持中立。1937年7月，阿富汗与伊朗、土耳其、伊拉克在德黑兰签订萨阿达巴德条约，以求互助联合、维护和平。

冷战时期，尤其是苏联入侵前，阿富汗与伊朗关系发展平稳。20世纪60年代初期，阿富汗与伊朗签订贸易协定，伊朗为阿富汗过境贸易提供方便。另外，在伊朗调解下，1963年5月，阿富汗与巴基斯坦双方搁置了"普什图尼斯坦"问题，恢复邦交并实现贸易正常化。冷战时期，伊朗是美国和西方在中东的战略支柱之一，因此阿富汗与伊朗的关系受到伊朗与美国关系的影

## 第七章 外 交

响。20世纪40年代后期，在美国斡旋下，阿富汗与伊朗曾就赫尔曼德河河水分配问题进行过谈判。1972年6月，阿伊两国重新就该问题进行谈判。1973年3月，双方正式签署赫尔曼德河水条约，解决了两国之间长达上百年的河水之争。1973年达乌德第二次执政后，阿伊关系一度冷淡。不过，随着双方最高层领导人的互访，两国关系不断改善，伊朗还决定向阿富汗提供数十亿美元贷款，用于工业、公路和铁路建设项目。1977年6月，达乌德政权正式批准赫尔曼德河水条约，扫除了妨碍两国关系发展的一个主要障碍。

20世纪80年代，苏联侵略阿富汗的同时，两伊战争打响了。伊朗在阿富汗抗苏战争中，支持阿富汗抵抗力量，支持国际社会孤立阿富汗傀儡政权以及苏联。不过，伊朗一直没有与阿富汗傀儡政权断绝外交关系。伊朗最初对阿富汗抵抗力量的支持仅限于阿富汗中部哈扎拉族抵抗力量。后来，以伊朗为基地的8个阿富汗伊斯兰什叶派组织被伊朗正式认可。但是由于两伊战争以及伊朗与美国交恶，受伊朗支持的这些什叶派力量没有得到国际社会的有力援助，逃往伊朗的将近200万阿富汗难民也没有像在巴基斯坦的数百万难民那样幸运，得到同样的国际人道主义援助。这些伊斯兰什叶派抵抗力量在阿富汗抗苏战争中逐渐被边缘化，其内部纷争远胜于他们的抗苏斗争。

当苏联撤军迫在眉睫时，伊朗感到有必要加强阿富汗这些什叶派抵抗组织的团结。在伊朗的帮助下，1987年，这些哈扎拉族什叶派抵抗组织合并为"阿富汗伊斯兰革命联盟"，即"八党联盟"。此后伊朗的主要目标，就是试图使"八党联盟"参与到组建阿富汗抵抗力量新政府的谈判中。虽然哈扎拉族是阿富汗少数民族，而且人数较少，但伊朗最初要求在任何未来由阿富汗抵抗力量组成的新政府中，哈扎族应占到50%的份额，后来其要求降到25%。1989年苏联撤军后，伊朗与阿富汗纳吉布拉政权

阿富汗

拉近了关系。伊朗认为，该政权可能是唯一一支能够抵挡伊斯兰逊尼派普什图族抵抗力量接管阿富汗政权的力量。

1992年纳吉布拉政权垮台后，伊朗开始重新武装"八党联盟"。此时，该组织不仅控制了阿富汗哈扎拉族，而且控制了阿富汗西部一些重要地区。1992年后，在试图促使阿富汗抵抗力量各派别停止内战、分享权力、组成新政府的各种努力中，由于巴基斯坦和沙特阿拉伯的反对，伊朗及其支持的阿富汗哈扎拉族伊斯兰什叶派力量不断遭到排挤。这促使伊朗在阿富汗内战中不断采取更加务实的立场。它不仅继续支持阿富汗什叶派力量，而且开始支持一切讲波斯语的阿富汗民族，尤其是阿富汗塔吉克族，希望借此与阿富汗普什图族进行较量。1993年马苏德攻打驻喀布尔的哈扎拉族力量，这使伊朗意识到，除非支持阿富汗整个非普什图族力量，否则普什图族仍将支配阿富汗的政治前途。因此，从1993年起，伊朗首次向拉巴尼政府以及乌兹别克族杜斯塔姆将军派别提供军事援助，并且呼吁阿富汗所有非普什图民族派别力量加入拉巴尼政府。

90年代中期塔利班崛起并迅速拿下喀布尔后，伊朗加大了对反塔利班北方联盟的军事支持力度。由于与北方联盟势力范围不直接接壤，伊朗的军事物资一般通过空运或中亚国家的铁路转运，有时也运至北方联盟驻中亚国家的基地。伊朗之所以采取这种政策，首先在于，伊朗担心阿富汗内战有可能通过在伊朗的数百万阿富汗难民破坏伊朗国内的安定。其次，阿富汗战乱局势所导致的贸易走私，使伊朗收入减少，增加了伊朗的经济困难。再次，塔利班崛起后、特别是自1996年开始秘密支持伊朗的反政府力量。其中一个组织以阿富汗坎大哈为基地，从伊朗的呼罗珊和锡斯坦省份中招募伊斯兰逊尼派激进成员，目标是推翻伊朗的什叶派政权，并建立一个类似塔利班的逊尼派政权。

## 第七章 外 交

对于伊朗的这种政策，塔利班极为不满。1997年6月，塔利班关闭伊朗驻喀布尔大使馆。1998年攻占马扎里沙里夫后，塔利班杀害了数名伊朗外交官。这些事件几乎导致伊阿两国走向战争，同时影响到伊朗与其他国家的关系。

2001年"9·11"事件后，伊朗在帮助美英打击塔利班政权方面发挥了作用。美英开始攻打阿富汗后，伊朗的公开立场是支持拉巴尼政府以及北方联盟，还出于人道主义考虑向阿富汗人民提供了救助。

2001年年底塔利班政权垮台后，阿富汗与伊朗的友好关系得到发展。2002年2月24日至26日，卡尔扎伊主席对伊朗进行了国事访问。访问期间，卡尔扎伊强调，伊朗没有干预阿富汗的内部事务，美国和伊朗之间存在的问题绝不会影响阿富汗与伊朗发展睦邻关系。此外，同年阿富汗商业部长和国防部长也先后访问伊朗。在2002年卡尔扎伊访问伊朗前，伊朗关闭了由希克马蒂亚尔领导的阿富汗反政府势力设在伊朗的办事处。伊朗还专门成立了由第一副总统阿雷夫负责的阿富汗重建事务办公室，以协调伊朗与阿富汗有关的经济文化活动事宜。2002年，伊朗表示向阿富汗提供1.2亿美元援助。

就阿富汗新政府而言，它极为需要与邻国、包括伊朗发展友好关系，以便抑制以邻国为基地的各种反政府势力，促进国家稳定和安全。另外，阿富汗是内陆国家，缺乏海路运输条件，而伊朗毗邻波斯湾，货物进出极为方便，这为阿伊两国在商贸领域展开合作提供了便利条件。

反观伊朗，它也需要一个稳定的阿富汗，并需要积极参与和促进阿富汗重建。首先，这将有助于伊朗境内大量阿富汗难民的返回，缓解伊朗的经济和就业压力。其次，这可以带动伊朗相关产业的发展，增加就业机会。帮助阿富汗农民以经济作物取代罂粟种植，还可以有效遏制伊朗境内的毒品问题。再次，这有助于

伊朗扩大在阿富汗的影响,在一定程度上削弱美国对阿富汗的影响,从而维持本地区力量平衡。

## 二 同沙特阿拉伯的关系

古代,阿拉伯人曾统治阿富汗。1919年阿富汗独立后,开始与沙特阿拉伯等阿拉伯国家就签订友好条约事宜进行谈判。1932年,阿富汗与沙特阿拉伯签订友好条约。第二次世界大战后,阿富汗与沙特阿拉伯关系平稳发展。20世纪60、70年代,沙特阿拉伯等阿拉伯国家向阿富汗提供了一定数量的援助。

苏联侵略阿富汗时期,沙特阿拉伯积极支持阿富汗抵抗力量,同时积极加入国际社会孤立苏联和阿富汗傀儡政权的努力。这个时期,沙特阿拉伯采取与美国和巴基斯坦一致的战略,其大多数资金和武器都提供给阿富汗最激进的伊斯兰逊尼派普什图族抵抗力量。此外,沙特阿拉伯还单独资助阿富汗瓦哈比派别。在1980~1990年,沙特阿拉伯向阿富汗抵抗力量提供的官方援助一项将近40亿美元。这些数目不包括沙特阿拉伯伊斯兰慈善团体以及各种伊斯兰基金会提供的非官方援助,也不包括王族的个人援助和清真寺的募捐。另外,沙特阿拉伯还向巴基斯坦三军情报局直接提供资金支持。1989年,它提供了2600万美元,帮助巴基斯坦在驻白沙瓦的阿富汗抵抗力量中磋商筹建临时政府事宜。阿富汗抵抗力量因此任命了一名阿富汗瓦哈比派人物作为临时政府总理。1990年3月,沙特阿拉伯还向希克马蒂亚尔领导的伊斯兰党提供大约1亿美元,以支持当时推翻纳吉布拉政府的一次未遂政变。[①] 1992年后,沙特阿拉伯继续直接或通过巴基斯

---

① Ahmed Rashid, *Taliban: Militant Islam, Oil and Fundamentalism in Central Asia*, Yale University Press, New Haven/London, 2000, pp. 197~198.

## 第七章 外　交

坦间接向阿富汗抵抗力量组成的临时政府提供资金和其他物资援助。

在沙特阿拉伯支持的阿富汗抵抗力量中，希克马蒂亚尔领导的伊斯兰党和萨亚夫领导的伊斯兰联盟是两个主要受援对象，他们是亲瓦哈比派别。苏联撤出阿富汗后，沙特阿拉伯的阿富汗政策遭挫，因为上述两个派别开始分道扬镳。希克马蒂亚尔派反对由抵抗力量组成的临时政府，并且与阿富汗哈扎拉族伊斯兰什叶派组织携手炮轰临时政府所在城市。萨亚夫派则支持临时政府。1990年伊拉克入侵科威特后，沙特阿拉伯的这种政策再次受到打击。当时，在沙特阿拉伯邀请阿富汗各抵抗力量向沙特阿拉伯以及美国领导的反对伊拉克联盟提供支持时，大多数阿富汗抵抗力量派别、包括希克马蒂亚尔派以及许多激进组织却支持伊拉克。只有一些温和组织，虽然以前遭到沙特阿拉伯的忽视，此时却向沙特阿拉伯伸出了援助之手。

1992~1995年阿富汗内战加剧之时，沙特阿拉伯联手巴基斯坦频繁在阿富汗各派别之间促和，这些努力一般都将伊朗及其支持的阿富汗哈扎拉族伊斯兰什叶派组织排除在外。

90年代中期塔利班崛起后，沙特阿拉伯认为，可以借助塔利班重新发挥在阿富汗的作用，因此开始与塔利班接触，时间可能是在1994年冬末和1995年春初。此后，沙特阿拉伯情报局长图尔基（Turki）亲王经常访问坎大哈。1996年7月，图尔基在访问伊斯兰堡和坎大哈后，沙特阿拉伯即向塔利班提供了大量资金、汽车和燃料。随后不久，塔利班开始攻打喀布尔。与此同时，沙特阿拉伯的两个石油公司也卷入修建穿越阿富汗的里海油气管线的漩涡中。这些石油公司向沙特阿拉伯王室施加了更大的压力，以促使王室确保塔利班在阿富汗内战中取得最后胜利。不过，在促使沙特阿拉伯王室采取支持塔利班的政策中，沙特阿拉伯的瓦哈比派乌里玛也发挥了重要作用。作为回报，塔利班对沙

特阿拉伯王室及其瓦哈比派乌里玛表示尊敬。1997年，沙特阿拉伯与塔利班建交。1997年4月，塔利班一名领导人访问沙特阿拉伯时，拜访了法赫德国王。5个月后，塔利班声称沙特阿拉伯决定向塔利班提供尽可能多的援助。①

1997年美国与塔利班交恶后，沙特阿拉伯并不情愿向塔利班施加压力以驱逐本·拉登。但是，由于此后塔利班开始支持沙特阿拉伯的持不同政见者，加上沙特阿拉伯王室个人与塔利班领导人之间的个人恩怨，沙特阿拉伯开始调整政策。它首先降低了与塔利班的外交关系级别。1999年，沙特阿拉伯进一步冻结了与塔利班的外交关系。

2001年"9·11"事件后，当年9月25日，沙特阿拉伯发表声明，断绝与塔利班的一切外交关系。2001年年底阿富汗新政府成立后，沙特阿拉伯试图在阿富汗重建中发挥重要作用。在东京会议召开之前，卡尔扎伊主席就访问了沙特阿拉伯。在东京会议上，沙特阿拉伯表示此后三年向阿富汗捐款2.2亿美元。

沙特阿拉伯自称是"伊斯兰世界的盟主"，因此感到有必要支持阿富汗新政府。此外，沙特阿拉伯还有与其他国家，比如伊朗，争夺对阿富汗影响的意图。

三　同土耳其的关系

19年独立后，阿富汗积极与土耳其发展友好关系，以便推进现代化改革和建设，并巩固国家独立，扩大对外关系。1921年3月，阿富汗与土耳其签订友好条约。1922年，双方建立外交关系。1928年，两国又签订友好条约。20世纪20、30年代，土耳其还帮助阿富汗培训军官，派专家参与阿

---

① Ahmed Rashid, *Taliban: Militant Islam, Oil and Fundamentalism in Central Asia*, Yale University Press, New Haven/London, 2000, p.202.

第七章 外　交

富汗1931年宪法起草工作。第二次世界大战前夕，阿富汗与土耳其等四国签订萨阿达巴德条约。20世纪50~70年代，阿富汗与土耳其保持着友好关系。1972年查希尔沙访问土耳其，双方决定进一步加强贸易合作和文化交流。随后，阿富汗重新向土耳其派遣留学生学习军事。20世纪80年代，土耳其一直支持阿富汗抵抗力量，但是作用有限。

冷战结束后，土耳其政府一直试图使土耳其成为里海油气管线铺设的主要路线，并竭力排斥经过阿富汗的油气线路。冷战结束初期，土耳其还积极推行泛突厥政策，积极支持阿富汗境内源于突厥的少数民族，比如乌兹别克人，以扩大土耳其在中亚地区的影响。土耳其积极向杜斯塔姆将军提供资金支持，并且数次向他提供避难所。土耳其激烈反对塔利班，导致它与巴基斯坦之间的关系趋于紧张。

2001年"9·11"事件后，土耳其以实际行动表明自己是西方和美国的盟友。美英攻打阿富汗前后，土耳其将因吉尔利克空军基地向美军开放，并且向美国派出一个高层小组，以便进行军事协作。另外，土耳其还派出军事小组帮助训练反塔利班的北方联盟。但是，土耳其否认参与地面军事行动。

2001年年底阿富汗新政府建立后，土耳其积极参与阿富汗重建工作，尤其是积极参与驻阿国际安全援助部队的工作，包括领导这支部队的穆斯林小分队。

四　同印度的关系

1947年印巴分治后，阿富汗与印度一直比较友好。其中一个重要原因在于，双方在制约巴基斯坦上有共同的战略需求。印度支持阿富汗在"普什图尼斯坦"问题上的立场。另外，阿印两国在外交上均主张中立，经济贸易上进行互补。20世纪70年代，阿富汗还向印度派遣军官学习军事技术，并聘请印度技术专家来阿富汗。

冷战结束后,尤其是20世纪90年代中期塔利班崛起后,为削弱巴基斯坦在阿富汗的影响,印度一直支持反塔利班势力,包括支持反塔利班的北方联盟。北方联盟中不少领导人与印度关系密切。

2001年"9·11"事件后,印度对美英军事打击阿富汗表示支持。当年10月11日,印度决定向阿富汗提供人道主义援助,包括向阿富汗提供100万吨小麦以及帐篷、毛毯、棉被等基本生活用品。作为回报,同年10月22日,美国宣布同时解除对印度和巴基斯坦两国自1998年以来的制裁。

2001年底卡尔扎伊政府成立后,阿富汗与印度的关系获得积极进展。2002年2月26日和27日,卡尔扎伊主席访问印度。阿富汗航空公司复航后,首航目的地就选定印度的新德里。印度也积极参与阿富汗的重建工作,主要涉及基础设施建设、教育、医疗等方面的工作。2002年8月,印度外长访问阿富汗,并向阿富汗移交了1架空中客车。

## 第七节 同中国的关系[①]

华人民共和国成立后,阿富汗政府于1950年1月12日承认新中国,随即台湾关闭了驻阿富汗的公使馆。在1955年的万隆会议上,阿富汗与中国两国政府首脑有了直接接触。1955年1月20日,阿富汗和中国宣布正式建立外交关系,并在两国首都互设大使馆。同年,中国向阿富汗派出首任大使丁国钰。次年,阿富汗向中国派遣第一任驻华大使萨马德。阿

---

① http://www.fmprc.gov.cn/chn/wjb/zzjg/yzs/gjlb/1206/1206x0/default.htm;
http://af.mofcom.gov.cn/aarticle/ztdy/200511/20051100712696.html.

## 第七章 外 交

中关系发展由此进入新阶段。

1957年1月19日至23日，周恩来总理、贺龙副总理率中国政府代表团对阿富汗进行友好访问，这是中国领导人第一次访问阿富汗。这次访问增进了两国间的相互了解，为两国友好关系的发展奠定了基础。访问结束后，阿中两国发表了联合公报。联合公报称，两国领导人赞同在睦邻关系基础上进一步加强两国现有的友好联系，并且考虑发展经济和文化关系。访问期间，两国总理重申支持万隆会议的原则。同年10月，达乌德首相率阿富汗政府代表团访问中国。两国政府再次发表联合公报，表示要进一步发展友好关系。

阿中两国高层互访，大大促进了双方经济文化交往。从20世纪50年代末到60年代初，阿中之间重要的交往活动，就中国方面来说有：1956年8月，中国首次派出中国文化艺术代表团赴喀布尔参加阿富汗庆祝独立日38周年活动，同时参加了阿富汗第一届国际工业博览会。同年11月，中国伊斯兰教朝觐团在归国途中顺访阿富汗，开始了两国宗教界之间的首次交往。1957年8月，中国足球队访问阿富汗，参加阿富汗独立39周年庆典比赛。同年7月，阿富汗与中国签订贸易换货和支付协定，12月中国派出水利工程考察团赴阿富汗访问，阿中两国因此建立了经济贸易联系。自1957年起，中国开始向喀布尔大学派留学生，学习波斯语、普什图语和阿富汗文学。1958年8月，中国两名地毯专家赴阿富汗，帮助阿富汗改进地毯工艺；同月，中国派出歌舞团参加阿富汗独立40周年庆典，同时参加阿富汗第二届国际工业博览会。1959年6月和8月，中国文化代表团和杂技团先后访问阿富汗。

与此同时，阿富汗也陆续派出代表团访问中国。1956年6月派出文化代表团，12月派出经济代表团。1957年达乌德首相访问中国，随同访问的还有阿富汗新闻工作代表团、阿富汗奥林

阿富汗

匹克委员会主席。1958年9月,阿富汗足球队访问中国。1959年9月,阿富汗副首相兼外交大臣纳伊姆访问中国。自1962年起,阿富汗开始向中国派留学生,学习中文、医学、美术和农业等。1963年8月和1964年8月,中阿友好协会和阿中友好协会分别在北京和喀布尔成立。

1960年8月和1965年3月陈毅副总理兼外长两度访问阿富汗,1964年10~11月阿富汗国王查希尔沙和王后访问中国,1966年4月刘少奇主席访问阿富汗,把阿中友好关系推向高潮。陈毅副总理第一次访问阿富汗时,两国签订了《中阿友好互不侵犯条约》。1963年6月至8月,中阿两国在喀布尔举行边界条约谈判,同年11月两国签署边界条约,最终确立了中阿边界。陈毅副总理第二次访问时,两国签订了中阿经济技术合作协定、中阿边境议定书和中阿文化合作协定。根据中阿经济技术合作协定,中国向阿富汗提供了一笔长期无息贷款,并为阿富汗援建一些工程项目。这些项目建成后都收到了较好的经济效益,并在阿富汗人民心中留下了良好印象。特别是帕尔万水利工程,至2001年仍继续发挥着良好作用。巴格拉密纺织厂也一度被阿富汗前国王查希尔沙誉为"模范厂"。

20世纪60年代后半期,由于中国发生"文化大革命",阿富汗与中国的关系一度冷却下来,人员往来几乎停滞。但是从1970年开始,由于中国采取积极主动的态度,努力改善两国关系,阿中两国关系开始复苏。这个时期,特别是在1972年,阿中两国交往频繁。主要活动有:1972年4月1日至6日,以外贸部副部长陈洁为团长的中国政府贸易代表团访问阿富汗,双方签订1972年度中阿换货议定书。4月16日至25日,阿富汗外交大臣沙菲克访问中国。7月19日至27日,以民航总局副局长马仁辉为团长的中国政府民航代表团访问阿富汗,双方签订中阿民用航空运输协定。7月25日,中阿就中国无偿援助阿富汗在坎

第七章 外 交

大哈建立一座 200~250 张病床的医院,在喀布尔签署换文。10月15日,以阿中友协主席苏尔坦亲王为团长的代表团访问中国。

1973年7月,阿富汗共和国成立后,中国承认阿富汗新政府,阿中继续保持友好关系。这时,两国间除继续进行体育、新闻、友好协会等正常的民间交往外,高级领导人之间也进行了接触。1974年12月6日,达乌德总统派他的胞弟纳伊姆以总统特使的身份访问中国,探索加强两国关系的途径。周总理会见了纳伊姆,李先念副总理和乔冠华外长同纳伊姆举行了两次会谈,双方就国际形势和加强中阿关系等问题进行了探讨。纳伊姆的访问,增进了阿中之间的相互了解,加强了两国之间的友好合作关系。访问期间,中国同意向阿富汗提供一笔新的无息贷款。在这个时期,中国继续向阿富汗提供经济援助,并基本上建成了坎大哈医院。该医院有250张病床,位于坎大哈市郊的丹德县内。

1978年4月阿富汗民主共和国成立后,中国承认了阿富汗新政府。但随后不久,阿富汗新政府即奉行亲苏反华政策,开始反华活动,中阿友好关系因此受到严重损害。但是中国对阿富汗的援建工程继续进行。截至1979年年底苏联入侵阿富汗前夕,中国援阿工程全部竣工,援阿工程全部人员撤回中国。

1979年12月25日,苏联入侵阿富汗。12月30日,中国发表政府声明,强烈谴责苏联对阿富汗的武装入侵。中国对苏联扶植起来的卡尔迈勒政权不予承认。同年12月,中国驻阿富汗大使因事回国。从那以后,在中国驻阿富汗大使馆里一直保留着一位临时代办。中国不与苏联扶植起来的阿富汗政权发生正式官方关系,但保持事务性和领事签证关系。与此同时,中国一直反对苏联侵略,支持阿富汗人民的抗苏战争,并且一直向流亡在巴基斯坦的300多万阿富汗难民提供人道主义援助。

1989年2月15日,苏军全部撤出阿富汗。1992年4月,苏联扶植的阿富汗纳吉布拉政权垮台,阿富汗抵抗力量接管政权,

阿富汗

改国名为阿富汗伊斯兰国,中阿关系随即实现正常化。但不久,阿富汗抵抗力量各派发生冲突,阿富汗内战加剧。出于安全考虑,1993年2月,中国撤离驻阿富汗使馆工作人员,两国间正常往来中断。不过,阿富汗内战期间,中国继续向阿富汗难民提供人道主义援助。

2001年"9·11"事件后,美英联合国际社会发动了阿富汗战争,摧毁了塔利班政权。同年12月22日,成立了以哈米德·卡尔扎伊为主席的阿富汗临时政府。当月,中国向阿富汗派出工作小组,参加了阿富汗临时政府成立仪式,向临时政府主席卡尔扎伊面交了中国政府的贺信。阿中关系由此掀开了新的一页。

2002年1月,卡尔扎伊主席访问中国,中国方面宣布向阿富汗提供1.5亿美元的援助。2月6日,中国驻阿富汗使馆正式复馆。5月,中国外交部部长唐家璇访问阿富汗,会见了阿富汗临时政府主席卡尔扎伊、前国王查希尔沙,并与阿卜杜拉外长会谈。11月,阿卜杜拉外长访问中国。12月,中国和阿富汗其他5个邻国一道与阿富汗政府签署《喀布尔睦邻友好宣言》,表示尊重阿富汗主权和领土完整,支持阿富汗和平与重建。2003年2月,阿富汗过渡政府总统卡尔扎伊两次过境中国。5月,阿富汗过渡政府副总统沙拉尼对中国进行工作访问,曾庆红副主席与其进行会谈,吴邦国委员长和温家宝总理分别会见。

2004年,中国与阿富汗关系继续稳步发展。同年3月,阿富汗外长阿卜杜拉对中国进行工作访问。3月底,中国外交部长李肇星参加阿富汗问题柏林国际会议,宣布2004年向阿富汗提供1500万美元无偿援助,免除阿富汗960万英镑的债务,并向阿富汗提供100万美元的物资援助。在柏林国际会议召开期间,中国还与阿富汗政府和阿富汗的其他邻国共同签署了《喀布尔睦邻友好禁毒宣言》。6月,中国国家主席胡锦涛在上海合作组织塔什干峰会期间会见阿富汗过渡政府主席卡尔扎伊,就巩固和

## 第七章 外　交

加强中阿睦邻友好和互利合作以及阿富汗和平重建形势交换了意见。11月，胡锦涛主席、曾庆红副主席分别致电祝贺卡尔扎伊、齐亚·马苏德和哈利利当选阿富汗总统和副总统。12月，中国外交部部长助理李辉作为中国政府特使出席了卡尔扎伊总统的就职典礼。另外，在2004年，中国与阿富汗在新闻、司法等领域的交流也比较活跃。此外，同年中国还承担了修复喀布尔医院和帕尔万水利工程项目，并与阿富汗开展人员培训工作。另据中国海关总署统计，2004年，中国和阿富汗贸易总额约5792万美元，比2003年增长114.4%。其中，中国出口为5697万美元，进口95万美元。① 另外，同年6月10日，11名中国工人在阿富汗昆都士省盖劳盖尔公路建设项目工地被阿富汗反政府武装分子枪杀，另有5人受伤。卡尔扎伊总统谴责了这次野蛮事件。据报道，参与杀害中国工人的4名罪犯已被逮捕，并于10月27日被判处死刑或两年有期徒刑。

2006年6月18日至21日，卡尔扎伊总统对中国进行了国事访问，与中国国家主席胡锦涛举行了会谈。会谈后，两国发表了《联合声明》。② 双方一致同意建立中阿全面合作伙伴关系，以巩固两国传统友谊，拓展各领域合作。双方在1960年签署的《友好和互不侵犯条约》的基础上签署了《中阿睦邻友好合作条约》(6月19日签署)，这一条约的签署在两国关系史上具有里程碑意义。在会谈中，中国重申将一如既往地支持和积极参与阿富汗经济重建。中国还宣布，在2006年将再向阿富汗提供8000万元人民币无偿援助；另外自2006年7月1日起，给予阿富汗278种商品零关税待遇；中国还将在今后两年内为阿富汗培训200名

---

① 《世界知识年鉴》（2005/2006年），世界知识出版社，2006年3月，第37页。
② 2006年6月21日《人民日报》第3版。

阿富汗

各类专业人才，并从 2007 年起每年向阿富汗提供 30 个为期一学年的中国政府奖学金名额。阿富汗重申，世界上只有一个中国，台湾是中国领土不可分割的一部分，反对台湾制造"两个中国"或"一中一台"的任何图谋。中国重申尊重阿富汗的独立、主权和领土完整，反对任何危害阿富汗稳定的图谋。此外，中阿双方还签署了《关于打击跨国犯罪的协议》、《两国政府贸易和经济合作协定》、《经济技术合作协定》等一系列协议、议定书和备忘录。

2006 年 10 月 31 日，中国全国人大常务委员会批准了《中阿睦邻友好合作条约》。同日，中国国家副主席曾庆红在北京会见了阿富汗国防部长瓦尔达克一行。曾庆红表示中国愿意与阿富汗一道，认真落实《中阿睦邻友好合作条约》的各项内容，推动两国关系全面深入地发展。

# 主要参考文献

## 一 中文著作、译著或工具书

1. 彭树智主编《阿富汗史》，西安，陕西旅游出版社，1993。
2. 彭树智、黄杨文著《中东国家通史——阿富汗卷》，北京，商务印书馆，2000。该书系上述彭树智主编《阿富汗史》的修订本。
3. 马晋强著《阿富汗今昔》，昆明，云南大学出版社，1993。
4. 路易斯·杜普雷著《阿富汗现代史纲要》，黄民兴译，西安，西北大学中东研究所，2002。
5. 朱克著《阿富汗》，北京，世界知识出版社，1959。
6. 〔英〕波西·塞克斯著《阿富汗史》第二卷（上册），张家麟译，北京，商务印书馆，1972。
7. 〔美〕希提著《阿拉伯通史》（上册），马坚译，北京，商务印书馆，1955。
8. 《阿富汗诗歌选》，宋兆霖、王然译，北京，人民文学出版社，1959。
9. 〔苏〕科·列别捷夫编《阿富汗民间故事》，周彤、曾宪溥译，天津，百花文艺出版社，1959。
10. 《世界地名录》（上、下），北京/上海，中国大百科全书出版社，1984。

11. 《世界经济年鉴》，北京，中国社会科学出版社，1981。
12. 《世界知识年鉴》（2001/2002），北京，世界知识出版社，2002。
13. 赵国忠主编《简明西亚北非百科全书》（中东），北京，中国社会科学出版社，2001。
14. 中国百科大辞典编委会编《中国百科大辞典》，北京，华夏出版社，1990。
15. 中国伊斯兰百科全书编委会编《中国伊斯兰百科全书》，成都，四川辞书出版社。
16. 马金祥等编《阿富汗/巴基斯坦地图》，北京，中国地图出版社，2002。
17. 周敏主编《世界分国地图——阿富汗/巴基斯坦》，北京，中国地图出版社，2002。
18. 《世界百科全书》第 12 卷，亚洲第 5 册，台北，"光复"书局，1986。
19. 《大美百科全书》，台北，中华书局，1990。

## 二 英文著作或工具书

1. Louis Dupree, *Afghanistan*, Princeton University Press, Princeton, 1980.
2. EIU, *Quarterly Economic Review of Pakistan / Bangladesh / Afghanistan*, Annual Supplement, 1976, 1977, 1978, 1979, 1980.
3. EIU, *Country Profile*: Pakistan/Afghanistan, 1982/83, 1986/87, 1988/89, 1990/91, 1992/93, 1993/94, 1994/95, 1997/98, 2000/01, 2001/02.
4. EIU, *Country Profile*: *Afghanistan*, 2003, 2004, 2005.

5. EIU, *Country Report*: *Afghanistan*, 2001, May 2004.
6. Hamidullah Amin, *A Geography of Afghanistan*, The Center for Afghanistan Studies, 1976.
7. Maxwell J. Fry, *The Afghan Economy*: *Money, Finance and The Critical Constraints to Economic Development*, Leiden, E. J. Brill, 1974.
8. F. R. Allchin and Norman Hammond ed., *The Archaeology of Afghanistan*: *From Earliest Times to The Timurid*, Academic Press, London / New York / San Francisco, 1978.
9. Rosanne Klass ed., *Afghanistan*: *The Great Game Revisited*, Revised Edition, Freedom House, New York, 1990.
10. D. Gopal, M. A. Qureshi, *Science, Technology and Development in Afghanistan*, Navrang, New Delhi, 1987.
11. Ahmed Rashid, *Taliban*: *Militant Islam, Oil and Fundamentalism in Central Asia*, Yale University Press, New Haven/London, 2000.
12. Nancy Hatch Dupree, *An Historical Guide to Afghanistan*, Afghan Tourist Organization, Kabul, 1971.
13. Ann Dupree, Louis Dupree, A. A. Motamedi, *A Guide to The Kabul Museum*, Afghan Tourist Organization, Kabul, 1968.
14. Mohammad Hashim Kamali, *Law in Afghanistan*: *A Study of The Constitutions, Matrimonial Law and The Judiciary*, Leiden, E. J. Brill, 1985.
15. Louis Dupree and Linette Albert ed., *Afghanistan in The* 1970s, Praeger Publishers, New York, 1974.
16. Harvey H. Smith, Donald W. Bernier, Frederica M. Bunge, Frances Chadwick Rintz, Rinn-Sup Shinn, Suzanne Teleki, *Afghanistan, A Country Study*, Fourth Edition, United States

Government, Washington, 1980.

17. *The New Encyclopaedia Britannica*, Macropaedia, Vol.1, Knowedge in Depth, 15th Edition, Encyclopaedia Britannica, Inc./William Benton Publisher（1943～1973）/Helen Hemingway Publisher（1973～1974），Chicago/London/Toronto, 1981.

## 三　主要网站

1. http：//af. mofcom. gov. cn/（中国商务部网）
2. http：//www. fmprc. gov. cn/（中国外交部网）
3. http：//www. oefre. unibe. ch/（非政府组织网）
4. http：//nsarchive. chadwyck. com/［华盛顿美国国家安全数字档案所（馆）网］
5. http：//www. cia. gov/（美国中央情报局网）
6. http：//www. afghangovernment. com/（阿富汗政府网）
7. http：//www. odci. gov/（美国中央情报局网）
8. http：//www. nytimes. com/（《纽约时报》网）
9. http：//www. janes. com/（《简氏防务周刊》网）
10. http：//www. afghan-web. com/（隶属阿富汗在线网）
11. http：//www. idli. org/［国际发展法组织（IDLO）网，该组织是政府间国际组织］
12. http：//www. institute-for-afghan-studies. org/（阿富汗研究所网，该组织是非政府组织）
13. http：//www. 9-11commission. gov/（美国政府网站）
14. http：//www. hxlaojiu. com/（中国诗词网）

# 《列国志》已出书书目

**2003 年度**

吴国庆编著《法国》
张健雄编著《荷兰》
孙士海、葛维钧主编《印度》
杨鲁萍、林庆春编著《突尼斯》
王振华编著《英国》
黄振编著《阿拉伯联合酋长国》
沈永兴、张秋生、高国荣编著《澳大利亚》
李兴汉编著《波罗的海三国》
徐世澄编著《古巴》
马贵友主编《乌克兰》
卢国学编著《国际刑警组织》

**2004 年度**

顾志红编著《摩尔多瓦》

赵常庆编著《哈萨克斯坦》
张林初、于平安、王瑞华编著《科特迪瓦》
鲁虎编著《新加坡》
王宏纬主编《尼泊尔》
王兰编著《斯里兰卡》
孙壮志、苏畅、吴宏伟编著《乌兹别克斯坦》
徐宝华编著《哥伦比亚》
高晋元编著《肯尼亚》
王晓燕编著《智利》
王景祺编著《科威特》
吕银春、周俊南编著《巴西》
张宏明编著《贝宁》
杨会军编著《美国》
王德迅、张金杰编著《国际货币基金组织》
何曼青、马仁真编著《世界银行集团》
马细谱、郑恩波编著《阿尔巴尼亚》
朱在明主编《马尔代夫》
马树洪、方芸编著《老挝》
马胜利编著《比利时》
朱在明、唐明超、宋旭如编著《不丹》
李智彪编著《刚果民主共和国》
杨翠柏、刘成琼编著《巴基斯坦》
施玉宇编著《土库曼斯坦》
陈广嗣、姜俐编著《捷克》

《列国志》已出书书目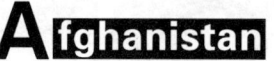

**2005 年度**

田禾、周方冶编著《泰国》
高德平编著《波兰》
刘军编著《加拿大》
张象、车效梅编著《刚果》
徐绍丽、利国、张训常编著《越南》
刘庚岑、徐小云编著《吉尔吉斯斯坦》
刘新生、潘正秀编著《文莱》
孙壮志、赵会荣、包毅、靳芳编著《阿塞拜疆》
孙叔林、韩铁英主编《日本》
吴清和编著《几内亚》
李允华、农雪梅编著《白俄罗斯》
潘德礼主编《俄罗斯》
郑羽主编《独联体（1991～2002）》
安春英编著《加蓬》
苏畅主编《格鲁吉亚》
曾昭耀编著《玻利维亚》
杨建民编著《巴拉圭》
贺双荣编著《乌拉圭》
李晨阳、瞿健文、卢光盛、韦德星编著《柬埔寨》
焦震衡编著《委内瑞拉》
彭姝祎编著《卢森堡》
宋晓平编著《阿根廷》

阿富汗

张铁伟编著《伊朗》
贺圣达、李晨阳编著《缅甸》
施玉宇、高歌、王鸣野编著《亚美尼亚》
董向荣编著《韩国》

**2006 年度**

章永勇编著《塞尔维亚和黑山》
李东燕编著《联合国》
杨灏城、许林根编著《埃及》
李文刚编著《利比里亚》
李秀环编著《罗马尼亚》
任丁秋、杨解朴等编著《瑞士》
王受业、梁敏和、刘新生编著《印度尼西亚》
李靖堃编著《葡萄牙》
钟伟云编著《埃塞俄比亚 厄立特里亚》
赵慧杰编著《阿尔及利亚》
王章辉编著《新西兰》
张颖编著《保加利亚》
刘启芸编著《塔吉克斯坦》
陈晓红编著《莱索托 斯威士兰》
汪丽敏编著《斯洛文尼亚》
张健雄编著《欧洲联盟》

# 相关链接

更多信息请查询：www.ssap.com.cn

## 国际形势黄皮书

2007年：全球政治与安全报告

（附SSDB光盘）

李慎明　王逸舟　主编
2007年1月出版　39.00元
ISBN 978-7-80230-381-2/D·079

本书在总结2006年全球安全形势时，提出了三大现象：超级大国美国的持续受挫、"新两极对抗"的若隐若现、全球范围核扩散危险不断加剧。围绕三大现象全书分别从美国政治、全球武装冲突、地区政治（俄罗斯的强势复兴）核不扩散问题研究、联合国研究等角度展开了深入翔实的分析，在此基础上得出了关于2007年的政治形势发展的一系列结论，包括美国的"9.11"后遗症何时解脱？伊朗和朝鲜两场核危机怎样发展？全球范围美国主导的格局与各种反美势力之间的斗争何以进行等等。

## 世界经济黄皮书

2006~2007年：世界经济形势分析与预测

（附SSDB光盘）

王洛林　李向阳　主编
2007年1月出版　39.00元
ISBN 978-7-80230-383-6/F·100

由中国社科院世界经济与政治研究所专家学者编写的《世界经济黄皮书》无疑是国内这一领域的权威著作，全书从国别与地区、专题、热点等角度系统地分析了2006年世界经济发展状况，并对2007年的发展形势做出了预测，书后还附有2006-2007年世界经济统计资料。

# 相关链接

更多信息请查询：www.ssap.com.cn

## 俄罗斯东欧中亚黄皮书

2006年：俄罗斯东欧中亚国家发展报告
（附SSDB光盘）

邢广程　主编
2007年4月出版　48.00元
ISBN 978-7-80230-546-5/D·142

"裂变在延伸，斗争在延续"，2006年俄罗斯东欧中亚地区的国际形势发展中，裂变和斗争的烈度有强化的趋势。欲知这一动荡地区的种种进程的内在联系，请翻开本书，中国社科院俄罗斯东欧中亚研究所资深研究人员为您深入剖析。

## 国际形势黄皮书

中东非洲发展报告No.9（2005～2006）：
经济全球化对东非洲的响
（附SSDB光盘）

杨　光　主编
2007年2月出版　45.00元
ISBN 978-7-80230-490-1/D·123

本书由中国社会科学院西亚非洲研究所杨光担任主编，王京烈担任副主编，汇集了国内中东非洲问题研究的专家、学者的最新研究成果。

## 阿富汗战争的悲剧

〔俄〕A.利亚霍夫斯基 著 刘宪平 译
2004年4月出版 39.00元
ISBN 7-80190-141-X/K·049

作者在回顾这场战争时，没有采用概括的理论分析法分析出兵一事，而是按照历史时间顺序，一步一步讲述事件过程，同时，作者引用大量的历史档案，真实讲明苏联出兵阿富汗的历史背景，比较客观地反映了苏共当时的一些内幕，苏联军队占领阿富汗后的实际状况，以及出兵给阿富汗和苏联带来的后果。本书观点客观、资料翔实、史实可信度较高。

## 亚洲极端势力

许利平 主编
2007年1月出版 29.00元
ISBN 978-7-80230-473-4/D·111

本书有选择地重点研究了亚洲的极端势力以及所涉及的一些问题。上篇为理论部分，主要分析亚洲极端势力产生的客观基础，旨在提出认识亚洲极端势力问题的理论框架。下篇是对亚洲极端势力的实例分析，包括东南亚伊斯兰团、菲律宾南部伊斯兰极端势力、泰国南部伊斯兰极端势力、印度宗教极端势力、巴基斯坦伊斯兰极端势力、斯里兰卡猛虎组织、哈马斯运动、以色列的犹太极端势力等。书中各个作者分别从历史、文化、政治和社会等方面阐述了极端势力产生的背景，同时也分析了它们的各自特点以及各国政府采取的措施。

# 社会科学文献出版社网站
## www.ssap.com.cn

1. 查询最新图书　　2. 分类查询各学科图书
3. 查询新闻发布会、学术研讨会的相关消息
4. 注册会员，网上购书

　　本社网站是一个交流的平台，"读者俱乐部"、"书评书摘"、"论坛"、"在线咨询"等为广大读者、媒体、经销商、作者提供了最充分的交流空间。

　　"读者俱乐部"实行会员制管理，不同级别会员享受不同的购书优惠（最低7.5折），会员购书同时还享受积分赠送、购书免邮费等待遇。"读者俱乐部"将不定期从注册的会员或者反馈信息的读者中抽出一部分幸运读者，免费赠送我社出版的新书或者光盘数据库等产品。

　　"在线商城"的商品覆盖图书、软件、数据库、点卡等多种形式，为读者提供最权威、最全面的产品出版资讯。商城将不定期推出部分特惠产品。

资询／邮购电话：010-65285539　　邮箱：duzhe@ssap.cn
网站支持（销售）联系电话：010-65269967　　QQ：168316188　　邮箱：service@ssap.cn
邮购地址：北京市东城区先晓胡同10号　社科文献出版社市场部　邮编：100005
银行户名：社会科学文献出版社发行部　开户银行：工商银行北京东四南支行　账号：0200001009066109151

图书在版编目（CIP）数据

阿富汗/王凤编著．－北京：社会科学文献出版社，2007.5
（列国志）
ISBN 978－7－80230－560－1

Ⅰ．阿… Ⅱ．王… Ⅲ．阿富汗－概况 Ⅳ．K937.2
中国版本图书馆 CIP 数据核字（2007）第 049493 号

## 阿富汗（Afghanistan） ·列国志·

| 编 著 者 / 王　凤 |
| 审 定 人 / 赵国忠　张晓东　赵增泉 |

出 版 人 / 谢寿光
出 版 者 / 社会科学文献出版社
地　　址 / 北京市东城区先晓胡同 10 号　（邮政编码：100005）
网　　址 / http://www.ssap.com.cn
网站支持 /（010）65269967
责任部门 /《列国志》工作室　（010）65232637
电子信箱 / bianjibu@ssap.cn
项目经理 / 宋月华
责任编辑 / 李正乐
责任校对 / 王玉珍
责任印制 / 盖永东

总 经 销 / 社会科学文献出版社发行部
　　　　　（010）65139961　65139963
经　 销 / 各地书店
读者服务 / 市场部　（010）65285539
排　 版 / 北京中文天地文化艺术有限公司
印　 刷 / 北京智力达印刷有限公司

开　 本 / 880×1230 毫米　1/32 开
印　 张 / 13.5
字　 数 / 323 千字
版　 次 / 2007 年 5 月第 1 版　2007 年 5 月第 1 次印刷

书　 号 / ISBN 978－7－80230－560－1/K·069
定　 价 / 35.00 元

本书如有破损、缺页、装订错误，
请与本社市场部联系更换

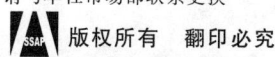
版权所有　翻印必究

# 《列国志》主要编辑出版发行人

出 版 人　谢寿光
总 编 辑　邹东涛
项目负责人　杨　群
发 行 人　王　菲
编辑主任　宋月华
编　　辑　（按姓名笔画为序）
　　　　　孙以年　朱希淦　宋月华
　　　　　宋　娜　李正乐　周志宽
　　　　　范　迎　范明礼　赵慧芝
　　　　　薛铭洁　魏小薇
封面设计　孙元明
内文设计　熠　菲
责任印制　盖永东
编　　务　杨春花
编辑中心　电话：65232637
　　　　　网址：ssdphzh_cn@sohu.com